U0647302

古筝对孤独症儿童适应性音乐指导的教学与实践

张梦怡 著

ZHEJIANG UNIVERSITY PRESS
浙江大学出版社

图书在版编目(CIP)数据

古筝对孤独症儿童适应性音乐指导的教学与实践 /
张梦怡著. -- 杭州:浙江大学出版社,2021.12
ISBN 978-7-308-21126-0

Ⅰ.①古… Ⅱ.①张… Ⅲ.①筝－音乐教育－应用－
孤独症－儿童教育－特殊教育 Ⅳ.①G766

中国版本图书馆 CIP 数据核字(2021)第 037519 号

古筝对孤独症儿童适应性音乐指导的教学与实践

张梦怡 著

责任编辑	傅百荣
责任校对	梁 兵
封面设计	周 灵
出版发行	浙江大学出版社
	(杭州市天目山路 148 号 邮政编码 310007)
	(网址:http://www.zjupress.com)
排 版	杭州隆盛图文制作有限公司
印 刷	广东虎彩云印刷有限公司绍兴分公司
开 本	710mm×1000mm 1/16
印 张	18.25
字 数	347 千
版 印 次	2021 年 12 月第 1 版 2021 年 12 月第 1 次印刷
书 号	ISBN 978-7-308-21126-0
定 价	78.00 元

版权所有 翻印必究 印装差错 负责调换

浙江大学出版社市场运营中心联系方式 (0571)88925591;http://zjdxcbs.tmall.com

序

梦怡送来了她的《古筝对孤独症儿童适应性音乐指导的教学与实践》书稿，并希望我能为其作序。多年来，梦怡用古筝对孤独症儿童进行特殊教育方面做了很多工作，也总结了很多宝贵的经验。《古筝对孤独症儿童适应性音乐指导的教学与实践》围绕对孤独症儿童的古筝适应性教学指导这一主题，针对孤独症儿童的特点，从教师、家长、儿童方法的视角创新性地提出了"教学三法"，即教师教学法、家庭教育法和美育法。内容涉及古筝演奏及教学相关的神经学、解剖学、心理学、教育学，是一次跨多学科的教育研究实验。从宏观到微观，对孤独症儿童和普通儿童的脑部神经发育、职能行为及教育干预进行了全新解读。从古筝演奏及教学延伸至神经解剖学、感觉统合理论、行为心理学、强化理论、评估研究方法领域。理论基础扎实，具体教学策略实用性强、可操作性强，值得推广。

在读研究生时，梦怡就显露出她对学术研究的滋滋以恒，毕业后选定了对孤独症儿童及普通儿童古筝演奏进行教学和科研，《古筝对孤独症儿童适应性音乐指导的教学与实践》是她的心血之作，也填补了古筝音乐在特殊教育及古筝神经研究方面的空白。

以上数百言，是为序。

杨娜妮 [*]

2020 年 6 月

* 杨娜妮，沈阳音乐学院古筝教授（国家二级），著名古筝演奏家、教育家，古筝演奏研究方向硕士研究生导师，中国音乐家协会古筝学会副会长，中国民族管弦乐学会古筝专业委员会副会长。

前　言

　　古筝是我国的一种传统民族乐器,最早的相关历史记载是公元前237年李斯给秦王的《谏逐客书》,证明古筝在战国时期的秦地民间就已盛行,最初的形制与五弦筑相似。随着汉代相和歌的兴起,古筝作为其主奏乐器发展起来,以歌曲弹唱的表演形式为主,活动场所上升到了宫廷宴会,琴弦加至十二弦。隋唐时期传统筝乐艺术达到了顶峰,九部乐、十部乐和燕乐中古筝被广泛使用,琴弦增至十三弦。同时,古筝作为对外文化交流的组成部分传入了日本、朝鲜和东南亚。明代时琴弦增至十五弦,古筝作为小曲的伴奏乐器以及弦索乐的主奏乐器普及到了全国各地。清末时发展到了十六弦,但因缺乏文字和乐谱的记录,筝乐艺术未能广泛流传,逐渐败落。进入20世纪后,筝乐艺术逐渐分为南派和北派,各流派在用筝形制、记谱方法、演奏技法、风格韵味上都各具地域特色。新中国成立后,各专业院校和表演团体相继成立,古筝艺术登上了高等教育的殿堂,院校中有了最初的教材和教学方法,涌现出一批筝乐演奏家。进入20世纪80年代后,筝乐进入了新时代,演奏家与作曲家共同创作,使筝乐作品运用了全新的音乐语言,筝界活动交流频繁,从业者及社会上的古筝学习爱好者群体达到空前繁盛。筝乐现已在演奏、教育教学、理论研究、作品创作、乐器制作等方面均有不同程度的发展。随着社会文明的不断进步及教育地位的不断提高,古筝教育已形成从学前教育、基础教育直至研究生高等教育的教育体系框架,同时古筝教育也正面临着时代前进所带来的机遇与挑战。如,古筝学前教育和基础教育领域在儿童生理学、心理学、解剖学、神经学、教育学等方面尚未有深入融合的理论研究及实证研究;在部分教学领域(如特殊音乐教育领域)并未涉及。在古筝特殊教育领域里,目前还没有任何适用于某类特殊儿童的教育方法和教材出现,特殊儿童学习古筝的方式也还是沿用普通儿童学习的方式,缺少针对性和科学性。就目前来看,古筝的教育方法及教材远远无法满足当今儿童的需求。在特殊音乐教育领域建立一个系统、规范、科学的教育理论体系,不仅有利于更好地帮助特殊群体,也有利于为古筝音乐功能领域的拓宽提供理论依据。

孤独症,也称自闭症(国际使用"自闭症障碍谱系"作为统一名称,简称ASD),是一种广泛性神经发展障碍,多源于儿童早期。孤独症表现在社交、情绪、语言、运动、行为、感觉、思维认知等单一方面或多个方面的发展异常,以社交障碍、语言交流障碍、兴趣狭窄和刻板行为为其三大核心缺陷。作为我国最大的精神类残疾群体,其治疗尚无特效药,而教育是目前唯一证明有效的矫治途径。应用行为分析、结构化教学、音乐疗法、感觉统合训练等是近年来国内使用较多的几种干预方法。其中,音乐疗法更多的是让儿童操作较简易的打击乐器(如沙锤、铃鼓等),钢琴等键盘乐器较多作为伴奏乐器仅供儿童聆听,对孤独症儿童乐器演奏的教学法研究实为空白。目前对其研究仅局限于对个案进行描述,对团体研究的被试数量、研究时间、研究方式的科学性、系统性还有待提高。古筝是孤独症儿童教育干预的理想媒介。该乐器在音色、音量、音域频率、泛音、发声原理、定弦调式、固定音高与不固定音高的组合形式等方面普遍被孤独症儿童所接受,80%的孤独症儿童对古筝的声音表现出明显的兴趣和喜爱。古筝以弹拨、按压、双手配合演奏多声部音乐的演奏方式为儿童提供了多重感官刺激。弹奏中上半身、颈、肩、臂、肘、腕、掌、指等身体部位间的配合运动有利于提高儿童做出精细动作和肢体大动作的能力。

许多孤独症儿童家长为了防止儿童与社会脱离,形成"二次自闭",选择让儿童尝试多种技能的学习,创造尽可能多的机会来丰富其日常生活。许多家长认为儿童具有一定的音乐天赋和能力,学习音乐是他们选择的主要方向之一,但又由于儿童的障碍问题和缺少适宜的教学方法及环境,儿童音乐能力的发展受到阻碍。笔者基于古筝对孤独症儿童的适应性音乐教学理论,采用孤独症国际先进教育理念——培养一技之长,并进而尝试朝着职业教育方向发展,以便为部分孤独症儿童提供与社会沟通的渠道。笔者提出的作为其理论和实践基础的"教学三法",从教师、家长和儿童三个视角对孤独症儿童的器乐学习进行了全新解读。针对儿童特点进行的弹唱儿歌创编和个性化古筝演奏适应性教学指导,有意识地培养孤独症儿童古筝演奏能力和音乐学习能力,同时用音乐来达到提高孤独症儿童各方面发展的非音乐目的,孕育儿童内心幸福感。孤独症儿童的古筝适应性教学指导在填补孤独症儿童康复教育的空白的同时,也有利于完善面对普通儿童的教育理念和方式方法。通过对普通儿童的教育探索来构建孤独症儿童的教育模式,从而为孤独症儿童的融合教育打下坚实基础。

目　录

第一章 古筝与孤独症

第一单元 关于孤独症

一、孤独症谱系障碍的定义及发展

孤独症谱系障碍(Autism Spectrum Disorder,简称 ASD),亦称自闭症谱系障碍,是一组起源于儿童早期,以社会交往和沟通障碍、兴趣范围狭窄及重复刻板行为为主要特征的发育障碍(DSM-V,2013)。现已通常被认为是一类以不同程度的社会交往和沟通互动障碍、狭隘兴趣范围、重复刻板行为以及感知觉异常为主要特征的神经发育障碍[①]。

2013 年 5 月,美国精神医学学会(American Psychiatric Association,APA)发布的《精神障碍诊断与统计手册(第五版)》(*The American Psychiatric Association's Diagnostic and Statistical Manual*,*Fifth Edition*,简称 DSM-V)对 1994 年出版的《精神障碍诊断与统计手册(第四版)》(DSM-Ⅳ)进行了重要调整。对孤独症进行重新分组,将典型孤独症(typical autism)、阿斯伯格综合征(asperger syndrome,简称 AS)、未分类的广泛性发展障碍(pervasive developmental disorder-not otherwise specified,简称 PDD-NOS)以及童年瓦解性障碍(即 Heller 综合征)合并,统称为孤独症谱系障碍。瑞特综合征(rett syndrome,简称 RS)不再包括其中。将 DSM-Ⅳ 中的三条标准合并为两条:①社会交流和社交互动方面存在持续性缺陷;②受限的、重复的行为模式、兴趣或活动。言语沟通障碍不再包含其中。针对那些没有限制性兴趣或重复行为的被诊断者,新增了一种诊断名词,称为社会交流障碍(SCD)。被诊断为 ASD 的孤独

---

① 五彩鹿自闭症研究院.中国孤独症教育康复行业发展状况报告(Ⅱ)[M].北京:华夏出版社,2017:3.

症者必须是在儿童早期就表现出症状,且所有症状一起限制和损害了孤独症儿童的日常功能。[1][2]

随着医学科学的发达和孤独症知识的普及,越来越多的孤独症儿童被识别出来。孤独症现已从罕见病一路发展,发生率在近些年间一直呈现不断上升的趋势。2014 年,据美国疾病与控制中心(Centers for Disease Control and Prevention,简称疾控中心)最新统计,每 68 个儿童中就有 1 个患有孤独症谱系障碍。每 54 个男孩中就有 1 个患有孤独症谱系障碍。2016 年,美国国家卫生统计中心发布了一份报告,3～17 岁儿童孤独症发生率估计达到了 1/45[3]。美国疾控中心的官方数据仍然维持 1/68,但在美国 1/50 的发生率已被认为更为准确[4]。2006 年进行的第二次全国残疾人抽样调查结果显示,我国 0～6 岁精神残疾患病率为 1‰,其中孤独症占 36.9%[5]。由于对孤独症谱系障碍的流行病学调查没有包括散居儿童以及在机构里的孤独症儿童数量,实际的发生率可能会更高。依据已有调查数据做出最保守的估计,我国孤独症发生率大约为 1%,至少有超过 1000 万的孤独症个体,其中 0～14 岁的少年儿童的数量超过 200万。根据我国新生儿的出生率计算[6],每年将新增孤独症儿童数量超过 16 万。孤独症发生率中的男性比例明显高于女性,男女比例大约为 4：1～5：1[7]。这取决于机体本身自然的偏向,也称"生物性影响"。

孤独症的历史发展可大致分为三个阶段:第一阶段——1943 年至 1980 年。从 1943 年美国肯纳医生在他发表的文章中首次提出"孤独症"这一概念,到1980 年美国精神医学学会出版的《精神障碍诊断与统计手册(第三版)》(DSM-Ⅲ)的这段期间,医学界的关注重点是发现疾病根源。其根源被假设为父母的行为,特别是母亲的行为。相关研究认为孤独症并非心理疾病,不是由于"家长的

---

① American Psychiatric Association. Diagnostic and statistical manual of mental disorders(5th ed.)[DSM-V][M]. Washington,D. C.：American Psychiatric Publishing,2013.

② American Psychiatric Association. Diagnostic and statistical manual of mental disorders(4th ed.)[DSM-IV][M]. Washington,D. C.；American Psychiatric Publishing,1994.

③ National Health Statistics Reports. Estimated prevalence of autism and other developmental disabilities following questionnaire changes in tne 2014 National Health Interview Survey[EB/OL]. Http://origin. glb. cdc. gov/nchs/data/nhsr/nhsr087. pdf,2015-11-3.

④ 五彩鹿自闭症研究院. 中国孤独症教育康复行业发展状况报告(Ⅱ)[M]. 北京:华夏出版社,2017:17.

⑤ 第二次全国残疾人抽样调查办公室. 第二次全国残疾人抽样调查数据分析报告[M]. 北京:华夏出版社,2008.

⑥ 中华人民共和国统计局. 中国统计年鉴——2015[M]. 北京:中国统计出版社,2016

⑦ 五彩鹿自闭症研究院. 中国孤独症教育康复行业发展状况报告(Ⅱ)[M]. 北京:华夏出版社,2017:17-18.

冷漠"造成,而是与生俱来的发育性障碍。1970年后,"冰箱妈妈"的观点被逐渐推翻。第二阶段——1980年至2013年。DSM-Ⅲ给出了第一个正式的孤独症诊断标准,得到了医学界的正式定义,体现了精神疾病领域在往更科学严谨的方向努力。此后这一阶段的关注重点集中在孤独症应当包括哪些特定症状来达到更准确的诊断。1994年出版的DSM-Ⅳ开始被广泛应用。2000年起,发现了一些与孤独症相关的基因。第三阶段——2013年至今。2013年,美国APA发布DSM-5,对孤独症进行重新分组,诊断标准的界定也有所变化。此阶段的关注重点为寻找神经学和遗传学方面的客观依据,由大脑复杂度决定的多因素相结合的病因研究,为孤独症谱系中的每一个典型症状寻找具体原因。

对孤独症的认识经历了从早期的精神分裂症视角(1908年,由瑞士精神病专家保尔·伊根·布洛伊勒提出,形容把自己紧缩在自己小世界里的精神分裂症病人)、冷漠教养情感缺失视角(20世纪40—60年代的"冰箱妈妈")、发展初期的认知缺陷视角(心智理论、弱中央统合理论)、脑神经系统失调视角(镜像神经元破损理论等),直到文化视角(孤独症患者尊严运动),甚至最新的性别差异视角(英国剑桥大学孤独症研究中心主任西蒙·巴伦·科恩认为孤独症患者的大脑是"男性大脑的极端形式")、认知特点优势视角(瑞士亨利·马克西姆夫妇认为孤独症行为并非因为认知缺陷,而恰恰是他们理解力强,学得太快)。这期间,诸多学科领域纷纷介入,包括精神病学、医学、儿科学、认知心理学、神经生物学、细胞免疫学、分子生物学、基因遗传学乃至人智医学。孤独症给人类探究"人"的本质的机会,正在跨越科学的领域,引领人们走向更深层次的文化哲学思考①。

孤独症是一个终身障碍,起源于大脑,由自身生理特征引起,其本质特征永远不会消失。目前专门针对孤独症儿童用药的科学研究几乎没有,孤独症治疗尚无特效药。而且越多的药物作用在儿童身上,就越可能在某些地方产生不良影响。一种药物可能会妨碍另一种药物的代谢,某些药物的相互作用有可能是很危险的。常规药物也可能有严重的副作用。所以,只有当其他行为训练和教育方法都无法缓解儿童特定症状时才应考虑使用药物。训练是目前唯一证明有效的改善途径。就我国孤独症行业所使用过的干预方法而言,早期走过了从运用行为矫正、波特奇计划(Pirtage program)、回合教学,到较为系统地引进结构化教学、应用行为分析(ABA)等,所有这些干预方法基本上源于20世纪30年代形成的斯金纳理论。此后,基本上是美国开始流行什么,国内稍稍滞后一点时间,就开始陆续引进,从地板时光、丹佛模式、示范法(modeling)、关键性反应训

---

① 胡晓毅,刘艳虹.孤独症谱系障碍儿童的教育[M].北京:北京师范大学出版社,2016:5.

练,到社会交往、情绪管理和全面支持模式(SCERTS)等,不一而足①。有研究数据表明,在我国最常用的训练方法是感觉统合训练,被认为最有效的训练是行为治疗,家庭中最常用也是最有效的训练方法是游戏疗法②。

二、孤独症的致病因素

孤独症是多因素致病的。研究表明,孤独症是具有生物学基础的心理发育性障碍,是带有遗传易感性的个体在特定环境因素作用下发生的疾病。孤独症者存在非典型性认知特征(社会认知和社会知觉功能受损、执行功能障碍等)以及非典型性感知和信息处理,造成这些特征的基础是系统水平的非典型性神经发育。遗传与发育的早期环境因素结合在孤独症的病因中发挥了关键作用,效应较大的罕见突变和效应较小的常见突变均可带来风险③。

80余年前,虽然孤独症的全部病因尚不完全明了,但通过研究已知,一些孤独症的病因是基因突变或基因变异。基因突变可分为遗传性(inherited)基因突变(由父母遗传)和新发(De Novo)基因突变(非父母遗传,而是胚胎细胞发生基因突变)。基因异常或变异可以解释近60%以上的孤独症 ASD 病因④。2008年,在多伦多国际会议中心的孤独症大会上,来自加拿大麦克马斯特大学(McMasters University)儿童精神系的教授彼得·绍特马里(Peter Szatmari)博士,清楚明了地解释了遗传因素在孤独症成因上的作用。绍特马里博士说,主要有三种遗传机制和孤独症谱系的成因有关。大约有7%的孤独症谱系案例主要是由染色体异常导致,其染色体断裂或混乱引起的异常非常严重,在光学显微镜下就能看到。大约3%的孤独症谱系案例是由可被诊断出的遗传综合征导致的,比如脆性 X 染色体综合征。而其他90%的孤独症谱系案例主要是在遗传密码不断复制的过程中产生变化导致的⑤。

在尚未找到基因异常的病例中,环境因素起着关键作用。环境因素包括空气中的污染、家庭环境氛围、母亲生产时的并发症、母亲受到的感染、剖腹产、怀

---

① 五彩鹿自闭症研究院.中国孤独症教育康复行业发展状况报告(Ⅱ)[M].北京:华夏出版社,2017:29.

② 徐琴美,丁晓攀,傅根跃.孤独症儿童及其矫治方法的调查研究[J].中国特殊教育,2005(6):59-64.

③ 胡晓毅,刘艳虹.孤独症谱系障碍儿童的教育[M].北京:北京师范大学出版社,2016:13.

④ 五彩鹿自闭症研究院.中国孤独症教育康复行业发展状况报告(Ⅱ)[M].北京:华夏出版社,2017:20.

⑤ (美)天宝·格兰丁.我心看世界:天宝解析孤独症谱系障碍[M].燕原,译.北京:华夏出版社,2012:178.

孕前和孕期的用药或感染、母亲在怀孕期间的肥胖程度、父母生育年纪较大、早产低出生体重、多胎妊娠。遗传与环境儿童孤独症风险计划（CHARGE）项目研究发现，不利基因和母亲在受孕前三个月和怀孕后一个月缺乏维生素的条件结合，会明显提高患孤独症的风险。如果母亲居住在离高速公路不到两个街区的地方，生出来的孩子患有孤独症的概率更高，也许是因为汽车尾气带来的影响。在 ASD 或其他发育障碍孩子的母亲中，有 20％过于肥胖；而普通儿童中，只有 14％的母亲过于肥胖[①]。孤独症与环境因素的关联还需要进一步研究并加以证实。

近年来，通过神经解剖和神经影像学 fMRI 等技术发现，孤独症儿童的脑功能异于典型发展的脑功能，大脑皮层功能失调，主要包括边缘系统的杏仁核、边缘叶的海马回、大脑边缘系统、额叶皮层和颞叶皮层等部位。大多数孤独症儿童的脑电图显示特定为双侧局灶性或弥散性棘波、慢速和缓慢的节律失调[②]。有些学者提出，孤独症是在遗传因素和脑损害（如出生时婴儿脑损害）相结合的基础上发生的；也有人认为，孤独症有遗传成分，而出生时窒息缺氧、脑轻微损伤等则起到了辅助作用[③]。

三、孤独症儿童的特点

（一）感知觉方面

几乎所有的孤独症儿童都表现出感知觉异常，对特定的感官体验出现过度敏感或过度迟钝的反应。最常见的敏感反应是针对某些特殊的声音，但也可能对触觉体验、光线强度、食物的味道和质地等敏感。对疼痛和不舒服会有过度反应或反应过低的情形。对平衡感、运动知觉和身体定向也会有异常反应。视觉和听觉的主题—背景区辨力低，不能排除那些不适宜的感觉来源。对感觉的注意力不能保持稳定性。他们往往不能综合多个感知觉通道，只会偏爱其中某一个感觉通道，并在这一方面产生特殊优势。

（二）注意方面

孤独症儿童非常着迷于物体的某个部分或细节，缺少对整体的认识。注意力维持时间较短。有感觉敏感的孤独症儿童处在有感官刺激的环境中，因为不知道何时会出现不能接受的感觉体验，所以容易表现得处处警惕、紧张且容易分心。孤独症儿童的注意常出现弥散状态。他们的大脑的工作方式像一个搜索引

① （美）天宝·格兰丁，（美）理查德·潘内克.孤独症大脑对孤独症谱系的思考[M].燕原，译.北京：华夏出版社，2016:59.
② 戴淑凤，贾美香，陶国泰.让孤独症儿童走出孤独[M].北京：中国妇女出版社，2008:18.
③ 戴淑凤，贾美香，陶国泰.让孤独症儿童走出孤独[M].北京：中国妇女出版社，2008:17.

擎,如果个体被要求关注某个主题,其大脑就会产生一系列主题联想,而且也很容易从原始主题转移到其他主题。如果个体选择了转移,可能会一直联想到很远的地方。正因如此,某些孤独症儿童也许更可能产生创造力飞跃。他们对细节的关注,超级的长时记忆力,建立关联的能力,不会被整体偏见束缚,这些因素结合在一起,使得常人难以达到的创造力飞跃变得更有可能①。但有的孤独症儿童和普通儿童一样可以维持注意力,孤独症儿童对自己喜欢的刺激往往有着常人难以企及的专注力,甚至表现为过度迷恋,因此会影响到注意力的转移②。

（三）语言方面

孤独症儿童普遍语言功能异常,语言发育落后。他们开始说话的时间往往晚于普通儿童。常有古怪的韵律、特有的口音,嘴里常发出怪声。一个字一个字地说出,缺乏语流的流畅性和语气。语调单一,缺乏抑扬顿挫。吐字不清晰,语速过快或过慢,音量过大或过小。有明显刻板的语言重复,而不能理解话语的内涵。语言理解能力有缺陷,儿童只是单纯从字面意思来理解他人的话语③,会误解字面含义和隐含意义,且仅限于理解熟悉的事物和简易的指令。有些儿童认字能力很强,但对语义和故事的理解较差,也不会运用所学的知识来交流,语言运用能力差。有的儿童像鹦鹉学舌一般,无法理解和使用"你""我""他"等代词。很少有主动语言或总是滔滔不绝地谈论同一个话题。讲话内容常为广告词、别人曾说过的话或是与当前情境无关的无意义的话,很难把语言与实际情境联系起来。有的儿童尽管有少量语言,但却不会运用,经常用词不当。很多重度孤独症儿童无口语,有需求时常去拉大人的手,让大人去拿来他想要的东西。有的儿童用吵闹等行为以引起他人注意,以满足自己的需求。有的儿童往往听不懂指令,无法正确理解别人话里的意思。无口语儿童会出现自伤等行为来表现内心的不安。同时,儿童在理解和运用面部表情、手势、眼神接触等非语言沟通方式上有明显障碍,不能用非语言沟通方式弥补言语的缺乏。

（四）思维能力方面

孤独症儿童普遍表现出弱中央统合能力。他们擅长注意细节,却很难察觉和理解全貌或要点。他们经常无法及时完成某些活动的原因往往在于全神贯注于细节,强调部分而忽略了整体。父母需要特地告诉孩子到底应当注意哪些地

---

① （美）天宝·格兰丁,（美）理查德·潘内克.孤独症大脑对孤独症谱系的思考[M].燕原,译.北京:华夏出版社,2016:129.

② 熊絮茸.学龄期自闭症儿童注意力选择性特质与适应策略研究[J].现代教育科学,2007(6):20-22.

③ Wing L. The autistic spectrum:A guide for parents and professionals[M]. London:Constable & Robinson,2002.

方。他们常常无法归纳整理大范围的信息而导致以片段的方式看世界,他们可以学会一个一个单独的事实,但无法做出整体的综合分析。对学业和认知方面的知识偏重死记硬背而不是了解含义。同时,由于儿童抽象思维能力的缺乏,导致他们缺乏举一反三的能力,缺乏应用能力。孤独症儿童的组织计划能力不足,无法明确"开始"和"结束"等表示时间概念的词汇,所以表现出较难在不同活动间转换。儿童对于时间间距的认知也存在困难,不能很好地估计时间,有儿童在课堂上频繁地询问"现在几点了?",还有的儿童上课时容易恐慌,总在期待下课。儿童在排序上也存在困难,不能按活动的逻辑顺序步骤链完成任务。

　　虽然所有孤独症儿童都关注细节,但个体针对的方向不同。孤独症儿童大致有三种不同的特殊思维方式,通常在 7～9 岁展现出来。第一类,视觉思考者。这类孤独症儿童喜欢画画和积木,着迷动手的项目,数学学习要通过具体可触摸的物体来进行。他们对语言的回应较慢,声音语言需要先转化为图像才能被处理。第二类,音乐和数学思考者。结构占据了这类孤独症儿童的主导思维,无论是音乐还是数学都是结构的世界。这类儿童普遍具有很强的整合能力,他们喜欢寻找数字和乐符之间的联系。一些儿童具有天才般的计算能力,或者听过一次旋律之后就能演奏。但他们往往在阅读方面落后。第三类,语言思考者。这类孤独症儿童喜欢表格和数字。他们的兴趣集中在历史、地理、天气或体育比赛数据。他们不会用图像思考[①]。在教育孤独症儿童的过程中,深入了解他们的思维模式是非常重要的。最有效的教学策略一定是符合儿童思维特征的且能针对儿童的特长领域。要考虑给他们提供机会来发展他们独特的、具有创造性的新颖思维方式,而不是过于关注他们不能做什么。

　　（五）行为动作方面

　　孤独症儿童有明显的重复刻板行为,如拍手、摇晃身体、走规定路线等古怪迷恋行为。对某些特定行为反复坚持,如迷恋看广告、天气预报或球类比赛。他们对节目内容不理解,只是喜欢观看快速的画面变动或银幕的闪烁。孤独症儿童最常见的刺激偏好主要分为八大类型:火车、汽车、飞机、大厦、家用电器、电脑设备、道路标志和运动装备,这些刺激均属于非社会性领域[②]。如果追溯到孤独症儿童的婴儿时期,会发现他们当时就已经出现异常的动作模式。研究发现在复杂环境中孤独症儿童的刻板行为发生率会增加,而在合理规划的环境中刻板

---

① （美）天宝·格兰丁.我心看世界:天宝解析孤独症谱系障碍[M].燕原,译.北京:华夏出版社,2012:12-14.

② 梁良.孤独症儿童对限制性兴趣刺激的视觉注意:来自眼动实验的证据[D].武汉:华中师范大学,2015.

行为会减少①。应当慢慢引导刻板的特殊兴趣到有积极意义的道路上，而不是就地消灭，让儿童显得很"正常"。同时，刻板兴趣对儿童来说是有力的强化物，可以广泛应用在对孤独症儿童的教育训练中。

孤独症儿童常出现攻击行为。攻击行为一般是指违反社会行为规范，给他人构成伤害或损害的问题行为②。儿童的攻击行为有打人、咬人、拉扯他人头发等身体攻击行为，还有故意破坏物品、扔砸东西等破坏行为。儿童的攻击行为有时是一种社会交往的信号，也许他是希望通过该类型行为引起别人注意或是满足某种需求。有时则是为了缓解焦虑、逃避挫败等结果从而出现攻击行为③。

大部分的孤独症儿童动作笨拙，几乎所有的孤独症儿童都有特定的运动障碍表现。遇到要摔倒等危险时，无法运用防御反射行为。无论是肢体大动作还是精细动作，他们通常表现为动作规划不佳，需要慢半拍的心理准备时间，使身体动作无法如预期般流畅和协调。他们会在精细动作方面出现问题，比如写字和使用剪刀，双手不够灵巧，缺乏协调性，平衡力差，抓握和肌肉紧张，手部操作速度缓慢，节奏同步性差。美国著名孤独症人士天宝·格兰丁在其自传性文章中曾写道："不管是在儿童时期或进入成人阶段，我始终无法跟上节拍。在音乐会中，当大家都配合音乐打拍子时，我必须模仿旁边的人一起拍手。我可以保持自己的缓慢节奏，不过始终无法和他人或乐器的声音保持同步。"④19%的孤独症儿童和青少年存在脚尖行走的问题⑤。孤独症儿童在协调运动的测试中表现得最为困难，他们不仅肢体两侧不协调，上肢和下肢也都表现出不协调⑥。有些孤独症儿童跑步时姿势僵硬，不会手脚协调地骑车、跳绳、原地踏步等⑦。孤独症儿童的站姿和坐姿较为怪异，躯干部分的肌肉力量不足。孤独症儿童感觉统合不佳，小脑和基底神经节结构或功能障碍导致孤独症儿童在姿势控制上较为困难⑧。

---

①　胡晓毅，刘艳虹，吴曼曼.孤独症儿童教学环境创设[M].北京：北京师范大学出版社，2019：5.

②　林云强，张福娟.自闭症儿童攻击行为功能评估及干预策略研究进展[J]. 中国特殊教育，2012 (11)：47-52

③　胡晓毅，刘艳虹，吴曼曼.孤独症儿童教学环境创设[M].北京：北京师范大学出版社，2019：15.

④　Temple Grandin. My Experiences as an Autistic Child and Review of Selected Literature[J]. Journal of Orthomolecular Psychiatry，1984，13(3)：74-144.

⑤　Ming，X.，Brimacombe，M. & Wagner，G. C. Prevalence of motor impairment in autism spectrum disorders[J]. Brain and Development，2007，29(9)：565-570.

⑥　Staples K. L. & Reid G. Fundamental movement skills and autism spectrumdisorders[J]. Journal of Autism and Developmental Disorders，2010，40(2)：209-217.

⑦　于文.孤独症儿童教育实践与案例[M].北京：经济科学出版社，2013：47-49.

⑧　裴晶晶，蒋宇乐.韵律操练习干预对自闭症儿童姿势控制能力的影响[J]. 沈阳体育学院学报，2014，33(4)：86-89

孤独症儿童缺乏与别人的目光接触,或者只看别人面孔的下半部分。有研究结果发现,孤独症儿童在面部表情信息加工过程中只注意嘴部变化[1][2]。有的儿童还有对视僵硬或斜视等问题,其原因是儿童的视觉信息处理问题,这对孤独症儿童而言是一个非常普遍的问题。如果观察到一个儿童歪着头,用眼角看人,就可以怀疑他有视觉信息处理问题。

（六）情绪情感方面

孤独症儿童常表现出哭闹、任性、叫喊、发脾气、冲动、自伤、攻击他人、挫败感强等情绪问题。由于语言发育落后,当儿童不能理解或不能表达相应情绪时,容易出现情绪问题,通常会用哭闹、叫喊来表现其情绪反应。情绪问题往往是孤独症儿童最外显的特征,有时情绪单一,有时非常善变。他们常呈现出同一种表情或表情变化非常快。他们很少去关心和体验周围人的表情和情感反应,对别人的难过或身体不适不会表达出安慰和关心。由于受认知水平的限制,儿童识别面部表情能力与普通儿童存在差异。孤独症儿童几乎不能识别复杂情绪,如尴尬、嫉妒等[3][4]。儿童识别害怕和伤心两种负面情绪的识别较为困难,而对高兴情绪的识别与普通儿童差异不大[5]。也有研究表明,孤独症儿童的面部表情识别能力与普通儿童一样,会随着年龄的增长逐渐发展,但速度较为缓慢[6]。孤独症儿童对物品比对人感兴趣,他们对于物体认知优于面孔认知。他们的情绪调控能力还处于幼儿阶段,经常会不能自控地大哭或大笑。

孤独症儿童对父母、家人及养护者缺少依恋情感,有的孩子把父母看成是陌生人。当父母离开时,他们不会表现出焦虑、恐惧、害怕或紧张。他们的危险意识弱,所以常有走失事件发生。有些儿童拒绝父母的身体接触、抚摸或拥抱,这使父母内心非常痛苦。

---

①　Gross T. F. Global-local precedence in the perception of facial age and emotional expression by children with autism and other developmental disabilities [J]. Journal of autism and developmental disorders，2005，35(6)；773-785.

②　Gepner B. Autism, movement, and facial processing[J]. Autism, 2004，161(9)；1719.

③　Baron-Cohen S. , Spitz A. & Cross P. Can children with autism recognize surprise? [J]. Cognition and Emotion,1993(7).

④　Begeer S. , Rieffe C. , Terwogt M. M. & Stockmann L. Theory of mind-based action in children from the autism spectrum[J]. Journal of Autism and Developmental Disorders, 2003, 33(5)；479-487.

⑤　刘艳虹,霍文瑶,胡晓毅.自闭症儿童面部表情识别研究综述[J]. 现代特殊教育,2015(8)；35-39.

⑥　Sanna Kuusikko, Rachel Pollock-Wurman, Katja Jussila, Alice S. Carter & Marja-Leena Mattila. Social Anxiety in High-functioning Children and Adolescents with Autism and Asperger Syndrome [J]. Journal of Autism and Developmental Disorders, 2008,38(9)；1697-1709.

（七）从社会交往沟通方面

孤独症儿童的社会沟通与交往缺失主要表现为没有正常的交往性语言，不能恰当地利用语言、表情及动作表达自己的思想，不能很好地与同龄伙伴进行沟通交流[①]，尤其是在发起和回应社会互动、维持眼神对视、分享物体和活动、回应他人情感等方面存在困难[②]。孤独症儿童往往喜欢独处，逃避人与人之间的互动，对社会交流不感兴趣。很少与别人进行眼神接触。很少主动提出要求或回应提问，偶尔的主动行为也多半是为了获得物品。有研究者认为孤独症儿童在高约束话语（主要采用特殊疑问句形式）情境下的语言回应行为少于在低约束性话语（主要采用选择疑问句、是非疑问句等形式）情境下的语言回应行为[③]。并且孤独症儿童对于包含更多信息提示的语言回应会更好，因为提示作用的语言可以帮助孤独症儿童更好地理解社会语境从而进行社会交往[④]。儿童与同伴间很难发展出友谊，生活环境周围几乎没有朋友，极缺朋辈群体。有些儿童可以通过微信语音或文字的方式与别人自如交流，但面对面地交流会出现延迟回复等社交困难。儿童缺乏社交常识，不理解社交规则、惯例和习俗。无法理解他人的意图、想法和行为等，这对于社会认知以及成功发起社会互动尤为重要[⑤]。孤独症儿童很难与别人产生共同注意，不懂得在社交中的轮流和分享。大多数儿童很难将社交行为泛化到不同人群、场景及情境中。

第二单元　古筝作为适应性教育干预媒介的依据

一、乐器特性及弹奏方式上的适应性优势

（一）乐器特性上的适应性优势

1. 古筝整体音色纯正中庸，不燥不闷，孤独症儿童能够接受。音色通常分为亮度、暗度、厚度及薄度四个元素。具体来说，古筝高音区音色明亮清脆；中音区音色柔美纯净；低音区音色低沉厚实。

---

① 刘军.体育游戏对孤独症儿童社会交往能力的干预研究[D].济南：山东师范大学，2014.

② 王颖.自闭症儿童社交技能干预综述[J].绥化学院学报，2015,35(4)：89-95.

③ 吴静.录像示范法应用于自闭症儿童社会互动行为的干预有效性研究[D].上海：华东师范大学，2013.

④ 潘燕华.自闭症儿童对约束性话语的回应研究[D].南京：南京师范大学，2011

⑤ Frith Uta, Morton John & Leslie Alan M. The cognitive basis of a biological disorder: autism[J]. Elsevier Current Trends，1991,14(10)：433-438.

2.古筝整体音量居中,孤独症儿童能够接受。度量声音响度的单位为分贝 (decibel,简称 dB)。人耳刚刚能听到的声音音量为 0～10dB,低声耳语的音量 约为 30dB,大声说话的音量约为 60～70dB。60dB 以下为无害区,60～110dB 为 过渡区,110dB 以上为有害区。长期处于 85～90dB 的声音环境中会对身体健康 不利。儿童单手肉指用 mf 的力度拨弹古筝时的音量约为 75dB,单手戴义甲用 mf 的力度拨弹古筝时的音量约为 80dB,双手戴义甲用 mf 的力度弹奏时的音量 约为 85dB。三种拨弹情况下的声音音量都处于过渡区,对听觉敏感的孤独症儿 童不具有刺激性,也能满足听觉迟钝的孤独症儿童的听觉需求。

3.一般情况下,人能听到的音高频率范围为 25～15000Hz。古筝音域内的 音高频率范围大致为 73Hz(21 号弦 D 的音高频率)～1174Hz(1 号弦 d^3 的音高 频率)。除 21 弦音(即 D)位于低频区(40～80Hz)外,20 弦音至 16 弦音(即 E-d) 大致位于中低频区(80～160Hz);15 弦音至 1 弦音(即 $e-d^3$)大致位于中频区 (160～1280Hz)。古筝整体音域不涉及孤独症儿童无法忍受的高频音,因此可 普遍被孤独症儿童接受。

4.古筝的泛音(即通常所说的余音)在听觉上较柔和且延时较长,这能更好 地引起并保持儿童的听觉注意。通过教学实践观察可发现,有些儿童在听乐器 的发音时,会抬起头来注意听,并且注意跟随这些泛音直到它们消逝。有的儿童 甚至面露享受的表情。那些振动的、延长的声音似乎为他们建造了一个对他无 所需求的保护性环境。

5.教学实践中的统计结果显示,95％儿童对五声民族调式表现出反应。古 筝常规定弦为民族五声调式中的 D 宫调,孤独症儿童普遍能够接受。由于没有 清角(即 4 音)和变宫(即 7 音)两音,因此不会产生不协和的三全音(即增四度音 程和减五度音程,因为这两个音程都包含三个全音,因此称为三全音),使用不同 指法弹奏出的音程关系都较为协和。人耳对音程协和度的感觉主要取决于频率 比,如果两个音的频率比值很接近小整数比,那么由这两个音构成的音程听觉上 会感觉很和谐。具体来说,用大撮和大勾搭弹奏的纯八度音程,其音高频率的小 整数比为 2∶1;用小撮和小勾搭弹奏的音程多为纯四度、纯五度、大三度和小三 度,其音高频率的小整数比分别为 4∶3、3∶2、5∶4、6∶5。表示频率比的两个 整数越大,协和度就越差,因此以上五种音程的协和度由高到低依次是纯八度、 纯五度、纯四度、大三度、小三度。孤独症儿童对于古筝常用音程的协和感完全 能够接受,在教学实践中甚至发现有些儿童对这些音程的音响效果产生了极大 的兴趣。

6.当音源和产生声音的运动处于孤独症儿童的视野之内时,音响对他们的 作用就更加明显。古筝的发声原理大体为:手指拨弹琴弦引发琴弦的振动,琴弦的振动通过琴码传导到面板及木制共鸣箱,共鸣箱内引起的空气及板体的振动使声音扩大,最后声音从底板的音孔传出。教学实践中可发现,许多孤独症儿童通过一手拨弦——看到琴弦的振动——另一手触摸共鸣箱感受到振动——最后听到声音的方式,几乎能直接感受到整个发声过程。他们很多时候在聚精会神地体验感受这个物理过程所带来的乐趣,因此能对这件乐器产生极大的兴趣。

7.古筝的琴弦排列在视觉上是一条一条的平行线,平行线似乎能给儿童以安全感。同时,每个音组内都有一根绿色琴弦作为弦位辨识标记,这为孤独症儿童的认弦提供了视觉提示。

8.古筝是一件一弦一音的乐器,五根弦各代表了调式音阶中的五个音(即宫、商、角、徵、羽),儿童看到一根弦就知道对应着一个音高,这对于孤独症儿童来说是一种在视觉和听觉上较为直观易懂的辨识方式。古筝琴弦按照由远端至近端的弦位排列,对应由低到高的音高排列,这种排列方式也较容易能让儿童形成直观的上行或下行的音列概念。

但同时也应避免由此产生的刻板行为。有的儿童弹奏古筝时一个音都不落掉地弹上下行音阶,不能做到跨弦弹音。对于孤独症儿童而言,如果扰乱了这种排列会引起他们的恐惧或困惑。儿童发现上行或下行依次弹奏每个琴弦而不跳过任何一个琴弦时会感觉比较安全,因为跳过的琴弦会在连续的序列中留下缺口。

总之,教学观察统计数据显示:80%的孤独症儿童对古筝的声音表现出明显的兴趣和喜爱;20%的孤独症儿童虽没有明显表现出兴趣,但并不排斥;约25%的孤独症儿童有明确的语言表示喜欢具体某个音区的声音或能形容出古筝的声音;约8%的孤独症儿童偏好低音区的声音。达到某种标准或取得成绩往往不能使孤独症儿童有所感受,他们更需要的是即时的、具体的感受和结果。乐器的这些特性有助于儿童先与乐器建立联系,再与教师建立联系。

(二)弹奏方式上的适应性优势

1.古筝为弹拨乐器,右手的拨弦弹奏方式使手指与琴弦之间由于手指发力而产生相互的阻力,左手的按压弦方式使儿童觉察到他在乐器上的压力以及压力的对抗力。这些触觉上的直接挤压感满足了孤独症儿童感觉方面的需求,从而使其情绪得到满足和舒展。拨琴弦的身体动作本身就可以帮助儿童打开心扉解除压抑。教学实践中可发现,大部分孤独症儿童在第一次接触这件乐器的时候,都喜欢体验肉指触摸琴弦并拨动琴弦的触觉感受,而不是用常规弹奏时需要在指腹处佩戴义甲的方式,即使长时间的肉指拨弦会感到疼痛。这也许是因为义甲阻隔了肉指与琴弦的直接接触,使触觉感受不够充分。因此,教学初期可先不给儿童佩戴义甲,让其用肉指充分体验触觉上的满足,在对这种拨弹方式充分了解并产生兴趣后,再按常规方式佩戴义甲弹奏,这样也可以在初期避免儿童因控制义甲弹奏的困难而产生的心理压力,同时可先从较小的音量开始听觉适应。

孤独症儿童在无聊时,会较频繁出现刻板行为和自我刺激行为,如手指敲敲敲等,这时应引导其参与目的性活动。古筝弹奏活动用强烈的指尖拨弦触觉刺激取代这些行为,可有效改善自我刺激。

2.古筝的拨弦弹奏动作涉及手部掌指关节和指间关节的屈、伸、展、收及环转运动;摇指涉及腕部在桡侧及尺侧间的摆动;左手涉及力量按压。这些弹奏动作与抓握、挥手、按电钮等儿童生活中的动作联系紧密,儿童较容易实现动作泛化,从而高效准确地完成弹奏动作。同时,弹奏中肩、肘、腕、掌、指等身体部位间的配合运动有利于提高儿童的精细动作能力。

3.古筝入门阶段的弹奏学习较简单,能满足不成熟的孤独症儿童,而且能用无限数量的方法来进行。对这种不需要太费脑力、不需要使用语音的方法,儿童也能及时地、自发地做出反应,教学活动容易成功,儿童容易建立初期自信。

4.琴码右侧琴弦的音高较固定,有助于儿童形成准确固定的音高概念。琴码左侧可通过左手按压弦产生无限的音高变化,这种弹奏方式使儿童产生了对乐器的操控感。同时,这种固定音准与不固定音准的组合形式为听觉区辨提供了较大空间,有助于锻炼儿童对音高的辨识能力。儿童通过左手深浅不一的按压可主动地、自由地寻找内心音高,这提供了多重感官刺激,有助于提高儿童听动统合能力。

5.古筝为21弦多声乐器,可以双手配合弹奏和声及复调等多声部音乐,这就为孤独症儿童进行听觉和视觉的主题—背景区辨及双侧协调等感统训练提供了更大的学习体验空间。

6.古筝演奏多为坐姿,较多涉及双上肢及躯干的运动,而较少涉及双下肢的运动,这在一定程度上为运动及平衡能力较差的孤独症儿童提供了身体稳定的便利。同时,在坐姿基础上发展出的多种演奏姿态的学习及训练也为儿童运动及姿势控制能力的改善提供了空间。

二、基于古筝基础教育

从20世纪80年代起,古筝基础教育开始在全国范围内如雨后春笋般迅猛发展。至今已在教师队伍的数量及质量、学员的数量及水平、教育教学体系建立、课程设计及实施、演出比赛实践等方面取得了一定成果,是民族器乐演奏教育的排头兵。对于孤独症儿童的演奏教学应在古筝基础教育的教学方法和丰富经验基础上,开发出有指向性的适应性教学指导。同时,这种适应性教学指导也对古筝基础教学有着重要的借鉴意义,可为有演奏困难的学生提供解决策略。

古筝基础教育中的指法演奏教学，对于普通儿童而言，有些动作可以将生活中已习得掌握的动作顺利迁移至演奏动作中。但对于孤独症儿童而言，需要将这些简单的基础动作再进行结构细化，用他们能理解和接受的特殊形式完成教学。

古筝教学的上课形式有一对一个别课、集体课、重奏齐奏课等。个别课上对儿童进行的是有针对性的个别教学训练，教师可以手把手地进行辅导，等同于孤独症教学中的个训课。集体课上，学生们共同关注教师的讲解，共同完成教师的教学要求和指令，等同于孤独症教学中的集体课。重奏齐奏课上，学生们分别演奏一个多声部作品中各自担任的声部，各声部间可以是相同的也可以是不同的，在教师的指挥和要求下学生们同时协作完成整个作品，达到整体和谐动听的效果。孤独症的古筝特殊音乐教育可以采用个别课、集体课、重奏齐奏课相结合的方式进行，有利于孤独症儿童们用音乐这种非语言形式进行社交和配合。古筝基础教育的上课形式为孤独症适应性教学提供了丰富的可借鉴经验。

对孤独症儿童的教育应避免过分强调个体的特殊性，而忽视孤独症儿童作为人的共同性和群体性特征。与古筝基础教育紧密联系的孤独症适应性教学指导可为孤独症儿童在融合环境下的演奏及学习提供可能性和基础保障。

第三单元　古筝对孤独症儿童适应性音乐指导教学总论

"适应性音乐指导"（adaptive music instruction）指通过个别授课的方式，使用适应性或补偿性的方法来促进或最大限度地提高残疾学生的音乐能力[①]。"适应性音乐指导"强调掌握器乐或声乐技能，不属于音乐治疗的范畴[②]。适应性音乐指导与音乐治疗的目的不同，前者以获得知识和技能为目的，后者只针对教育对象在学习过程中表现出的缺陷、不足或障碍，学习音乐知识和技能只是达到目的的手段。两者的内容不同，适应性音乐指导教授的是关于世界和人类的普遍共同知识和共同技能，音乐治疗提供的是个体所需的个性化知识以改善适应能力。

本书的研究主题为"古筝对孤独症儿童的适应性音乐指导"。其中，教学指导的对象为孤独症儿童，古筝为教育干预的媒介，教学指导的目标是为对象提供适应性的教育教学理论及实施策略，以提高孤独症儿童的古筝演奏等音乐能力，

---

① 高天.音乐治疗学基础理论［M］.北京：世界图书出版公司北京公司，2007：105.
② 高天.音乐治疗学基础理论［M］.北京：世界图书出版公司北京公司，2007：123.

并通过教学和指导的形式实现。由于孤独症儿童的心理年龄显著低于其生理年龄，所以作为本书所涉及的教学指导对象——"孤独症儿童"，按生理年龄论实际上包含了小龄和大龄孤独症者。

古筝对孤独症儿童的适应性音乐指导教学使用笔者提出的"教学三法"作为其理论及实践基础。"三法"即教师教学法、家庭教育法和美育法这三种教学方法。此"三法"是笔者与团队在研究古筝对孤独症儿童干预教育手段时期所提出的一种教育思想及教育方法的基本理论概念。在相关研究与实践过程中所使用的全部干预手段及干预方法，都是依托在"三法"的理论基础之上进行的探索与研究。在持续进行了几年的研究与应用中，通过理论学习及实践探索，我们不断完善、修改并丰富其内容与方式方法，不断地探索"三法"之基础，完善其内在理论，强化其外在应用，初步形成了结构化的"三法"基本理论思想与实践依据。其核心思想全部来源于对孤独症儿童及普通儿童教学实践过程中所运用的教育方法及教育思想。在实践运用过程中，我们发现"三法"具有较强的可塑性及理论延伸性，对孤独症儿童的教育理论探索有着不可替代的指导及探索意义。团队已将其教学内容和教育思想拓展应用于普通儿童的古筝教学中，其效果也颇有研究价值，教学成效获得了普通儿童家长的普遍认可，普通儿童家长认为新的教学方法具有较强的娱乐性及知识性。同时家长们也肯定了教学娱乐性的提高并没有阻碍学生对教学知识的掌握，娱乐与学习两者之间并不矛盾。娱乐与学习在课堂上的互动切换，不仅提高了学习乐趣，同时也丰富了教学内容，提高了教学质量。但这种教学模式非常考验教师的知识储备及科学素养，需要教师从传统单一型学科教师转变成通识型教师。这样的教学课堂极大地考验着教师的能力，但教学效果却会因教学内容的丰富而得到提升。这种模式可作为在我国校园内探索"融合教育""随班就读"等政策实施的理论依据及应用方法，为其提供教育理论、方法及内容。所以"三法"在使用上并没有过多地局限在孤独症儿童身上，只是基于孤独症儿童进行的研究探索，其理论实践的宽度与深度同样可以普惠至各类儿童群体中。当今世界所强调的教育是多元化的教育，所以一种实用且有效的教育理论的确立，最核心的标准就是要应用在任何群体当中都有其教育意义与教学效果，这才是真正的教学方法及教育思想。传统的教学模式，如：一种单一的英语单词速记方法、一种快速解题公式、一种能强化学生死记硬背或是填鸭教学等方式的教学手段，都仅仅是应急性的手段，不能作为现今教育的根本，这种短期效应其实质也仅为取巧而已。我国基础教育大多以短期速记及应试强化为主，这是一线教师普遍教育学生的统一手段与方式。而对于孤独症儿童来说，他们不能选择短期教育，他们的教育必须靠长期的训练才能稳步改善，否则会出现干预效果倒退现象。因此只有长远规划的教育思想才是孤独症儿童唯一的干预教育方法。对于各类儿童教育来说,真正的教育理论要有其核心思想、核心价值及审美判断等多维度、多角度、多元化的教学内容。把单一解决问题当作教学内容的时代已经没落,没有思辨的教育只会带给人类社会碎片化的思维与认知。把取巧手段当成教学方法这本身就是对教育的矮化。教育方法要使被教育者具有完整思想及完整人格,从而使其自身树立起具有审美性的人生观、价值观、世界观。

教育方法是指在一定的教育思想指导下形成的实现其教育思想的策略性途径。包括教师直接指向教育内容的教学方法、学生学习方法指导及学前教育和家庭教育的方法。教育方法是教育的客观规律和原则的反映和具体体现,正确地运用各种教育方法,对提高教学质量、实现教育目的、完成教育任务具有重要的意义。"三法"中,包含了孤独症儿童家长在家庭中所要承担的责任与义务,以及对教学内容的实施及督导,明确了家长是陪伴学习者,不仅要陪伴孤独症儿童学习,同时也要学习如何在课下实施教育指导手段及教学内容复习,在家中要承担孤独症儿童的思想疏导教师及陪练教师等多重角色,这些角色的互换非常考验孤独症儿童家长的能力。目前国内外使用的多数干预方法都会要求孤独症儿童家长在家中进行干预教育的预习与实施,且多数干预方法都只强调家长的实施效果及实施过程,并没有关注到长期实施干预教育给孤独症儿童家长带来了多大的心理压力及情感诉求,这些因素都影响着孤独症儿童的干预教育结果。而对于孤独症儿童家长生理及心理层面的关注,在孤独症相关理论中并没有涉猎太多,主要依靠实施干预的教师来对家长进行口头安抚或是做一些儿童干预前后的对比,用一些简易的方式对家长进行具有一定效果的说服与劝导,但效果仅为短期效应,无法长存。部分教师能力不足,导致教育实施过程中所使用的手段前后矛盾,这些都会使家长的信心与耐力不断地被消耗直至耗尽。所以,"三法"要从孤独症儿童家庭的实际出发,从探索职业教育的角度延伸至干预教育领域,再到关注心理干预的全面系统化的教育教学方法。美育法从宏观上倡导孤独症儿童家长从审美中重新塑造自身的人格与价值,改善其心理压力与自身内在矛盾,转变思想态度,从宏观的角度理解与思考孤独症儿童的干预内容及干预目标。教师教学法则是在进行古筝音乐专业技能教育的过程中,兼顾倡导美育法的实施,同时关注孤独症儿童及家长,帮助其建立和谐家庭。在古筝教学上要运用理论与科学知识探索每一名孤独症儿童的潜质及需求,帮助他们在职业需求的基础上改善行为与社交能力。把古筝当作语言交流的沟通渠道,把古筝当作心理疏导的心灵导师,把古筝当作社交能力的展示工具,这些都是能够运用古筝这件民族乐器所应做到的干预手段与干预效果。关键在于教师能否挖掘及运用好"三法"中的教师教学法,并把它融会贯通至美育法和家庭教育法之中,这也是教师教学法的核心思想。家庭教育法关注孤独症儿童家长的实施及思想认识。笔者认为家长是孤独症儿童人生中唯一的干预教师,其对孤独症儿童的教育影响,远远超过任何教育方法及教师,家长的状态就是孤独症儿童的未来。不解决家长这一核心影响因子,仅仅只把关注焦点放在孤独症儿童的干预效果上,结果只会是孤独症儿童人生中的昙花一现短短几年而已。所以孤独症儿童教育实施内容的核心方法就是家庭教育法中对家长的实施作用及教师教学法的干预方法和职业挖掘。影响教师及孤独症儿童家长的核心手段则是美育法。美育塑造教师、家长,教师协助家长执行,家长则托起孤独症儿童的人生与未来之路。

专业技能是孤独症儿童融入社会、撬开社会大门的唯一钥匙,只有具备一技之长的孤独症儿童才能在未来的人生中找到自己的生存之道。美国著名孤独症人士天宝·格兰丁女士在《我心看世界》一书中写道:"几年前,我参观了日本的孤独症教育项目,见到了很多高功能孤独症人士,他们中的每一个人都拥有一份不错的职业。有一位男士从事技术和法律文件的翻译工作,另一位是职业治疗师,其他还有多人是计算机程序员。一位看上去功能不太高的男士是面包师。我注意到在日本,整个社会的态度很看重发展专业技能,这让孤独症和阿斯伯格综合征个体从这种社会环境中受益,而且一生都会受益。"[①]天宝·格兰丁女士在书中多次强调了专业技能对职业的重要性,特别是对孤独症人群,当然这也仅仅是她个人的看法,但她本人今天的成就也恰恰是专业技能所带来的。探索古筝对孤独症儿童的适应性教育就是这样一种专业技能探索,它不能满足所有孤独症儿童的需求,但它能打开部分孤独症儿童的内心,同时带给他们专业技能,从而让他们走向社会去实现自己的古筝职业发展。

---

① (美)天宝·格兰丁.我心看世界:天宝解析孤独症谱系障碍[M].燕原,译.北京:华夏出版社,2012:193.

第二章 教师教学法——重要内容

第一单元 学前情况调查及阶段评估

对于儿童存在的问题有两种代表性的方法,即构造主义方法与功能主义方法[①]。构造主义方法也被称为医疗模式,两种方法的差异导致了采用的评估方式的不同。医疗模式评估针对儿童的问题从性格特征及发育阶段入手,根据诊断标准分类进行预测。因此,评估时采用标准化测验、问卷调查以及结构面谈等方法。评估结果在享受公共服务,或是接受流行病学调查时被采纳。行为模式评估(行为评估)则是分析个体行为与其所处环境之间的相互作用。以对儿童的问题行为(目标行为)与维持此行为的环境条件的记述、干预方法的选择、结果的评定以及干预方法的修正等支持为目标。功能性评估通常采用直接观察儿童的行为(频率及强度)、为实现功能分析的面谈、行为的自我评定等,在每次干预时都采取相同的评估方式进行连续的测定[②]。对孤独症儿童进行的古筝适应性教学指导采用行为模式评估方法,注重对儿童的行为与古筝演奏及学习等相关活动的外部环境之间的相关作用的观察评估,强调教学指导与评估的相互关联。通过评估能客观的分析儿童的问题,建立教学指导的假设,在此假设的基础上选择教学方法及策略,通过实证性评估来评价教学效果,在无效果或效果欠佳的情况下教师进行总结和反思,重新审视教学方法,进行下一轮的假设与验证。好的教师是能客观地观察事实,建立教学假设然后进行实证验证,根据获得的证据进行合理思考的实践家。教师必须明确对怎样的教学对象实施了怎样的教学干预。

---

① Hayes S. N. & O'Brien W. H. Functional analysis in behavior therapy[J]. Clincal Psychology Review,1990,10:649-668.

② (日)小林重雄.自闭症教育基础用语百科辞典[M].裴虹,范祺韡,译.上海:上海人民出版社,2019:19-20.

因此,教师也必须同时具备实施评估的能力。

对孤独症儿童进行古筝适应性教学指导之前,应先明确儿童的能力、需求、兴趣和身体状况,再进行适应性个别化教学。先对每个儿童进行鉴别和评估,确定属于什么类型,有什么特性等,从而为教学指导前每个学生都有一份能满足自己需求的特殊学习计划提供依据,以便针对学生的个性特征设立课程和指导,采用不同的教学资源、教学方法和教育评价手段。同时,对儿童进行定期的阶段性评估,可明确反映儿童各方面的发展变化,是预期未来教学设计的指南针。另外,评估应着重于之后教学的功用,即描述性的测验,而不是着重于对改变的敏感性,即评估性的测验。教学上所使用的评估工具不见得都适合用来评估经过一段时间儿童的改变。不能因为儿童进步变化不明显,就否定或质疑教学的适应性及敏感度。

对孤独症儿童的教育评估存在许多困难:第一,儿童在言语和沟通方面的缺陷影响评估的顺利开展。对评估口令指示等接受性语言不理解。第二,表达性语言能力不足,难以给出充分的语言反馈。第三,缺乏社交动机,难以对评估者保持注意,会漏掉一些重要提示信息。第四,对环境和常规过度依赖,抗拒环境和评估过程。第五,独特的感知觉偏好容易分散注意力,有的对多通道刺激难以接受。第六,由于泛化能力极低,难以在评估环境下展现真实的技能水平,较难获得准确信息。第七,孤独症儿童之间的异质性使得评估者没有普适的评估策略和工具。评估者往往凭借多年经验,有较大灵活性[1]。因此对孤独症儿童的评估设计要重点考虑到儿童的特殊性及其对评估实施过程的影响。与古筝适应性教学指导及活动相关的评估要体现儿童的主要发展领域,尽力规避评估实施过程中的困难点。

一、儿童基本情况登记调查

在儿童进行正式的古筝演奏学习及相关活动之前,要对儿童的基本情况进行登记存档。

教师可使用《儿童基本情况登记表》进行儿童的情况调查。《儿童基本情况登记表》(见表 2-1-1)涉及儿童的自然情况、孤独症障碍史、主要病史、康复及学习经历、以父母为主的家庭基本情况、儿童的强项、弱项及家长期许等方面,是教师对儿童的第一次整体情况调查,形成对儿童的第一印象。此表需由儿童家长填写,要求填写内容真实、情况叙述详尽。

---

① 胡晓毅,刘艳虹.孤独症谱系障碍儿童的教育[M].北京:北京师范大学出版社,2016:18-20.

表 2-1-1　儿童基本情况登记表

登记人：　　　　　与儿童的关系：　　　　　日期：

儿童姓名		性别		年龄		出生年月	
确诊医院				确诊时间			
主要病史							
家庭住址							
父母籍贯				孩子出生地			

初始发现孩子异常的情况及年龄：

亲子关系	姓名	年龄	职业	工作单位	文化程度	毕业院校	联系电话
爸爸							
妈妈							
主要看护人							

家庭婚姻状况		家庭经济状况 （是否有社保、低保）	
照看方式		照看时间	

孩子的康复经历与学习经历（曾去过哪些康复机构及学校）：

家长认为孩子有哪些强项与弱项

强项：

弱项：

家长对于孩子的期望与目标是什么：

　　家长完成登记表的填写后，教师还应对家长进行关于儿童情况的访谈，以便获得更详细和准确的信息。访谈的内容可以是对登记表涉及内容的更深入询问，也可以是以下几个方面：

　　1. 儿童在视觉、触觉、听觉等感觉能力上表现如何？有无明显异常？异常的具体表现是什么？可举例说明。

2.儿童在运动能力上表现如何？有无明显异常？异常的具体表现是什么？可举例说明。

3.儿童在姿势模仿的能力上表现如何？有无明显异常？异常的具体表现是什么？可举例说明。

4.儿童在唱歌等音乐活动中表现如何？是否喜欢音乐？喜欢什么样的音乐？具体表现是什么？可举例说明。

5.儿童有无非常喜爱的乐器、乐曲、歌曲或任何艺术形式？具体表现是什么？可举例说明。

6.儿童最喜欢的课程是什么？有什么爱好？有什么作品（艺术作品、手工作品等）可以拿给我看看吗？

7.儿童的情绪表现怎样？是较平稳还是容易爆发？容易引起情绪爆发的原因或事物是什么？具体表现是什么？可举例说明。

8.儿童的语言表现怎样？仿说能力如何？吐字、发音、声调、语气、流畅性上表现怎样？能否听懂别人话的意思？表达性语言能力如何？最大的困难是什么？具体表现是什么？可举例说明。

9.儿童有无明显问题行为？刻板行为的具体表现是什么？有无攻击行为？有无自伤行为？具体表现是什么？可举例说明。

10.儿童的认知和学业完成能力如何？最大的困难是什么？具体表现是什么？可举例说明。

11.儿童听指令能力如何？可完成几步指令？具体表现是什么？可举例说明。

12.儿童专注力表现如何？最长可保持专注多长时间？最大的困难是什么？具体表现是什么？可举例说明。

13.儿童在与家人的互动上表现如何？依恋情感表现如何？具体表现是什么？可举例说明。

14.儿童在与同伴的互动上表现如何？人际交往的表现如何？具体表现是什么？可举例说明。

15.儿童目前在哪个方面能力提高的幅度最大？开始和现在的能力表现具体都是怎样的？可举例说明。使用了怎样的干预？下一步的发展目标是什么？

16.儿童目前在哪个方面能力提高的幅度最小？最大的困难是什么？可举例说明。一直实施怎样的干预？

17.家长认为儿童目前最急迫需要提高的是什么能力？为什么是此能力？有何提高计划和干预行动？可举例说明。

18.儿童的兴趣领域是什么？强化物有哪些？不同阶段有什么变化？现阶段最大的强化物是什么？可举例说明。

二、儿童音乐喜好评估

几乎所有孤独症儿童都喜爱音乐，但不同个体喜爱的具体音乐元素是不同的，喜爱程度也有差别。也许，这与家庭及平日生活中音乐环境氛围的多寡浓淡有着直接关系。因此，对儿童的音乐喜好进行观察、测试、评估和总结是有着重要意义的。教师可根据评估结果和总结的结论找到儿童的音乐喜好，进而可找到儿童的音乐强化物，并直接用于教学指导中。评估可直接作为弹唱儿歌等教学内容设计创作的重要依据，也可在一定程度上找到对其进行古筝教学指导的切入点和突破口。评估具体做法如下。

（一）评估儿童对旋律的反应及喜好

评估 1　目的：考察儿童对音乐中的旋律元素的反应。

评估过程：为儿童播放一段无旋律感的声音和一段有明显旋律感的声音，观察儿童的反应及行为，给予结果评价。

评定标准：A.儿童反应无明显区别。B.儿童对有旋律感的声音有一定反应，如儿童表现出注意。C.儿童对有旋律感的声音有适度反应，如面带微笑，表现出喜欢。D.儿童对有旋律感的声音有强烈反应，如表现出兴奋和渴望。

教师可对儿童的反应及具体表现做详细描述。

评估 2　目的：考察儿童对音乐中的旋律元素的喜好。

评估过程：为儿童播放一段平稳进行的旋律和一段跳进进行的旋律，观察儿童的反应及行为，给予结果评价。

评定标准：A.儿童反应无明显区别。B.儿童对平稳进行的旋律表现出反应及行为，如儿童表现出注意或喜欢。C.儿童对跳进进行的旋律表现出反应及行为，如儿童表现出注意或喜欢。

教师可对儿童的喜爱程度和具体表现做详细描述。

（二）评估儿童对节奏的反应及喜好

评估 1　目的：考察儿童对音乐中的节奏元素的反应。

评估过程：为儿童播放一段无明显节奏感的旋律和一段有明显节奏感的旋律，观察儿童的反应及行为，给予结果评价。

评定标准：A.儿童反应无明显区别。B.儿童对有明显节奏感的旋律有一定反应，如儿童表现出注意。C.儿童对有明显节奏感的旋律有适度反应，如面带微笑，身体跟随节奏轻微晃动。D.儿童对有明显节奏感的旋律有强烈反应，如表现出兴奋和渴望,身体跟随节奏明显律动。

教师可对儿童的反应及具体表现做详细描述。

评估 2　目的:考察儿童对音乐中的节奏元素的喜好。

评估过程:为儿童播放一段节奏简易的旋律和一段节奏复杂的旋律,观察儿童的反应及行为,给予结果评价。

评定标准:A. 儿童反应无明显区别。B. 儿童对节奏简易的旋律表现出反应及行为,如儿童表现出注意或喜欢。C. 儿童对节奏复杂的旋律表现出反应及行为,如儿童表现出注意或喜欢。

教师可对儿童的喜爱程度和具体表现做详细描述。

(三) 评估儿童对速度的反应及喜好

评估 1　目的:考察儿童对音乐中的速度元素的反应。

评估过程:为儿童播放一段无速度变化的旋律和一段有明显速度变化(变快或变慢)的旋律,观察儿童的反应及行为,给予结果评价。

评定标准:A. 儿童反应无明显区别。B. 儿童对有明显速度变化的旋律有一定反应,如儿童表现出注意。C. 儿童对有明显速度变化的旋律有适度反应,如面带微笑,表现出喜欢。D. 儿童对有明显速度变化的旋律有强烈反应,如表现出兴奋和渴望。

评估 2　目的:考察儿童对音乐中的速度元素的喜好。

评估过程:为儿童播放一段慢速旋律(约每分钟 60 拍)、一段中速旋律(约每分钟 90 拍)和一段快速旋律(约每分钟 140 拍),观察儿童的反应及行为,给予结果评价。

评定标准:A. 儿童反应无明显区别。B. 儿童对慢速旋律表现出反应及行为,如儿童表现出注意或喜欢。C. 儿童对中速旋律表现出反应及行为,如儿童表现出注意或喜欢。D. 儿童对快速旋律表现出反应及行为,如儿童表现出注意或喜欢。

教师可对儿童的喜爱程度和具体表现做详细描述。

(四) 评估儿童对力度的反应及喜好

评估 1　目的:考察儿童对音乐中的力度元素的反应。

评估过程:为儿童播放一段无力度变化的旋律和一段有明显力度变化(变强或变弱)的旋律,观察儿童的反应及行为,给予结果评价。

评定标准:A. 儿童反应无明显区别。B. 儿童对有明显力度变化的旋律有一定反应,如儿童表现出注意。C. 儿童对有明显力度变化的旋律有适度反应,如面带微笑,表现出喜欢。D. 儿童对有明显力度变化的旋律有强烈反应,如表现出兴奋和渴望。

评估 2　目的：考察儿童对音乐中的力度元素的喜好。

评估过程：为儿童播放一段中等力度旋律、一段强力度旋律和一段弱力度旋律，观察儿童的反应及行为，给予结果评价。

评定标准：A. 儿童反应无明显区别。B. 儿童对中等力度旋律表现出反应及行为，如儿童表现出注意或喜欢。C. 儿童对强力度旋律表现出反应及行为，如儿童表现出注意或喜欢。D. 儿童对弱力度旋律表现出反应及行为，如儿童表现出注意或喜欢。

教师可对儿童的喜爱程度和具体表现做详细描述。

（五）评估儿童对音色的反应及喜好

评估 1　目的：考察儿童对音乐中的音色元素的反应。

评估过程：为儿童播放一段无音色变化的旋律和一段有明显音色变化的旋律，观察儿童的反应及行为，给予结果评价。

评定标准：A. 儿童反应无明显区别。B. 儿童对有明显音色变化的旋律有一定反应，如儿童表现出注意。C. 儿童对有明显音色变化的旋律有适度反应，如面带微笑，表现出喜欢。D. 儿童对有明显音色变化的旋律有强烈反应，如表现出兴奋和渴望。

评估 2　目的：考察儿童对音乐中的音色元素的喜好。

评估过程：为儿童播放一段柔和音色的旋律、一段明亮音色的旋律和一段浑厚音色的旋律，观察儿童的反应及行为，给予结果评价。

评定标准：A. 儿童反应无明显区别。B. 儿童对柔和音色的旋律表现出反应及行为，如儿童表现出注意或喜欢。C. 儿童对明亮音色的旋律表现出反应及行为，如儿童表现出注意或喜欢。D. 儿童对浑厚音色的旋律表现出反应及行为，如儿童表现出注意或喜欢。

教师可对儿童的喜爱程度和具体表现做详细描述。

（六）评估儿童对调式调性的反应及喜好

评估 1　目的：考察儿童对音乐中的调式调性元素的反应。

评估过程：播放一段无调性的音乐和一段有调性的音乐给儿童听，观察儿童的反应及行为，给予结果评价。

评定标准：A. 儿童反应无明显区别。B. 儿童对有调性的音乐有一定反应，如儿童表现出注意。C. 儿童对有调性的音乐有适度反应，如面带微笑，表现出喜欢。D. 儿童对有调性的音乐有强烈反应，如表现出兴奋和渴望。

教师可对儿童的反应及具体表现做详细描述。

评估 2　目的：考察儿童对音乐中的调式调性元素的喜好。

评估过程：为儿童播放一段民族五声调式的音乐、一段七声音阶大小调的音乐和一段有移调或转调的音乐,观察儿童的反应及行为,给予结果评价。

评定标准:A. 儿童反应无明显区别。B. 儿童对民族五声调式的音乐表现出反应及行为,如儿童表现出注意或喜欢。C. 儿童对七声音阶大小调的音乐表现出反应及行为,如儿童表现出注意或喜欢。D. 儿童对有移调或转调的音乐表现出反应及行为,如儿童表现出注意或喜欢。

教师可对儿童的喜爱程度和具体表现做详细描述。

（七）评估儿童对曲式结构的喜好

目的:考察儿童对音乐中的曲式结构元素的喜好。

评估过程:为儿童播放一段单一部曲式的旋律、一段单二部曲式的旋律和一段单三部曲式或更复杂曲式的旋律,观察儿童的反应及行为,给予结果评价。

评定标准:A. 儿童反应无明显区别。B. 儿童对单一部曲式的旋律表现出反应及行为,如儿童表现出注意或喜欢。C. 儿童对单二部曲式的旋律表现出反应及行为,如儿童表现出注意或喜欢。D. 儿童对单三部曲式或更复杂曲式的旋律表现出反应及行为,如儿童表现出注意或喜欢。

教师可对儿童的喜爱程度和具体表现做详细描述。

（八）评估儿童对和声的反应及喜好

评估 1 目的:考察儿童对音乐中的和声元素的反应。

评估过程:为儿童播放一段单声部音乐和一段和声音乐,观察儿童的反应及行为,给予结果评价。

评定标准:A. 儿童反应无明显区别。B. 儿童对和声音乐有一定反应,如儿童表现出注意。C. 儿童对和声音乐有适度反应,如面带微笑,表现出喜欢。D. 儿童对和声音乐有强烈反应,如表现出兴奋和渴望。

教师可对儿童的反应及具体表现做详细描述。

评估 2 目的:考察儿童对音乐中的和声元素的喜好。

评估过程:为儿童播放一段突出音程的音乐、一段突出和弦的音乐和一段突出和声功能进行的音乐,观察儿童的反应及行为,给予结果评价。

评定标准:A. 儿童反应无明显区别。B. 儿童对突出音程的音乐表现出反应及行为,如儿童表现出注意或喜欢。C. 儿童对突出和弦的音乐表现出反应及行为,如儿童表现出注意或喜欢。D. 儿童对突出和声功能进行的音乐表现出反应及行为,如儿童表现出注意或喜欢。

教师可对儿童的喜爱程度和具体表现做详细描述。

（九）评估儿童对情绪类型的喜好

目的:考察儿童对音乐中的情绪类型元素的喜好。

评估过程:为儿童播放一段情绪明亮的旋律、一段情绪欢快的旋律、一段情绪轻柔的旋律和一段情绪强烈的旋律,观察儿童的反应及行为,给予结果评价。

评定标准:A.儿童反应无明显区别。B.儿童对情绪明亮的旋律表现出反应及行为,如儿童表现出注意或喜欢。C.儿童对情绪欢快的旋律表现出反应及行为,如儿童表现出注意或喜欢。D.儿童对情绪轻柔的旋律表现出反应及行为,如儿童表现出注意或喜欢。E.儿童对情绪强烈的旋律表现出反应及行为,如儿童表现出注意或喜欢。

教师可对儿童的喜爱程度和具体表现做详细描述。

(十)评估儿童的强化音乐

目的:考察儿童对强化音乐的喜好程度。

评估过程:根据家长平日对儿童观察发现的结果,为儿童播放一段其现阶段最喜欢听的音乐,观察儿童的反应及行为,给予结果评价。

评定标准:A.儿童表现出注意,能始终专注听。B.播放的音乐能够缓解儿童情绪,儿童表现出放松及惬意。C.播放的音乐具有明确的强化性,儿童表现出明显的兴奋、喜爱和渴求。

教师可对儿童的喜爱程度和具体表现做详细描述。

(十一)评估儿童对演奏形式的喜好

目的:考察儿童对音乐演奏形式的喜好。

评估过程:为儿童播放一段教师提前录制的演奏视频。播放完毕后,教师进行此曲的现场演奏,观察儿童的反应及行为,给予结果评价。

评定标准:A.儿童反应无明显区别。B.儿童对演奏视频表现出反应及行为,如儿童表现出注意或喜欢。C.儿童对现场演奏表现出反应及行为,如儿童表现出注意或喜欢。

教师可对儿童的喜爱程度和具体表现做详细描述。

教师可使用《音乐喜好评估量表》(见表2-1-2)进行评估,此量表使用因素分析研究方法制作,具有较高的灵敏度,可明显显示结果对儿童音乐喜好的评估。评估维度包括旋律、节奏、速度、力度、音色、调式调性、曲式结构、和声、情绪、演奏形式等音乐元素及强化音乐。其中的"评定标准"体现了孤独症儿童个体间表现出的巨大差异,从无区别反应到有强烈反应,从简单音乐元素到复杂音乐元素,也包含了各音乐元素的不同典型形式,适用于对从无音乐喜好到有音乐天赋的多种程度孤独症儿童的评估,符合儿童的现实情况。教师对用于评估的音乐要进行精心挑选,要控制作为评估目标的音乐元素外的其他元素变量尽量一致。此评估虽不是在标准实验室环境下进行,但可在很大程度上反映出作为教学指导参考依据的儿童音乐喜好及程度。此评估的目的是为教学指导服务。另外,儿童的音乐喜好会有阶段性的变化,教师需对儿童进行定期评估(建议六个月一次)。为防止儿童无法保持做完整套评估需要的专注力,从而影响评估结果的准确性,可在课程需要的音乐欣赏环节里,根据儿童的现场状态随机对其中的几个音乐元素进行评估。同时,评估结果还应结合家长的平日观察结果进行综合考虑。

表 2-1-2　音乐喜好评估量

儿童姓名:　　性别:　　年龄:　　学习古筝时间:　　评估教师:　　　　日期:

一级指标	二级指标	三级指标	结果	备注
音乐喜好	(1)旋律	(A)无区别 (B)有一定反应 (C)有适度反应 (D)有强烈反应		
		(A)无区别 (B)喜好平稳进行 (C)喜好跳进进行		
	(2)节奏	(A)无区别 (B)有一定反应 (C)有适度反应 (D)有强烈反应		
		(A)无区别 (B)喜好简单节奏 (C)喜好复杂节奏		
	(3)速度	(A)无区别 (B)有一定反应 (C)有适度反应 (D)有强烈反应		
		(A)无区别 (B)喜好慢速 (C)喜好中速 (D)喜好快速		
	(4)力度	(A)无区别 (B)有一定反应 (C)有适度反应 (D)有强烈反应		
		(A)无区别 (B)喜好中等力度 (C)喜好强力度 (D)喜好弱力度		
	(5)音色	(A)无区别 (B)有一定反应 (C)有适度反应 (D)有强烈反应		
		(A)无区别 (B)喜好柔和音色 (C)喜好明亮音色 (D)喜好浑厚音色		
	(6)调性	(A)无区别 (B)有一定反应 (C)有适度反应 (D)有强烈反应		
		(A)无区别 (B)喜好民族五声调式 (C)喜好七声音阶大小调 (D)喜好移调或转调		
	(7)曲式结构	(A)无区别 (B)喜好单一部 (C)喜好单二部 (D)喜好单三部或更复杂的曲式结构		

续表

一级指标	二级指标	三级指标	结果	备注
音乐喜好	(8)和声	(A)无区别 (B)有一定反应 (C)有适度反应 (D)有强烈反应		
		(A)无区别 (B)喜好音程 (C)喜好和弦 (D)喜好和声功能进行		
	(9)情绪类型	(A)无区别 (B)喜好明亮的 (C)喜好欢快的 (D)喜好轻柔的 (E)喜好强烈的		
	(10)强化音乐	(A)专注听 (B)能缓解情绪 (C)有明确的强化性		
	(11)演奏形式	(A)无区别 (B)喜好演奏视频 (C)喜好现场演奏		

三、儿童音乐学习能力评估

古筝演奏的学习不只是演奏动作的学习,更是音乐能力的学习。这里体现了两个因素"音乐"与"学习"。"音乐"是主体,是行为的内容和目标,对孤独症儿童进行古筝适应性教学指导的内容是通过以古筝为媒介的音乐形式来让儿童形成并提高自己各方面的音乐能力。这些音乐能力包括对音乐的听辨能力、记忆力、模仿力、音乐感、创作力、独立完成等。这些音乐能力既是学习行为的内容,也是学习行为的目标。"学习"是行为,是完成内容和达到目标的过程和方式。儿童与音乐间的相互关系,无论是接受式的还是表达式的,对儿童来说都是一种"学习"。因此,儿童的音乐学习能力是提高古筝演奏技能的基础和前提。同时,儿童古筝演奏技能的提高也促进音乐学习能力的发展。两者相互促进,紧密联系。对孤独症儿童音乐学习能力方面的评估离不开古筝演奏学习及相关活动,需要在演奏、教学、活动等自然环境及儿童有一定专注力的状态下进行,而不适宜在标准的实验室环境中进行。细心且有观察力的教师能够在儿童演奏及与儿童的教学等互动过程中,敏锐地发现儿童在各音乐学习能力方面的状态和点滴变化。评估具体做法如下。

(一)对儿童音乐听辨能力的评估

评估1　目的:考察儿童对不同节奏和不同速度的听辨能力。

评估过程:当在儿童演奏、教学等活动中,同一首乐曲呈现出不同节奏或不同速度时(如他人或儿童自己弹错节奏或速度有明显变化时),观察儿童的反应及行为,给予结果评价。

评定标准:A. 儿童反应无明显区别。B. 儿童对节奏和速度的差异有一定反应,如儿童表现出注意或疑惑的表情。C. 儿童对节奏和速度的差异有明确反应,如通过言语或行为表示出发现了不同。D. 儿童对节奏和速度的差异有纠正反应,如儿童直接将不同的节奏或速度改正弹奏成儿童认为正确的节奏或速度。

评估2 目的:考察儿童对不同音高的听辨能力。

评估过程:当在儿童演奏、教学等活动中,同一首乐曲呈现出不同音高时(如他人或儿童自己弹错音或滑音音高明显不准时),观察儿童的反应及行为,给予结果评价。

评定标准:A. 儿童反应无明显区别。B. 儿童对音高的差异有一定反应,如儿童表现出注意或疑惑的表情。C. 儿童对音高的差异有明确反应,如通过言语或行为表示出发现了不同。D. 儿童对节奏和速度的差异有纠正反应,如儿童直接将不同的音高改正弹奏成儿童认为正确的音高。

评估3 目的:考察儿童对不同力度的听辨能力。

评估过程:当在儿童演奏、教学等活动中,同一首乐曲呈现出不同力度时(如他人或儿童自己的弹奏力度有明显变化时),观察儿童的反应及行为,给予结果评价。

评定标准:A. 儿童反应无明显区别。B. 儿童对力度的差异有一定反应,如儿童表现出注意或疑惑的表情。C. 儿童对力度的差异有明确反应,如通过言语或行为表示出发现了不同。D. 儿童对力度的差异有纠正反应,如儿童直接将不同的力度改正弹奏成儿童认为正确的力度。

评估4 目的:考察儿童对双声部的听辨能力。

评估过程:当在儿童演奏、教学等活动中,同一首双声部乐曲呈现出不同音乐元素时(如他人或儿童自己的弹奏有错误时),观察儿童的反应及行为,给予结果评价。

评定标准:A. 儿童反应无明显区别。B. 儿童对音乐元素的差异有一定反应,如儿童表现出注意或疑惑的表情。C. 儿童对音乐元素的差异有明确反应,如通过言语或行为表示出发现了不同。D. 儿童对音乐元素的差异有纠正反应,如儿童直接将不同的内容改正弹奏成儿童认为正确的内容。

(二)对儿童音乐记忆力的评估

目的:考察儿童音乐记忆的内容多少和保持时间长短。

评估过程:当在儿童演奏、教学等活动中,多次给儿童示范音乐内容,要求儿童记住并重现,观察儿童的反应及行为,并做时间记录。最终给予结果评价。

评定标准:A. 儿童无法记住音乐内容。B. 儿童能在课上速记少部分内容。

C. 儿童能在课上速记较多内容。D. 儿童能保持短期(按周计)记忆。E. 儿童能保持长期(按月计)记忆。

（三）对儿童音乐模仿力的评估

评估 1　目的：考察儿童对节奏的模仿力。

评估过程：当在儿童演奏、教学等活动中，为儿童呈现要模打的节奏内容（至少三次），要求儿童即刻模打，观察儿童的反应及行为。最终给予结果评价。

评定标准：A. 儿童无法模打。B. 儿童能模打部分节奏。C. 儿童能模打全部节奏。D. 儿童能模打较复杂或双声部的节奏。

评估 2　目的：考察儿童对音高的模仿力。

评估过程：当在儿童演奏、教学等活动中，为儿童呈现要模唱的音高内容（至少三次），要求儿童即刻模唱，观察儿童的反应及行为。最终给予结果评价。

评定标准：A. 儿童无法模唱。B. 儿童能模唱部分音高。C. 儿童能模唱全部音高。

评估 3　目的：考察儿童对弹奏的模仿力。

评估过程：当在儿童演奏、教学等活动中，给儿童呈现要模仿的弹奏内容（至少三次），要求儿童即刻模仿弹奏，观察儿童的反应及行为。最终给予结果评价。

评定标准：A. 儿童无法模仿弹奏。B. 儿童能模仿弹奏部分内容。C. 儿童能模仿弹奏全部内容。D. 儿童能模仿较复杂或双声部的弹奏。

（四）对儿童音乐感能力的评估

目的：考察儿童音乐感的反应及能力。

评估过程：在一定时间的儿童演奏、教学等活动中，观察儿童节拍感、节奏感、调性感、结构感、音准感、和声感、力度速度感、音色感、形象感、想象感上的反应及综合能力，给予结果评价。

评定标准：A. 儿童不具有音乐感。B. 儿童具有一种能力。C. 儿童具有两种能力。D. 儿童具有三种及以上的能力。

教师可对儿童的能力表现做详细描述。

（五）对儿童音乐创作力的评估

目的：考察儿童的音乐创作能力。

评估过程：在一定时间的儿童演奏、教学等活动中，观察儿童在歌词、节奏、旋律及和声上的创作及改编能力，给予结果评价。

评定标准：A. 儿童不具有改编或创作力。B. 儿童能够对歌词进行改编或创作。C. 儿童能够对节奏进行改编或创作。D. 儿童能够对旋律进行改编或创作。E. 儿童能够对和声进行改编或创作。

教师可对儿童的能力表现做详细描述。

（六）对儿童独立完成能力的评估

目的：考察儿童音乐演奏及学习的独立完成能力。

评估过程：在一定时间的儿童演奏、教学等活动中，观察儿童独立完成演奏及学习的能力，给予结果评价。

评定标准：A. 儿童需要肢体辅助。B. 儿童需要语言辅助。C. 儿童能够独立完成。D. 儿童能够自己预习或自学。

教师可对儿童的能力表现做详细描述。

教师可使用《音乐学习能力评估表》（见表 2-1-3）进行评估。由于此评估要在儿童学习提高的不同阶段使用，因此其中的"评定标准"体现了孤独症儿童个体间表现出的巨大差异，从对差异无反应到有纠正反应，从无能力到有较高能力，因此适用于对从无音乐学习能力到有音乐天赋的多种程度孤独症儿童的评估。同时，此评估也能够反映出儿童在不同阶段学习能力的表现，体现儿童的具体发展趋势。儿童的音乐学习能力必然会有阶段性的变化，教师需对儿童进行定期评估（建议六个月一次）。为防止儿童无法保持做完整套评估所需的专注力，从而影响评估结果的准确性，也可在课程教学环节里，根据儿童的现场状态随机对其中的几种音乐学习能力进行评估。同时，评估结果还应结合家长的平日观察结果进行综合考虑。

表 2-1-3　音乐学习能力评估表

儿童姓名：　　　性别：　　年龄：　　学习古筝时间：　　　评估教师：　　　　日期：

一级指标	二级指标	三级指标	结果	备注
音乐学习能力	(1)音乐听辨能力	(A)对节奏和速度差异无反应 (B)有一定反应 (C)有明确反应 (D)有纠正反应		
		(A)对音高差异无反应 (B)有一定反应 (C)有明确反应 (D)有纠正反应		
		(A)对力度差异无反应 (B)有一定反应 (C)有明确反应 (D)有纠正反应		
		(A)对双声部中音乐元素的差异无反应 (B)有一定反应 (C)有明确反应 (D)有纠正反应		
	(2)音乐记忆力	(A)无法记住 (B)课上速记内容少 (C)课上速记内容多 (D)能短期(按周计)记住 (E)能够长期(按月计)记住		

续表

一级指标	二级指标	三级指标	结果	备注
音乐学习能力	（3）音乐模仿力	（A）无法模打节奏 （B）模打部分节奏 （C）模打全部节奏 （D）模打复杂或双声部节奏		
		（A）无法模唱音高 （B）模唱部分音高 （C）模唱全部音高		
		（A）无法模仿弹奏 （B）模仿部分弹奏 （C）模仿全部弹奏 （D）模仿复杂或双声部的弹奏		
	（4）音乐感能力	（A）儿童不具有音乐感 （B）具有一种能力 （C）具有两种能力 （D）具有三种及以上的能力		
	（5）音乐创作力	（A）儿童不具改编或创作力 （B）歌词改编及创作 （C）节奏改编及创作 （D）旋律改编及创作 （E）和声改编及创作		
	（6）独立完成学习情况	（A）需要肢体辅助 （B）需要语言辅助 （C）独立完成 （D）自己预习或自学		

四、儿童其他综合能力评估

对孤独症儿童的古筝弹奏教学不仅能够提高儿童的弹奏运动能力和音乐能力，教学设计中的儿歌弹唱、演奏互动活动、融合集体课等活动形式和内容，也会对儿童的其他发展领域产生"辐射"效果。因此，对儿童的情绪、专注力、听指令能力、行为、语言及社会交往能力进行评估，能够观察到儿童整体综合能力的状态和变化。评估的具体做法如下。

（一）对儿童情绪的评估

评估1　目的：考察儿童在古筝演奏及学习等活动中的情绪稳定状况。

评估过程：统计儿童在一个月内进行古筝演奏及学习等活动时情绪不稳定的次数，给予结果评价。

评定标准：A. 情绪不稳定超过5次。B. 情绪不稳定3～5次。C. 情绪不稳定少于2次。

教师可对儿童情绪不稳定时的具体情况做详细描述。

评估2　目的：考察儿童在古筝演奏及学习等活动中，儿童自我调控情绪的能力。情绪的自我调控能力是指控制自己的情绪活动以及抑制情绪冲动的能力。情绪的调控能力建立在对情绪状态的自我觉知的基础上，是指一个人如何有效地摆脱悲伤、愤怒、焦虑、害怕等因为失败或不顺利而产生的消极情绪的能力①。

评估过程:观察儿童在古筝演奏及学习等活动中,当情绪不稳定时儿童调控情绪的方式,给予结果评价。

评定标准:A. 无法平复情绪。B. 需要安慰、鼓励或奖励。C. 需要适度放松。D. 能意识到自己的情绪并能自我控制。E. 能接受面对挫折或被打扰。

教师可对儿童调控情绪的方式做详细描述。

(二)对儿童专注力的评估

目的:考察儿童在古筝演奏及学习等活动中的专注力状态。

评估过程:计量儿童进行演奏及教学等活动中,专注力持续保持的时间长度,给予结果评价。

评定标准:A. 1分钟以内。B. 5分钟以内。C. 10分钟以内。D. 10分钟以上。

教师可对儿童的专注力状态做详细描述。

(三)对儿童听指令能力的评估

指令听从是指遵循指令或服从其他人的要求,又称为听者技能②。

目的:考察儿童在古筝演奏及学习等活动中的听指令能力。

评估过程:计量儿童进行演奏及教学等活动中,能够理解并完成到几步指令,给予结果评价。

评定标准:A. 完成一至二步指令。B. 完成三至四步指令。C. 完成五步及以上指令。

教师可对儿童的听指令状态做详细描述。

(四)对儿童行为的评估

孤独症儿童除了固有的刻板行为外,还伴有一些其他的问题行为。

评估1　目的:考察儿童在古筝演奏及学习等活动中的行为表现。

评估过程:观察儿童进行演奏及教学等活动中,所表现出的问题行为,给予结果评价。

评定标准:A. 有攻击性行为。B. 有自伤等自我刺激行为。C. 有不文明或不适当行为。D. 行为较好。

教师可对儿童的问题行为表现做详细描述。

评估2　目的:考察儿童在古筝演奏及学习等活动中行为的问题程度。

---

① 胡晓毅,刘艳虹.学龄孤独症儿童教育评估指南[M].北京:北京师范大学出版社,2017:83.
② 胡晓毅,刘艳虹.学龄孤独症儿童教育评估指南[M].北京:北京师范大学出版社,2017:185.

评估过程：观察记录儿童进行演奏及教学等活动中，问题行为的发生频率，给予结果评价。

评定标准：A. 经常出现。B. 有时出现。C. 较少出现。

（五）对儿童语言能力的评估

语言能力包括接受性能力和表达性能力。接受性语言能力指儿童理解和领悟所听到或看到的语言或信息，常伴有手势、表情等回应表达。接受性语言能力的缺乏会直接影响表达性语言能力的发展。表达性语言能力包括仿说、要求、提问、描述和评论。仿说能力对于言语发展是必不可少的基础能力，评论是更高水平的语言表达能力。

评估 1　目的：考察儿童在古筝演奏及学习等活动中的接受性语言的能力。

评估过程：观察儿童进行演奏及教学等活动中，对他人问话的回应表现，给予结果评价。

评定标准：A. 对别人的问话无反应。B. 需要在他人提示下回应。C. 能够理解别人话语的意思并有回应。

教师可对儿童的接受性语言能力表现做详细描述。

评估 2　目的：考察儿童在古筝演奏及学习等活动中表达性语言的能力。

评估过程：观察儿童进行演奏及教学等活动中，仿说歌词的能力、要求辅助和需求的能力、提出疑问的能力、描述自己的感受及事件的能力、评论自己及他人表现的能力。最终给予结果评价。

评定标准：A. 能够发声。B. 能够仿说。C. 能够要求。D. 能够提问。E. 能够描述。F. 能够评论。

教师可对儿童的表达性语言能力表现做详细描述。

评估 3　目的：考察儿童在古筝演奏及学习等活动中口语能力的表现。

评估过程：观察儿童进行演奏及教学等活动中，在口语的语音、语调及语速方面的表现，给予结果评价。

评定标准：A. 语音、语调或语速表现不佳。B. 有抑扬顿挫的语调。C. 口齿清晰。D. 语速适当。

教师可对儿童口语能力的表现做详细描述。

（六）对儿童社会交往能力的评估

目的：考察儿童在古筝演奏及学习等活动中的社会交往能力。

评估过程：观察儿童进行演奏及教学等活动中，对他人的关注及与他人交往的表现，给予结果评价。

评定标准：A. 对他人不关注、不理睬。B. 关注他人的演奏视频。C. 活动现场有音乐关注或交流。D. 活动现场有言语交流。

教师可对儿童的社会交往能力表现做详细描述。

教师可使用《儿童其他综合能力评估表》(见表 2-1-4)进行评估。由于此评估要在儿童能力提高的不同阶段使用,因此其中的"评定标准"不仅体现了孤独症儿童个体间表现出的巨大差异,从无能力、表现不佳到有较高能力、表现较好,同时也能够反映出儿童在不同阶段综合能力的表现变化。儿童的综合能力会有不同方面和不同程度的阶段性变化,因此教师需对儿童进行定期评估(建议六个月一次)。另外,应在演奏、教学及活动的自然环境和自然情境下,根据儿童的现场状态随机对其中的几种综合能力进行评估。同时,评估结果还应结合家长的平日观察结果进行综合考虑。

表 2-1-4 儿童其他综合能力评估表

儿童姓名: 性别: 年龄: 学习古筝时间: 评估教师: 日期:

一级指标	二级指标	结果	备注
情绪	(A)情绪不稳定超过 5 次 (B)情绪不稳定 3～5 次 (C)情绪不稳定少于 2 次		月平均量
	(A)无法平复情绪 (B)需要安慰、鼓励或奖励 (C)需要适度放松 (D)能意识到自己的情绪,并能自我控制 (E)能接受面对挫折或被打扰		
专注力	(A)1 分钟以内 (B)5 分钟以内 (C)10 分钟以内 (D)10 分钟以上		
听指令能力	(A)完成一至二步指令 (B)完成三至四步指令 (C)完成五步及以上指令		
行为	(A)有攻击性行为 (B)有自伤等自我刺激行为 (C)有不文明或不适当行为 (D)行为较好		
	(A)经常出现 (B)有时出现 (C)较少出现		
语言能力	(A)对别人的问话无反应 (B)需要在提示下回应 (C)能够理解并回应		
	(A)能够发声 (B)能够仿说 (C)能够要求 (D)能够提问 (E)能够描述 (F)能够评论		
	(A)语音、语调或语速表现不佳 (B)有抑扬顿挫的语调 (C)口齿清晰 (D)语速适当		
社会交往能力	(A)对他人不关注、不理睬 (B)关注他人的演奏视频 (C)活动现场有音乐关注或交流 (D)活动现场有言语交流		

第二单元　教学环境的创设

在孤独症儿童的古筝演奏教学指导中,"环境"指直接或间接影响儿童古筝演奏及相关活动质量的全部外在因素,包括物理环境和人为环境。孤独症儿童自身的障碍是个体发展的客观因素,是与生俱来难以改变的。但环境是儿童个体发展的主观因素,是可操控和改变的。教学环境与儿童发展间有着重要联系。因此,对孤独症儿童古筝适应性演奏教学的环境进行个性化创设是有其重要意义的。环境是决定行为的潜在因素,环境对行为有影响,甚至产生决定性影响。但这种作用是潜在的,只有环境和人的因素相结合,甚至被适当行为激活时,环境才能发挥这种作用。环境有利于儿童建立自我调节功能,从而建立自我反应的能力[①]。教学环境创设的最终目的是发挥环境优势,帮助孤独症儿童在适应教学环境的前提下,进行有效的学习、演奏及活动。

教学环境创设的原则有以下几点:(1)立足儿童特点,满足差异化需求。对物理环境中的温度、色彩、光线、声环境、功能分区进行针对孤独症儿童的个性化设计和调控。对人为环境中出现的人员做特殊要求安排。(2)灵活可变。各功能分区根据上课形式的不同做空间环境的灵活变化。(3)安全舒适。环境内的所有设备和物品都要确保安全卫生。(4)避免分散注意力。通过对环境的控制,尽量排除可能会使儿童注意力分散的干扰因素。(5)提升环境可预测性。通过对空间环境进行分区,明确各分区的功能,使儿童进入区域后能够知道如何使用。(6)确保活动可控性。

一、物理环境

有研究表明,儿童智力活动水平离不开适当的环境刺激,刺激的缺乏和过剩都使大脑的活动水平下降,情绪急躁不安,严重者甚至会出现幻觉[②]。温度环境、色彩环境、光线环境及声环境等物理环境也会影响儿童的认知和情绪。

(一)温度

教学环境温度的实验研究表明,教室中最适宜的温度在 $20\sim25℃$。温度每高于这个适宜值 $1℃$,儿童的学习能力相应降低 2%,一旦达到 $35℃$ 以上的高温,儿童的大脑能量消耗明显增加。温度过低同样也会产生一系列的消极后果,

---

① 肖虹. 班杜拉社会学习理论的认知与融合性特征研究[D]. 济南:山东大学,2007.

② 邬志辉. 关于教学环境的几个理论问题的思考[J]. 东北师大学报,1995(3).

如果教室的温度在8℃以下,儿童呼吸的气体就会凝结成雾状小水滴,会降低学生大脑皮质的思维记忆力和手指的灵活性[①]。因此,教室内应装有空调等恒温设备,在通风透气的前提下,保持室内温度在20~25℃,以适宜儿童在此进行学习和活动。儿童根据自身情况穿着适宜的衣服,不要过厚而影响进行感觉统合训练和古筝演奏热身操。

(二)色彩

人们获取外界信息80%依靠视觉系统。心理学理论证明,颜色对儿童的认知、情绪、生理亦有显著的影响。例如,红色在生理上能使儿童脉搏加快,血压升高,心理上具有温暖的感觉。长时间红光的刺激,会使人心理上产生烦躁不安,在生理上欲求相应的绿色来补充平衡。浅蓝色和浅绿色可以使儿童心情平静,解除大脑疲劳,而浅红色和深黄色可使儿童情绪激动,大脑兴奋[②]。同时,色彩的纯度越纯、明亮度越高、饱和度越大,对视觉的刺激越强。饱和度大及过亮的颜色会产生巨大的色彩冲击力,导致儿童焦躁不安、注意力分散,并产生厌烦情绪。因此,教室墙壁整体应为对比不那么刺激的淡色系,例如淡黄色、淡蓝色、淡绿色、淡粉色、淡紫色。胶布可用不带花案的肉色或淡色。乐谱可用黑笔写或打印在棕色、灰色或浅粉色等有色纸张上。另外,环境中的色彩不宜过度繁杂。繁杂无序的色彩会对儿童输入过多视觉刺激,造成儿童的视觉疲劳,容易引起儿童神经系统过度兴奋和紧张,甚至破坏儿童情绪,影响儿童视觉主题—背景区辨能力,分散视觉注意力,使该注意的事物没有被注意到,妨碍逻辑思维的延伸性,不利于儿童的演奏与学习。因此,教室的环境中除了为教学所必须的内容和设备外,应去除所有不必要的色彩装饰。

(三)光线

环境中的光线会形成对儿童的视觉刺激,会直接影响儿童的演奏和学习活动。教室内适宜的光线能为儿童提供最佳的视觉条件,从而提高活动效率。位于视网膜接受器层的杆细胞(robs)负责弱光的视觉侦测,能够放大光线信号以求在暗光中拥有视觉能力,但比视网膜黄斑部的光敏感度差。当光线暗时,瞳孔开散,进入眼内的光线增多。长时间处于弱光环境,会使睫状肌收缩,出现视疲劳现象。光线太强时,瞳孔缩小,进入眼内的光线减少。长时间处于强光环境,会使眼内肌收缩,出现视疲劳现象,还会使视网膜受刺激后产生后像。强光中的紫外线成分会对视网膜的黄斑部位产生损害,造成视力下降。

在白天进行的教学尽量使用自然光。对强自然光视觉敏感的孤独症儿童,

① 黄炜.教室物理环境建设[J].教学仪器与实验,2002(5):36-37.
② 胡晓毅,刘艳虹,吴曼曼.孤独症儿童教学环境创设[M].北京:北京师范大学出版社,2019:20.

可在窗户处使用遮阳窗帘,使室内光线变暗。遮阳窗帘还可同时遮挡窗外的视觉和听觉干扰。也可让儿童戴帽子、太阳镜或护目镜遮光,过滤掉光线刺激。当自然光线条件较差时,要在室内使用 LED 灯。LED 灯的光照范围大,显色性高,亮度稳定,光线柔和,无频闪。在一个约 40 平方米大的教室内,应在天花板正中使用 54 瓦白光 LED 吸顶灯,配以乳白色灯罩。此外,还可在墙边设计 LED 射灯,使光线直射到谱架和琴弦上,营造视觉焦点变化的效果。在夜间的弹奏活动可使用谱架灯做为局部重点光线。谱架灯要放在谱台的左上方,避免直接照射在乐谱和琴弦上而产生反光。房间的大灯和谱台灯要同时打开。屋顶灯最好在坐侧上方。

（四）声环境

教室里的声环境会形成对儿童的听觉刺激,会直接影响孤独症儿童学习和活动的质量。部分孤独症儿童有听觉感觉统合障碍,他们或者对声音极度敏感,或者对声音过于迟钝,进而使演奏及学习活动无法很好的进行。因此,需要对教室里的声环境进行处理和设计。教室整体声环境应使声音清晰不浑浊,余音时长适中,避免声场混响过大或过长。我们在教室里听到的声音信息主要来自于墙面和反射物体反射后的声音。室外噪音也会通过墙体和门窗进入室内。因此,有条件的教室可在墙体上铺设经济环保的吸音棉或隔音板等设备。吸音棉多孔、疏松、透气,可有效吸收室内回音。隔音板材料密实,能减弱透射声能,有效隔绝空气中传播的噪声。对于听觉敏感儿童,可为其提供滤波耳塞。对听觉迟钝的儿童可使用扩音设备。用于儿童聆听音乐的播放器应选择音质清晰、信噪比高的音响设备。有些儿童的听力明显好于普通儿童,可听辨出极细微的声音。高品质的音响播放出的层次分明的音乐才能满足他们的高听觉需求。

（五）功能分区

教学环境中的空间安排、功能分区、设备摆放位置、空间密度都会影响儿童的学习和行为。当空间密度低于 0.186 平方米时,容易引起儿童的攻击行为,降低社会互动;在分割的学习区中,儿童会以较安静的方式参与工作及进行互动,亦能增加儿童与设备间的互动;柔软度高的环境会给儿童一种亲切温暖、像家的感觉[1]。

用于孤独症儿童古筝适应性演奏学习及相关活动的教室,按其功能可大致分为六个区域:活动区、演奏及学习区、休息区、等待区、教师工作区、洗漱如厕区（如图 2-2-1）。整体面积以 60～100 平方米为宜,以满足个别课和集体课的不同

---

① 胡晓毅,刘艳虹,吴曼曼.孤独症儿童教学环境创设[M].北京:北京师范大学出版社,2019:20.

需求。

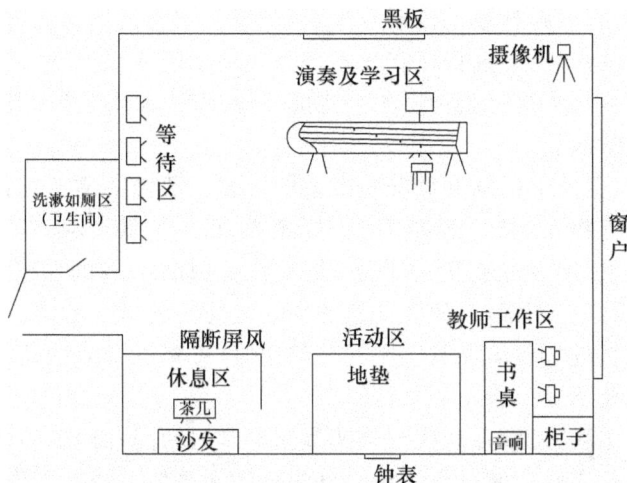

图 2-2-1　古筝教室布置及功能分区

1.活动区:是为儿童提供感觉输入,调整儿童专注力和警醒度的感统活动区。可做的活动有:室内感觉统合训练及古筝演奏热身操。活动区的物品有:地垫、凳子、哑铃、大龙球、触觉刷、不同触觉材质的布料块、握力器、床单、重量背心、手臂负重沙袋、毛绒玩具、小型蹦床、充气坐垫、独角凳、平衡踏板、跳绳、平衡木、球等室内感统设备以及钟表。教师需定期清理消毒并检查这些物品。当进行集体课教室空间不够用时,可撤去地垫,使活动区变成集体课教学区。

2.演奏及学习区:是儿童进行古筝演奏,接受教师教学指导的区域。演奏及学习区的设备有:黑板、一台或若干台古筝,每台古筝配45厘米高的凳子和谱台各一个。教师可将儿童的学习任务表简洁清晰地展示在黑板上。在儿童使用此功能区前,教师需先检查以下物品状况:琴架、琴体和谱架是否放稳;琴音是否校准;琴弦是否需要更换;凳子是否稳固;儿童是否需要脚踏板;黑板上的多余内容是否已撤除、擦净。很多孤独症儿童的行为具有不可预测性,可能会在坐着的时候,因身体的大动作而将琴推倒。教师可将琴靠墙放,或在琴架与琴体、琴架与地面的接触处放防滑垫,以固定乐器。

3.休息区:是当儿童活动或弹奏出现疲惫、儿童情绪爆发或完成一个学习任务需要放松时,让儿童休息并调整自我状态的区域。休息区也可作为一种奖励。在休息区可做的活动有:坐姿休息、卧姿休息、喝水、听音乐等。当儿童出现疲劳和情绪问题时要多喝水。缺水会使脑神经化学递质无法正常运作,导致功能不良。水分占大脑的 90%。保持不缺水状态是健脑的基本要素,经常喝水是大脑体操的第一步①。休息区的设备有:沙发、舒适的软垫、茶几、耳机。儿童情绪爆发时,可戴耳机听教师播放的舒缓音乐,帮助平复情绪。休息区应位于教室内安静的角落,用可移动的隔断屏风将休息区与其他功能区隔离开,使儿童在视觉和听觉上远离干扰。当进行集体课教室空间不够用时,可撤去隔断屏风,使休息区变成集体课教学区。

4.等待区:是演奏活动开始前做准备的区域。要做的准备有:摘掉佩戴的项链、手表、戒指等物品,以防止演奏时分散注意力、产生噪音、刮到琴弦上;换新胶布并佩戴好义甲;准备好要用的乐谱;在头脑里预演学过的曲子以及预习的内容;看教师的示范视频等,以便让儿童的专注力能提前进入状态。等待区的设备有多个凳子。当进行集体课教室空间不够用时,可将凳子分给儿童使用,使等待区变成集体课教学区。

5.教师工作区:是教师观察记录儿童演奏学习状况和内容的区域。同时,对家长的访谈也可在此区域进行。记录分为笔记和录像。教师工作区应在教室的某一侧,而非教室的中心位置,可尽量减少对儿童造成干扰。教师应能在工作区内查看到整个教室的情况。摄像机应放在视野开阔处,以便能够录制到整个教室的情况。教师工作区的设备有:办公桌椅、电脑设备、柜子、办公用品、儿童档案、摄像机、音响、教学用具等。

6.洗漱如厕区:是供教师、儿童、家长洗漱和如厕的区域。

所有的功能区都应进行有效的组织和安排,包括所需要的相关材料和任务,需要依照物理环境的布局选择工作区域并规定界限。每个功能区内除必要物品外,尽量减少非相关物品和设备的摆放,要保持物品陈设整洁有序。另外,可在每个功能区内明显的地方贴上带有简图的标语(如图 2-2-2),以方便儿童理解并使用区域功能,用视觉提示让儿童明白规则和秩序,让儿童明白在该区允许发生的行为和应避免发生的行为。集体课时,琴与琴之间要拉开适当的距离,教师要考虑儿童个体情况安排位置,并在琴头处贴上带有学生名字的标签,以便儿童明确自己的座位。

(六)户外活动环境

对儿童进行的部分感统训练活动由于受室内设备和空间的限制,需要带领儿童在户外进行。利用户外的秋千、跷跷板、滑梯、泳池、沙滩等场地和设施进行儿童的感统训练。教师要先对场地和设备进行实地考察,确保其安全性和适用性,并根据训练方案做特殊布置。

---

① 吴端文.感觉统合[M].台北:华都文化事业有限公司,2014:251.

贵重物品 不能碰触	等待上课时间 做好课前准备	教师工作区 不能随意进出
贴于摄像机处的标语	用于等待区内的标语	用于教师工作区内的标语

图 2-2-2　各功能区标语

二、人为环境

儿童在教室里进行弹奏和学习时，教室里的其他人员有负责指导教学的教师、负责观察记录的教师和儿童家长。集体课时还有负责总指挥的教师和其他同伴儿童及其家长。这些人员共同构成了教学的人为环境。

教师的穿着应以简单舒适为宜。宽松舒适的衣服便于带领儿童进行感觉统合训练和古筝演奏热身操等活动。衣着色彩宜为淡色系，不过分装饰。夸张的装饰和色彩过于艳丽的衣服都会造成对儿童的视觉刺激输入，会分散儿童活动注意力，甚至影响儿童情绪，降低演奏和学习的效率和质量。

负责指导教学的教师应根据儿童是否有触觉和听觉等方面的感统障碍，来决定与儿童的间距和说话的声响。对于有触觉防御的儿童，教师要与儿童保持一定的距离，尽量用语言指导或让儿童模仿示范的方式进行教学。对于有触觉迟钝的儿童，教师要近身手把手地进行肢体辅助，并配合听觉、视觉等多通道代偿感觉输入。对于有听觉防御的儿童，要保持教室的绝对安静，同时教师要用轻柔的语气、缓慢的语速、清晰的发音和简洁的指令进行指导教学。对于有听觉迟钝的儿童，教师要用大声的音量和迟缓的语速，并配合其他感觉通道代偿感觉输入，同时还要耐心地给予儿童一定的反应时间。对于有优势耳的儿童，教师应在其优势耳的那一侧进行教学和指导。

负责观察记录的教师应远离儿童的视线范围，以免在视觉上干扰儿童，但能够观察到教学中的一切细节，必要时要随时给负责指导教学的教师以建议。

年龄较小的孤独症儿童进行弹奏和学习时，需要家长在旁陪伴，以保证儿童感受到足够的安全感。但家长要与儿童保持一定距离，不要出现在儿童弹奏或学习时的视线范围内，以免分散儿童注意力。家长要听从教师的指令，配合辅助教师的教学，在必要时协助教师解决儿童的问题。

集体课中，教室内人员较多，这种环境对有些儿童会造成一定的混乱。要对教学的人为环境进行特殊设计。儿童与儿童间要保持一定间距。有感觉防御的儿童可坐在离门口比较近的位置，与其他儿童保持更大的距离。年龄小的儿童后方可有家长陪伴。有辅助教学能力的家长可从旁辅助儿童弹奏。程度较低的儿童须有个别辅导教师从旁辅助。

第三单元　基本指法动作训练及进阶内容

一、古筝演奏热身操

好的身体机能状态是古筝演奏的重要基础。但大多数孤独症儿童由于缺乏大量运动体验，动作发展迟缓或有多重障碍，运动素质较低。因此，在孤独症儿童进行具体的古筝演奏前，需先调整整体身体机能状态，为古筝演奏做好充分的准备。这种古筝演奏前的调整活动称为古筝演奏热身操，是指对古筝演奏所涉及到的腿、核心区（指肩关节以下、髋关节以上，包括骨盆在内的区域，是由腰、骨盆和髋关节形成的一个整体）、颈、肩、臂、肘、腕、掌、指等身体部位的肌肉及关节的活动锻炼（详见图 2-3-1 和图 2-3-2）。身体的这些部位在孤独症儿童的古筝演奏等精细动作及粗大动作活动中起到至关重要的作用。这些部位的运动状态和质量决定了古筝演奏的整体水平。通过热身操，可提高各部位的稳定性、灵活性、独立性、协调性和力量爆发性。将热身操作为孤独症儿童的日常常规活动，必定会为其古筝演奏做好充分的前期身体准备。（其涉及的感觉统合原理详见本章第五单元）

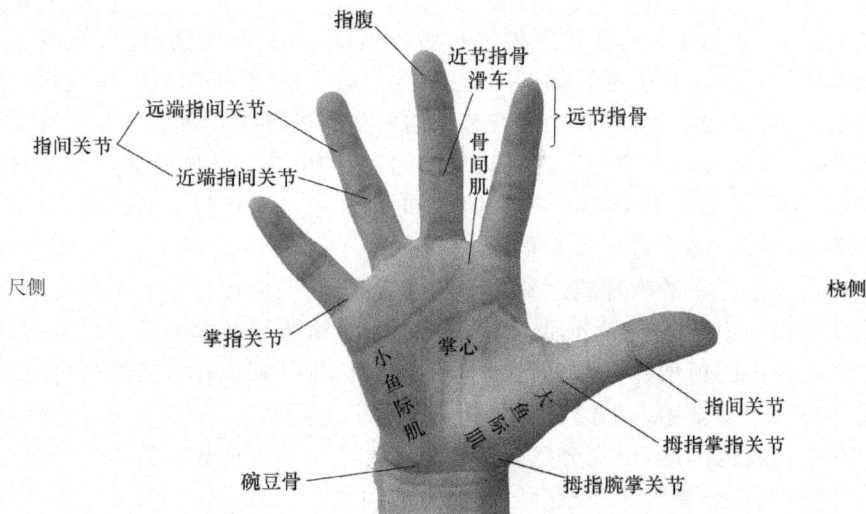

图 2-3-1　演奏涉及的掌、指部位关节及肌肉

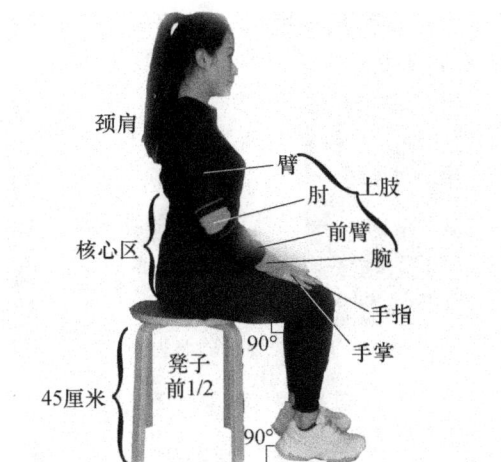

图2-3-2　演奏涉及的各主要身体部位及坐姿要求

古筝演奏热身操的教学原则：（1）示范辅助。在儿童做每个动作前，教师要先进行动作示范，同时伴有简易口语解释。要求儿童动作尽量到位，以达到最好的训练效果。对于儿童完成有困难的动作，教师要进行肢体或语言辅助。（2）控制运动量。在儿童运动前，教师应对儿童承受能力范围的运动量做好事先计划，并对儿童提出完成数量的指令要求。在儿童运动时，教师为其倒计数，可利于儿童耐力的养成，培养其计划能力。并根据儿童现场状态灵活决定休息或加量。（3）循序渐进。若儿童无法完成所有的动作，则从容易做到的动作开始练习，先建立运动自信心，再逐渐去尝试锻炼那些费力的和技巧性的动作。（4）因人而异。对儿童的弱项进行针对性训练，制定个性化运动计划。非弱项保持常规练习即可。（5）配合韵律。儿童对动作熟悉后，可跟随自己喜欢的歌曲的节奏进行运动，以增加运动的趣味性。教师需根据儿童的运动能力，选择速度适宜的音乐。（6）动作组合。单个动作熟练完成后，可将不同动作进行合理组合，以增加动作训练难度。教师也可在这些基础动作上自行设计有难度和指向性的动作。（7）动作流程图可将动作要求直观呈现。同时也可作为为语言及文字理解能力不够的儿童提供的视觉辅助。

古筝演奏热身操共八节。首先是准备姿势，第一节：腿部操；第二节：核心区操；第三节：颈部操；第四节：肩部操；第五节：肘部操；第六节：腕部操；第七节：手掌操；第八节：手指操。

基础坐姿（如图 2-3-3）：选择高度适宜的凳子，使髋、膝、踝关节都呈 90°，双脚刚好踏到地面。双膝分开约 15 厘米宽，腿部肌肉自然放松。坐在凳子的前 1/2～1/3 处。上半身端正坐直，不可前倾、后仰、左倾或右倾。颈部直立，两肩齐平下沉,双上肢自然下垂,背直、胸挺、肩开、腹收,不可弯腰驼背。古筝演奏热身操以此基础坐姿为准备姿势。

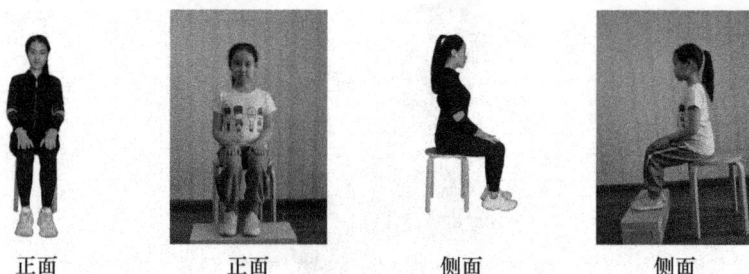

| 正面 | 正面 | 侧面 | 侧面 |

图 2-3-3   基础坐姿

第一节   腿部操

腿部操 1

目的:练习大腿肌张力,以维持古筝演奏时的夹膝坐姿。

动作要求(如图 2-3-4):步骤一,双脚并拢,双膝分开约 30 厘米宽。步骤二,双膝并拢,并利用腿部肌肉力量夹紧,坚持数秒。此时,教师可捏捏儿童大腿,检查肌张力状态。或者让儿童用双膝夹纸,要求不能让纸掉下来。步骤三,双膝分开,肌肉放松休息。回到步骤一的姿势。重复循环此组动作。整个过程要求身体其他部位放松不动,以免提供代偿力量。

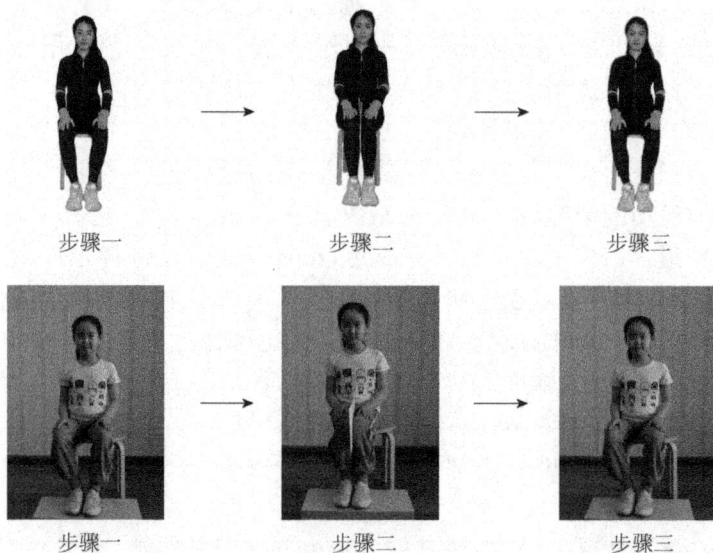

步骤一   步骤二   步骤三

步骤一   步骤二   步骤三

图 2-3-4   腿部操 1

腿部操 2

目的：练习大腿肌力，以维持古筝演奏低音区时的腿部姿势。

动作要求（如图 2-3-5）：步骤一，左小腿垂直于地面。右脚在左脚右后方，脚掌着地。双膝夹紧，双手放在大腿部位。步骤二，上半身前倾，利用腿部肌力让臀部有要"站起来"的感觉，臀部稍离开凳子。步骤三，腿部肌肉放松，坐回到步骤一的姿势。重复循环此组动作。整个过程要求身体其他部位放松不动，以免提供代偿力量。

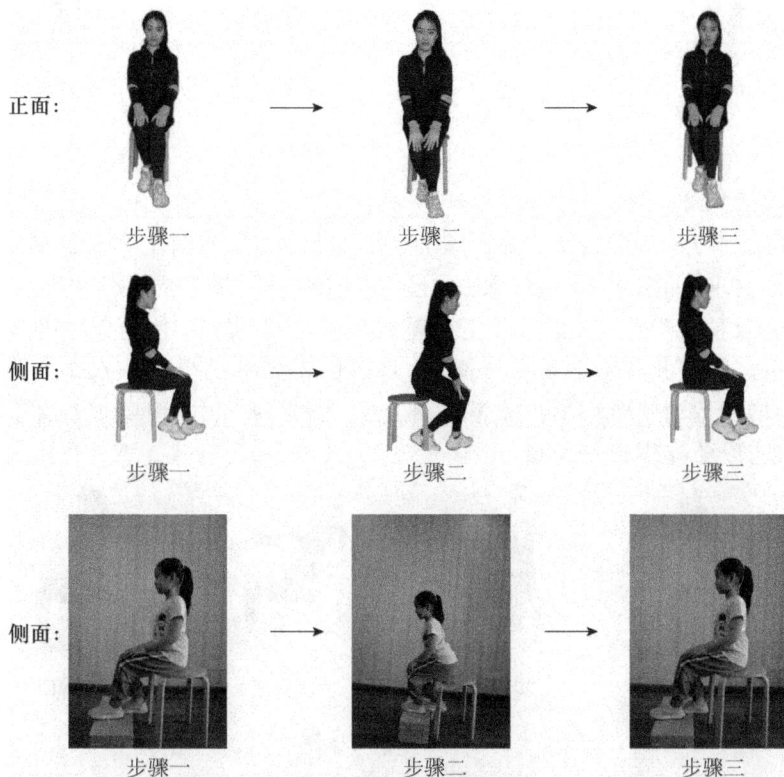

正面：

步骤一　　　　　　　步骤二　　　　　　　步骤三

侧面：

步骤一　　　　　　　步骤二　　　　　　　步骤三

侧面：

步骤一　　　　　　　步骤二　　　　　　　步骤三

图 2-3-5　腿部操 2

第二节　核心区操

核心区操 1

目的：练习核心区的肌力和平衡性，以维持古筝演奏时上半身的左右平衡。

动作要求（如图 2-3-6）：步骤一，上半身重心右倾 45°，左臀稍离开凳子，并将重心移至右臀。同时，左臂外展 45°～60°。坚持此姿势数秒。步骤二，身体回正到基础坐姿。步骤三，上半身重心左倾 45°，右臀稍离开凳子，并将重心移至左臀。同时,右臂外展 45°～60°。坚持此姿势数秒。步骤四,身体回正到基础坐姿。双手可握哑铃等重物,以增加运动感觉回馈。重复循环此组动作。整个过程要求身体其他部位放松不动,以免提供代偿力量。

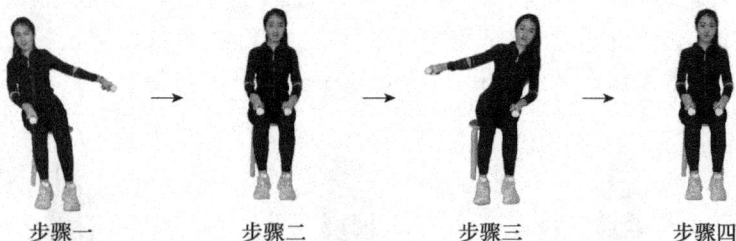

步骤一　　　　步骤二　　　　步骤三　　　　步骤四

图 2-3-6　核心区操 1

核心区操 2

目的:练习核心区的肌力和平衡性,以维持古筝演奏时上半身的前后平衡。

动作要求(如图 2-3-7):步骤一,上半身前倾 45°,双上肢向后伸展约 45°。坚持此姿势数秒。步骤二,身体回正到基础坐姿。步骤三,上半身后仰 45°,双上肢前平举。坚持此姿势数秒。步骤四,身体回正到基础坐姿。双手可握哑铃等重物,以增加运动感觉回馈。重复循环此组动作。整个过程要求身体其他部位放松不动,以免提供代偿力量。

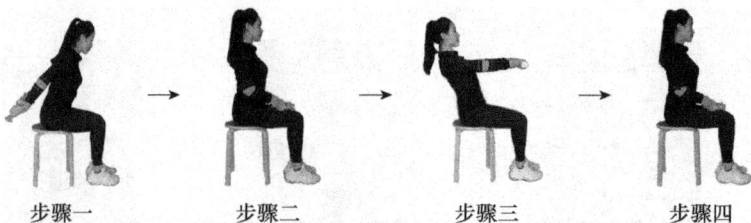

步骤一　　　　步骤二　　　　步骤三　　　　步骤四

图 2-3-7　核心区操 2

第三节　颈部操

颈部操 1

目的:练习颈前部和颈后部的肌力,为古筝演奏时的颈部姿势做准备。

动作要求(如图 2-3-8):步骤一,下颌上抬至极限,要能明显感受到颈前部的肌肉拉伸,同时,双上肢向后伸展约 45°。坚持此姿势数秒。步骤二,身体回正到基础坐姿。步骤三,下颌下压至极限,要能明显感受到颈后部的肌肉拉伸,同时,双上肢向前伸展约 45°。坚持此姿势数秒。步骤四,身体回正到基础坐姿。双手可握哑铃等重物,以增加运动感觉回馈。重复循环此组动作。整个过程要求身体其他部位放松不动,以免提供代偿力量。

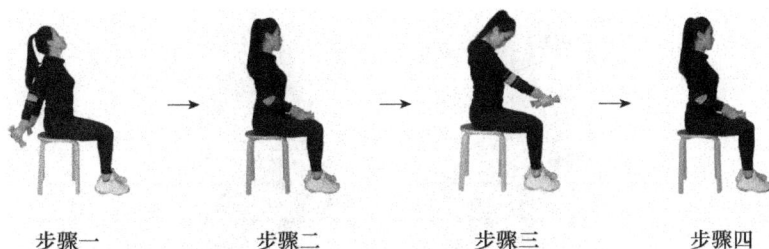

图 2-3-8　颈部操 1

颈部操 2

目的:练习颈部左右两侧的肌力,为古筝演奏时的颈部姿势做准备。

动作要求(如图 2-3-9):步骤一,头部向右侧倾倒到极限,面部保持向前不旋转。同时,左臂外展 45°,伸直发力。要能明显感受到颈部左侧的肌肉被拉伸。坚持此姿势数秒。步骤二,身体回正到基础坐姿。步骤三,头部向左侧倾倒到极限,面部保持向前不旋转。同时,右臂外展 45°,伸直发力。要能明显感受到颈部右侧的肌肉被拉伸。坚持此姿势数秒。步骤四,身体回正到基础坐姿。双手可握哑铃等重物,以增加运动感觉回馈。重复循环此组动作。整个过程要求身体其他部位放松不动,以免提供代偿力量。

图 2-3-9　颈部操 2

第四节　肩部操

肩部操 1

目的:增强肩、肘及腕部的关节稳定度。维持肩部在正确的位置,避免手部发力时耸肩。在训练儿童古筝演奏前,要先加强其肩部附近肌群的肌力,使儿童上肢有足够的稳定度来进行演奏。

动作要求(如图 2-3-10):步骤一,双手扶在身体两侧的凳子上,并将自己撑起,臀部要离开凳子。步骤二,回到基础坐姿,放松休息。重复循环此组动作。整个过程要求身体其他部位放松不动,以免提供代偿力量。此类动作还有推重物、吊单杠、拔河、倒水、在黑板上写字等。

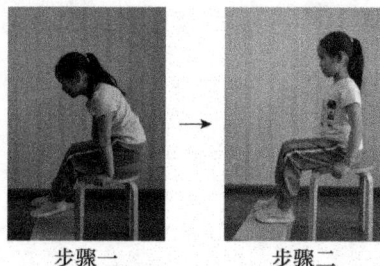

步骤一　　　　　步骤二

图 2-3-10　肩部操 1

肩部操 2

目的:增强肩关节的灵活度。为古筝演奏不同音区时的肩部角度调整做准备。

动作要求(如图 2-3-11):步骤一,双上肢侧平举,掌心朝下,以肩部为圆心顺时针画圈,幅度越大越好。肘与腕保持绷直。步骤二,双上肢侧平举,掌心朝下,以肩部为圆心逆时针画圈(即步骤一的反方向),幅度越大越好。肘与腕保持绷直。双手可握哑铃等重物,以增加运动感觉回馈。重复循环此组动作。整个过程要求身体其他部位放松不动,以免提供代偿力量。此类活动还有跳绳、游泳等。

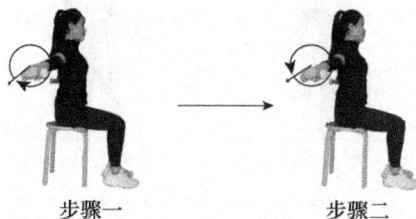

步骤一　　　　　步骤二

图 2-3-11　肩部操 2

第五节　肘部操

肘部操 1

目的:增强手肘屈伸运动的灵活度、增强臂肌肌力。

动作要求(如图 2-3-12):步骤一,双上肢前平举,掌心朝上,前臂向后折回,使双手碰到双肩。臂保持不动。坚持此姿势数秒。步骤二,前臂回到前平举姿势,肘部保持绷直。重复循环此组动作。双手可握哑铃等重物,以增加运动感觉回馈。整个过程要求身体其他部位放松不动,以免提供代偿力量。

图 2-3-12　肘部操 1　　　　　图 2-3-13　肘部操 2

肘部操 2

目的:增强手肘翻转动作的灵活度。

动作要求(如图 2-3-13):步骤一,双手碰到双肩,掌心朝下。步骤二,双上肢上举,不要耸肩。同时,前臂翻转至掌心向前。重复循环此组动作。双手可握哑铃等重物,以增加运动感觉回馈。若完成双上肢动作有困难,可先练习单臂动作。整个过程要求身体其他部位放松不动,以免提供代偿力量。

第六节　腕部操

腕部操 1

目的:增强腕关节稳定度,为古筝演奏中的摇指等技巧做准备。腕部的位置影响手掌小肌肉的肌力,进而影响掌指关节和指间关节的运动。腕部在上翘约40°时,最有利于手指肌肉的活动和用力。

动作要求(如图 2-3-14):步骤一,腕部紧压在双膝上并保持上翘 40°的姿势。步骤二,手部以腕为支点,左右摆动。幅度越大越好,速度越快越好。腕部不可离开双膝。双手可握哑铃等重物,以增加运动感觉回馈。整个过程要求身体其他部位放松不动,以免提供代偿力量。此类活动还有挥手再见、擦桌子等。

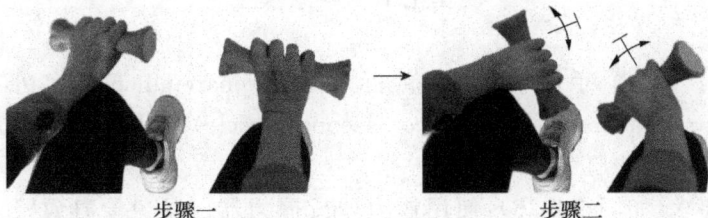

步骤一　　　　　　　　　　　　　步骤二

图 2-3-14　腕部操 1

腕部操 2

目的:增强腕关节灵活度。

动作要求(如图 2-3-15):步骤一,以腕部为定点,手部做顺时针 360°旋转动作。步骤二，以腕部为定点，手部做逆时针 360°旋转动作。慢速为宜。双手可握哑铃等重物，以增加运动感觉回馈。重复循环此组动作。可采用以下方式增加双侧协调的难度：双手同时顺时针运动；双手同时逆时针运动；一手顺时针，一手逆时针，同时运动。整个过程要求身体其他部位放松不动，以免提供代偿力量。

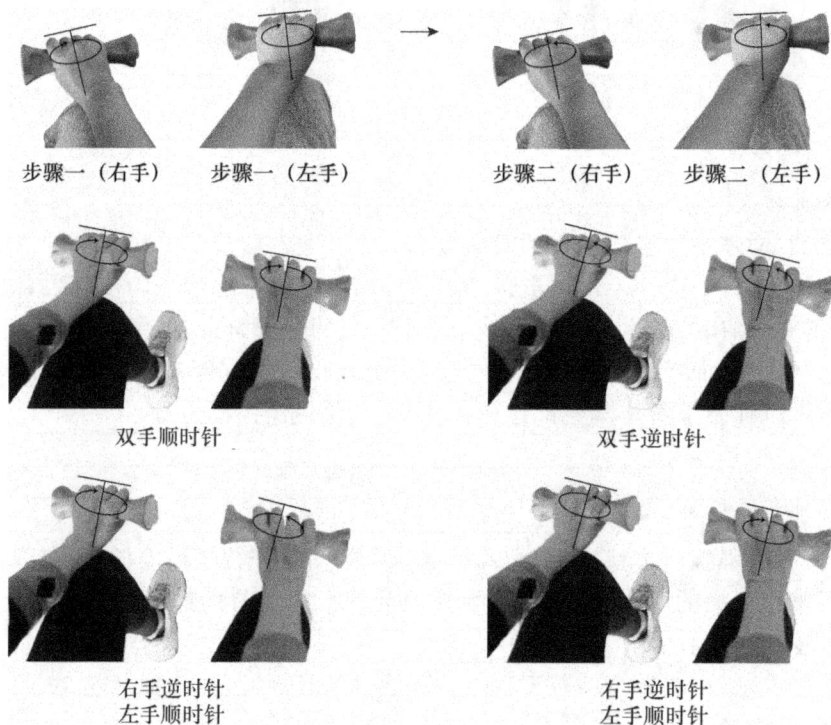

步骤一（右手）　步骤一（左手）　　　　步骤二（右手）　步骤二（左手）

双手顺时针　　　　　　　　　　　双手逆时针

右手逆时针　　　　　　　　　　右手逆时针
左手顺时针　　　　　　　　　　左手顺时针

图 2-3-15　腕部操 2

第七节　手掌操

手掌操 1

目的：增强手掌的大鱼际肌（thenareminence）、小鱼际肌（hypothenareminence）、骨间肌（interosseous muscle）和蚓状肌（lumbricales）的肌力。增强前臂的肌力。

动作要求（如图 2-3-16）：使用握力球或握力器。避免耸肩或臂紧靠身体。慢速为宜。整个过程要求身体其他部位放松不动，以免提供代偿力量。

手掌操 2

目的：建立稳定的手弓和虎口，为古筝演奏准备稳定的手部框架。拇指和食指的虎口够大可使手部指尖的操作更灵活，使用到臂力量的机会较少，会是一个

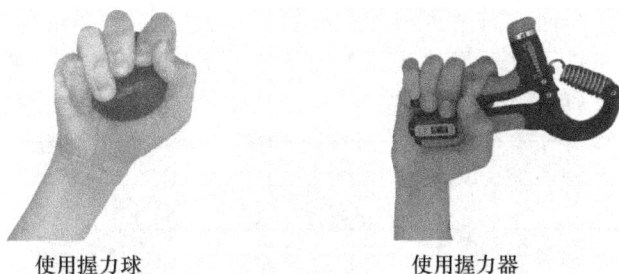

使用握力球　　　　　　　　　　使用握力器

图 2-3-16　手掌操 1

较省力和舒适的动作[①]。拇指掌指关节（MCP joint）的角度要够大，才能使拇指与其他的手指有对掌的动作。

　　动作要求（如图 2-3-17）：步骤一，手部摆出手弓姿势，手背处凸出的掌骨头要尽量显露。放一直径约 4 厘米的圆球于掌心（或根据儿童手掌大小选择圆球的大小，以握球时拇指指尖正好碰到食指指尖为宜。圆球表面越光滑越好，越轻越好），用手掌部位轻压圆球，感受手弓的形状。步骤二，用五指指腹抓圆球，并轻捏圆球，掌心中空。感受手弓的形状。步骤三，手握圆球，拇指分别与食指、中指、无名指和小指做对掌运动（即拇指尖与其余四指指尖掌侧面相接触）。保持虎口最大限度地张开。重复循环每个步骤的动作。整个过程要求身体其他部位放松不动，以免提供代偿力量。此类活动还有握水杯、洗扑克牌、捏豆子等。

步骤一　　　　　　　　步骤二　　　　　　步骤三（拇指与中指对掌）

图 2-3-17　手掌操 2

第八节　手指操

手指操 1

　　目的：增强手指屈、伸、展、收的动作能力。

　　动作要求（如图 2-3-18）：步骤一，五指并拢，用力绷直。即完成了伸掌指关节（metacarpophalangeal joint）和伸指间关节（interphalangeal joint）。步骤二，用力握拳。即完成了屈掌指关节和屈指间关节。步骤三，重复步骤一。步骤四，

---

　　① Elliott J M，Connolly K. J. A classification of manipulative hand movements[J]. Developmental medicine and child neurology，1984，26(3)：283-296.

五指以中指为中心向左右两侧展开到极限。即完成了展掌指关节。步骤五,重复步骤一。即完成了收掌指关节。重复循环此组动作。整个过程要求身体其他部位放松不动,以免提供代偿力量。

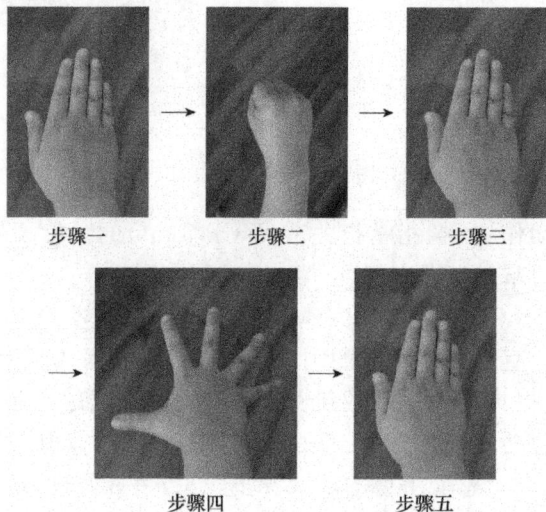

步骤一   步骤二   步骤三

步骤四   步骤五

图 2-3-18   手指操 1

手指操 2

目的:增强各指指间关节的灵活度。增强手弓稳定度。

动作要求(如图 2-3-19):步骤一,一只手的五指握圆球于手掌。另一手的五指撑起一个橡皮筋圈。步骤二,握球手的拇指、食指、中指和无名指,依次做伸出指尖后拨动绷直的橡皮筋的动作。即完成了伸、屈指间关节。同时保持圆球不掉落。步骤三,双手交换动作。重复循环此组动作。整个过程要求身体其他部

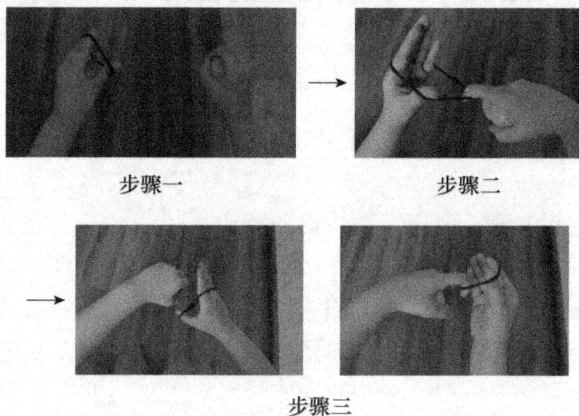

步骤一   步骤二

步骤三

图 2-3-19   手指操 2

位放松不动,以免提供代偿力量。

手指操 3

目的:增强各掌指关节的灵活度。

动作要求(如图 2-3-20):步骤一,五指自然伸直,掌心向下。步骤二,各手指分别以掌指关节为定点,做顺时针旋转动作和逆时针旋转动作(即各指指尖依次做画圆运动)。由于掌指关节的环转动作受韧带限制,幅度小,所以为达到练习效果,要尽量慢速大幅度地练习。步骤三,食指、中指、无名指和小指分别以掌指关节为定点,做上下运动。即完成了伸、屈掌指关节。步骤四,拇指以拇指腕掌关节为定点,在手掌平面上,做向掌心靠拢和离开掌心的动作。即完成了屈、伸拇指腕掌关节。步骤五,拇指以拇指腕掌关节为定点,在手掌垂直平面上,做离开食指和靠拢食指的动作,即完成了展、收拇指腕掌关节。整个过程要求身体其他部位放松不动,以免提供代偿力量。

步骤一　　　　　　　　步骤二　　　　　　　　步骤三

步骤四　　　　　　　　步骤五

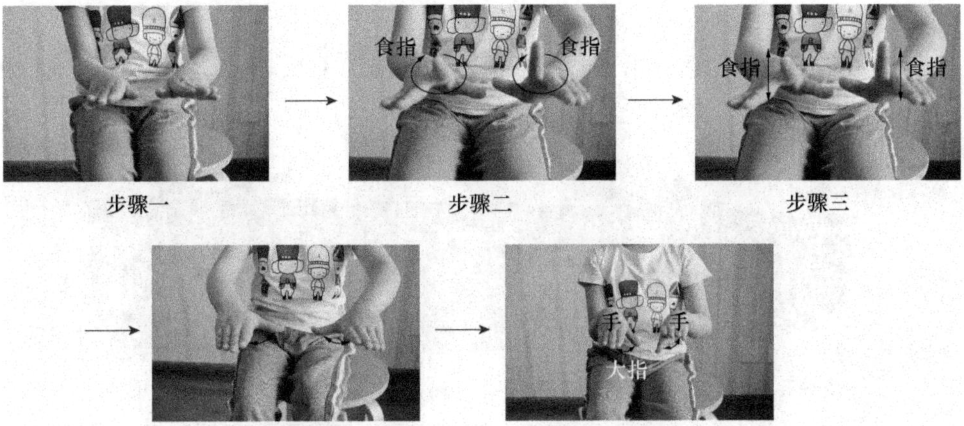

图 2-3-20　手指操 3

手指操 4

目的:增强各手指间独立性。

动作要求(如图 2-3-21):步骤一,五指自然伸直。拇指、中指和小指从指尖向掌心方向弯曲。食指和无名指保持绷直。坚持此姿势数秒。步骤二,五指自然伸直。食指和无名指从指尖向掌心方向弯曲。拇指、中指和小指保持绷直。坚持此姿势数秒。重复循环此组动作。整个过程要求身体其他部位放松不动,以免提供代偿力量。

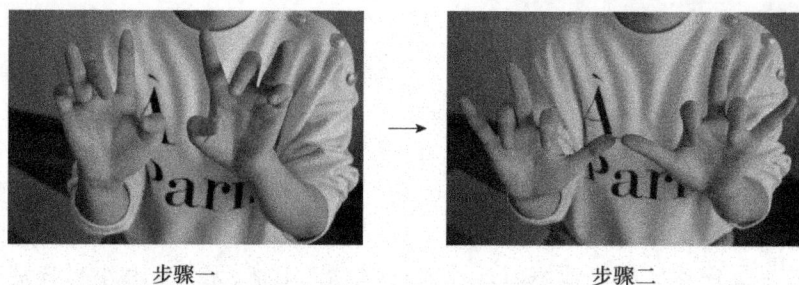

步骤一　　　　　　　　　　　　　步骤二

图 2-3-21　手指操 4

二、古筝演奏入门须知

（一）认识古筝

古筝整体分为琴体和放置琴体的琴架两个部分。

1. 琴体

古筝琴体大致包括以下部分：琴头、琴尾、底板、面板、侧板、琴弦、琴码、前岳山、后岳山、栓弦轴、音孔、穿弦孔等（如图 2-3-22）。

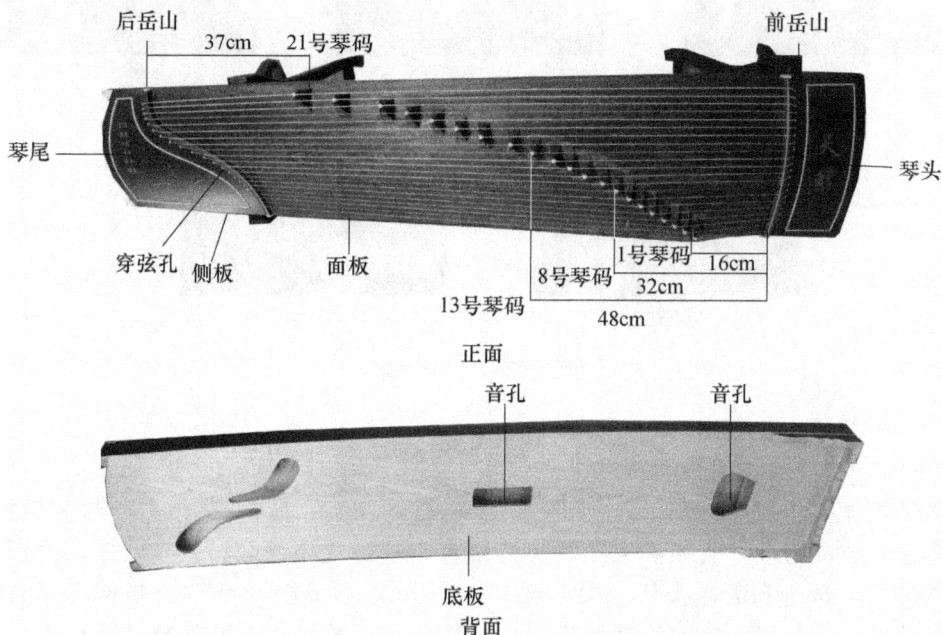

图 2-3-22　琴体各部位名称

古筝琴弦共 21 根，呈水平方向排列。其中，1 号琴弦离身体最近且最细，其他琴弦依次逐渐加粗。3号、8号、13号、18号琴弦为绿色,其他琴弦为白色。琴弦间距约1.5厘米。琴码(又称雁柱)共21个,整体大致呈一斜线排列,每个琴弦下压在其对应琴码的上端搁弦槽内。其中,1号琴码离身体最近且最矮小,顶端对应放置1号琴弦,其他琴码依次逐渐高大,向左排开。琴码放置的具体位置直接影响琴弦张力及演奏音色。具体来说,1号琴码距离前岳山约16厘米;8号琴码距离前岳山约32厘米;13号琴码距离前岳山约48厘米;21号琴码距离后岳山约37厘米。其他琴码均匀排开。整体来说,高音琴码排列较紧密,低音琴码排列较疏散。

教师教学中要尽量使用以上专业术语,并将此部分内容融汇在具体教学中,但不要求儿童刻意记忆。

2. 琴架

古筝琴体需放置在完全展开的琴架上演奏(如图2-3-23)。琴架有大小之分。大琴架高约57厘米,宽约36厘米,其前后两端须卡放在琴头下方最右侧的凹槽处。小琴架高约53厘米,宽约32厘米,放在琴体左侧,与1号琴弦所在的后岳山处对齐。放置琴体后若不够稳固,可进一步调整小琴架的摆放角度。

图2-3-23 琴架规格及摆放位置

教师应在儿童每次演奏前,检查琴架摆放是否正确,琴体是否稳固。家长在家庭教育中也应如此。

(二)演奏坐姿

演奏坐姿是演奏前的重要准备内容,决定了身体的整体空间位置,直接影响演奏时上肢的位置角度及发力方式,同时影响表演时肢体的协调度。演奏坐姿的能力基础为核心区的机能。核心是由腰、骨盆、髋关节构成的一个整体。核心区力量能够稳定机体的脊柱、骨盆,保证正确的身体姿态,提高身体的控制和平衡的能力,提高运动时由核心向其他肌群能量输出的整体肌群的作用结果。强有力的核心区肌肉群负担着稳定重心、传导力量等作用。核心部分就像是一座桥,连接了人体的上下两个部分。核心肌肉群是整体发力的主要环节①。当弹奏中手部活动时,核心肌肉群会帮助身体保持稳定,也可使身体保持正直。

演奏时(如图 2-3-24),坐于琴头一端,腰右侧与前岳山对齐,身体正中与 1号琴码对齐。左腿的髋、膝、踝关节都呈 90°,右脚在左脚的右后方,脚掌着地。腿部肌肉适度用力使双膝夹紧。坐在凳子的前 1/2~1/3 处。腹部距离琴体侧板约 10 厘米(即为一至两拳距离)。上半身端正坐直,不可前倾、后仰、左倾或右倾。颈部直立,两肩齐平下沉,双上肢自然下垂,肘部自然弯曲,使双手扶于琴上。背直、胸挺、肩开、腹收,不可弯腰驼背。下颌微微内收,使视野看到所有琴弦,眼睛距离琴弦约 40~50 厘米。

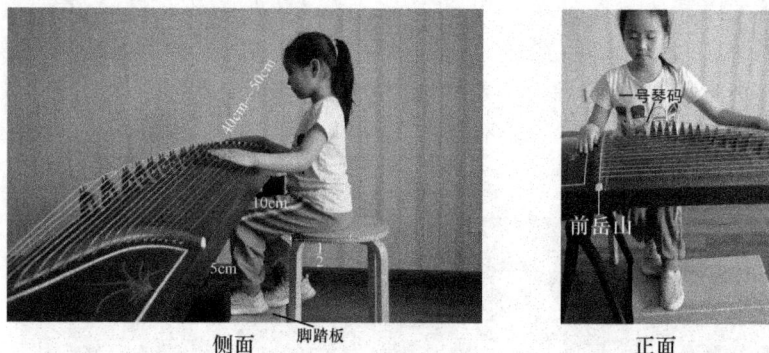

侧面   脚踏板   正面

图 2-3-24   坐姿

选择合适的凳子和脚踏板,是养成良好演奏坐姿的又一重要保证。合适的凳子高度约为 45 厘米,使儿童腿部各关节能够保持正确的演奏坐姿。此时,左膝关节应距离琴底板约 5 厘米。若儿童坐于凳上时,因腿部未发育够长,脚部无法着地,可在脚下使用脚踏板。脚踏板的高度即为脚离地的高度。

教师要帮助儿童选择合适的凳子和脚踏板,并在儿童演奏过程中,随时监督、提示及辅助儿童纠正不良演奏坐姿。家长在家庭教育中也应如此。

(三)义甲的选择与佩戴

1.义甲的选择与准备

古筝演奏时,双手的拇指、食指、中指和无名指均需佩戴义甲(如图 2-3-25)。义甲的制作材料有玳瑁、牛角、赛璐璐、塑料等。其中,以玳瑁材质为最佳。

---

① 胡晓毅,刘艳虹.孤独症谱系障碍儿童的教育[M].北京:北京师范大学出版社,2016:173-174.

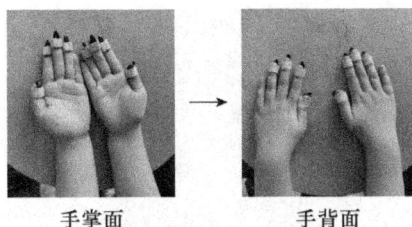

图 2-3-25　佩戴义甲

食指、中指和无名指的义甲大致呈水滴形,上尖下宽。拇指义甲大致呈弯牛角形。义甲宽度应等于或略窄于指腹宽度。食指、中指和无名指的义甲长度应长于其远节指骨(distal phalanx,即指尖到远端指间关节的距离)3 毫米。拇指的义甲长度应大致等于拇指远节指骨(即指尖到指间关节的距离)的长度。儿童演奏使用的义甲厚度应为 1.5~2 毫米,以便在儿童有限的指力下,发音清脆(如图 2-3-26)。

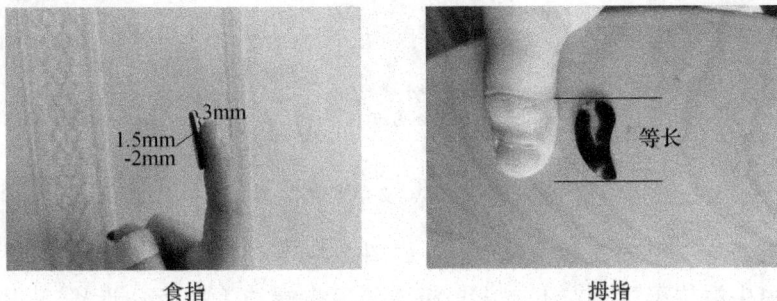

图 2-3-26　义甲的选择

　　所有义甲的准备方法一致(如图 2-3-27):选择宽度约为 1 厘米的透气胶布。将胶布一端粘在甲片背面,使胶布上边缘位于义甲中间位置。右手拇指义甲的准备应注意,其尖端应位于左上方。左手拇指义甲的准备应注意,其尖端应位于右上方。

　　教师需根据儿童的手指条件,帮助儿童选择适合的指甲。并随时关注儿童的手指发育情况,以便及时更换适合的指甲。同时,在每次更换胶布时,教师与家长应监督及指导儿童做好义甲的准备。

　　2. 义甲的佩戴

　　双手食指、中指和无名指的义甲佩戴方法一致,具体如下(如图 2-3-28):步骤一,将指腹平贴于义甲上。义甲尖端位于手指正前方,指尖距离义甲尖端约 5毫米。步骤二,将胶布整齐地缠绕于指上两圈半,于指腹处剪断胶布。胶布的缠绕位置应位于指甲下端与肉的结合处。胶布缠绕的松紧度要适中。

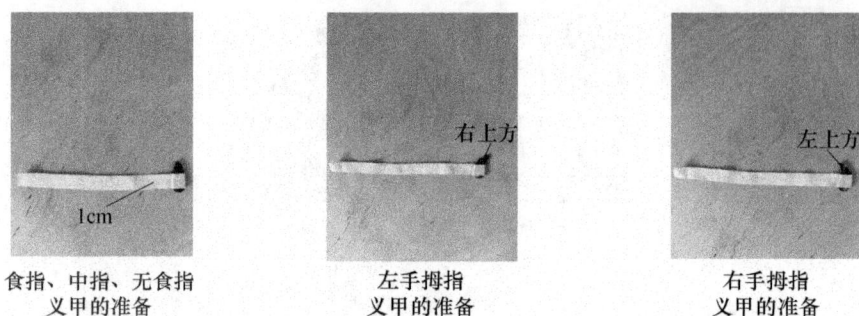

食指、中指、无食指　　　　　左手拇指　　　　　右手拇指
义甲的准备　　　　　　　　　义甲的准备　　　　　义甲的准备

图 2-3-27　义甲的准备

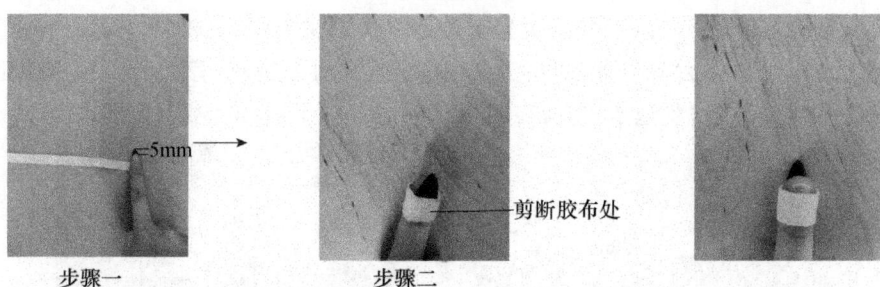

步骤一　　　　　　　　　　步骤二

图 2-3-28　义甲的佩戴 1

右手拇指义甲的佩戴方法如下（如图 2-3-29）：步骤一，将指腹平贴于义甲上。义甲尖端位于手指左上方 45°，指尖距离尖端约 1 厘米。步骤二，将胶布整齐地缠绕于指上两圈半，于指腹处剪断胶布。胶布的缠绕位置应位于指甲下端与肉的结合处。胶布缠绕的松紧度要适中。

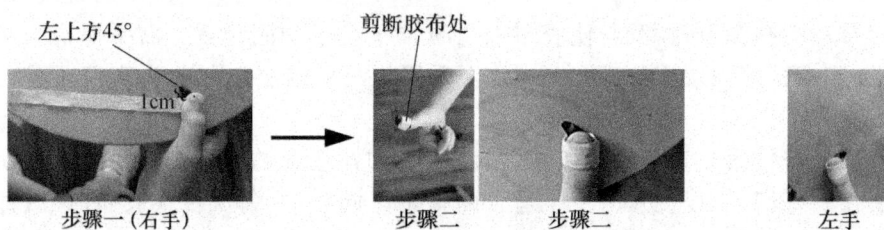

步骤一（右手）　　　　　步骤二　　　　步骤二　　　　左手

图 2-3-29　义甲的佩戴 2

左手拇指佩戴的义甲尖端应位于手指右上方 45°，即为右手拇指佩戴义甲的反方向（如图 2-3-29）。其他同右手拇指义甲的佩戴方法。

对于初学儿童，教师应在儿童每次演奏前，检查义甲佩戴是否正确。家长在家庭教育中，要适度肢体辅助佩戴。

（四）认弦

古筝的琴弦排列与音高的对应关系为（如图 2-3-30）：近端为高，远端为低（即 1 号弦为最高音，21 号弦为最低音）。从近端到远端（即音高由高到低）为下行，从远端到近端（即音高由低到高）为上行。

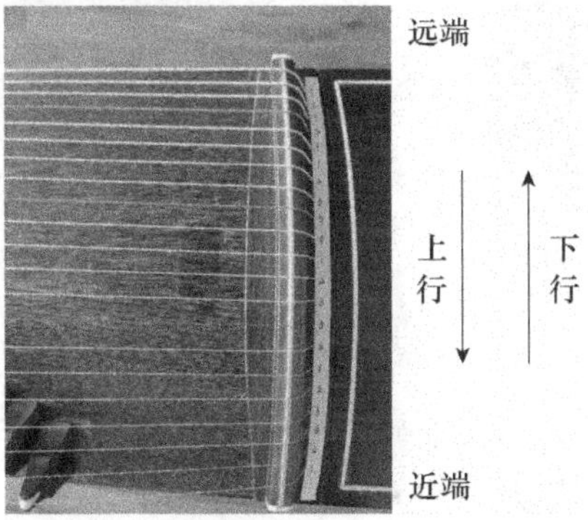

图 2-3-30 弦位

孤独症儿童的古筝弹奏学习以基础调-D 宫调为主。D 宫调五个音的首调音名由低到高分别为 1、2、3、5、6（即宫、商、角、徵、羽），其唱名分别为 do、re、mi、sol、la。其中，5 为绿色弦，其他音以此弦为准，由远端到近端依次排列。古筝的 21 根弦共分为 5 个音区：倍低音区为 1 2 3 5 6；低音区为 1 2 3 5 6；中音区为 1 2 3 5 6；高音区为 1 2 3 5 6；倍高音区为 1。

为避免记忆混淆，儿童在初学认弦时，可在前岳山处贴一条标注了每个弦音名的胶布（如图 2-3-30），以此作为一种视觉辅助方式，以增强记忆。待记忆固化后，应及时撤销此视觉辅助。同时，可先进行中音区五个音的认弦学习，熟练后再逐渐泛化至其他各音组。

教师可用多种灵活方式同儿童做认弦游戏。如，教师说唱名，儿童写音名；教师指弦位，儿童说唱名；教师写音名，儿童找弦位；找邻居（即找与每个音相邻的都是哪些音）等。同时，视奏乐曲也会加强其认弦记忆，要让儿童感受音符之间的听觉距离及空间距离。要尽量避免儿童刻意记忆，减轻记忆负担。

（五）校音

精准的琴弦音高是古筝演奏的前提。古筝演奏前需对每个琴弦进行音高的精准校音。每个弦的音高可以通过两种方法进行校准（如图 2-3-31）：第一，移动琴码。右移可使音高升高，左移可使音高降低。用于音差较小时。第二，松紧琴弦。琴扳手插于琴头内的栓弦轴处可调适音高，用于音差较大时。琴扳手前推可上紧琴弦，进而使音高升高。琴扳手后推可放松琴弦，进而使音高降低。

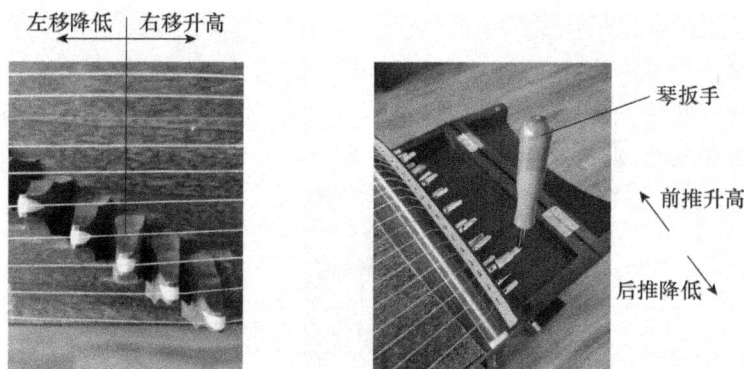

图 2-3-31　校音

对于无法靠自身听力进行准确校音的儿童,使用校音器是进行古筝校音的有效便捷方法。校音器分为古筝专用校音器和十二平均律校音器两种。古筝专用校音器的具体使用步骤如下(如图 2-3-32):步骤一,将校音器调至正确模式,包括调名(D 调)和标准音频率(A＝440Hz)。并将拾音器夹在前岳山旁的琴板上。步骤二,将校音器上的数字调至要调的琴弦号。步骤三,拨弹琴弦后看指针反应。指针指向仪表盘正中表示音高准确,指针左侧偏离表示音高偏低,右侧偏离表示音高偏高。使用移动琴码和松紧琴弦的方法校音,直至指针指向仪表盘正中。

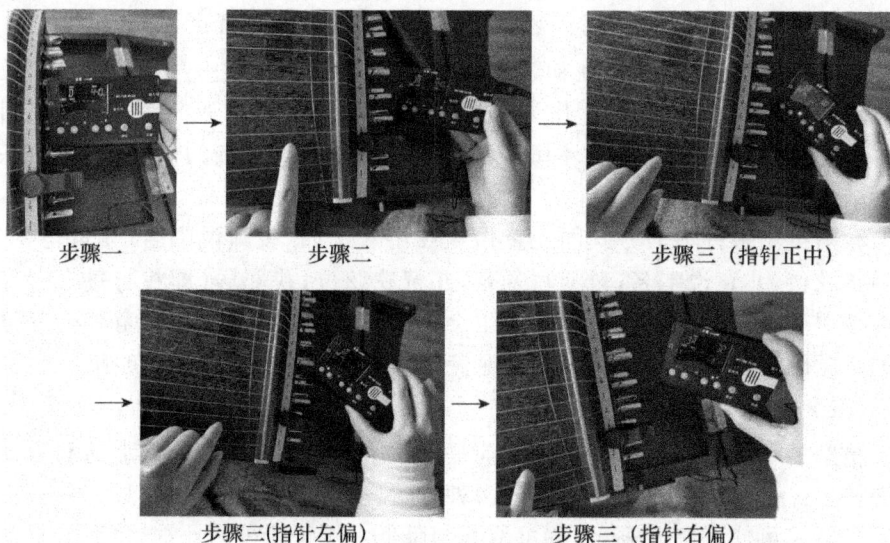

图 2-3-32　使用古筝专用校音器校音

十二平均律校音器的具体使用步骤如下(如图 2-3-33):步骤一,打开校音器,将标准音频率调至 A＝440Hz。步骤二,拨弹琴弦后看显示的字母是否为所弹弦的固定调音名(D宫调五个音的固定调音名分别为 D、E、♯F、A、B)。若不一致,则要具体分析音高是过高还是过低。十二平均律中,C—♯C—D—♭E—E—F—♯F—G—♭A—A—♭B—B—C为由低到高的一个循环。若显示的字母低于所弹弦的固定调音名,则表示音高过低。若高于所弹弦的固定调音名,则表示音高过高。需使用琴扳手松紧琴弦的方法校音,直至显示的字母与所弹弦的固定调音名一致,再进行微调。步骤三,当显示的字母与所弹弦的固定调音名一致时,看指针反应,进行微调。具体步骤同使用古筝专业校音器的步骤三。

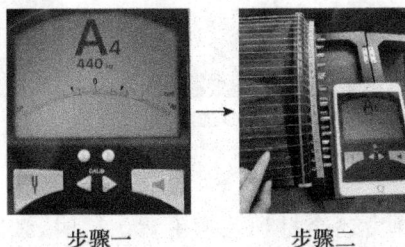

步骤一 步骤二

图2-3-33 使用十二平均律校音器校音

由于古筝琴码位置和琴弦张力的不固定性,使古筝乐器的音准具有不稳定性,较易改变。因此,古筝的校音较为频繁。若按儿童每天 0.5 小时的练琴频率,每周需校音 1～2 次,以保证为儿童提供演奏时准确的音准听觉回馈。初学儿童尚未有能力自行校音,需要教师及家长代为完成。但要让儿童观摩校音的过程,从而逐渐形成自行校音的能力。

(六)换弦

琴弦使用过一段时间后,会出现被弹断、磨损或生锈的情况,这时便需要更换新弦。换弦的具体方法如下(如图 2-3-34):步骤一,将旧弦从琴体上撤下。用琴扳手将所换弦对应的栓弦轴向后推约两圈,以使栓弦轴放松。步骤二,将与旧弦弦号相同的新弦,从后岳山处的穿弦孔中穿出,并从前岳山处的穿弦孔中穿入。步骤三,将新弦从栓弦轴上的弦孔中穿入。将最前端约 2 厘米的部分向左折,使其贴在栓弦轴上。将后部分的弦按从近端到远端逆时针的方向缠绕于栓弦轴上。缠绕后的弦圈要将最前端 2 厘米的部分紧压于栓弦轴上。步骤四,缠绕弦至极限后,使用琴扳手前推栓弦轴,上紧琴弦。并将绷紧的琴弦放置在琴码上端搁弦槽内。步骤五,使用校音器进行校音。

断弦通常发生在古筝演奏过程中,尤其在左手按压弦时,并伴随一定程度的

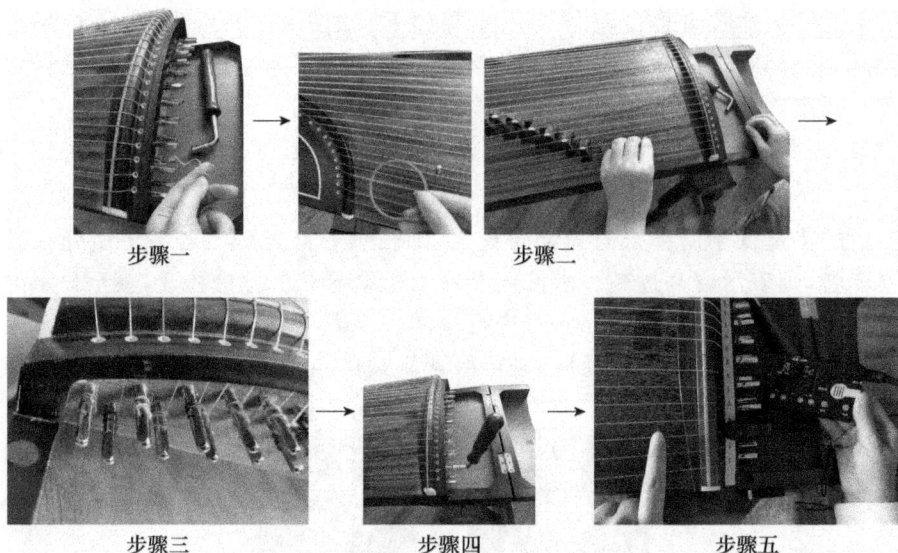

步骤一　　　　　　　步骤二

步骤三　　　　　步骤四　　　　　　　步骤五

图 2-3-34　换弦

响声。有时,断弦的反弹力还会打到儿童手背。这时,教师及家长要及时安抚儿童情绪,以免儿童受到惊吓。并鼓励儿童在之后的演奏中,敢于继续尝试左手按压弦的动作。

初学儿童尚未有能力自行换弦,需要教师及家长代为完成。但要让儿童观摩换弦的过程,从而逐渐形成自行换弦的能力。

三、各指法演奏要求及教学步骤

关于学习前的几点说明:(1)以下列举的是适用于孤独症儿童教学的古筝演奏常用基本指法。是在对普通儿童的常规教学基础上,设计的适应性代偿策略,以便于孤独症儿童的适应性学习。(2)多种相关指法要放在一起学习,可更好地区分其相同处与不同处,以便减少儿童记忆负担。同时,让儿童形成清晰的指法分类结构意识,为泛化自学及创作中编排指法打好基础。(3)各指法动作步骤流程的设计,体现从准备动作到结束动作的最短路径原则,减少中间迁移环节。同时,步骤间尽量做到完整自然的连贯。(4)每个动作步骤尽量细化到儿童极易做到的程度。教学中,需观察学生能够完成到第几步,即问题出在哪个环节。那么,教学的重点即是对此环节及之后的步骤进行逐一攻破。每一步骤的学习要稳扎稳打。(5)初学时,要注重各步骤的准确性。熟练后,要将各步骤的动作流畅连接为一个整体。(6)弹奏流程图示从儿童弹奏的角度或便于观察的角度进行拍摄,可为语言及文字理解能力不够的儿童提供直观的视觉辅助。(7)引用生活中熟悉的或古筝演奏热身操中已完成的相同与相似动作,有助于培养儿童的泛化能力。(8)教学中,要重点训练儿童演奏动作的准确性、灵活性、力量性和协调性。

（一）托指的弹奏

托指的弹奏指拇指的弹弦动作。指法符号为"⌐"或"⌐¬"。由于"⌐"更常用,所以对孤独症儿童的教学可统一选择使用"⌐"。如:⌐5。

托指的弹奏流程如下(如图 2-3-35):步骤一,准备手型(此手型也为以下所有指法的准备手型)。前臂悬浮于琴上,手腕自然平直,手心向下。握拳后轻松手,使手掌呈半握拳状。手弓稳固,虎口尽量撑大。各指间关节自然弯曲并放松,五指指尖靠拢并平齐。步骤二,准备动作。大指向桡侧(redialis)伸展开。弹奏位置在距离前岳山约 7 厘米处。义甲靠近此处琴弦,悬浮于两个琴弦之间的位置,义甲平面与琴弦方向平行。义甲尖端垂直沉到琴弦以下,使琴弦在从义甲尖端到胶布的前 1/3～1/2 处。上肢稳定度不够的儿童,可直接将义甲贴于琴弦上,把手臂重心放在琴弦上。步骤三,拇指指间关节运动,使拇指指尖向食指方向迅速弹弦。过弦后即刻放松并稳住不动。

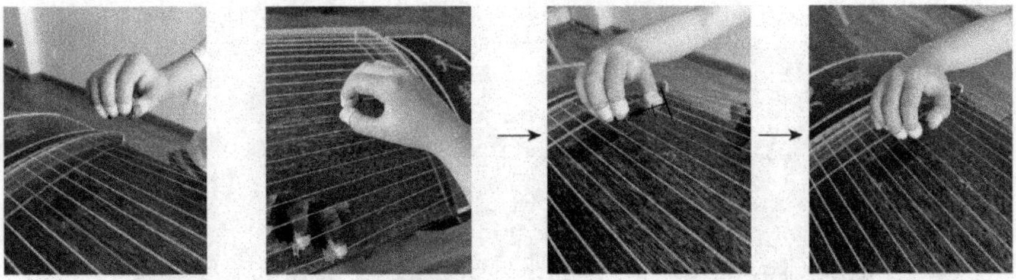

步骤一（前面）　　步骤一（后面）　　步骤二　　步骤三

图 2-3-35　托指的弹奏

整个过程拇指自然发力,其他部位放松不动,以免提供代偿力量。

（二）抹指的弹奏

抹指的弹奏指食指的弹弦动作。指法符号为"ヽ"。如:ヽ5。

抹指的弹奏流程如下(如图 2-3-36):步骤一,准备手型。步骤二,准备动作。食指指尖向远端伸出。弹奏位置在距离前岳山约 7 厘米处。义甲靠近此处琴弦,悬浮于两个琴弦之间的位置,义甲平面与琴弦方向平行。义甲尖端垂直沉到琴弦以下,使琴弦在从义甲尖端到胶布的前 1/3～1/2 处。上肢稳定度不够的儿童,可直接将义甲贴于琴弦上,把手臂重心放在琴弦上。步骤三,食指指间关节运动,使指尖向掌心方向迅速弹弦。过弦后即刻放松并稳住不动。

整个过程食指自然发力,其他部位放松不动,以免提供代偿力量。

步骤一　　　　　　　步骤二　　　　　　　步骤三

图 2-3-36　抹指的弹奏

（三）勾指的弹奏

勾指的弹奏指中指的弹弦动作。指法符号为"⌒"。如：$\overset{\frown}{5}$。

勾指的弹奏流程如下（如图 2-3-37）：步骤一，准备手型。步骤二，准备动作。中指指尖向远端伸出。弹奏位置在距离前岳山约 7 厘米处。义甲靠近此处琴弦，悬浮于两个琴弦之间的位置，义甲平面与琴弦方向平行。义甲尖端垂直沉到琴弦以下，使琴弦在从义甲前端到胶布的前 1/3～1/2 处。上肢稳定度不够的儿童，可直接将义甲贴于琴弦上，把手臂重心放在琴弦上。步骤三，中指指间关节运动，使指尖向掌心方向迅速弹弦。过弦后即刻放松并稳住不动。

步骤一　　　　　　　步骤二　　　　　　　步骤三

图 2-3-37　勾指的弹奏

整个过程中指自然发力，其他部位放松不动，以免提供代偿力量。

（四）打指的弹奏

打指的弹奏指无名指的弹弦动作。指法符号为"ᴑ"或"∧"。由于"∧"与勾指符号"⌒"形似，为防止孤独症儿童产生视觉混淆，可统一选择使用"ᴑ"。如：$\overset{\circ}{5}$。

打指的弹奏流程如下（如图 2-3-38）：步骤一，准备手型。步骤二，准备动作。无名指指尖向远端伸出。弹奏位置在距离前岳山约 7 厘米处。义甲靠近此处琴弦，悬浮于两个琴弦之间的位置，义甲平面与琴弦方向平行。义甲尖端垂直沉到琴弦以下，使琴弦在从义甲尖端到胶布的前 1/3～1/2 处。上肢稳定度不够的儿童，可直接将义甲贴于琴弦上，把手臂重心放在琴弦上。步骤三，无名指指间关节运动,使指尖向掌心方向迅速弹弦。过弦后即刻放松并稳住不动。

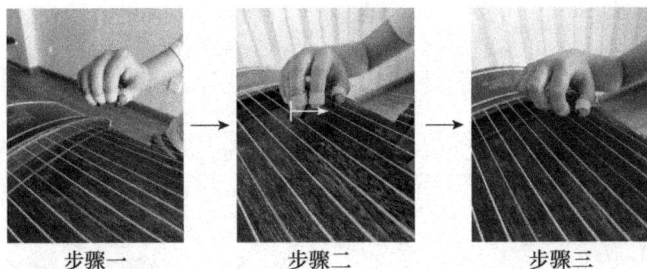

步骤一　　　　　　步骤二　　　　　　步骤三

图 2-3-38　打指的弹奏

整个过程无名指自然发力,其他部位放松不动,以免提供代偿力量。

（五）小勾搭与小撮的弹奏

小勾搭与小撮的弹奏较相似,都是用拇指和食指弹奏,但弹奏顺序不同。可一同学习。

1.小勾搭的弹奏

小勾搭的弹奏指拇指与食指交替弹弦的动作,即托抹或抹托。用于弹奏近距离的旋律音程。指法符号分别为"└ \"和"\ └"。如:5 2和2 5。

托抹的弹奏流程如下（如图 2-3-39）:步骤一、准备手型。步骤二、托指准备动作。步骤三、托指弹奏,同时抹指做弹弦前准备动作。步骤四、抹指弹奏,同时托指做弹弦前准备动作。托与抹可无限交替练习。

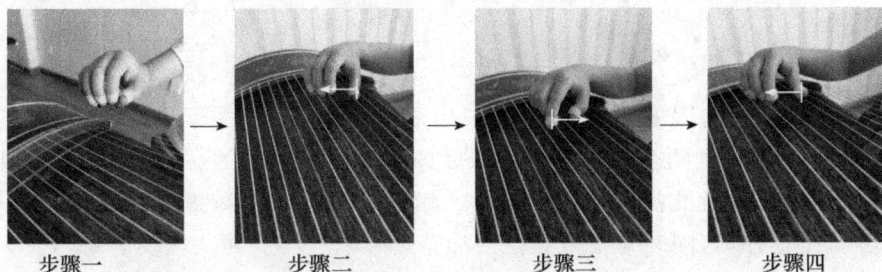

步骤一　　　　　步骤二　　　　　步骤三　　　　　步骤四

图 2-3-39　小勾搭的弹奏

抹托弹奏与托抹弹奏相似,只是先从抹指弹奏开始。

2. 小撮的弹奏

小撮的弹奏指拇指与食指同时弹弦的动作。用于弹奏近距离的和声音程。指法符号为"凵"或"凵"。由于"凵"更常用,所以对孤独症儿童的教学可统一选择使用"⌐"。如：$\frac{5}{2}$。

小撮的弹奏流程如下（如图 2-3-40）：步骤一，准备手型。步骤二，托指与抹指同时做弹弦前的准备动作。步骤三，托指与抹指的指间关节同时运动，使两指尖向掌心方向迅速弹弦。运动中，要避免两指的义甲碰撞。过弦后即刻放松并稳住不动。

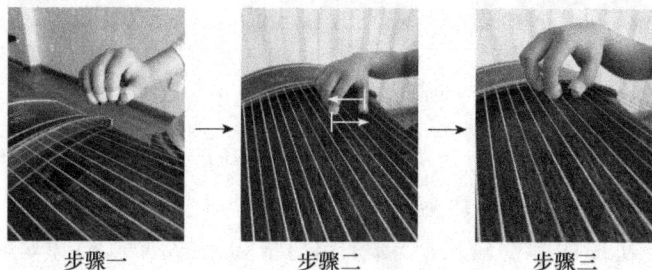

步骤一　　　　　步骤二　　　　　步骤三

图 2-3-40　小撮的弹奏

整个动作类似于捡豆子。

（六）大勾搭与大撮的弹奏

大勾搭与大撮的弹奏较相似，都是用拇指和中指弹奏，但弹奏顺序不同。可一同学习。

1. 大勾搭的弹奏

大勾搭的弹奏指拇指与中指交替弹弦的动作，即勾托或托勾。常用于弹奏八度旋律音程。指法符号为"⌐"和"⌐"。如：$\overset{\frown}{\underset{5}{5}}$和$\underset{5}{\overset{\frown}{5}}$。

勾托的弹奏流程如下（如图 2-3-41）：步骤一，在准备手型基础上，拉远托指与勾指间的距离至两个相邻绿弦间的距离（即拉长纵向手弓的距离至八度距离）。步骤二，勾指准备动作。步骤三，勾指弹奏，同时托指做弹弦前准备动作。步骤四，托指弹奏，同时勾指做弹弦前准备动作。勾与托可无限交替练习。

托勾弹奏与勾托弹奏相似，只是先从托指弹奏开始。

2. 大撮的弹奏

大撮的弹奏指拇指与中指同时弹弦的动作。常用于弹奏八度和声音程。指法符号为"⌐"或"⌐"。由于"⌐"更常用，所以对孤独症儿童的教学可统一选择使用"⌐"。如：$\frac{5}{5}$。

大撮的弹奏流程如下（如图 2-3-42）：步骤一，在准备手型基础上，拉远托指

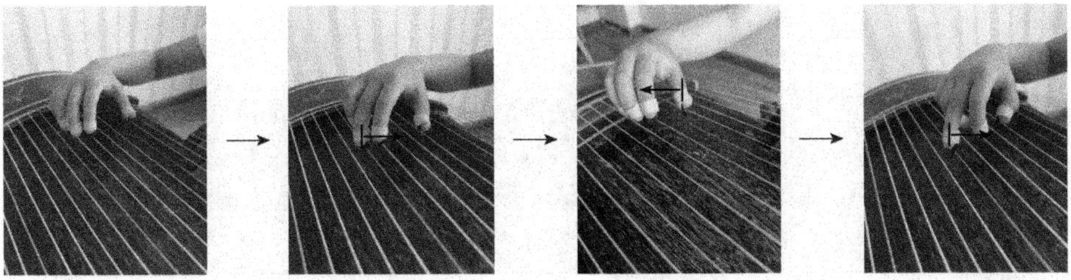

步骤一　　　　　　步骤二　　　　　　步骤三　　　　　　步骤四

图 2-3-41　大勾塔的弹奏

与勾指间的距离至两个相邻绿弦间的距离。步骤二,勾指与托指同时做弹弦前的准备动作。步骤三,勾指与托指的指间关节同时运动,使两指尖向掌心方向迅速拨弦。过弦后即刻放松并稳住不动。

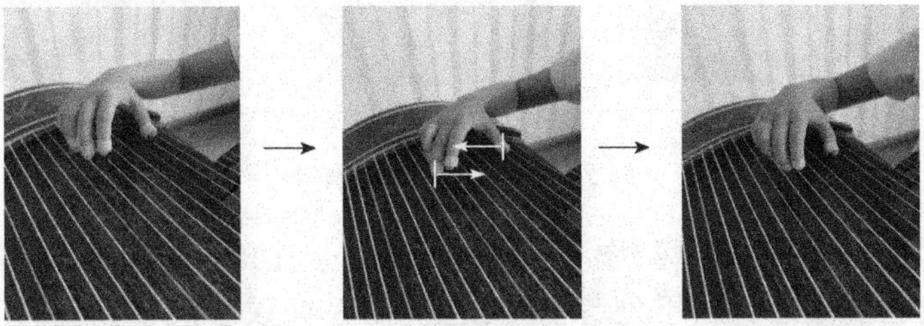

步骤一　　　　　　　步骤二　　　　　　　步骤三

图 2-3-42　大撮的弹奏

（七）快四点的弹奏

快四点的弹奏指中指、食指与拇指,按照"勾—托—抹—托"的顺序（可理解为大勾搭与小勾搭的组合）,用较快速度弹奏的动作。指法符号为"⁀⌐乀∟"。如: 5̲5̲5̲5̲。

快四点的弹奏流程如下（如图 2-3-43）:步骤一,准备手型。步骤二,勾指准备动作。步骤三,勾指弹奏,同时托指做弹弦前准备动作。步骤四,托指弹奏,同时抹指做弹弦前准备动作。步骤五,抹指弹奏,同时托指做弹弦前准备动作。步骤六,托指弹奏,同时勾指做弹弦前准备动作。

步骤三至步骤六可无限循环练习。

（八）托劈的弹奏

手指向斜下方发力,弹弦后靠贴在邻近琴弦上,而非握向手心,此动作为夹弹。托指夹弹的反向动作为劈指。托劈弹奏指托指夹弹与劈指交替弹弦的动作。常用于快速同音反复。指法符号为"∟⌐"或"⌣⌐"。由于"∟⌐"更常用,所以对孤独症儿童的教学可统一选择使用"∟⌐"。如: 5̲5̲5̲5̲。

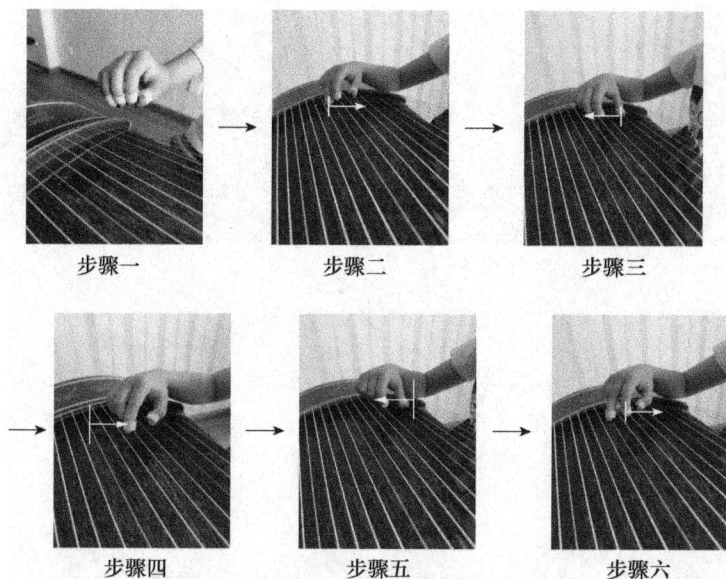

步骤一　　　　　　　步骤二　　　　　　　步骤三

步骤四　　　　　　　步骤五　　　　　　　步骤六

图 2-3-43　快四点的弹奏

托劈的弹奏流程如下（如图 2-3-44）：步骤一，扎桩。在准备手型的基础上，无名指用指腹前端靠近指甲处落于琴弦上，使手臂重心沉于弦上。其他手指悬空。扎桩起到稳固演奏框架和重心的作用。步骤二，托指准备动作。步骤三，托指夹弹。拇指腕掌关节屈曲，指间关节和掌指关节不动，使义甲尖端向斜下方弹弦。过弦后，义甲自然靠贴在邻近琴弦上，手臂重心沉于弦上。步骤四，拇指利用靠贴在邻近琴弦上的反弹力，伸腕掌关节，迅速向斜上方的掌心外侧反弹，指间关节和掌指关节保持绷直不动。

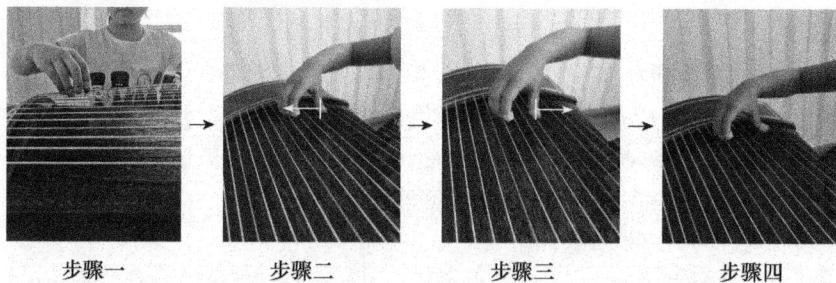

步骤一　　　　　　步骤二　　　　　　步骤三　　　　　　步骤四

图 2-3-44　托劈的弹奏

托指与劈指弹的是同一根琴弦，可无限交替练习。

由于劈指为向手掌外动作，大多数儿童在弹奏时不易发力，容易出现"托重劈轻"的效果。因此要多加强劈指练习（例如，通过练习手指热身操增强大鱼际肌肌力），以便弹奏出均匀的音响效果。

（九）颤音的弹奏

颤音的弹奏指右手弹奏后，左手在琴码左侧，利用快速上下颤动琴弦使余音波动的动作。此指法需要双手配合，常用于装饰旋律音。指法符号为"～～"。如：$\overset{\sim}{5}$ 。

颤音的弹奏流程如下（如图 2-3-45）：步骤一，左手准备手型同右手。步骤二，左手准备动作。左手食指、中指和无名指落在琴码左侧的同一根弦上，拇指与小指自然悬空。扶弦位置应距离琴码约 16 厘米。用指腹前端靠近指甲处触弦，并保持义甲尖端垂直向下方向。步骤三，左手预备练习。将手臂重心沉于弦上。前臂利用运动惯性，带动指尖上下起伏，做匀速振动琴弦的动作。手腕放松，灵活支撑。指尖始终不离开琴弦，要感觉到琴弦的反弹力为"下压紧、上提松"。可先从慢速练习，再逐渐提速流畅。步骤四，右手弹奏后，左手即刻在同一根弦的琴码左侧做步骤三的动作。下压弦的深度要适中，以能明显听到余音自然的起伏波动为宜。步骤五，听颤音效果。颤音不可改变整体音高。余音消失后，颤音动作即可停止。

整个左手动作类似于起伏的波浪。

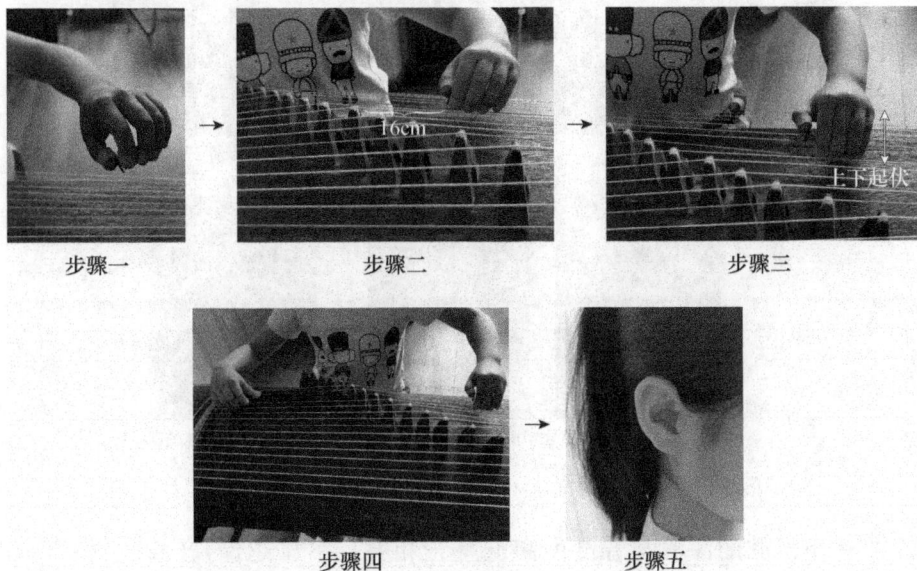

步骤一　步骤二　步骤三

步骤四　步骤五

图 2-3-45　颤音的弹奏

（十）上滑音与上回滑音的弹奏

上滑音与上回滑音的弹奏较相似，上回滑音比上滑音多出一步演奏动作。可一同学习。

1.上滑音的弹奏

上滑音的弹奏指右手弹奏后，左手在琴码左侧下压琴弦，使音高逐渐上升至邻近上方音的动作。其音响效果类似于有疑问时的"嗯？"。指法符号为"↗"。如：$\overset{\prime}{5}$或$\overset{\frown}{56}$。

上滑音的弹奏流程如下（如图 2-3-46）：步骤一，左手准备手型同右手。步骤二，左手准备动作。左手食指、中指和无名指落在琴码左侧的同一根弦上，拇指与小指自然悬空。扶弦位置应距离琴码约 16 厘米。用指腹前端靠近指甲处触弦，并保持义甲尖端垂直向下方向。步骤三，右手弹奏的同时，左手在同一琴弦上将手腕微微上提，为下压做准备。步骤四，左手缓慢下压弦，直至听到邻近上方音的音高，即可停止下压，并按住不动。压弦时，手部框架中的手腕、手弓及指间关节部位要稳固，不可软塌，使力量可直达弦上。步骤五，右手弹奏下个音的同时，左手迅速将琴弦松回。

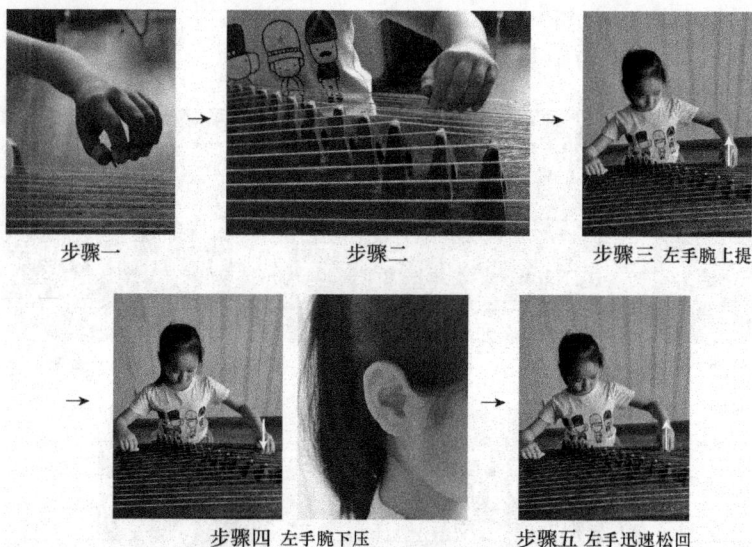

步骤一　　　　　　　步骤二　　　　　　步骤三 左手腕上提

步骤四 左手腕下压　　　　步骤五 左手迅速松回

图 2-3-46　上滑音的弹奏

左手下压弦的深浅与音高的高低呈正相关。下压越深，音高越高；下压越浅，音高越低。上滑音弹奏时，大多数儿童对邻近上方音的音高把握不准，可在弹奏完成后，弹出上方音作为音高参照，听辨上滑音后的余音音高是否与此音音高相同,以此来调整压弦深浅。音准判断是一项需要长期培养的听辨能力,教师要对儿童古筝弹奏中的音准时时指导。

2.上回滑音的弹奏

上回滑音的弹奏指左手完成上滑音后,随即将琴弦松回,使音高逐渐上升至邻近上方音后,再逐渐下降回至原音(可以理解为上滑音与下滑音的组合)的动作。其音响效果类似于拒绝或否定时的"嗯"。指法符号为"⌣"。如:$\overset{\curvearrowright}{5}$或$\overset{\curvearrowright}{\underline{565}}$。

上回滑音的弹奏流程如下(如图 2-3-47):步骤一,左手准备手型同右手。步骤二,左手准备动作。左手食指、中指和无名指落在琴码左侧的同一根弦上,拇指与小指自然悬空。扶弦位置应距离琴码约 16 厘米。用指腹前端靠近指甲处触弦,并保持义甲尖端垂直向下方向。步骤三,右手弹奏的同时,左手在同一琴弦上将手腕微微上提,为下压做准备。步骤四,左手缓慢下压弦,听到邻近上方音的音高后,再缓慢将琴弦松回。压弦时,手部框架中的手腕、手弓及指间关节部位要稳固,不可软塌,使力量可直达弦上。

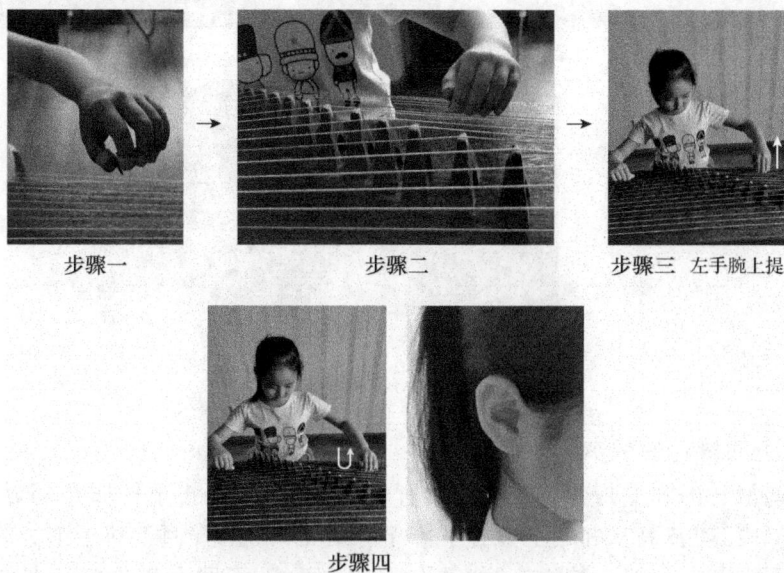

步骤一　步骤二　步骤三　左手腕上提

步骤四

图 2-3-47　上回滑音的弹奏

（十一）下滑音与下回滑音的弹奏

下滑音与下回滑音的弹奏较相似,下回滑音比下滑音多出一步演奏动作。可一同学习。

1.下滑音的弹奏

下滑音的弹奏指右手弹奏后,左手通过松回琴弦,使音高从邻近上方音下降回至琴弦原音的动作。其音响效果类似于猫咪叫"喵!"。由此可知,下滑音的左手动作与上滑音是反向的。指法符号为"↘"。如:↘5或6↘5。

下滑音的弹奏流程如下(如图 2-3-48):步骤一,左手准备手型同右手。步骤二,左手准备动作。左手食指、中指和无名指落在琴码左侧的同一根弦上,拇指与小指自然悬空。扶弦位置应距离琴码约 16 厘米。用指腹前端靠近指甲处触弦,并保持义甲尖端垂直向下方向。步骤三,左手下压弦到预想中邻近上方音音高的深度位置。步骤四,右手弹奏同一琴弦。左手随即缓慢将琴弦松开。同时听音准。

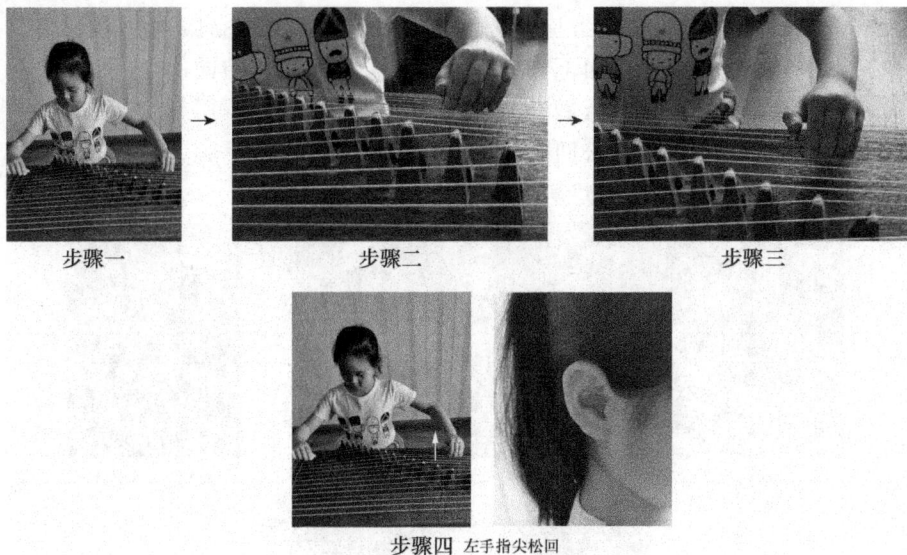

步骤一   步骤二   步骤三

步骤四 左手指尖松回

图 2-3-48   下滑音的弹奏

2. 下回滑音的弹奏

下回滑音的弹奏指左手完成下滑音后,随即将琴弦再下压回至邻近上方音的音高深度,使音高从邻近上方音下降至原音后,再上升回到邻近上方音(可以理解为下滑音与上滑音的组合)的动作。由此可知,下回滑音的左手动作与上回滑音是反向的。指法符号为"∽"。如:∽5或6∽56。

下回滑音的弹奏流程如下(如图 2-3-49):步骤一,左手准备手型同右手。步骤二,左手准备动作。左手食指、中指和无名指落在琴码左侧的同一根弦上,拇指与小指自然悬空。扶弦位置应距离琴码约 16 厘米。用指腹前端靠近指甲处触弦,并保持义甲尖端垂直向下方向。步骤三,左手下压弦到预想中邻近上方音音高的深度。步骤四,右手弹奏同一琴弦。左手缓慢将琴弦松开后,随即再下压回至邻近上方音音高的深度,并按住不动。步骤五,右手弹奏下个音的同时,左手迅速将琴弦松回。

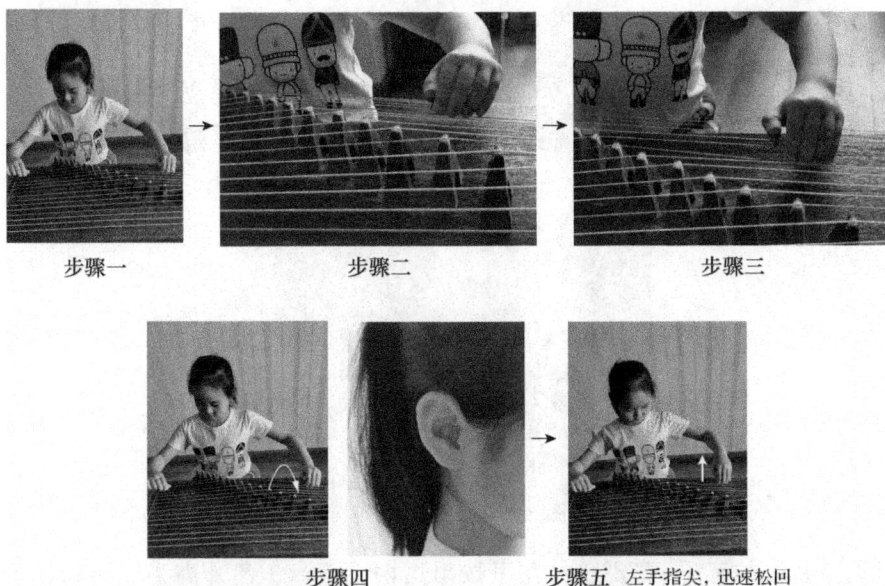

步骤一　　　　　　　步骤二　　　　　　　步骤三

步骤四　　　　　步骤五　左手指尖,迅速松回

图 2-3-49　　下回滑音的弹奏

（十二）点音的弹奏

点音的弹奏指右手弹奏时或弹奏后,左手在琴码左侧同一弦上,利用快速下压并快速反弹的动作,使声音具有轻盈地跳跃感。点音分为弹点和弹后点两种。指法符号为"↓"、"∨"或"▾"。由于"↓"更常用,所以对孤独症儿童的教学可统一选择使用"↓"。如:5̣（弹点）和5̇（弹后点）。

弹点的弹奏流程如下（如图 2-3-50）:步骤一,左手准备手型同右手。步骤二,左手准备动作。左手食指、中指和无名指落在琴码左侧的同一根弦上,拇指与小指自然悬空。扶弦位置应距离琴码约 16 厘米。用指腹前端靠近指甲处触弦,并保持义甲尖端垂直向下方向。步骤三,右手做弹弦准备动作的同时,左手在同一琴弦上手腕微微上提,为下压做准备。步骤四,右手弹奏的同时,左手快速、轻盈、有弹性地下压弦,并反弹回准备位置。同时听声音效果。左手整个动作类似于跳跳床。

弹后点与弹点的左手动作一致。不同之处在于要右手弹完后再左手点音,使余音具有弹跳感。

（十三）七声音阶的弹奏

古筝定弦通常为五声音阶,因而弦音中缺少七声音阶里的 4 和 7。用古筝

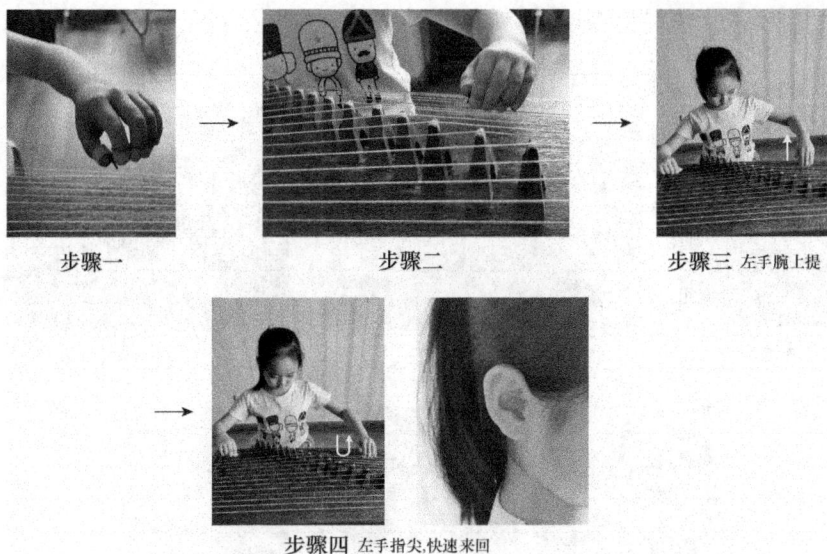

步骤一　　　　　　　　　步骤二　　　　　　　　　步骤三 左手腕上提

步骤四 左手指尖,快速来回

图 2-3-50　弹点的弹奏

弹奏七声音阶的音乐,需要通过左手按出这两个音。3 音升高半音可得 4 音,6 音升高全音可得 7 音。

4 音的弹奏流程如下(如图 2-3-51):步骤一,左手准备手型同右手。步骤二,左手准备动作。左手食指、中指和无名指落在 3 音弦的琴码左侧,拇指与小指自然悬空。扶弦位置应距离琴码约 16 厘米。用指腹前端靠近指甲处触弦,并保持义甲尖端垂直向下方向。步骤三,左手浅压到预想中 4 音音高的深度并保持稳定。步骤四,右手弹奏 3 音弦。发声后判断音高是否准确。步骤五,右手弹奏下个音的同时,左手迅速将琴弦松回。

7 音的弹奏流程如下(如图 2-3-52):步骤一,左手准备手型同右手。步骤二,左手准备动作。左手食指、中指和无名指落在 6 音弦的琴码左侧,拇指与小指自然悬空。扶弦位置应距离琴码约 16 厘米。用指腹前端靠近指甲处触弦,并保持义甲尖端垂直向下方向。步骤三,左手深压到预想中 7 音音高的深度并保持稳定。步骤四,右手弹奏 6 音弦。发声后判断音高是否准确。步骤五,右手弹奏下个音的同时,左手迅速将琴弦松回。

七声音阶的弹奏需要儿童提前具备较好的音准素质,因此,学习弹奏前,可先练习七声音阶的模唱,以使儿童养成较好的音高概念。

(十四)双滑音与八度双滑音的弹奏

双滑音与八度双滑音的弹奏较相似,可一同学习。

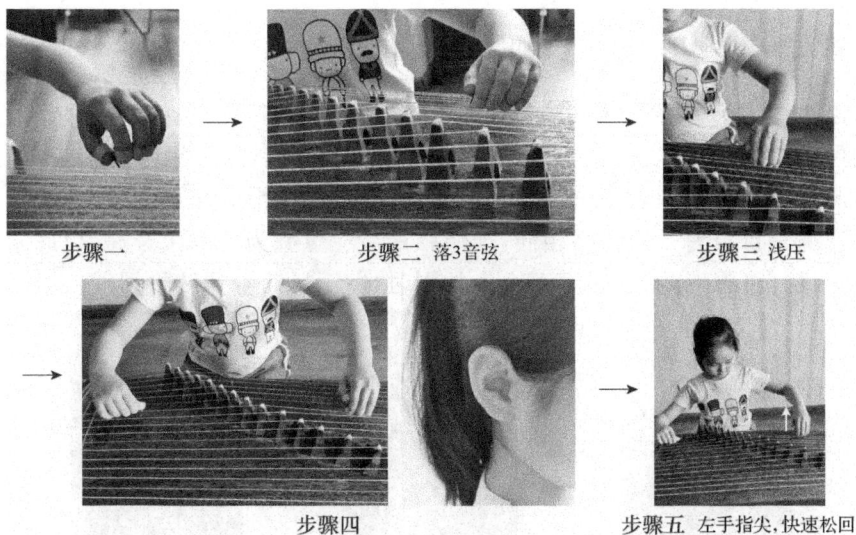

步骤一　　　　　　　步骤二　落3音弦　　　　　　步骤三　浅压

步骤四　　　　　　　　　　步骤五　左手指尖，快速松回

图 2-3-51　4音的弹奏

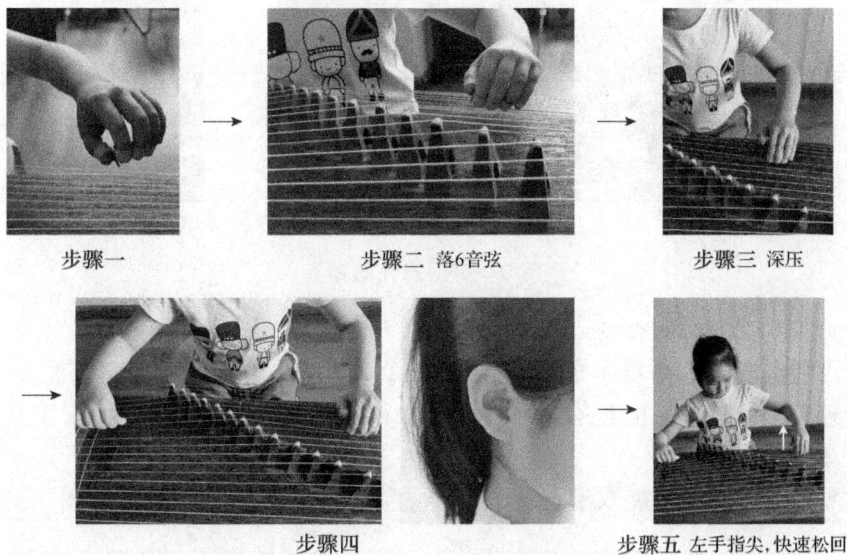

步骤一　　　　　　　步骤二　落6音弦　　　　　　步骤三　深压

步骤四　　　　　　　　　　步骤五　左手指尖，快速松回

图 2-3-52　7音的弹奏

1. 双滑音的弹奏

双滑音的弹奏指一个手指同时刮弹上滑音和其邻近上方音。常用于强调旋律音。根据弹奏手指的不同，可分为双托、双抹、双勾和双劈四种形式。指法符

号分别为"匕"、"ヽ"、"⌒"和"⼅"。如：$\overset{\text{匕}}{5} \over 3$ᐟ，$\overset{\text{ヽ}}{5} \over 3$ᐟ，$\overset{\text{⌒}}{5} \over 3$ᐟ或$\overset{\text{⼅}}{5} \over 3$ᐟ。

以双托为例，其弹奏流程如下（如图 2-3-53）：步骤一，准备手型。步骤二，拇指外展，做弹奏准备动作。步骤三，拇指快速果断地刮弹相邻的两个弦，即两个弦一起带过。步骤四，左手在相对较低的弦上快速上滑。结束后，听辨上滑后的余音音高是否与另一弦音高相同，即两弦最后应重叠为同一个音高，以此来调整压弦深浅。步骤五，右手弹奏下个音的同时，左手迅速将琴弦松回。

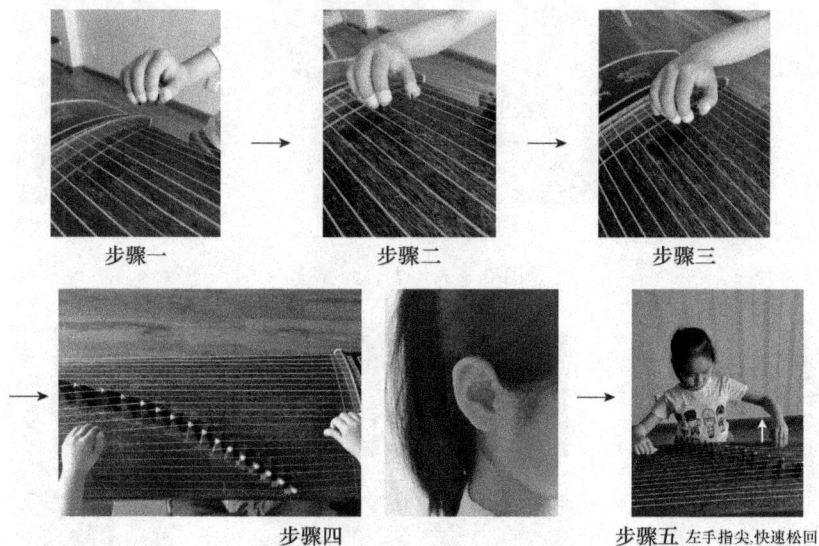

图 2-3-53　双托的弹奏

2.八度双滑音的弹奏

八度双滑音指弹奏大撮时，拇指同时多刮弹一个带有上滑的邻近下方音（可以理解为大撮与双托的组合）的动作。常用于强调旋律音。指法符号为"匸"。

如：$\overset{\text{匸}}{5} \atop {3 \atop \underset{\cdot}{5}}$ᐟ。由此可知，八度双滑音比双滑音的弹奏多了一个低八度的勾指。

八度双滑音的弹奏流程如下（如图 2-3-54）：步骤一，在准备手型基础上，拉远托指与勾指间的距离至大撮的准备位置。步骤二，弹大撮的同时，拇指同时多刮弹一个邻近下方音。步骤三，左手在这个邻近下方音上快速上滑。结束后，听辨上滑后的余音音高是否与另一弦音高相同，即两弦最后应重叠为同一个音高，以此来调整压弦深浅。步骤四，右手弹奏下个音的同时，左手迅速将琴弦松回。

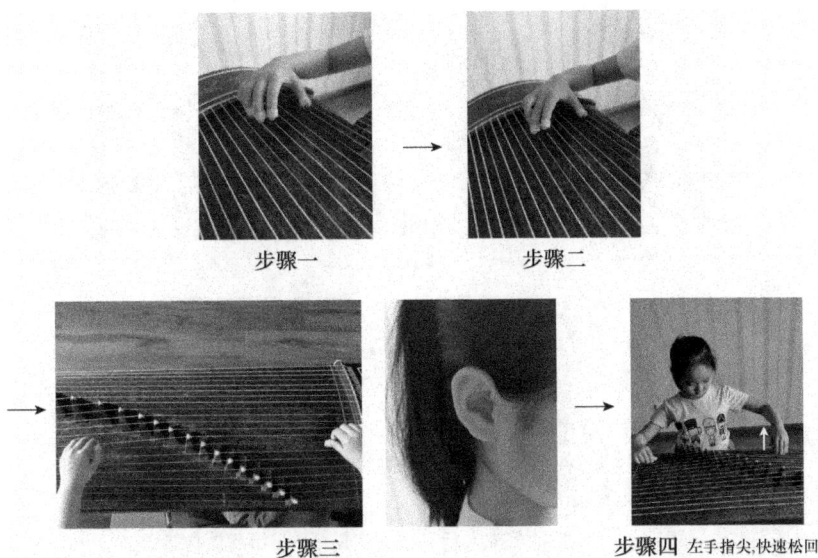

步骤一　　→　　步骤二

步骤三　　　　步骤四 左手指尖,快速松回

图 2-3-54　八度双滑音的弹奏

(十五)花指、刮奏及扫弦的弹奏

此三种指法较相似,可一同学习。

1. 花指的弹奏

花指的弹奏指拇指由近端向远端,连续、快速、流畅地连托数弦(一般约为一个八度的范围)的动作。其音响效果类似于"短流水"的声音。花指根据节奏的不同,分为板前花和正板花。两者的弹奏动作相同,不同在于:板前花较短促,在节奏之前弹奏,因此不占节奏时值;正板花较舒缓,与音符一样,占节奏时值。指法符号为"*"。如:♮5(板前花)和5*(正板花)。

花指的弹奏流程如下(如图 2-3-55):步骤一,准备手型。步骤二,拇指外展,做弹奏准备动作。步骤三,前臂上抬,向身体近端画半圆,重心落于琴弦。步骤四,拇指利用手臂的向前推力连托数弦。步骤五,花指停止的位置不要超过后面要弹音的弦位,并与后面要弹的音紧密衔接。

儿童若衔接不好,可先将花指与后面的音进行分解练习,熟练后再自然衔接。

2. 刮奏的弹奏

刮奏的弹奏指拇指由近端向远端(或食指由远端向近端),连续、流畅、大范围地推弹多弦的动作。其音响效果类似于"长流水"的声音,是加长的花指。常用于渲染宽广的抒情性情感表达。刮奏根据方向不同,分为上行刮奏和下行刮

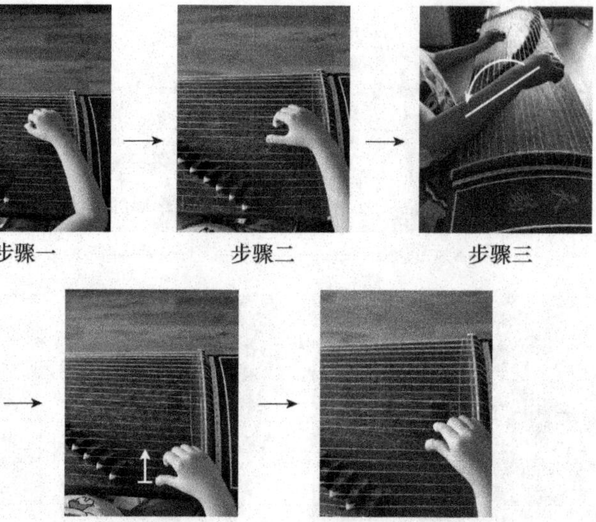

步骤一　　　　　　　　步骤二　　　　　　　　步骤三

步骤四　前推大指　　　　步骤五　花指后接抹指

图 2-3-55　花指的弹奏

奏;根据弹奏手的不同,分为单手刮奏和双手刮奏。指法符号为"╱"或"↗"。箭头向上为上行刮奏,箭头向下为下行刮奏。

以上行刮奏为例,其弹奏流程如下(如图 2-3-56):步骤一,准备手型。步骤二,食指伸出,做弹奏准备动作。步骤三,手臂上抬,向身体远端画半圆,重心落于琴弦。步骤四,食指利用手臂的向后拉力连抹多弦。步骤五,结束后,手臂利用运动惯性自然抬起。

双手刮奏时要注意,前一个刮奏结束前,下一个刮奏就要衔接上,使"流水"不断。

3. 扫弦的弹奏

扫弦的弹奏指左手于低音区向远端快速有力地扫琴弦的动作。常用于渲染强烈的气氛和情感。指法符号为"✳"。

扫弦的弹奏流程如下(如图 2-3-57):步骤一,左手准备手型。步骤二,预备练习。桡腕关节微屈曲,使手背下垂,低于腕部。以腕部为定点,做像钟摆左右摆动的尺偏伸和桡偏屈交替动作。步骤三,左手悬浮于低音区上方,用手臂带动腕部,使用爆发力向尺侧斜下方将手甩出。此运动过程中,食指、中指和无名指的义甲快速有力地扫到琴弦,使低音区的弦同时发声。步骤四,结束后,手部利用反弹力,有弹性地快速返回到准备位置。

整个动作类似于将手上的水甩干。

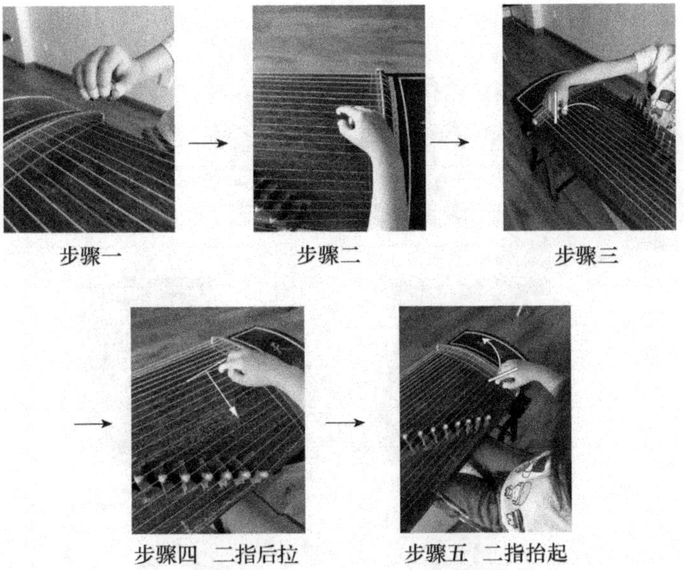

步骤一 → 步骤二 → 步骤三

步骤四 二指后拉 → 步骤五 二指抬起

图 2-3-56 上行刮奏的弹奏

步骤一 → 步骤二 → 步骤三 → 步骤四

图 2-3-57 扫弦的弹奏

(十六)泛音的弹奏

泛音的弹奏指右手弹奏时,左手于琴码右侧的同一弦上,用近端指间关节的骨节(即近节指骨滑车 trochlea of proximal phalanx)轻触第一泛音点(即前岳山到琴码距离的 1/2 处),发出高八度空灵音效的动作。指法符号为"。"。如:$\overset{\circ}{5}$。

泛音的弹奏流程如下(如图 2-3-58):步骤一,目测并将视线锁定在大致预测的第一泛音点位置。步骤二,左手中指绷直,与右手同步靠近琴弦做准备。步骤三,右手弹弦的同时,左手用近端指间关节的骨节处轻碰目测的泛音点。步骤四,双手同步快速离开琴弦。步骤五,听辨发出的声音是否是理想的高八度空灵音效。若效果不佳,要及时调整左手触弦位置及双手同步配合度。

整个弹奏过程中,双手始终同步运动,同下同上。

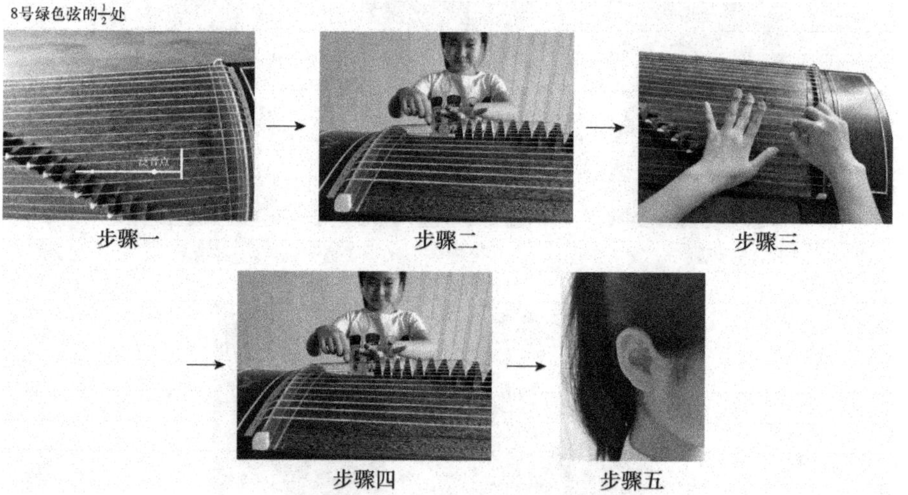

8号绿色弦的 $\frac{1}{2}$ 处

步骤一　　　　　　　　　　步骤二　　　　　　　　　　步骤三

步骤四　　　　　　　　　　步骤五

图 2-3-58　泛音的弹奏

孤独症儿童大部分缺乏视觉一空间概念,很难通过目测找到泛音点。他们当中听觉敏锐者,通常通过听觉去找空灵的声音效果。教师可在琴弦上做泛音点的标记,提供视觉辅助。

(十七)四种摇指的弹奏

摇指的弹奏指拇指运用腕部左右摆动的惯性和前臂的旋前、旋后运动,使点状音快速连接成为线状音的动作。古筝演奏常用的四种摇指分别为支腕摇、扎桩摇、悬腕摇和扫摇。支腕摇、扎桩摇和悬腕摇的指法符号相同,为"≶"、"⌐"或"⌐"。如:5≶、5̱或5̄。扫摇的指法符号为"⋷⌐⌐",如: 5̱5̱5̱5̱。每种摇指都有各自的特点及适用情况。

1. 支腕摇

支腕摇的弹奏指用压在琴头处的腕根部尺侧的骨头部分(即豌豆骨 pisiform bone)作为支点的摇指动作。适用于较弱、细密的弹奏。

支腕摇的弹奏流程如下(如图 2-3-59):步骤一,手型。拇指指间关节绷直,食指指尖桡侧捏在拇指指腹的胶布处,将拇指义甲捏牢固,虎口呈半圆形。其他三指指间关节自然弯曲,指尖屈回,掌指关节上翘,手心中空,各指间关节的屈度和掌指关节的伸度从食指到小指依次加大。此手型在整个摇指弹奏过程中保持不变。步骤二,预备练习。摆好手型后,将前臂抬起,做挥手再见的左右摆腕动作,手腕上翘约40°。要感受到向桡侧的运动是发力运动,向尺侧的运动是靠反弹的运动惯性,不可向尺侧发力运动。腕部要松弛灵活,持续运动。腕部的摆动会带动起前臂的运动,但要控制前臂尽量小幅度运动。步骤三,将手臂整体移动至掌心向下的位置。同时,臂肘增加外展幅度。步骤四,将腕根部尺侧的豌豆骨压在琴头上作为摆动支点,做空弦摆腕动作练习。步骤五,在步骤四的基础上,拇指义甲尖端逐渐下降至触弦发声。下指要浅,以免形成过大阻力,造成肌肉僵硬。并调整角度使义甲平面与琴弦方向平行。

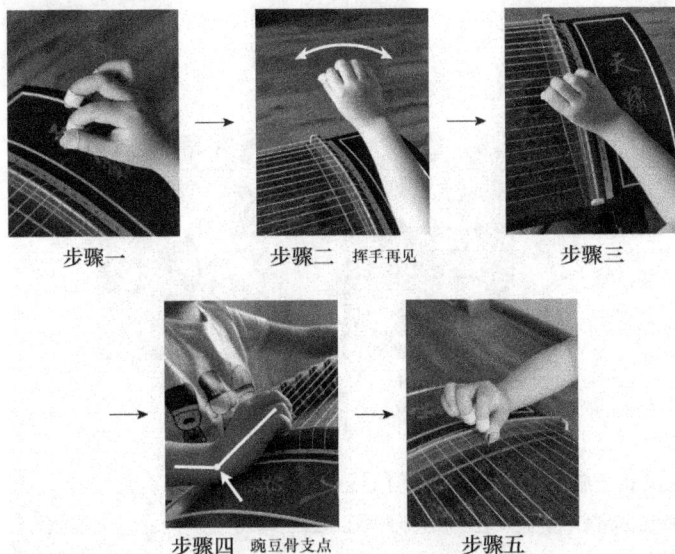

步骤一　　　　　步骤二 挥手再见　　　　　步骤三

步骤四 豌豆骨支点　　　　　步骤五

图 2-3-59　支腕摇的弹奏

为防止腕部动作僵硬,要先从慢速(保持运动惯性即可)和弱奏开始练习。

2.扎桩摇

扎桩摇的弹奏指以小指在前岳山外侧的扎桩为支点的摇指动作。适用于较强、长时值的弹奏。

扎桩摇的弹奏流程如下(如图 2-3-60):步骤一,手型。拇指指间关节绷直,食指指尖桡侧捏在拇指指腹的胶布处,将拇指义甲捏牢固,虎口呈半圆形。中指与无名指的指间关节自然弯曲,指尖屈回,掌指关节上翘。小指两指间关节绷直,掌指关节处下压屈曲。手心中空。要能感觉到掌内侧大鱼际肌和小鱼际肌相互捏于掌心的对掌状态。此手型在整个摇指弹奏过程中保持不变。步骤二,预备练习。摆好手型后,将前臂抬起,做挥手再见的左右摆腕动作,手腕上翘约40°。要感受到向桡侧的运动是发力运动,向尺侧的运动是靠反弹的运动惯性,不可向尺侧发力运动。腕部要松弛灵活,持续运动。腕部的摆动会带动起前臂的运动,但要控制前臂尽量小幅度运动。步骤三,将手臂整体移动至掌心向下的位置。同时,臂肘增加外展幅度。步骤四,将小指指尖扎桩在要摇琴弦的邻近下方音的前岳山外侧,做空弦摆腕动作练习。步骤五,在步骤四的基础上,拇指义

图 2-3-60　扎桩摇的弹奏

甲尖端逐渐下降至触弦发声。调整角度使义甲平面与琴弦方向平行。

为防止腕部动作僵硬,要先从慢速(保持运动惯性即可)和弱奏开始练习。

3.悬腕摇

悬腕摇的弹奏指腕部悬浮、无支点的摇指动作。适用于较强、短时值的弹奏。

悬腕摇的弹奏流程如下(如图 2-3-61):步骤一,手型同支腕摇手型。步骤二,预备练习。摆好手型后,将前臂抬起,做挥手再见的左右摆腕动作,手腕上翘约40°。要感受到向梭侧的运动是发力运动,向尺侧的运动是靠反弹的运动惯性,不可向尺侧发力运动。腕部要松弛灵活,持续运动。腕部的摆动会带动起前臂的运动,但要控制前臂尽量小幅度运动。步骤三,将手臂整体移动至掌心向下的位置,同时,臂肘增加外展幅度做空弦摆腕动作练习。步骤四,在步骤三的基础上,拇指义甲尖端逐渐下降至触弦发声。调整角度使义甲平面与琴弦方向平行。为防止

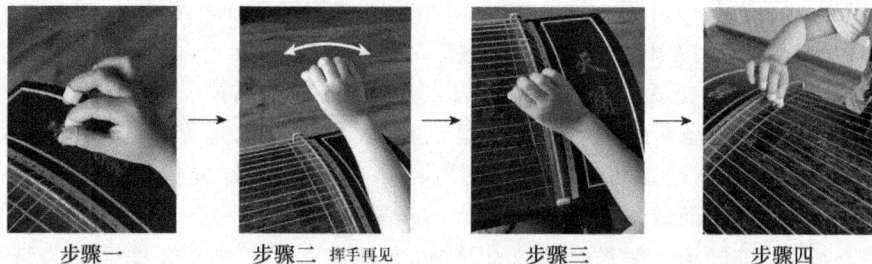

图 2-3-61　悬腕摇的弹奏

腕部动作僵硬,要先从慢速(保持运动惯性即可)和弱奏开始练习。

4.扫摇

扫摇的弹奏指悬腕摇的同时,加入中指扫弦的动作。适用于强烈、有爆发力的效果性乐曲弹奏。

扫摇的弹奏流程如下(如图 2-3-62):步骤一,数字摇。使用悬腕摇慢速弹奏,从向桡侧的摆动开始。四个音一组,边数边弹。步骤二,在数字摇的基础上,每组第一个音上加入中指扫弦。中指扫弦指中指指尖迅速有力地向掌心方向扫弹琴弦。中指扫弦的运动方向与拇指第一个音(即向桡侧的摆动)的运动方向保持一致。步骤三,熟练后,弹奏逐渐加快至原速。

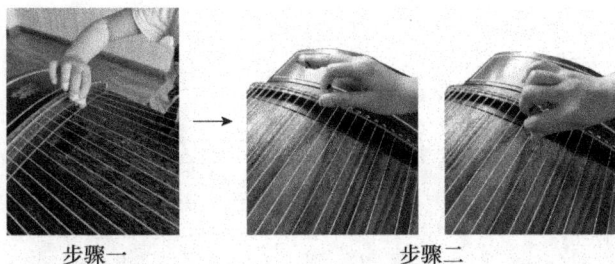

步骤一 步骤二

图 2-3-62 扫摇的弹奏

(十八)和弦、分解和弦及琶音的弹奏

此三种指法较相似,可一同学习。

1. 和弦的弹奏

和弦的弹奏指同时弹奏三个及三个以上的音的动作。如:$\begin{smallmatrix}5\\2\\1\end{smallmatrix}$或$\begin{smallmatrix}\dot{5}\\\dot{2}\\\dot{5}\end{smallmatrix}$。

通常来说,三个音的和弦用拇指、食指和中指同时弹奏;四个音的和弦加入无名指同时弹奏;多于四个音的和弦用双手弹奏。谱面上和弦音的上下位置与手指摆位的关系为:音符由下往上对应手指由远及近。如:$\begin{smallmatrix}5\\2\\1\end{smallmatrix}$或$\begin{smallmatrix}\dot{5}\\\dot{2}\\\dot{1}\\\dot{5}\end{smallmatrix}$。

和弦的弹奏流程如下(如图 2-3-63,以$\begin{smallmatrix}5\\2\\1\\\dot{5}\end{smallmatrix}$和弦为例):步骤一,按照"音符由下往上对应手指由远及近"的原则,找到并将视线锁定在所有和弦音的弦位上。步骤二,确定每个弦位的对应手指(即哪个音用哪个手指弹)。步骤三,摆出有不同手指间距的手型姿势。有姿势控制能力的儿童可将义甲悬于弦位上方做准备,不要碰弦。步骤四,快速、准确地将所有手指同时放于步骤一中视线锁定的各弦上。保持纵向及横向手弓张开,各义甲垂直向下。步骤五,所有放弦手指同时屈向掌心弹奏。发力要均匀,声音要整齐。

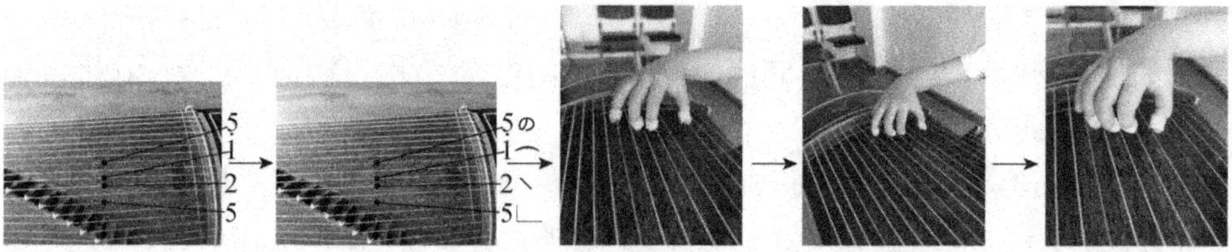

| 步骤一 | 步骤二 | 步骤三 | 步骤四 | 步骤五 |

图 2-3-63　和弦的弹奏

2. 分解和弦的弹奏

分解和弦的弹奏指将和弦分解为一个个的单音,将这些单音按节奏弹奏的动作。如:$\widehat{1\,5}\,\widehat{3\,5}$ 是 $\frac{\widehat{5}}{\widehat{1}}3$ 的分解和弦。

分解和弦的弹奏流程如下:步骤一,分析并确定每个音的弦位及对应的手指。步骤二,手指按节奏要求弹奏。

3. 琶音的弹奏

琶音的弹奏指将和弦音按由低到高(即由远及近)的顺序,依次流畅弹奏的动作。指法符号为"╽"。如:$\begin{smallmatrix}5\\2\\1\\\underline{5}\end{smallmatrix}$

琶音的弹奏流程如下(如图 2-3-64,以 $\begin{smallmatrix}5\\2\\1\\\underline{5}\end{smallmatrix}$ 为例):步骤一,按照"音符由下往上对应手指由远及近"的原则,找到并将视线锁定在所有和弦音的弦位上。步骤二,确定每个弦位的对应手指(即哪个音用哪个手指弹)。步骤三,摆出有不同手指间距的手型姿势。有姿势控制能力的儿童可将义甲悬于弦位上方做准备,不要碰弦。步骤四,快速、准确地将所有手指同时放于步骤一中视线锁定的各弦上。保持纵向及横向手弓张开,各义甲垂直向下。步骤五,慢速练习。手指按由远及近的顺序,依次屈向掌心弹弦。未弹到的手指要保证稳固地勾在弦上,弹过的手指保持半握于手心的姿势。步骤六,原速练习。慢速练习熟练后,运用臂运动的整体惯性,按原速流畅地连接起每个音。要注意连接过程中的重心转移。弹完后,腕臂顺势自然抬起。速度和发力要均匀。

双手琶音要注意(如图 2-3-64):先弹完左手的琶音,再接右手的琶音。两手衔接的部分要紧凑、自然、匀速。双手触弦位置要靠近,使音色尽量统一。

(十九)双食点奏的弹奏

双食点奏的弹奏指双手食指交替做快速点状弹奏的动作。常用于颗粒性的

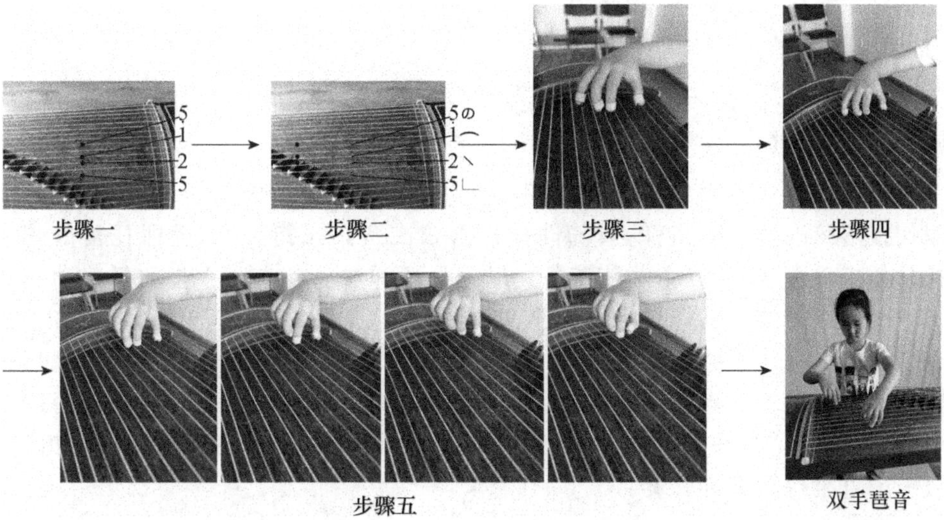

步骤一 步骤二 步骤三 步骤四

步骤五 双手琶音

图 2-3-64　琶音的弹奏

快速同音反复。指法符号为"右左、、"。如：<u>5 5 5 5</u>。

　　双食点奏的弹奏流程如下（如图 2-3-65）：步骤一，单手练习抹指弹奏（详见抹指的弹奏）。由于左手整体能力较弱，要加强左手抹指的练习。慢速熟练后可逐渐加快速度弹奏。步骤二，双手慢速交替练习。从右手抹指开始弹奏。右手抹指弹奏的同时，左手抹指伸出做弹弦准备。左手抹指弹奏的同时，右手抹指伸出做弹弦准备。四个音一组，边数边弹。速度和发力要均匀。上肢近端要保持稳定。双手位置要靠近，使音色尽量统一。步骤三，双手原速交替练习。尽量控制指尖小幅度运动，并感受到运动惯性。重心要落到指尖上，避免腕臂紧张僵硬。腕部自然跟随运动。

步骤一 步骤二

图 2-3-65　双食点奏的弹奏

整个动作类似于小鸡啄米。

（二十）轮指的弹奏

轮指的弹奏指无名指、中指、食指和拇指按照"打—勾—抹—托"的顺序，在同一弦上快速循环弹奏的动作。指法符号为"⁝⁝"。如：$\dot{\dot{5}}$。

轮指的弹奏流程如下（如图 2-3-66）：步骤一，慢速分解练习。打指弹奏，随即勾指落弦准备。勾指弹奏，随即抹指落弦准备。抹指弹奏，随即托指落弦准备。托指弹奏，随即打指落弦准备。以此循环弹奏。前一个手指的弹奏动作和下一个手指的准备动作要尽量快速、准确衔接。步骤二，中速整体练习。各手指逐渐流畅连接。要感受到由各掌指关节的屈伸运动产生的掌内整体旋转状态。整个动作类似于抓痒或玩老年球。步骤三，快速整体练习。可先用快速的运动惯性完成一组"打—勾—抹—托"顺序的轮指。熟练后，再逐渐增加到两组、四组……直至持续循环弹奏。

步骤一

图 2-3-66　轮指的弹奏

孤独症儿童的动作协调性差，轮指的弹奏需要儿童具备较好的掌内控制能力，其教学具有很大挑战性。儿童的能力需要点滴积累，教师的教学需要耐心扎实。

以上指法即为古筝常用指法，可总结成《古筝常用指法汇总一览表》（见表2-3-1)供儿童定期总结学习使用。此表从这些指法技巧的名称、符号、演奏说明、谱例、可泛化内容及学习阶段方面进行总结整理。其中，对于"可泛化内容"部分，教师及家长可根据儿童的认知理解范围和生活实践灵活填入内容，以提高儿童泛化能力。"谱例"部分也要鼓励儿童写出不同于教师举例的内容。同时，此表也可作为一种工具表，在儿童自学过程中供儿童查阅使用。

表 2-3-1 古筝常用指法汇总一览表

学习阶段	序号	名称	符号	演奏说明	谱例	可泛化内容
第一阶段	1	托指	∟	拇指弹弦	5	手指操 2
	2	抹指	＼	食指弹弦	5	手指操 2
	3	勾指	⌒	中指弹弦	5	手指操 2
	4	打指	の	无名指弹弦	5	手指操 2
第二阶段	5	小勾搭	∟＼或＼∟	拇指与食指交替弹弦	52和25	
	5	小撮	∟＼	拇指与食指同时弹弦	5 2	捡豆子
	6	大勾搭	⌒∟或∟⌒	拇指与中指交替弹弦	5 5和5 5	
	6	大撮	⊢	拇指与中指同时弹弦	5 5	抓东西
	7	快四点	⌒∟＼∟	"勾—托—抹—托"的快速弹奏	5555	
	8	托劈	∟⅂	托指夹弹与其反向动作劈的交替弹弦	5555	
第三阶段	9	颤音	〜	左手快速上下颤动琴码左侧琴弦	5	起伏的波浪
	10	上滑音	↗	右手弹奏后,左手下压琴弦,使音高升高	5'或56	有疑问时的"嗯"
	10	上回滑音	∽	左手上滑后,随即将弦松回,使声音升高后再返回	5	拒绝或否定时的"嗯"
	11	下滑音	↘	左手先压弦准备,右手弹奏后,左手将弦松回,使声音降低	'5或65	猫咪叫"喵"
	11	下回滑音	∽	左手下滑后,随即将弦压回,使声音降低后再返回	5	
	12	点音	↓	右手弹奏时或弹奏后,左手快速压弦并反弹	5和5	跳跳床
	13	七声音阶		左手浅压 3 弦得 4 音,左手深压 6 弦得 7 音	4 和 7	

续表

学习阶段	序号	名称	符号	演奏说明	谱例	可泛化内容
第三阶段	14	双滑音	ꙮ	一个手指同时刮奏上滑音和其邻近上方音		
	14	八度双滑音	曰	弹大撮时,拇指多刮弹一个带上滑的邻近下方音		
	15	花指	*	拇指由近及远流畅地连托数弦	*5和5*	短流水
	15	刮奏	⌇⌇	拇指下行(或食指上行)流畅的大幅度推弹		长流水
	15	扫弦	↖	左手于低音区向远端快速有力地扫琴弦	5	将手上的水甩干
第四阶段	16	泛音	°	右手弹奏的同时,左手轻碰第一泛音点,发出高八度的空灵音效	5̊	
	17	摇指	⋙	拇指运用腕部摆动的运动惯性,弹奏出线状音	5或5或5	
	17	扫摇		悬腕摇的同时,加入中指扫弦	5555	挥手再见
	18	和弦		同时弹奏三个及三个以上的音	和	
	18	分解和弦		将和弦音分解成一个个的单音,按节奏弹		
	18	琶音	∫	将和弦音由低到高地流畅弹奏		
	19	双食点奏	右左 ＼＼	双手食指交替快速点状弹奏	5555	小鸡啄米
	20	轮指	╁	按"打—勾—抹—托"的指序,快速弹同一弦	＋5	抓痒,玩老年球

　　此表可做成空表(见表2-3-2)。空表中加入了"学习日期"一栏,具体何时学到了哪个指法,就由儿童、教师或家长填入相关内容。对于整体概念较差的孤独症儿童来说,此种形式的"预告"及"回顾"是一种很好的学习方法。可让儿童用

结构化可视图表的方式,了解自己的学习进度和学习成果。

表 2-3-2 古筝常用指法汇总一览表

学习阶段	序号	名称	符号	演奏说明	谱例	可泛化内容	学习日期
第一阶段	1	托指					
	2	抹指					
	3	勾指					
	4	打指					
第二阶段	5	小勾搭					
	5	小撮					
	6	大勾搭					
	6	大撮					
	7	快四点					
	8	托劈					
第三阶段	9	颤音					
	10	上滑音					
	10	上回滑音					
	11	下滑音					
	11	下回滑音					
	12	点音					
	13	七声音阶					

续表

学习阶段	序号	名称	符号	演奏说明	谱例	可泛化内容	学习日期
第三阶段	14	双滑音					
	14	八度双滑音					
	15	花指					
	15	刮奏					
	15	扫弦					
第四阶段	16	泛音					
	17	摇指					
	17	扫摇					
	18	和弦					
	18	分解和弦					
	18	琶音					
	19	双食点奏					
	20	轮指					

四、进阶教学

古筝演奏教学中,对指法的教学注重对儿童手指精细动作能力及上肢粗大动作能力的训练。指法的进阶教学要按照由易到难的层次进行具体设计,并以螺旋式上升的方式重复进行。尽量排除儿童进阶学习中的难度障碍,追求小幅度的进步。每个阶段完成扎实后,方可开始下一阶段的教学。教师、家长切忌急于求成。同时,还要避免一段时期内一种指法练习刻板不变,并且也要防止变化太多而引起儿童的混乱。可以将新学指法和同一阶段已掌握的指法进行穿插训练。以下为指法进阶教学的五个阶段。

(一)第一阶段:单指动作练习

部分孤独症儿童有触觉敏感或听觉敏感障碍(其涉及的感觉统合内容详见本章第五单元),他们极度排斥胶布粘在手指上的感觉,或无法忍受用义甲弹出的音量。教师可以先不给儿童佩戴义甲,通过示范和引导,让儿童观察并自行选择弹弦方式,可直接用指腹或指尖弹弦。教学中不要强迫儿童发力出声,以儿童自己能接受的感觉刺激为准。先让儿童不排斥弹奏活动,待逐渐适应活动后,儿童会逐渐自行调整。也可让儿童每天佩戴义甲几分钟或做手指按摩,并逐渐延长时间,直到不排斥后,可尝试正式佩戴义甲弹奏。

对于感觉寻求的儿童,他们初学时,极其喜欢肉指弹弦所带来的触觉刺激。佩戴义甲弹奏会阻隔这种刺激,而让儿童情绪爆发。教师也需先不给儿童强行佩戴义甲,待儿童充分体验并逐渐熟悉这种触感,并大量观察到他人佩戴义甲演奏,有了一定认知后,逐渐尝试给儿童佩戴义甲。

单指动作包括:托指、抹指、勾指和打指。

单指动作练习的重点:上肢框架稳定、弹奏弦位准确、用适度的力量弹弦、手指精细动作到位、兼顾稳定性和灵活性。

孤独症儿童个体间差异极大,要充分根据儿童能力进行适应性指导。对于能力较差的儿童要先进行动作计划的练习,在正式弹奏前,可先进行空弦动作练习,即只做弹奏动作,不触弦出声。待空弦动作到位后,可逐渐泛化至触弦动作练习。而对于能力较强的儿童,除了要完成右手单指动作的练习外,还可尝试进行左手的单指动作练习,甚至尝试双手在不同音区的同步练习。

(二)第二阶段:组合指法练习

组合指法指由单手的多个单指指法组成的组合弹奏动作。

组合指法包括:小勾搭、小撮、大勾搭、大撮、快四点、分指(指托、抹、勾、打按一定顺序的连接弹奏)和托劈。

组合指法练习的重点:每个手指独立稳固、手部整体框架稳固、不同手指间灵活配合、整体运动平衡协调、弹奏前的整体动作计划明确、单指间能够按照节奏准确衔接。

儿童个体间差异较大,要充分根据儿童能力进行适应性指导。对于能力较差的儿童要先进行动作计划的练习,在正式弹奏前,可先进行空弦动作练习,即只做弹奏动作,不触弦出声。待空弦动作到位后,可逐渐泛化至触弦动作练习。对于能力较强的儿童,除了要完成右手单指动作的练习外,还可尝试进行左手的单指动作练习,甚至尝试双手在不同音区的同步练习。

（三）第三阶段:琴码左侧的左手指法练习与效果性弹奏练习

琴码左侧的左手指法是儿童学习古筝演奏过程中双手配合的开始,需要双侧协调统一。同时,此类指法也是儿童控制音准学习的开始,需要具备对乐音音高及细微的余音音高的听辨能力。右手于琴码右侧弦区,通过拨弹琴弦产生乐音后,左手通过在琴码左侧弦区的动作,使右手所弹乐音的余音产生变化,从而形成古筝音乐所具有的独特韵味。这样的指法包括:颤音、上滑音、上回滑音、下滑音、下回滑音、点音、七声音阶、双滑音和八度双滑音。

效果性弹奏练习是指通过对旋律音加以装饰,起到美化、渲染音效的作用。这样的指法包括:花指、刮奏、扫弦和泛音。

琴码左侧的左手指法练习和效果性弹奏练习的重点:双手的密切配合、音准及音效听辨、左手压弦的速度和力度控制及臂、腕、指间的整体运动配合。

（四）第四阶段:难度技巧练习

难度技巧通常包括参与手指较多,速度较快,并有一定技巧性难度的指法。

难度技巧具体包括:4 种摇指、和弦、分解和弦、琶音、双食点奏和轮指。其中,摇指法要按照支腕摇－扎桩摇－悬腕摇－扫摇（由易到难）的顺序进行学习。通过支腕摇掌握腕部摆动动作;通过扎桩摇掌握重心支点稳定;通过悬腕摇掌握手臂框架稳定;通过扫摇掌握摇指与扫弦的结合。

难度技巧练习的重点:进一步提高单指弹奏能力及整体框架控制能力、指间运动协调流畅、双手配合密切、由慢速到快速的渐进练习。

（五）第五阶段:双声部弹奏练习

古筝作为一门多声乐器,可双手同时在琴码右侧弹奏多声部的音乐,形成丰富的音响效果。而由一个旋律声部和一个伴奏声部组成的双声部音乐,较符合孤独症儿童的学习能力。在进行双声部弹奏教学前,教师需指导学生将右手单手的单指指法和组合指法迁移泛化至左手来弹奏,为双声部弹奏做好左手能力的准备。泛化的前提是右手的弹奏已达到一定程度的熟练度和标准度,可以作为一个良好的动作参照。同时,儿童有足够的信心能够愿意主动尝试泛化,从而产生一定程度的自我效能,才能有信心开始双声部弹奏的学习。此外,儿童还需具备基本程度的动作计划能力,在开始弹奏前能够基本预测动作的整体进行程序。此能力还会在双声部弹奏的练习过程中不断加强。

双声部的弹奏教学流程如下:步骤一,儿童弹奏已熟练掌握的单手演奏乐曲的同时,教师弹奏伴奏声部,即教师为儿童伴奏,这使儿童的音乐增加了另一个层面。教师要引导儿童聆听有伴奏加入的音乐效果,逐渐渗透双声部的概念给儿童。步骤二,教儿童用左手弹奏伴奏声部。鼓励儿童尝试为教师伴奏。儿童演奏有困难或放慢的时候,教师要跟随其步调节奏弹奏。步骤三,巩固各声部弹奏,达到一定的熟练度和准确度。使儿童逐渐形成横向形态的各声部概念。步骤四,指导并带领儿童明确声部间的节奏对位,对位处需要双手同时弹奏。可将对位处用竖线标明,以提供视觉辅助提示。使儿童逐渐形成纵向形态上声部间同步进行的关系概念。步骤五,进行双手配合弹奏,小步子推进学习进度。在触弦弹奏前,可让儿童双手做空弦配合练习,先完成正式弹奏前的动作计划,即在脑海里提前预演一遍双手的配合动作。

大部分孤独症儿童存在双侧协调障碍,双声部弹奏对儿童是一个极大的挑战。教师要给儿童提供丰富的听觉和视觉示范,使儿童充分发挥其模仿强项,以完成双声部的弹奏。同时,教师要明确一个很重要的意识:教师与儿童之间互相伴奏的活动,即为儿童愿意用此非语言形式与他人进行的合作,这种合作比言语更具有支持性。这是儿童进行融合教育之前一个很重要的里程碑。

第四单元 儿歌创编及弹唱训练

一、选择儿歌

对孤独症儿童的古筝演奏教学设计要基于其喜好特点基础之上。兴趣狭窄和刻板行为是孤独症的核心障碍,孤独症儿童普遍沉迷于感兴趣的事物,往往会"无师自通",而对不感兴趣的事物往往会"视而不见""充耳不闻",孤独症儿童的教育之难对教师而言极富挑战性。古筝对孤独症儿童的适应性教育与对普通儿童的常规教育大相径庭,选择何种方式作为切入点是决定教学能否有质量地顺利进行的关键。

笔者与团队曾于 2018 年对沈阳市内招募的 48 名 5～20 岁孤独症儿童做过其音乐喜好的评估测试。评估历时 3 个月,每周对不同维度(即二级指标)评估一次,使用信噪比较高的音响播放器(信噪比指电子设备或电子系统中信号与噪声的比例。设备的信噪比越高越好,说明它产生的噪音越小)播放经选择的不同类型音乐。目前我国对孤独症知识技能评估的研究非常薄弱,尚未有关于乐器演奏的评估量表[①]。因此,此次评估使用自制的《孤独症古筝音乐评估量表》(部

---

① 杨希洁. 对建设义务教育阶段随班就读孤独症学生教育评估工具库的思考[J]. 中国特殊教育,2017(9):21-25.

分)作为评估工具(见表 2-4-1),并结合家长对儿童平时表现的表述进行。以儿童测评结果至少是 A 做为标准判定,其结果显示:1.95％儿童对音乐表现出反应,83％儿童喜欢听儿歌。2.78％儿童对平稳进行的旋律表现出反应;80％儿童对基础简易节奏表现出反应;89％儿童对中速偏慢的速度表现出反应;25％儿童对中强的力度表现出反应;23％儿童对柔和纯净的音色表现出反应;95％儿童对五声民族调式表现出反应;95％儿童对简短曲式结构表现出反应;30％儿童对协和和声音程表现出反应;85％儿童对欢快、明亮的音乐情绪表现出反应;音乐对65％儿童可作为强化物使用(简称强化音乐)。3.儿童对普通(未经筛选)古筝音乐作品并无明显反应,部分儿童有抵触表现。4.由于受限于对语言的理解,相对于歌词部分,90％儿童对歌曲旋律部分关注度更高、记忆力更强。

表 2-4-1　孤独症古筝音乐评估量表(部分)

一级指标	二级指标	三级指标	结果	备注
音乐喜好	(1)旋律	(A)表现出反应 (B)适度回应 (C)积极回应		
	(2)节奏	(A)表现出反应 (B)适度回应 (C)积极回应		
	(3)速度	(A)表现出反应 (B)适度回应 (C)积极回应		
	(4)力度	(A)表现出反应 (B)适度回应 (C)积极回应		
	(5)音色	(A)表现出反应 (B)适度回应 (C)积极回应		
	(6)调性	(A)五声民族调式 (B)七声音阶及大小调 (C)移调与转调		
	(7)曲式结构	(A)单一部 (B)单二部 (C)单三部及以上		
	(8)和声	(A)音程 (B)和弦 (C)和声功能进行		
	(9)情绪类型	(A)明亮的 (B)欢快的 (C)轻柔的 (D)强烈的		
	(10)强化音乐	(A)专注听 (B)能缓解情绪 (C)有明确的强化性		

(注:测评时根据儿童的最高能力或最好表现选择其中一项,做不到任何一项则不选。)

　　儿童对古筝这件乐器普遍感兴趣,但对现有古筝音乐作品缺乏兴趣,这就需要根据孤独症儿童的喜好特点,创作古筝适应性音乐教学原创曲目,或把儿童平日里喜欢的儿歌或歌曲改编成适于儿童古筝弹唱的作品。

二、儿歌创编

　　由于对孤独症儿童音乐指导的特殊性,对其创编的儿歌需要从几个方面进行考量：1.做怎样的创编设计能与提高弹唱演奏能力的教学目的相匹配。2.选择什么样的节拍节奏是儿童喜欢并能跟随律动的。3.什么样的旋律进行是儿童能辨识并适合歌唱的。4.选择什么调式是便于弹奏并符合儿童歌唱音域的。5.整体篇幅与结构要怎样设计以符合儿童的专注力。6.如何编排指法可达到提高儿童古筝演奏能力及感受并表现音乐形象的目的。7.如何选择儿童认知范围内的词汇并做到尽量押韵，以有利于儿童的语言开发。8.歌词内容选择什么主题更贴近儿童生活，并同时能对儿童进行适应性教育。9.选择哪种记谱法便于儿童识谱及视奏。10.弹奏的力度和速度要进行怎样的具体要求。

　　以上方面包涵音响、音乐、弹奏、歌唱、语言、和认知教育。对各方面的设计选择需要巧妙地融合在一起，结合成一个统一的整体。即使是一首简短的儿童，也能够体现出创编者的巧思与创意。同时，创编的儿歌还需在教学实践中，不断地被琢磨、修改和优化。创编适合孤独症儿童古筝弹唱的精美儿歌作品，是实现理想演奏、提高儿童演奏技能和综合能力的良好开端和必备条件。

　　（一）节拍的选择

　　节拍，即拍子。是指由音乐中时间单位一拍一聚集而成，具有强（拍）弱（拍）的规律。重音给某拍以适度的强度，使各拍产生强（拍）弱（拍）的变化。强拍以不同的周期再现，产生各种拍子①。孤独症儿童会对不同的音乐节拍产生选择性反应，表现出对基础节拍的偏好。因此，从儿童喜好出发，用于孤独症儿童古筝适应性教学的儿歌应使用 2/4、4/4 等基础节拍。2/4 拍指以四分音符为一拍，每小节有两拍，强弱规律为"强—弱"。4/4 拍指以四分音符为一拍，每小节有四拍，强弱规律为"强—弱—次强—弱"。这两种节拍每小节都只有一个强拍，且每小节的单位拍都为偶数，具有对称性，使节拍具有较强稳定感。对这两种基础节拍的把握在儿童的音乐能力范围内，儿童较易识别并接受。他们识别一个生动的节拍时即表现出愉悦的情绪。具体来说，2/4 拍更具运动感，容易产生跟随节拍律动的对称式身体律动。这种有规则的、有节拍的身体运动与相匹配伴随的音乐，能给儿童带来生动的情感和强烈的参与感，也更有利于使儿童自身的演奏运动与节拍律动相匹配。4/4 拍更具叙述性。带有叙述性的此节拍配合叙述性的儿歌歌词内容，形成强烈带入感，使儿童极易融入音乐感觉中。同时，正如父母和婴儿早期口语对话中的重要表达性参数为节拍、美感和叙述性②③。音

---

　　① 繆天瑞.音乐百科词典[M].北京：人民音乐出版社，1998：460.

　　② Stephen N. Malloch. Mothers and infants and communicative musicality[J]. Musicae Scientiae，1999,3(1):29-57.

　　③ Colwyn Trevarthen & Stephen N. Malloch. The Dance of Wellbeing: Defining the Musical Therapeutic Effct[J]. Nordic Journal of Music Therapy，2000,9(2):3-17.

乐属性中的节奏、重音、节拍、重复在口语领域也同样存在,因此可以用来帮助有严重言语障碍的孤独症儿童的语言习得。

（二）节奏的选择

节奏普遍存在于人类生产及生活中,如音乐、语言、运动等领域。在音乐范围里,节奏指音乐中诸如拍、拍子、小节和乐句等在时间方面（不涉及音高）的有规律的运动①。节奏是不同程度的持续时间和重音所组成的音响模式②。基于孤独症儿童对基础简易的节奏表现出反应,用于孤独症儿童古筝适应性教学的儿歌,应选用的基础简易节奏包括:全音符、二分音符、四分音符,八分音符、十六分音符、前八后十六、前十六后八、附点音符、切分音和休止符（见表 2-4-2）。

表 2-4-2　古筝弹唱儿歌选用的基础简易节奏

名称	全音符	二分音符	四分音符	八分音符	十六分音符	前八后十六
常见形式	X — — —	X —	X	X X	XXXX	X XX
总时值	四拍	两拍	一拍	一拍	一拍	一拍
名称	前十六后八	一拍前附点	一拍后附点	两拍前附点	两拍后附点	大切分
常见形式	XX X	X. X	X X.	X. X	X X.	X X X
总时值	一拍	一拍	一拍	两拍	两拍	两拍
名称	小切分	全休止符	二分休止符	四分休止符	八分休止符	十六分休止符
常见形式	X X X	0 — — —	0 —	0	X0 或0X	例:0XXX
总时值	一拍	四拍	二拍	一拍	一拍	一拍

弹唱儿歌中的旋律节奏和歌词的语言节奏关系非常密切,旋律节奏和与歌词诵读的节奏要保持基本对应。歌词诵读的节奏是弹唱儿歌旋律节奏的基础,弹唱儿歌的旋律节奏要在此基础上进行更加鲜明生动的再创造。选用的这些基础简易节奏鲜明而清晰,具有口语性特点,符合儿歌中歌词语言节奏韵律的特点规律,唱诵起来朗朗上口。同时,这些节奏也是孤独症儿童古筝弹奏教学和古筝常规基础教学中节奏部分的主要内容。

同时,儿歌的节奏创编遵照阶梯性原则,即在儿童已掌握的节奏基础上,不断加入新的节奏学习。按照儿童节奏学习由简到难的顺序,用于后一阶段教学的儿歌,除了要创编正在学习的新节奏外,还要同时编入儿童已掌握了的前一阶

---

① 缪天瑞.音乐百科词典［M］.北京:人民音乐出版社,1998:298.

② （英）朱丽叶·阿尔文,奥瑞尔·沃里克.孤独症儿童的音乐治疗［M］.张鸿懿,（美）高多,译.上海:上海音乐出版社,2008:26.

段的节奏。如,用于附点音符教学的儿歌《牛儿歌》(如图 2-4-1),除了突出附点音符的创编外,还加入了儿童已学过的节奏:二分音符、四分音符、八分音符和休止符。这种设计可使学过的节奏不断地继续得到巩固和强化。

牛儿歌

曲词:李首鹤·张梦怡

1=D 2/4

♩=40-60

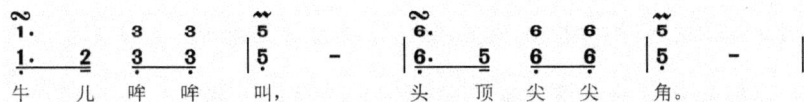

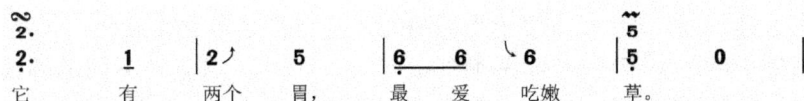

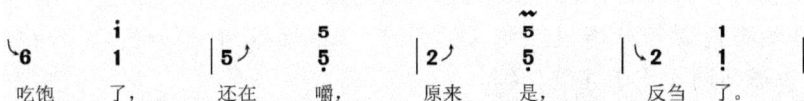

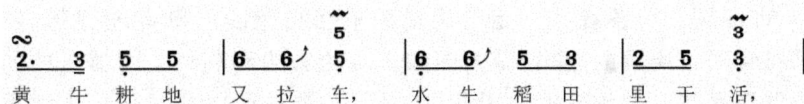

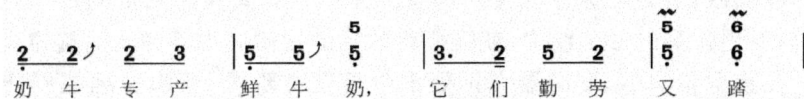

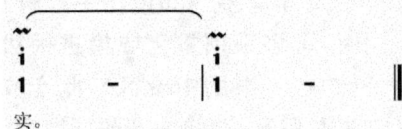

图 2-4-1　牛儿歌

在这些基础简易节奏中,可按难易程度分为两类:第一类包括全音符、二分音符、四分音符和八分音符。这类节奏更简易,使用率较高。第二类包括十六分音符、前八后十六、前十六后八、休止符、附点音符和切分音。这类节奏有一定难度,或速度更快,或音值组合更复杂。创编中需注意,要控制第二类较难节奏的出现频率和密度,不要过密出现。对孤独症儿童而言,第二类较难节奏是一项项的难度任务。过密出现会使难度任务出现频率过高,造成对儿童的超负荷心理刺激,从而产生紧张等心理压力,进而会造成演奏和学习活动中断。

(三)定弦及调式的选择

儿童的发声器官质地脆弱,音域较窄。4~5 岁儿童歌唱的音域大致可达到 $c^1 \sim b^1$(即 C 大调的 1~7);5~6 岁儿童歌唱的音域大致可达到 $c^1 \sim c^2$(即 C 大调的 1~$\dot{1}$)[①];12 岁前的学龄儿童歌唱的音域大致可达到 $a \sim d^2$(即 C 大调的 6~$\dot{2}$)。对孤独症儿童的古筝适应性教学采用古筝基础调—D 宫调定弦。古筝中音区 D 宫调的音域为 d^1-d^2,较符合儿童的歌唱能力。同时,这与古筝常规基础教学中选择的入门调一致,便于为孤独症儿童与普通儿童的融合教育做准备。在同宫系统中由于主音的改变,从而形成宫、商、角、徵、羽五种不同的调式。这样,D 宫系统便包含 D 宫、E 商、♯F 角、A 徵、B 羽五个调式。用于孤独症儿童教学的儿歌以 D 宫调为主,B 羽调为辅。D 宫调具有大调色彩,能够满足孤独症儿童喜好明亮色彩的五声民族调式的需求。B 羽调具有小调色彩,较温柔、暗淡,可作为辅助调式用于儿歌创编。

(四)旋律的创作

旋律,即曲调。指各音按一定的逻辑关系互相连续的单音进行[②]。声乐曲的旋律需符合语言声调的规律,受歌词和音域的影响和制约。而器乐曲的旋律以发挥乐器演奏技能及乐器特性为原则。同时,器乐曲的抒情部分也注重如声乐曲般的歌唱性,谱面常标有"如歌的"演奏提示。对孤独症儿童的古筝儿歌创编,由于需要用弹唱的形式演奏,就需要将歌唱的旋律同古筝弹奏的旋律进行合理统一。儿童身体幼小,发声器官正处于生长发育阶段,歌唱音准控制能力有限。儿童最容易掌握地旋律音程关系是三度或三度以下的音程,其次是四度、五度和八度音程的音高关系[③]。因此,创编儿歌的旋律应多为和谐的平稳进行,以三度以内的平稳进行作为旋律线的基础。同时,可多采用重复或模进手法展开旋律(如图 2-4-2)。旋律大致音域应为 $a \sim e^2$(约在古筝的中音区),此音域较适合儿童演唱及演奏。歌唱旋律与弹奏旋律应基本一致,即弹一音的同时唱一音。同时,在中高难度的弹唱儿歌创编中,为突出古筝演奏技法的特点,弹奏旋律也

---

① 华夏.学前儿童音乐教育与活动设计[M].北京:北京大学出版社,2010:88.

② 缪天瑞.音乐百科词典[M].北京:人民音乐出版社,1998:496.

③ 华夏.学前儿童音乐教育与活动设计[M].北京:北京大学出版社,2010:88.

宝宝本领大

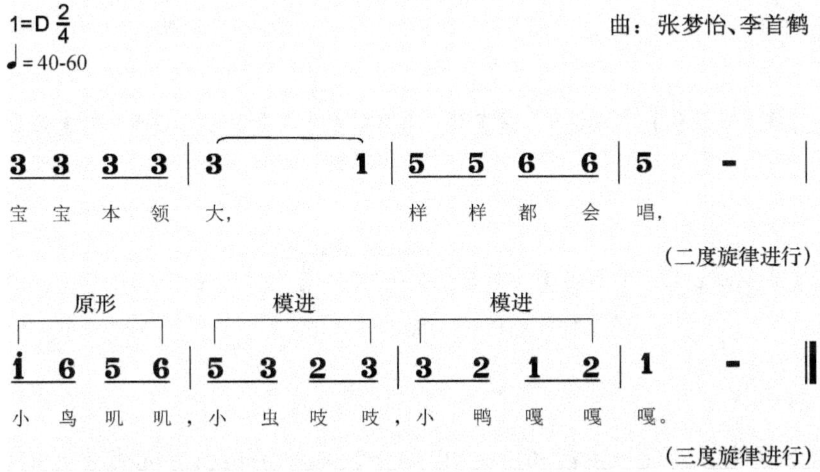

1=D $\frac{2}{4}$

♩ = 40-60

曲：张梦怡、李首鹤

```
3  3  3  3 | 3      1 | 5  5  6  6 | 5  -  |
宝 宝 本 领 大，      样 样 都 会 唱，
```

（二度旋律进行）

原形　　　模进　　　模进

```
i  6  5  6 | 5  3  2  3 | 3  2  1  2 | 1  -  |
小 鸟 叽 叽，小 虫 吱 吱，小 鸭 嘎 嘎 嘎。
```

（三度旋律进行）

图 2-4-2　宝宝本领大

可在近距离进行的骨干音基础上，加入八度、四度和五度关系的远距离音程。此时，歌唱旋律应与弹奏旋律的骨干音一致即可。创编的旋律与歌词的口语声调尽量匹配，以便于孤独症儿童把儿歌中的旋律线条泛化至语言中的声调。要注意用于古筝弹唱的儿歌旋律创作要以提高儿童乐器弹奏能力为主，以提高儿童歌唱及语言能力为辅。

（五）歌词的创作

歌词的创作需考虑学习古筝儿歌弹唱的孤独症儿童的语言条件。儿童虽然存在孤独症儿童所特有的各种语言障碍，但要能有比较清晰的发音，能说简单的句子，有一定的语言理解能力。这也是儿童学习古筝儿歌弹唱的基础能力条件。

儿歌的歌词内容应尽量浅显，通俗易懂，易为孤独症儿童所理解。歌词整体要形象鲜明、优美生动、充满童趣，有利于儿童在弹唱儿歌时，能生动地联想到现实场景。歌词内容要充满真挚的情感，给儿童以音乐美的享受和情绪情感的引导。可使用的表现手法有比喻、拟人、排比、比兴、夸张、反复、反问、设问等（如图2-4-3）。每句歌词的字数有三言、四言、五言、七言等。使用的词汇要简易，要在孤独症儿童的认知范围内。歌词的音韵要具有较强的韵律感，并做到尽量押韵，可多使用拟声词及叠词叠韵。总体上，歌词的创作要起到训练语言、启迪心智、引导情感和扩大认知面的作用。

歌词的内容可抒发情感，可叙述活动，可说教道理，可传授知识。歌词主题

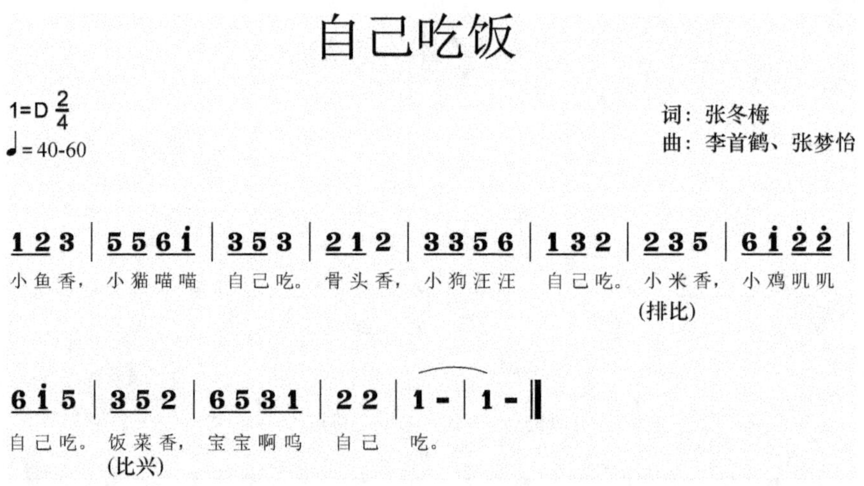

自己吃饭

1=D $\frac{2}{4}$

♩ = 40-60

词：张冬梅

曲：李首鹤、张梦怡

$\underline{1\,2\,3}$ | $\underline{5\,5\,6\,\dot{1}}$ | $\underline{3\,5\,3}$ | $\underline{2\,1\,2}$ | $\underline{3\,3\,5\,6}$ | $\underline{1\,3\,2}$ | $\underline{2\,3\,5}$ | $\underline{6\,\dot{1}\,\dot{2}\,\dot{2}}$ |

小鱼香，小猫喵喵　自己吃。骨头香，小狗汪汪　自己吃。小米香，小鸡叽叽

（排比）

$\underline{6\,\dot{1}\,5}$ | $\underline{3\,5\,2}$ | $\underline{6\,5\,3\,1}$ | $\underline{2\,2}$ | $1 -$ | $1 -$ ‖

自己吃。饭菜香，宝宝啊呜　自己　吃。

（比兴）

图 2-4-3　自己吃饭

应紧密贴合儿童的现实生活和学习，以便于教师及家长引导儿童将儿歌里学习到的规范、知识及技能应用到现实生活中，学以致用，以使儿歌能够最终指导儿童生活。儿歌的歌词主题具体可包括以下几个方面：1. 卫生习惯及行为规范。如《讲卫生》《漱口》《保护眼睛》《洗手歌》《小刺猬理发》《咬手指》《打喷嚏》《我家弟弟真淘气》《承认错误》《礼貌用语》《节水歌》《勤快小宝宝》《公共场所用餐》《爱护动物》《知了你不乖!》《上学歌》《环保歌》等。2. 生活技能及安全教育。如《剪指甲》《自己吃饭》《一排纽扣找朋友》《停电啦!》《手指歌》《穿衣服》《过马路》《晕车歌》《别说我小》《报警电话》《燃气歌》《入厕安全》等。3. 社会交往。如《打电话》《小螃蟹》《小熊过桥》《客人来》《好朋友》《借东西》《三条鱼》《弟弟摔倒我扶起》《自我介绍》《交朋友》《收到礼物》《去做客》《大家一起做游戏》《小佳佳》等。4. 成语与寓言。如《龟兔赛跑》《小红帽》《水滴石穿》《蜗牛与黄鹂鸟》《胸有成竹》等。5. 动植物。如,《大象》《乌龟》《蚂蚁》《兔子》《牛儿歌》《天鹅》《老鼠》《企鹅》《马儿歌》孤《小猫咪》《大黑熊》《西红柿》《梨》《向日葵》等。6. 大自然。如《阳光》《春天到》《地震歌》《小星星》《雷和闪电》《夏天到》《洪水歌》《雪天行走》《月亮》等。7. 基础认知。如《宝宝本领大》《数字歌》《英文字母歌》《看闻说听》《十二生肖》《拼音声母歌》《人有两件宝》等。8. 情感教育。如《笑》《我爱妈妈谁能比》《快乐的家》《世上只有妈妈好》《不乱发脾气》等。9. 活动。如《暑假歌》《郊游歌》《做早操》《滑滑梯》《逛超市》《看电影》《打针》《浇树苗》《新年到》《大皮球》等。10. 古典文学。如《春晓》《豆》《静夜思》《相思》《黄鹤楼送孟浩然之广陵》《弟子规》《赋得古原草送别》《三字经》《悯农二首》等。11. 古筝学习。如《宝宝弹琴》《上课歌》《自信歌》《灵活的手指》《爱护琴》《节奏歌》《要独立》《作业难》等。

（六）篇幅与结构

由于孤独症儿童注意力不稳定，且儿童的肺活量小，气息短而急促，因此不适合学习篇幅长、结构复杂的音乐。用于孤独症儿童儿歌弹唱教学的作品应当篇幅短小精悍，结构工整简练，便于儿童记忆，同时增强儿童对整体把握的自信心。一首作品的长度一般为分句明确的 4 乐句、6 乐句，最多为 8 乐句，要多用偶数句。乐句要短，每乐句约为 4～8 拍，以符合儿童的发音气息长度，且更便于儿童连贯性的听和说。每乐句的长度最好相等，以使整体结构工整。曲式结构可以是简单的单一部曲式或单二部曲式。单一部曲式的儿歌由一个乐段构成，乐段可大致包含 2～4 个乐句，能够表达一个完整的乐思，并带有有明显的终止或半终止。乐句间可为问答、重复、再现、起承转合的关系，也可为同段旋律配多段歌词（如图 2-4-4）。单二部曲式的儿歌由两个有一定独立性和对比性的乐段构成，两个乐段要采用对称结构。创编选用的曲式结构以单一部曲式为主，单二部曲式为辅。

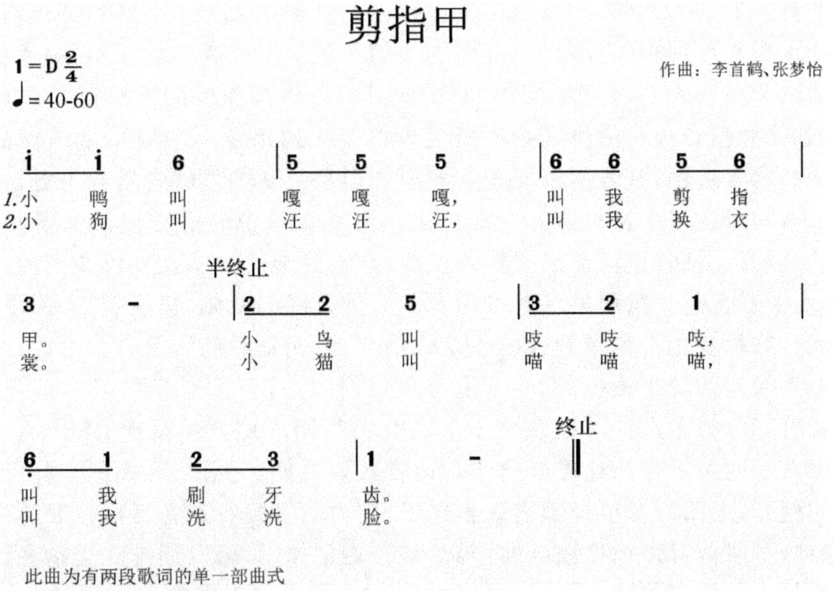

图 2-4-4　剪指甲

（七）指法的编排

古筝演奏指法按难易程度分为：单指弹奏（包括托指、抹指、勾指和打指）、组合指法弹奏（包括小勾搭、小撮、大勾搭、大撮、快四点、分指和托劈）、琴码左侧的左手指法（包括颤音、上滑音、上回滑音、下滑音、下回滑音、点音、七声音阶、双滑音和八度双滑音）、效果性弹奏指法（包括花指、刮奏、扫弦和泛音）、难度技巧（包括4种摇指、和弦、分解和弦、琶音、双食点奏和轮指)。儿歌的创作最终是为了提高儿童的弹奏技能和综合音乐能力,所以要为每个指法创作专项的指法练习儿歌。同时,同节奏的创编一样,儿歌的指法编排遵照阶梯性原则,即在儿童已掌握的指法基础上,突出新指法的编排。按照儿童指法学习的进阶顺序,用于后一阶段教学的儿歌,除了要编排正在学习的专项练习的指法外,还要同时编入儿童已掌握了的前一阶段的指法。如,用于第三阶段花指专项练习的儿歌《灵活的手指》(如图 2-4-5),除了突出花指的编入外,还加入了第一、第二阶段的分指、大撮、小撮、快四点等指法,以及学过不久的颤音、滑音等指法。这种设计可使学过的指法不断地继续得到巩固和强化。

在综合指法曲目中,不同指法有不同的弹奏效果,适用于表达不同的音乐形象。近距离的单音弹奏可用小勾搭和分指;远距离的单音弹奏可用大勾搭;句尾长音可用小撮、大撮、双滑音、八度双滑音、和弦和琶音,以起强调作用,产生明确的结束感;活泼跳跃的音乐形象可用点音;静谧悠远的音乐形象可用泛音;柔和舒缓的音乐形象可用颤音和花指;宽广抒情的音乐形象可用刮奏和摇指;强烈激情的音乐形象可用扫弦和扫摇;改编的外国儿歌要用七声音阶演奏;细密积极的音乐形象可用快四点、托劈、双食点奏和轮指;双声部弹奏的伴奏声部可用分解和弦、和弦和琶音等。编排的指法所表现的音乐效果及形象应尽量与作品标题中体现的内容主题相匹配,以便于儿童更加形象直观的理解音乐与主题。

古筝的滑音与汉言声调有密切关系。古筝弹奏中的滑音包括上滑音、上回滑音、下滑音、下回滑音、双滑音和八度双滑音,是通过左手在琴码左侧的压弦动作,改变乐音音高。汉语的声调指声音的高低升降的变化,包括阴平、阳平、上声和去声。这种变化不是音到音的跳跃式地移动,而是滑动的形态。因此,声调可以用古筝滑音弹奏来模拟。如,下滑音可以模拟去声;上滑音可以模拟阳平;下回滑音可以模拟上声。可在歌词中重点突出声调的地方编排滑音指法。此外,在琴码左侧的左手技巧还可模仿多种语言效果。如,上滑音可模拟"嗯?"等疑问句的句尾音;上回滑音可模拟表达拒绝、否定时的"嗯!";点音可模拟表达肯定时的"嗯!";下滑音可以模拟猫咪叫"喵!"等。在创作时,可以编排此类指法以使音乐旋律与语言更完美的融合。这样的设计,必将有助于有言语障碍的儿童将弹唱中的音高变化形态泛化至语言表达中。

(八)力度的要求

孤独症儿童由于运动素质差,常常表现出无法将适当的力量用在完成动作和保持姿势上,不是太大力,就是太小力。例如,捡豆子时因为太大力而使豆子掉落;由于保持不住坐姿而从凳子上跌落;演奏古筝时声音忽强忽弱等。有感觉寻求的儿童,又常常会用不适宜的大力去拨弦,而完全不在意因此产生的刺耳噪

灵活的手指

作曲：李首鹤、张梦怡

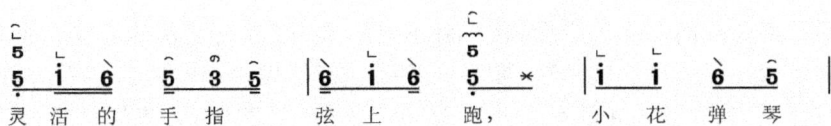

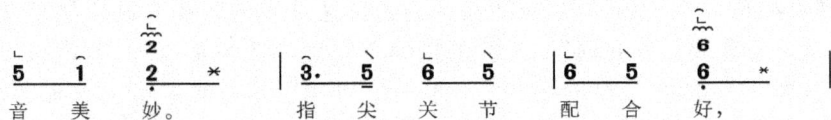

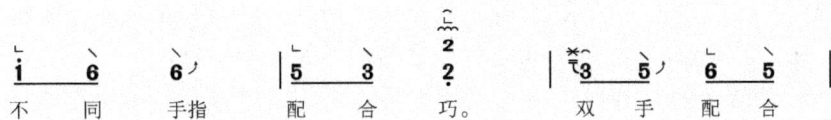

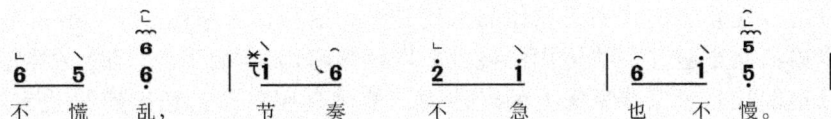

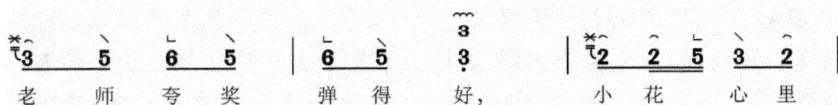

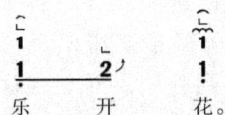

图 2-4-5　灵活的手指

音。因此，基于对儿童古筝弹奏的力度控制这一训练目标，儿歌创编时应考虑到对弹奏力度做变化要求，并根据儿童具体情况做灵活要求。要求应包含不同等级的强力度要求和弱力度要求。在儿童完全没有力度控制能力时，整体弹奏力度应以中强为主，即把声音弹出来即可。要求每个音的弹奏力度尽量均匀。待儿童逐渐有了弹奏力度调控体验后，可设计根据音乐及歌词内容的需求，进行强、中强、中弱、弱、渐强和渐弱的不同力度要求。例如，重复的乐句中，一句用中强力度弹奏,一句用中弱力度弹奏;问句弱奏,答句强奏;结束句的句尾强奏,其他乐句的句尾弱奏等。同时需注意,对听觉和触觉敏感的儿童要慎重进行强力度的弹奏练习。

（九）速度的要求

孤独症儿童的动作反应慢、动作计划能力差,较难完成快速弹奏。同时,儿童的肺活量小、呼吸浅、气息短,歌唱的呼吸、唤气、发声、音高、咬字等方面的掌握度较低,较难完成快速歌唱。儿童无法完成的快速弹唱,会使其自信心崩塌而拒绝弹奏活动,甚至爆发情绪或问题行为。慢速舒缓的音乐有助于稳定儿童情绪,儿童普遍喜欢。因此,弹唱儿歌的创编不宜做快速弹奏要求,速度应要求慢速（每分钟 40～60 拍）,弹奏做到"慢而不断"即可。对于孤独症儿童而言,同时完成唱与弹有一定的难度,这也需要慢速时有充分的时间间隔做行动计划。越是有难度技巧编排进入的乐曲,越要从慢速开始练起。待儿童乐曲完成较熟练,并有了充分的自信后,方可依儿童状态适当做提速弹奏要求。

（十）记谱法的选择

目前,音乐创作普遍采用五线谱记谱法和简谱记谱法两种。为孤独症儿童的古筝适应性教学创编的儿歌作品采用简谱记谱法。其原因如下:第一,有视觉统合障碍的儿童适宜在结构化的视觉环境里学习,简洁明了的环境、去掉不必要的物品更能让儿童保持视觉上的专注力。简谱是用阿拉伯数字符号代表音高,以标于上方的高音点和标于下方的低音点代表音组。在视觉上比五线谱要简洁,符合孤独症儿童的视觉环境要求。第二,用于孤独症儿童的弹唱儿歌的音乐主题要鲜明简练,要避免复杂的层次,因此使用简谱记谱法就已能足够表达所有音乐细节。第三,在简谱中,音符的符号在视觉上各不相同,不同的音用不同的符号,对儿童而言不易产生视觉混淆。同时,这种视觉上的鲜明差异与各不相同的弦位较易产生一对一的对应关系。在初学阶段,儿童无需考虑谱面上音符间的音高关系,也无需考虑弦距间的音高关系,便能准确找到弦位。对孤独症儿童而言,使用简谱记谱法相对容易掌握认弦和识谱。第四,在简谱中,不同音组的同名音使用相同的阿拉伯数字表示,其在视觉上的区别只有标在上方与下方的高音点与低音点,因此在不同音组间较易进行迁移学习。例如,中音组的 5 标记为"5",弦位在近端第二个绿色弦;高音组的 5 标记为"$\dot{5}$",与中音组的 5 在视觉上只有一个上方高音点的不同。儿童可将弦位迅速对应迁移至近端第一个绿色弦,即为 $\dot{5}$ 的弦位。儿童通过记住五个简易的数字符号便可掌握所有 21 根琴弦的认弦。儿童将中音区的五个弦位熟练掌握后,便可整体迁移泛化至其他各音组。这种认弦方式大大方便了儿童记忆,减少了记忆负担,增加了儿童学习的自信心和兴趣。第五，与古筝常规基础教学使用简谱相一致，可为与普通儿童的融合教育做准备。

综合以上十个方面，用于孤独症儿童适应性教学的古筝弹唱儿歌作品的整体特点应为：节拍为 2/4 拍或 4/4 拍；节奏使用基础简易节奏；调式为 D 宫调；旋律为和谐的平稳进行；歌词内容浅显，主题贴近现实生活；篇幅短小，结构工整；指法编排分为专项练习和综合练习两类，匹配主题的音乐形象；力度整体要求中强；速度为慢速（每分钟 40～60 拍）；使用简谱记谱法。教师在创作时尤其要在演奏技巧、歌词主题和节奏这三方面做深度融合设计。按照儿童对演奏技巧和节奏部分的内容由简到难的学习顺序，以及对歌词主题的理解由浅入深的心智成长规律，将这三方面的设计总结整理成了《创编弹唱儿歌一览表》（见表 2-4-3），可供教师教学使用。

表 2-4-3　创编弹唱儿歌一览表

演奏技巧（由简到难）	曲目举例（按顺序学习）	节奏（由简到难）
入门级	认弦练习：全音符 1、全音符 2、全音符 3	全音符
单指弹奏	讲卫生、大象、剪指甲、宝宝本领大、宝宝弹琴、打电话	加入二分音符、四分音符、八分音符
分指弹奏	自己吃饭、龟兔赛跑、小螃蟹、一排纽扣找朋友、小熊过桥、人有两件宝	加入十六分音符
小勾搭与小撮	漱口、数字歌、小剪刀、快乐的家	加入前八后十六
大勾搭与大撮	客人来、乌龟、承认错误、企鹅	加入前十六后八
快四点	好朋友、春天到、阳光、春晓	加入休止符
托劈	穿衣服、借东西、三条鱼、地震歌	
第一阶段指法综合练习	礼貌用语、停电啦、过马路、手指歌、蚂蚁、上课歌	
颤音	所有以上综合指法乐曲（每首都加有颤音指法）	
上滑音与上回滑音	弟弟摔倒我扶起、保护眼睛、牛儿歌	加入附点音符
下滑音与下回滑音	自我介绍、洗手歌、雪天行走	
点音	蜗牛与黄鹂鸟、兔子	加入切分音
七声音阶	节水歌、勤快小宝宝、晕车歌、英文字母歌、看闻说听、豆、小红帽、小星星	
双滑音与八度双滑音	爱护琴、咬手指、做早操、滑滑梯	
花指、刮奏与扫弦	郊游歌、自信歌、灵活的手指、老鼠、雷和闪电	

续表

演奏技巧（由简到难）	曲目举例（按顺序学习）	节奏（由简到难）
泛音	交朋友、收到礼物、静夜思、相思	
第二阶段指法综合练习	节奏歌、要独立、逛超市、入厕安全、去做客、公共场所用餐、大家一起做游戏、天鹅	
摇指	打针、西红柿、爱护动物、打喷嚏、浇树苗、世上只有妈妈好、洪水歌、作业难	
和弦、分解和弦与琶音	十二生肖、黄鹤楼送孟浩然之广陵、拼音声母歌、新年到、夏天到	
双食点奏	不乱发脾气、弟子规、三字经、悯农二首、赋得古原草送别	
轮指	知了你不乖、上学歌、大皮球、月亮、我爱妈妈谁能比	
第三阶段指法综合练习	小佳佳、燃气歌、向日葵、梨、马儿歌、看电影	
双声部弹奏	环保歌、报警电话、小猫咪、大黑熊、暑假歌	

三、弹唱

为孤独症儿童古筝适应性教学创编的儿歌要用弹唱的形式表演出来。演奏时采用弹唱的方式，能够为儿童创造更多的兴趣点，避免枯燥的弹奏学习，发挥了古筝演奏能够提高儿童感觉统合能力的作用，也使儿童的语言能力及各方面音乐能力平衡协调发展。同时要注意，儿童的发声器官易疲劳，当儿童感觉到歌唱疲劳时，要及时进行休息，可只弹不唱。待充分休息后，再开始弹唱练习。儿歌弹唱大致按照"唱诵儿歌—试奏—弹唱"的顺序进行教学。

（一）唱诵儿歌

唱诵儿歌是儿歌弹唱的重要学习环节和内容。儿歌的教学过程是一个很典型的情感互动过程。儿童理解了儿歌的情节和情感，受到了教师情感的感染和熏陶，这就是在发展孩子的社会情感和人际交往。利用唱诵儿歌和弹唱儿歌让儿童展现自己的才艺，以获得他人的赞扬，有利于培养孩子自我肯定的态度。

儿童在正式进入弹唱学习前，应先在"唱"的部分具备一定的能力基础，再在边弹边唱的阶段继续提升"唱"的能力，最终使"唱"为"弹"服务，使弹奏水平不断提高。"唱"儿歌要以"诵"儿歌为基础，对"诵"儿歌有障碍的儿童也可在"唱"儿歌的过程中不断优化自己的声调、气息、节奏、韵律等方面的能力。教学中，儿童可能会"诵"不会"唱",或者会"唱"不会"诵",或者两者完成皆有困难。教师不必困扰于先让儿童完成哪一部分,再去完成哪一部分。要根据儿童情况,从离儿童最近的、最易完成、会最先完成的内容入手,以此为切入点的学习方式,会增加儿童尝试挑战自身障碍的自信心。

1. 诵读儿歌

唱诵儿歌的教学,需要教师准备适合儿童理解能力的儿歌。同时,需要儿童具备基本的模仿发音的诵读能力。

诵读儿歌的教学大致步骤为:(1)用尽量简洁的话语,给儿童讲儿歌歌词或配图的大意。配图可以为由教师或家长根据歌词形象绘制的简笔画。有绘画能力的儿童也可在学习儿歌后自己绘制。(2)教师逐句示范朗读,让儿童仿说。教师示范的语速要慢,语音要轻柔亲切,情感要真挚、语气要夸张,声调要鲜明区分,吐字要清晰但不应刻意、死板。对于语言障碍严重的儿童,教师要不停示范多遍,引导并等待儿童跟读仿说。(3)教师和儿童一起朗读,让儿童连接词或连接句,要能够整体跟得上教师的带领。从教师声音大于儿童声音,带领儿童诵读,向教师声音小于儿童声音,跟随儿童诵读逐渐过渡。(4)儿童独立朗读,困难停顿处由教师给予提示。同时要注意,孤独症儿童古筝适应性教学中的诵读儿歌,是对儿童语言的发音、语调、节奏、理解、模仿等内容做的整体性要求。对包含词汇、语法等在内的具体语言教学内容并不过多涉及。诵读儿歌教学的最终目的是实现儿歌的弹唱,用儿童喜爱并有利于儿童发展的形式来达到掌握古筝乐器演奏的目的。与语言教学相关的内容设计,可由家长在家庭教育中由唱诵儿歌引申开展。

2. 唱儿歌

唱儿歌,是将已掌握的诵读形式音乐化,将歌词的诵读加入旋律和节奏的音乐元素。可采用配合动作和节拍的唱游形式,让儿童感受律动,启迪孩子的情绪感受,发展儿童的想象力。

唱儿歌的教学大致步骤为:(1)教师示范将歌词按照节奏进行说唱,让儿童模仿。节奏与动作是紧密相连的。此说唱教学应该伴有轻柔的动作,让孩子们发展肢体活动与韵律轻重相关联的表征。教师需引领学生说唱的同时手打节拍或做简单动作,将儿童带入整体节奏感中。手打拍时要向儿童展示明显甚至夸张的慢速手部上下运动。让儿童的注意力和视线能够跟随着这个运动,并感受这种律动。年龄较小的儿童可由教师抱在双膝上,随着教师的摇晃律动让儿童感受节奏。摇动感可以刺激某些儿童的语言。在说唱气息上,要求儿童一次性吸入充分的气息并屏住,跟随说唱慢慢地、有计划地运气呼出,要能连贯性地说,不要一字一顿地说。乐句间要及时换气。(2)教师示范将说唱的歌词按照旋律进行,即正式唱儿歌,让儿童模仿。教师要边弹边教,有助于儿童同时注意到教师的声音和乐曲的声音,体会两者的一致性。若儿童歌唱音准不好,则先让儿童在此阶段感受并完成旋律的大致线条轮廓,在之后的弹唱教学里再进一步引导儿童感受音高。(3)教师和儿童一起唱。可采用多种形式进行,如,教师与儿童齐唱;教师与儿童交替唱;让儿童接唱;教师唱问句,儿童唱答句等。教师需要事先在谱面标出教师歌唱的部分和儿童歌唱的部分,为儿童提供视觉提示,并跟儿童明确一遍自己需要完成的部分。这种方式可使儿童能够提前进行活动计划,提升儿童完成任务的自信心和整体把控感。(4)儿童跟随教师的琴声独立唱,困难停顿处由教师给予歌唱提示。多数儿童没有了老师的歌唱陪伴,会因没有自信而不敢尝试独立歌唱。教师应从声音大于儿童声音,带领儿童歌唱,向教师声音小于儿童声音,跟随儿童歌唱逐渐过渡,直至儿童可以完成独立歌唱。

(二)试奏

孤独症儿童古筝儿歌弹唱中的试奏,是指儿童尝试着将乐谱里的内容(除歌词外)用古筝弹奏出来。试奏的过程涉及将一个空间编码(即写下来的乐谱)进行自动化的感觉—运动转换,最后形成一系列的运动反应(即弹奏)。虽然针对孤独症儿童的古筝弹唱儿歌,从创作的角度整体遵循简易的原则,但将作品落实到谱面后,谱面所呈现的所有信息对孤独症儿童来说还是繁多的。几乎所有孤独症儿童在试奏乐谱内容时都是捉襟见肘、顾此失彼的。谱面信息包括音符、高音点及低音点、右手指法符号、左手指法符号、节拍、节奏、力度要求、速度要求、用大谱表表示的双声部等。对能力较好的儿童来说,在弹奏时能同时关注并处理完成两三个信息的整合就已相当不错。但对大部分孤独症儿童而言,将视觉信息自动转化为感觉运动的能力普遍较差,需要将信息逐一整合,才能最终完成一个完整的弹奏。因此,如何指导儿童将这些对他们来说凌乱的信息按一定的顺序进行逐一整合,并最终完成弹奏成为了儿童试奏的关键。试奏教学的大致步骤如下:

1. 整合音符和高音点及低音点。

指导儿童能够迅速准确的识别乐谱上的音符。先看着阿拉伯数字符号能立刻说出音符的音名(do、re、mi、fa、sol、la、si 里的其中一个)。再看着音符的上方和下方有没有点、点在上方还是下方、有几个点,以此来判断音符的音组。没有点的为中音;上方一个点的为高音;上方两个点的为倍高音;下方一个点的为低音;下方两个点的为倍低音。要注意,有时低音点在减时线以下,并不紧挨着音符,离音符有些距离,儿童需要仔细去找。将音符和高音点及低音点的信息整合后,得出音符的准确名称。如,5 的名称为倍低音 5。

2.整合音名与弦位,并找出每乐句旋律的弦位走向轨迹。

教师将整首乐曲进行分句,并在每句句末的右上方做分句标记",。"。以乐句为单位,先指导儿童能够迅速准确地找到乐句的每个音符所对应的弦位。再将这些弦位按旋律进行顺序串连起来,形成一个动态的运动轨迹。这一轨迹对孤独症儿童的古筝学习具有重要作用。一是,这种运动轨迹会形成一个视觉影像,此视觉提示可指导儿童,在弹奏前就做好手指弹奏的运动计划,使弹奏有把控感。二是,这种运动轨迹也鲜明地体现了音高走向。向近端的走向显示音高升高,向远端的走向显示音高降低。同时,弦位间的运动间距也对应地体现了音程关系。运动间距大显示两音音程关系远,音高差距大;运动间距小显示两音音程关系近,音高差距小。这种将视觉形象与听觉形象相对应的方式,非常适合有视觉优势的孤独症儿童学习。儿童会非常愿意做这样的"画轨迹图游戏"。他们会将一个一个的弦位看作是不同的"点",然后将这些"点"按照旋律的进行顺序进行点到点的"连线"。"连线"结束后,整个"轨迹图"便呈现在了他们的脑海中(如图 2-4-6)。教师可让儿童手指弦位点,同时说出弦位的音名,逐一指出乐句里的每个音,熟练后可逐渐加速。

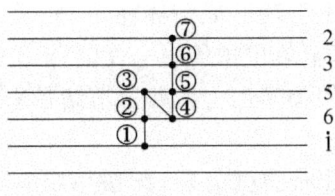

此图为旋律 1̣ 6 5 6 　 5 3| 2—|的轨迹图
①~⑦为旋律进行顺序

图 2-4-6 旋律运动轨迹

3.整合旋律进行(无节奏的)与指法。

旋律进行"轨迹图"呈现后,先指导学生识别乐谱中音符上方的右手指法符号,要求儿童做到看到符号就能将对应的手指伸出做弹奏准备。对于能力较差的儿童,可将指法符号写在对应的手指上自己能看到的地方。将乐谱上的指法符号与手指上的指法符号一一进行匹配,从而找到正确的弹奏手指。再将每个音的指法动作进行熟练地空弦连接,即不触弦,只连接指法动作。然后将连接好的指法动作与"轨迹图"相对应并奏出(此阶段可先不必纠正儿童的节奏错误),如出现左手指法符号,也要一并完成。弹奏时要求儿童同时唱出音名,这时的弹唱音名是为下一阶段的弹唱歌词做的提前准备。要注意:对于成组的组合指法,教师要提示儿童形成整体的指法概念。如出现"勾托抹托"(⌒∟╲ ∟)符号时,儿童应把此指法连接整体识别为一个快四点指法,而不是看成"勾指—托指—抹指—托指"四个单独指法的顺序连接。

4. 整合弹奏与节拍节奏。

对孤独症儿童而言,使用即刻模仿示范的方式来展开对节奏模式的学习最为容易。但离开了示范,或在儿童泛化自学时,儿童往往对节奏掌握不好。因此,需要对儿童的节拍节奏能力进行专项指导(详见本单元节拍节奏与速度训练)。音乐节奏能力经过特定的心理练习能够得到提升。如果没有内源性节奏运动(即内心的节奏)、对运动的努力(即节奏练习)、优雅的情感鉴赏,就不存在乐感[①]。对节奏的训练指导,从唱诵儿歌的说唱学习阶段便开始了。此阶段的整合重点在于,将儿童内心已掌握的、可通过唱的形式表征的节奏与手部的弹奏动作相整合。弹奏要主动积极地跟随唱出的节奏,弹出的每个音要与唱出的每个音在时间上准确对位。

5. 整合弹奏与速度

为解决儿童弹奏忽快忽慢的问题,要使用节拍器从慢速练起(详见本章节拍节奏与速度训练),让儿童逐渐形成整体稳定、前后一致的速度概念。此阶段整合的关键,是将弹奏的每个单位拍的第一个音与节拍器的每个声响在时间上准确对位。这种稳定速度的弹奏也会给儿童情绪带来正向影响。

6. 整合弹奏与力度

儿童在弹奏时也会出现忽强忽弱,无法用统一的、适当的力度弹奏的问题。首先,教师可在儿童的指腹上做弹弦动作,或捏着儿童的指尖去弹弦(如图2-4-7),让儿童直观感受发出多大的力度才是适宜的。接着,需要求儿童用极慢的速度和稳定统一的力度弹奏。在手把手纠正儿童不正确的发力方法的同时,引导儿童自觉自己的发力状态。儿童弹奏发力不当时,教师可用夸张的表情或语言表达听到这种声音后的反应。用这种视觉回馈可加强儿童对力度的辨识。然后,慢弹力度稳定后恢复原速弹奏,并要求儿童用更大的力量或更小的力量弹奏整曲。儿童要边弹边听,检验自己的弹奏声音是否变得更强了或更弱了,弹完后要对教师说出自己的结论。这种方式有利于提高儿童的专注力和自我意识。最后,教师可设计让儿童用不同层次的力度弹奏整曲(详见本单元儿歌创编)。

以上每个步骤的整合都要教师反复弹奏与示范,在教师有步骤地教学引导加上儿童的模仿与记忆,才能有效地完成试奏。

---

① Mia keinanen, Lois Hetland & Ellen Winner. Teaching Cognitive Skill through Dance: Evidence for near but Not Far Tansfer[J]. Journal of Aesthetic Education, 2000, 34(3/4):295-306.

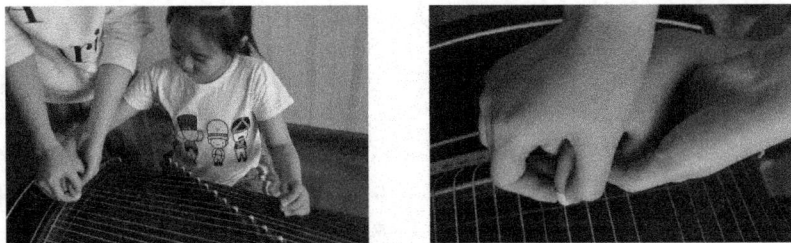

图 2-4-7　弹弦的肢体辅助

（三）弹唱

弹唱是指将弹奏与歌词相整合的音乐活动。在进行弹唱前,应分别把弹奏部分和歌唱部分熟练准确地完成。第一阶段与第二阶段的儿歌作品基本上唱词与音符是一一对应的,即弹一音对应唱一字。从第三阶段开始,会出现唱词与音符不完全对应的创编设计,如唱一字对应弹多音,或弹一音对应唱多字。需指导儿童分析歌词与音符的对位后准确完成。另外,在弹唱过程中,还要培养儿童主动辨识唱的声音和弹的声音的音高是否相同,引导儿童主动用自己的歌声去模范琴声,要尽量让歌唱的音高与弹奏出的琴音音高相匹配。若弹一个滑音对应唱两个字时,第一个字要唱琴音改变前的音高,第二个字要唱琴音改变后的音高(如图 2-4-8)。音高感得到改善,也将会有助于儿童获得对于语音的好的听力。儿童的发声器官对快速的歌唱控制力较差,当儿童的歌唱跟不上快速的弹奏时,教师可指导儿童将歌唱部分进行简化,使歌唱旋律与弹奏旋律的骨干音一致即可。当弹奏多于一个音的小撮、大撮、和弦、琶音时,只唱最高旋律音。为练习弹奏不同音区,儿歌作品会创编在高音区、低音区或倍低音区弹奏,但儿童无法唱出同样的音高,教师可引导儿童高八度或低八度演唱(如图 2-4-9)。同时,歌唱时乐句间的换气与弹奏时肢体的抬手换气是一致的,可培养弹奏的气息连贯感和歌唱性。

例1：　1↗　　　例2：　↘2
　　　　我 的　　　　　　妈 妈
　　　　↓　↓　　　　　　↓　↓
　　　唱1音 唱2音　　　唱3音 唱2音

图 2-4-8　弹与唱的对应关系

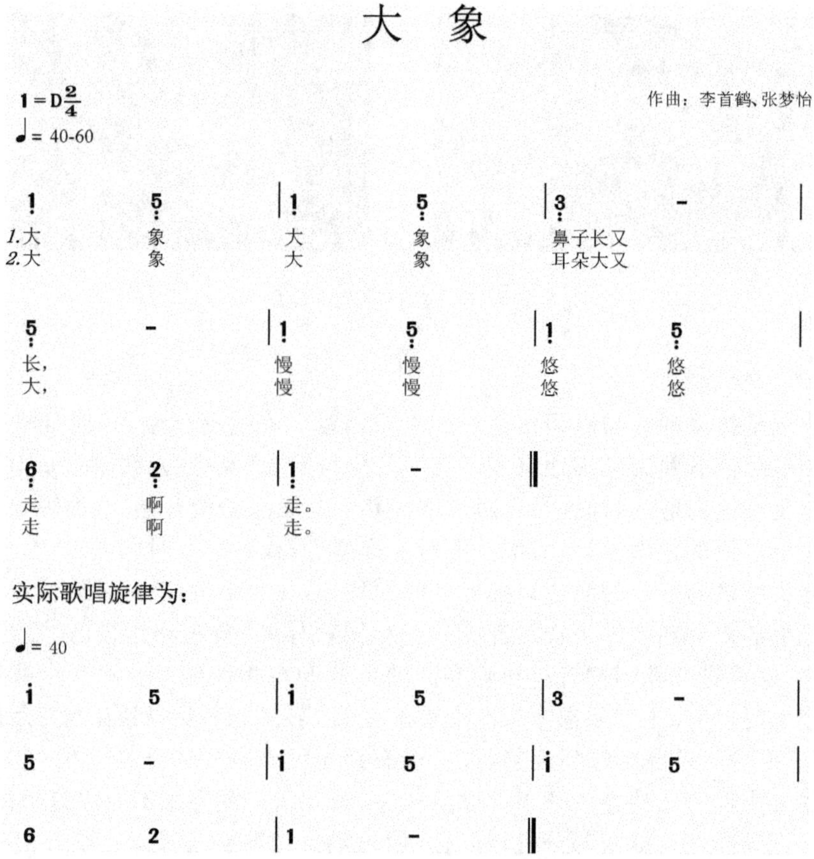

大　象

作曲：李首鹤、张梦怡

1 = D $\frac{2}{4}$

$\downarrow$ = 40-60

!̣	5̣	!̣	5̣	3	-
1.大	象	大	象	鼻子长又	
2.大	象	大	象	耳朵大又	

5̤	-	!̣	5̤	!̣	5̤
长,		慢	慢	悠	悠
大,		慢	慢	悠	悠

6̤	2̤	!̤	-	
走	啊	走。		
走	啊	走。		

实际歌唱旋律为：

$\downarrow$ = 40

í	5	í	5	3	-

5	-	í	5	í	5

6	2	í	-	

图 2-4-9　高两个八度的实际歌唱

（四）节拍节奏与速度训练

1. 节拍节奏训练

节拍节奏的学习对孤独症儿童而言是一个难点。许多孤独症儿童缺乏对时间的意识和认知。只有少数孤独症儿童似乎具有天生的运动节奏感。部分孤独症儿童对节奏有一定的感受力，与普通儿童相比，并不存在太大的障碍。但更多的孤独症儿童由于注意力极不稳定等原因，存在节奏感受、处理及表达上的明显障碍。

孤独症儿童存在节拍节奏障碍的原因是多方面的。其中的一个根本原因为：许多孤独症儿童的大脑等神经系统的结构和功能异于常人。从神经学角度来说，与节奏相关的神经系统结构如下：1. 大脑皮层中，位于太阳穴之下的颞叶，其功能为听力、听理解、阅读能力、命名、解读肢体和表情的社交暗示、短期与长期记忆、稳定情绪以及音乐和说话的节奏。2.节奏是对时间维度的加工,大多涉及与时间加工处理有关的大脑左半球脑区的激活。有行为研究发现,普通人用右手比用左手更容易敲打出一个复杂的切分节奏。3.涉及运动时间的大脑皮层及皮层下区域有小脑、基底节和补充运动区(SMA)。基底节和SMA可能在较长时间间隔(1秒及以上)的运动计时中更重要。小脑可能在较短时间间隔(以毫秒计)的运动计时中更重要。[1][2] 4.节拍知觉主要由大脑右半球[3][4]或者两半球同时加工[5]。5.髓鞘细胞是包裹在神经元细胞轴突上的组织细胞,对于沿神经纤维束传导的电脉冲速度有重要意义。当儿童进行快速并节奏准确的古筝演奏时,需要神经系统统合快速的信息传递与高度时间准确性。此时,髓鞘细胞就开始增长,神经传导的速度也随之增加。孤独症儿童在这些神经结构的发育发展上出现障碍,势必影像其功能及其节拍节奏表现。

弹唱儿歌中节拍节奏的训练对孤独症儿童来说有重要意义:1.已有研究发现,器乐、声乐和节奏训练都能提高孤独症儿童的认知表现。2.聆听教师节奏律动鲜明的演奏示范,可使儿童产生运动反应,如脚尖轻拍和点头等。3.节奏听觉刺激是有研究数据支持的五种运动康复治疗措施之一[6]。4.当节奏任务需要意识参与时,会激活小脑等脑区。5.当儿童聆听或演奏节奏精准、律动鲜明的音乐时,会自动地调适情绪状态。6.节拍节奏训练会显著地提高儿童乐感。乐感包括人脑通过复杂活动的肢体,像一个自如的协调系统一样调节儿童身体的节奏性运动的能力。7.儿童可以通过节奏运动提高身体的协调性。8.音乐提供具体的、多感觉通道的刺激。音乐中的节奏成分能帮助孤独症个体组织感觉系统。9.儿童学习演奏乐器,会有更高的精细运动技能和听觉辨别能力,包括节奏感和

---

① Buhusi C. V. & Meck W. H. What makes us tick? Functional and neural mechanisms of interval timing[J]. Nature Rev. Neurosci, 2005,6(10):755-765.

② Lewis P. A. & Miall R. C. Distinct systems for automatic and cognitively controlled time measurement: evidence from neuroimaging[J]. Current Opinion in Neurology, 2003,13(2):250-255.

③ Li E., Weng X., Han Y., Wu S., Zhuang J., Chen C., et al. Asymmetry of brain functional activation: fMRI study under language and music stimulation[J]. Chinese Medical Journal (English), 2000, 113(2):154-158.

④ V. B Penhune, R. J Zatorre & W. H Feindel. The role of auditory cortex in retention of rhythmic patterns as studied in patients with temporal lobe removals including Heschls gyrus[J]. Neuropsychologia,1999,37(3):315-331.

⑤ Kuck Heleln, Grossbach Michael, Bangert Marc & Altenmuller Eckart. Brain processing of meter and rhythm in music. Electrophysiological evidence of a common network[J]. Annals of the New York Academy of Sciences,2003,999:244-253.

⑥ Hummelsheim H. Rationales for improving motor function[J]. Current Opinion in Neurology, 1999,12(6):697-701.

旋律辨别。10. 由美国哈佛大学霍华德·加德纳教授提出的多元智能理论,认为每个人都拥有八种智能,但其组合不同,使得每个人的智能独一无二。其中,与节拍节奏和速度训练相关的智能有:第一,音乐—节奏智力。包括感觉到音调特点、创作旋律与节奏、对声音敏感、利用"图式"倾听音乐、理解音乐的结构。第二,身体—动觉智力。包括将心身联系起来、模仿、改进身体机能、控制已经学会的动作、控制身体自发的动作、扩展整个身体的意识。第三,逻辑—数理智力。包括确认抽象模式、演绎推理、归纳推理、辨认关系与联系、进行复杂计算、科学推理①。对古筝弹奏中节拍节奏的训练可提高儿童的这三种智能。11. 神经学已为部分人类音乐经验提供有意义的一个认识:大脑右半球负责音高知觉,左半球负责节奏知觉。不是人类所有活动都可同时激活大脑左右半球。将弹奏与节拍节奏进行整合,既是难得的将大脑左右半球同时激活的音乐活动。

部分—整体概念对于许多空间和数学问题来说都非常重要。这个概念要求理解部分和整体之间的关系(如学习百分数、小数、分数)。在音乐领域,对节奏模式的理解很依赖部分—整体概念。节奏加工时,儿童必须能在心理上将一个全音符分成 2 个二分音符、4 个四分音符、8 个八分音符、16 个十六分音符等,或者进行相反操作。这种任务与空间或数学任务中的部分—整体问题是相同的②。同理可推,一个二分音符时值为两拍,可分为 2 个四分音符、4 个八分音符、8 个十六分音符;一个四分音符时值为一拍,可分为 2 个八分音符、4 个十六分音符;一个八分音符时值为半拍,可分为 2 个十六分音符。音符的时值越长,进行越慢;时值越短,进行越快。在孤独症儿童古筝适应性教学应用到的基础节奏里,常见的以两拍为节奏单位的音值组合有两拍前附点(即四附八)、两拍后附点(即八四附)及大切分;常见的以一拍为节奏单位的音值组合有 2 个八分音符、4 个十六分音符、前八后十六、前十六后八、一拍前附点(即八附十六)、一拍后附点(即十六八附)及小切分。

孤独症儿童往往对细节过度关注,而缺乏整体时间的概念。因此,对孤独症儿童古筝适应性节奏教学的重点应为对整体节拍节奏框架的把握。教学应遵循由整体到部分的原则,需对儿童进行由"整首作品—乐句—节拍—节奏单位—音值组合"构成的四步训练(如图 2-4-10)。要注意,整体与部分是相对的,每一步对上一步来说都是部分,对下一步来说又都是整体。四步训练的具体教学步骤如下:第一步,由整首作品到乐句。应在充分聆听老师准确、完整、连贯的节奏示

① 连赟. 中国特殊音乐教育历史与现状研究[M]. 南京:南京师范大学出版社,2012:175.
② (美)弗朗西丝·H.劳舍尔,(德)维尔弗里德·格鲁恩. 音乐教育神经科学[M]. 南云,等译. 上海:上海教育出版社,2020:201.

节拍节奏四步训练
天鹅

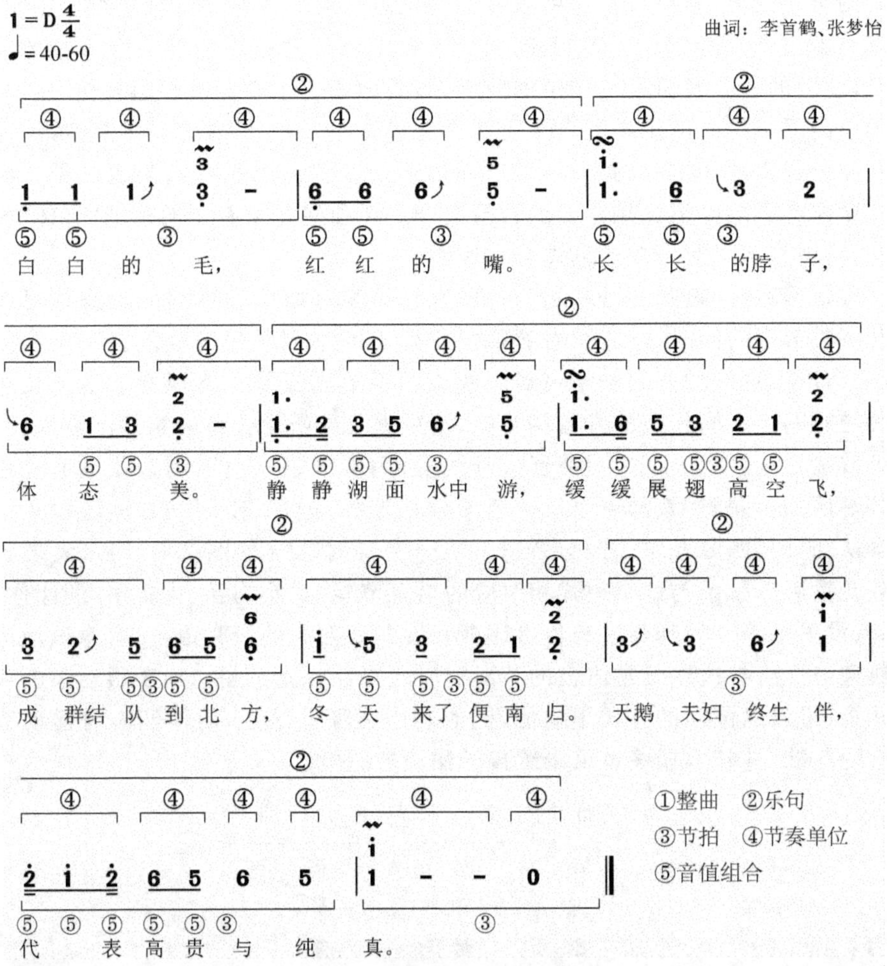

图 2-4-10　节拍节奏四步训练

范后,先对整曲旋律的节奏有一个大致的意象。进行分句后,进行每乐句的节奏训练,让儿童一边听节奏,一边跟随节奏的进行看曲谱,体会并能找到乐句中哪些地方音符间距较密、进行速度快;哪些地方音符间距较疏,有种休息的感觉。第二步,由乐句到节拍。弹唱儿歌的乐句大多为 2~4 小节,每小节为一组节拍。要指导儿童体会并能找到每小节内单位拍的进行顺序以及节拍重音的位置。第三步,由节拍到节奏单位。古筝弹唱儿歌里的节奏单位通常为四拍、两拍和一拍。指导儿童找到每组节拍内包含哪些节奏单位。第四步,由节奏单位到音值组合。与乐理里的"音值组合法"概念略有不同,这里的"音值组合"是指节奏单位由两个或以上的音组成,这些有着不同长短时值的音按一定规则组合在一起,便形成了一个节奏单位。例如,前八后十六是由三个音组成的一个一拍的节奏单位,前面的八分音符占一拍中的前半拍,后面两个十六分音符组合在一起共占一拍中的后半拍。两拍前附点是由两个音组成的一个两拍的节奏单位,前面的附点四分音符占两拍中的一拍半,后面的八分音符占两拍中的最后半拍。要指导儿童体会并能弹唱比例正确的音值组合。孤独症儿童有了明确的"整体"框架概念,将极有利于对"部分"的体会和使用。

教学实践中,教师还可利用"图式"来让儿童理解节奏的时间形态。可在带领儿童唱节奏的同时,让儿童看教师同步画出的不同长短的线段。一条线段代表一个音符,音符的开始和结束对应线段的下笔与提笔。将视觉上不同长短的线段与时间上不同长短的音符相对应,用视觉引导听觉。待儿童逐渐掌握后,教师可鼓励儿童自己尝试边唱节奏边画线段,用多种感官通道刺激儿童形成良好的节奏认知。同时,教师可以从一个最容易理解、记忆、使用的方法启发儿童的节奏认知,即"四分音符—四分音符—二分音符"模式(如图 2-4-11)。大多数孤独症儿童可以联系与这个模式相对应的语言节奏,如小男孩、弹古筝、谢谢你、对不起、没关系等。教师与家长也可逐渐开发儿童熟悉的日常语言,有意识地把常用典型节奏型与这些日常语言的节奏对应起来让儿童感受。对于很幼小的孤独症儿童,可以以被动的方式影响他,把他们抱在膝上摇摇,给他们唱与摇动节奏相应的儿歌。同时,振荡也可以给孩子愉快的感觉。

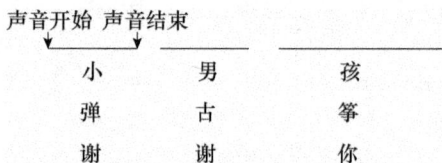

声音开始 声音结束

小	男	孩
弹	古	筝
谢	谢	你

图 2-4-11 "四分音符—四分音符—二分音符"模式

休止符是乐谱中表示静默的符号。使用休止符时虽然声音停止,但音乐仍在进行①。休止符与音符相同,也有具体的时值。教学中,要让儿童唱出休止符的音名"空",并在休止时做下个音的准备动作,而不要让儿童理解为此时可以休息。

---

① 缪天瑞.音乐百科词典[M].北京:人民音乐出版社,1998:676.

音乐表演按品质分为 3 类：（1）错误节奏表演。此类表演是笨拙的、另类的。（2）无节奏表演。在这类表演中，虽然所有音符都出现在正确的时间位置上，但却枯燥乏味，在力度层次的权重、情感气息的控制和时间精准控制方面缺少细微差别。所有音符都是一板一眼的，没有节奏运动，因此也无法表达感情。（3）节奏良好表演。这类表演平衡了动作与节奏，解决了如何让音乐动起来，以同时感动表演者和听众的问题。对孤独症儿童的节奏训练要使儿童走出错误节奏表演，把握整体节奏感，防止误入无节奏表演，追求节奏良好的表演。

2. 速度训练

速度训练是继节拍节奏训练之后的又一教学难点。那些已能较好掌握节拍节奏的演奏，能较好体会、理解并表达不同长短、不同强弱的节拍节奏模式的孤独症儿童，往往会在之后的演奏中出现速度忽快忽慢的演奏障碍。这种演奏状态似乎是他们自己无法控制的，即便有些时候即刻弹奏时，他们自己也能意识到自己演奏速度的这种不稳定感。作为"完美主义者"的孤独症儿童对自己演奏的这种不满意情绪，又会继而影响之后的弹奏，使速度不稳定愈发严重，从而形成一种恶性循环的演奏状态。教师需要指导并帮助儿童找到速度训练的突破口。

有些孤独症儿童非常容易意识到时间是一种刻板的保护性的因素。认同任何计时、滴答作响和转动的物体，例如钟表或节拍器，使他们有了支持感。儿童弹唱速度的练习要使用节拍器进行（如图 2-4-12）。节拍器是一种能在各种速度中发出一种稳定节拍声响的机器，分为机械节拍器和电子节拍器。两种节拍器有不同的音色和音响，机械节拍器的音量较小，音色为机械的声音；电子节拍器的音量大小可调，可使用耳机，音色为电子的声音。孤独症儿童由于对音量和音色有不同程度的听觉敏感或寻求，可依自身情况选择听觉上可接受使用的节拍器。节拍器会在每个单位拍开始时发出声响，并根据设置的节拍，在节拍重音上发出强调性的、重于非重音的声响，以提示强拍位置。响声间的间隔代表着不同的速度，间隔时间越短表示速度越快，间隔时间越长表示速度越慢。

图 2-4-12 节拍器

儿童在使用节拍器练习前，应先反复聆听并熟悉节拍器。正如有些儿童迷恋于听钟表的"嘀嗒"声,可让儿童观察工作状态的节拍器几分钟。要求儿童盯住指针的左右摆动,并静静聆听指针摆动到两侧极限时节拍器的响声。可带领儿童的手跟着指针同步运动,引导儿童明白指针摆动到两侧极限时才会有声响,体会运动和声响的联系。指导儿童对声响的时间间距及不同强弱有一个整体意象。重音在节奏中有重要的作用,它出现的位置和强调的程度造成不同的节奏感觉。对节拍器熟悉一段时间后,儿童应先找出重音声响,并把它作为节拍的开始。边听节拍器边看着乐谱,用手指出节拍的进行位置。例如,2/4 拍的乐曲,儿童要跟随节拍器的速度,用手指出每小节的第一拍开始处和第二拍开始处。对于节奏感差的儿童,教师需要在每拍开始处做标记,为儿童提供视觉提示。当儿童能将节拍器的声响与乐谱上的节拍进行准确对应后,跟随节拍器唱出旋律节奏,同时手指继续保持指出节拍进行位置。要将每一拍节奏的第一个音与节拍器的声响对齐。可从极慢速开始练习,慢到儿童的反应和注意力能够有时间准备并轻松跟上,做到"慢而不断"即可。唱的速度熟练稳定后,可加入弹奏部分,要将唱的音名与触弦动作做到一一对应。整个节拍器练习过程中,儿童要保持一种自觉,即每一拍的第一个音与节拍器的声响都要保持对齐(如图 2-4-13)。

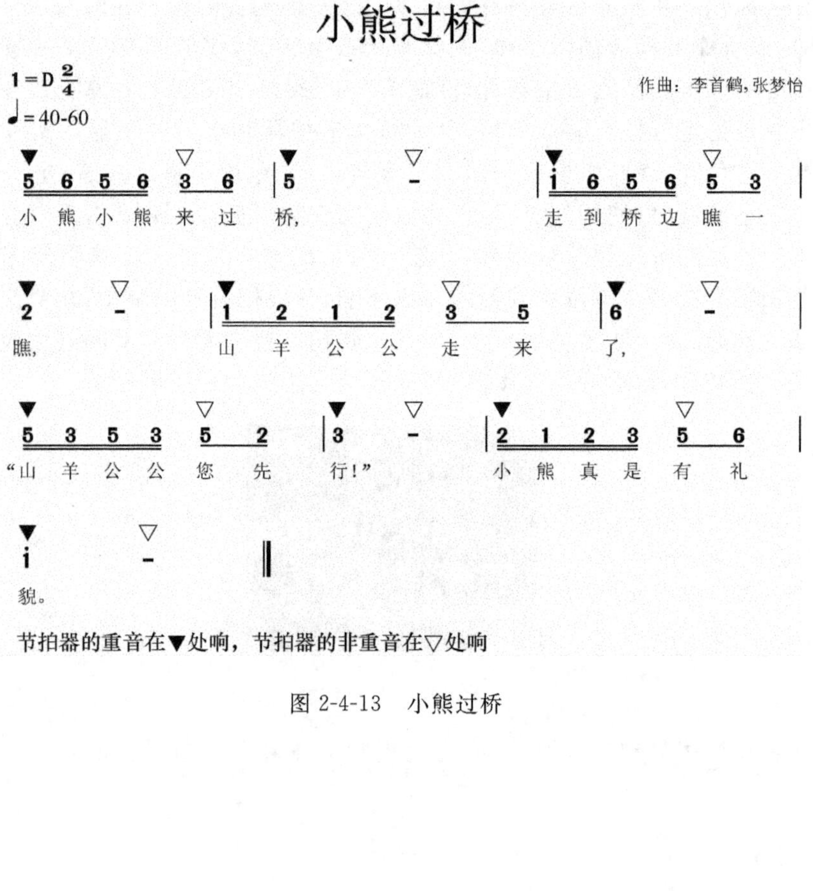

图 2-4-13　小熊过桥

速度学习中,原速弹奏和慢速弹奏要交替练习。从神经学角度来说,由受引导的慢运动向爆发式的快运动转化有其神经学基础。慢速弹奏动作是在稳定的感觉控制下进行的,而快速弹奏动作则必须在没有感觉反馈的情况下完成。这两种动作运动分别由不同的脑区产生,从一种形式向另一种形式的转换很可能是不完整的。缓慢而系统的加快节奏最终会妨碍动作在较快节奏时的执行。即使在早期阶段,教师也应该要求儿童将小段的动作模式在快节奏的情况下进行练习,在熟练到可以自动化的地方可快速练习。对于那些比较难的动作,为达到最后精确的自动化,还是需要在精确的指导下以慢节奏进行练习。目的是在慢速时练习出感觉运动反馈,使这种反馈固化后在快速时也能最终实现,完成由慢速向快速的完整转换。能够完成从慢到快中间的所有速度,也就达到了速度控制力的练习目的。快速时的动作惯性不仅是运动惯性,更要做到神经反应的惯性。这可避免快速时"手到神没到"的现象。有些知名的音乐教师恰恰针对这一问题凭直觉设计了相应的练习(即分解运动模式为快速做预备的练习)来解决儿童节奏的变化。

儿童的节奏能力还可在集体课中得到继续的提高。古筝集体课是儿童在音乐环境下的社会交流。交流成功的条件是他们能对音乐的共同特征做出反应,例如使团体成员联合成一体的速度或节奏。

第五单元　古筝演奏相关的神经学理论及应用

当个体进行古筝演奏及相关活动时,神经系统协调各系统器官的功能活动,使个体成为一个有机的整体,维持自身内环境的稳定,适应外界环境的变化,并能认识、改造外界环境。孤独症是一种神经方面的发育发展障碍,因此对个体进行古筝演奏及相关活动时的神经系统的研究,有着本质上和根源性的重要意义和价值。对与孤独症儿童古筝适应性演奏教学相关的神经学研究,本单元依照"结构－功能－障碍－评估－训练"的研究路径进行。

一、神经系统组成

从神经组织来看,人类神经系统由神经元(neuron)和神经胶质细胞(neuroglial cell)组成。其中,神经元包含细胞本体(cell body)、轴突和树突(如图 2-5-1)。细胞本体是神经元的代谢中心,具有整合输入信息并传出的作用。轴突(axon)呈细索状,且每个神经元只有一个,负责将刺激信息由细胞本体传送出去。神经元较长的突起被髓鞘(myelin sheath)和神经膜所包裹,称为神经纤维(nerve fiber)。若被髓鞘和神经膜共同包裹称有髓纤维(myelinated fiber),

仅为神经膜所包裹则为无髓纤维(nomyelinated fiber)[①]。有髓纤维的髓鞘提供绝缘功能。轴突越粗大,髓鞘越厚,髓鞘绝缘功能越强,其传递速度越快,且信号流失越少。树突(dendrite)呈树枝状且数量很多,负责将刺激信息由周围传递至细胞本体内。

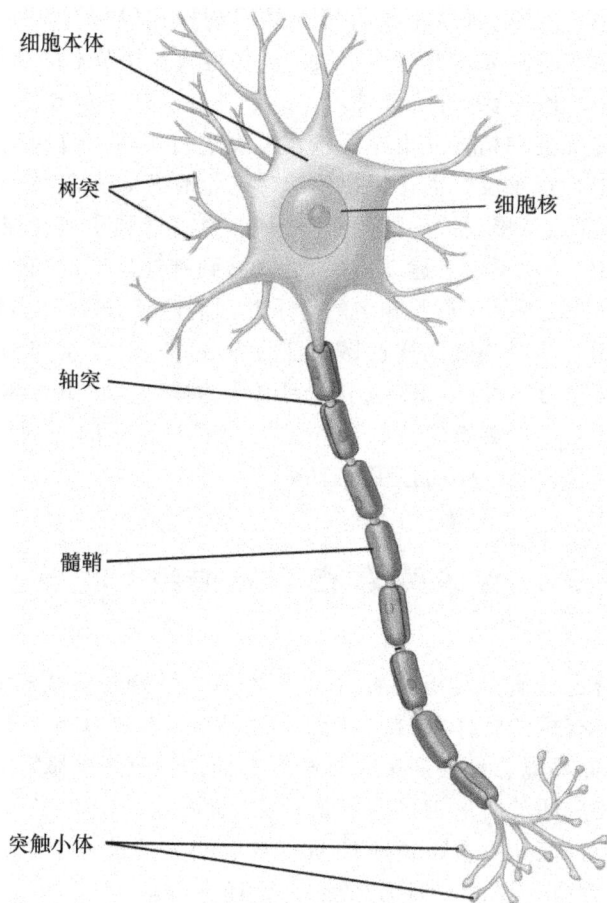

图 2-5-1 神经元

神经元有多种分类方式:1. 按突起的数目,分为假单极神经元(pseudounipolar neuron. 如脑神经节、脊神经节中的感觉神经元)、双极神经元(bipolar neuron. 如视网膜内的双极细胞、内耳的前庭神经节及蜗神经节内的感觉神经元)、多级神经元(multipolar neuron. 如中枢部内的神经元)。2. 按功能

① 丁文龙,刘学政. 系统解剖学(第九版)[M].北京:人民卫生出版社,2018:271.

和传导方向,分为感觉神经元(sensory neuron. 即传入神经元,将感觉刺激信息传向中枢)、运动神经元(motor neuron. 即传出神经元,将信息从中枢传向身体各部)、联络神经元(association neuron. 即中间神经元,占神经元总数的99%)。
3. 按合成、分泌的化学递质,分为胆碱能神经元、单胺能神经元(包括分泌去甲肾上腺素、多巴胺的儿茶酚胺能)、氨基酸能神经元(包括作为初级传入主要递质的谷氨酸)、肽能神经元(包括脑啡肽)[1]。

突触(synapse),是神经元与神经元之间或神经元与效应器之间传递信息的特化的接触区域,通过它可实现细胞与细胞间的通讯。根据传递方式可分为化学突触和电突触[2]。

神经胶质细胞是神经系统的辅助细胞,包围在神经元外围,其数量远大于神经元,对神经元进行支持和保护,能够缓冲电生理环境,为神经元提供营养,参与神经发育和再生,参与神经元的损伤修复。

从结构分区来看,人体神经系统分为中枢神经系统和周围神经系统两大部分(如图 2-5-2)。

(一)中枢神经系统(central nervous system,简称 CNS)

中枢神经系统分为脑和脊髓两部分。脑(brain)是中枢神经系统的最高级部分,位于颅腔内,包含大脑(cerebrum)两侧半球、间脑(diencephalon)、小脑(cerebellum)和脑干(brainstem)四个部分(如图 2-5-3)。大脑包含额叶(fronal lobe)、顶叶(parietal lobe)、枕叶(occipital lobe)、颞叶(temporal lobe)、边缘叶(limbic lobe)和岛叶(insular lobe)六个分叶(如图 2-5-4)。其中,边缘叶位于脑内侧,岛叶位于外侧沟的底部。间脑由丘脑(thalamus)、上丘脑(epithalamus)、下丘脑(hypothalamus)和底丘脑(subthalamus)组成。脑干由桥脑(pons)、中脑(midbrain)和延脑(medulla)组成。其中,中脑包含下丘(inferior colliculi)、上丘(suferior colliculi)和环导水管灰质(periaqueductal gray)。下丘与听觉系统连结,上丘与视觉系统连结。脊髓(spinal cord)这一"高速公路"是中枢神经系统的低级部分,位于椎管内,包括输出纤维和输入纤维,将信息在脑和周围神经系统之间相互传递,脊髓本身也能完成许多反射活动。

中枢神经系统是同时以阶层和平行系统作用的。其主要机制如下:

1. 刺激的接收与传递。最初与外界接触的特化细胞称为接受器。各系统内的接受器只对该系统的特定刺激反应,但都是将物理信息转变为电和化学的形式。细胞膜内外的离子分布造成了电位,而刺激信息改变了离子的分布,便间接

---

① 丁文龙,刘学政. 系统解剖学(第九版)[M]. 北京:人民卫生出版社,2018:271.
② 丁文龙,刘学政. 系统解剖学(第九版)[M]. 北京:人民卫生出版社,2018:271-272.

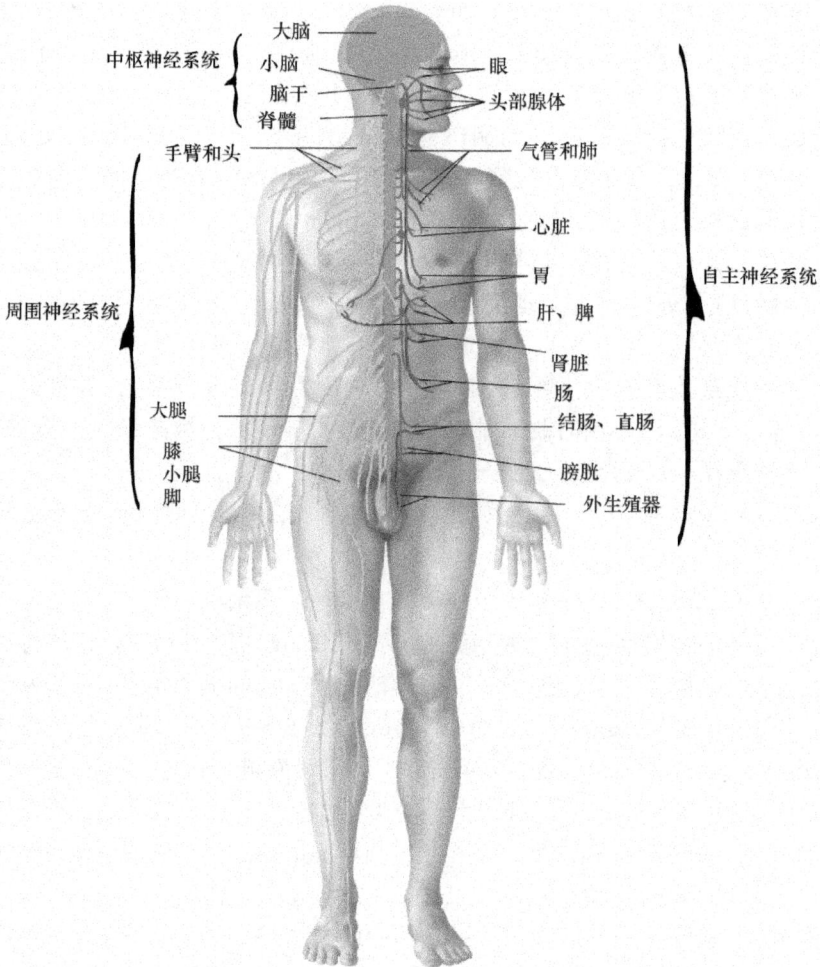

中枢神经系统、周围神经系统和自主神经系统的分布。自主神经系统又进一步分为副交感神经系统和交感神经系统。

注意：大部分内脏和肢体受副交感神经和交感神经的神经支配。

图 2-5-2　人体神经结构

改变了细胞膜的电位，会造成周围细胞膜的去极化。当刺激很微弱时，电位改变不足以引起去极化，此时刺激就不会继续传递；若刺激够强且持续时间够长，便会形成动作电位，足以让临近区域的神经去极化，并会将刺激信息一直传递至中枢神经系统。

2.刺激解释。由不同刺激和不同系统所引发的动作电位都是相同的。但不同接受器的特化性和中枢神经系统的解释可对不同刺激进行区辨，这建立在神

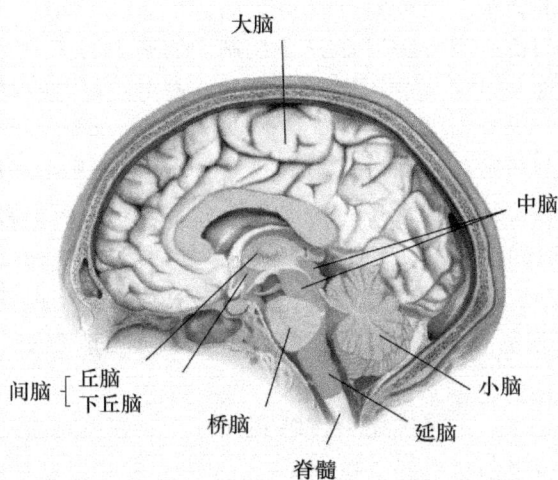

图 2-5-3　人脑的结构

图 2-5-4　大脑的结构示意

经通路和连结之上。接受器传递刺激时,将刺激转换成特别模式的电位讯号,讯号内容包括其强度、持续时间和动作形式。较强的刺激会引起较大范围的接受器被活化,因此传送较多的动作电位,中枢神经系统便会认定此刺激是强烈的。

3.接受器区域。指刺激信息可被转换成电信号的区域。较小的接受器区域代表较高的区辨度,可以传递更精确的信息至中枢神经系统。

4.接受器的适应。接受器会对持续的感觉输入逐渐产生适应,使细胞膜的极化作用逐渐消退。有些接受器只会在刺激信息出现和中止时有反应,适应时间很快。有些接受器则会对连续的刺激信息产生反应,适应得很慢,但动作电位最终会终止。

5.外侧抑制。此机制使中枢神经系统能够集中接受器的信息,并对信息进行更敏锐的解释。接受器神经在传递信息的过程中会接触激活大于一个的神经元,外侧抑制的作用是把焦点聚集在输入源上,而不是让信息随处扩散到其他神经元,减少了背景干扰便会让刺激信息更集中,最终使中枢神经感觉有能力分辨并定位所接受到的信息内容。感觉系统的区辨功能就是因此机制而得以实现的。

6.集中和分散。许多轴突会连结到同一个神经元细胞体或树突,集中作用可让许多轴突传递信息至同一个突触。这时,大量的信息在此会被压缩,以加强其在中枢神经系统中的强度。分散作用可将一个信息传递至中枢神经系统的许多不同的细胞。轴突在离开神经细胞本体后,就相继地与中枢神经系统中其他细胞的树突或细胞本体接触,此机制可以让信息扩散开来。

7.分散的信息处理和控制。"多重任务"控制是中枢神经系统能够主导整个神经系统的一大特色。中枢神经系统通过分散的信息,可同时处理感觉系统、动作系统、认知功能和自主系统的活动。分散处理系统可提高效率,以便有效地与外界环境互动。

8.序列处理和平行处理。序列处理,指信号依照顺序以阶层模式运作。例如,位于指尖的触觉接受器,收到古筝演奏时指尖拨弦的机械力物理信息后,转变为电信号形式,累积而成为动作电位后,再经背柱—内侧丘系路径一路传递至中枢。其中的任何一个环节出现障碍,都会使整个投射失败。平行处理,指多条神经路径在同一时间内运作。视觉、前庭觉、本体觉和听觉通常会利用平行处理的方式控制个体躯体在空间中的位置,从而形成个体的视动统合、听动统合和视听动统合等多种形式。每个感觉系统会接收身体内部和外在环境的信息,传递不同的资讯,最后经由整合让身体保持直立的姿势。感觉统合功能就是因此机制而得以实现的。

(二)周围神经系统(peripheral nervous system,简称 PNS)

周围神经系统包括 12 对脑神经(cranial nerve,与脑相连)、31 对脊神经(spinal nerve,与脊髓相连)和自主神经系统。其功能好比电脑的"周边设备",将身体以外的世界和周边组织(如骨骼肌和腺体)与中枢神经系统相连结。在周围神经系统中,特定的接受器只对特定形式的物理能量敏感。触觉系统和嗅觉系统的接受器本身就是初级感觉神经元,直接将信号由轴突传递至位于中枢神经系统内的次级感觉神经元。其他感觉系统的接受器是特化的细胞,信息经由突触传递至初级感觉神经元,再由轴突传递至位于中枢神经系统内的次级感觉神经元。其他感觉系统的投射过程比触觉系统和嗅觉系统多了开始的一步,即接受器特化细胞将信息经由突触传递至初级感觉神经元。

自主神经系统(autonomic nervous system,简称 ANS)是周围神经系统中的一个重要部分,是周围神经系统中内脏神经中的传出神经。其接受器对压力、紧张、体内化学变化、疼痛及温度改变有反应。"autonomic"代表此系统是下意识的运作以维持生理上的恒定。自主神经系统也受中枢神经系统的调节。在中枢神经系统中,位于延脑和桥脑的下丘脑、丘脑及边缘系统负责调节自主神经系统功能。自主神经系统的输出神经根据对效应器的不同作用,分为两类:交感神经(sympathetic nerve)和副交感神经(parasympathetic nerve)。交感神经通常在有压力时被激化,能够增加身体能量的消耗和运用。副交感神经具有"休息和消化"的功能,能够促进食物的消化和营养的吸收,以达到储存能量的目的。这两类神经同时作用在一个器官上,以互相调节该器官的功能。

(三)神经系统的活动方式

神经系统在调节机体的活动中,对内、外环境的各种刺激做出适宜的反应,称为反射(reflex),反射的结构基础是反射弧(reflex arc)。反射弧由感受器、传入神经、中枢、传出神经和效应器构成。反射是神经系统的基本活动方式[①]。

二、感觉传导路径

从神经学角度来看,古筝演奏及音乐活动过程中,人体各器官及系统的功能都是直接或间接处于神经系统的调节控制之下。古筝演奏及音乐活动的大致神经机制过程如下:各感觉系统中的特定接受器从环境及个体自身接受刺激后,将刺激信息以电和化学形式依路径投射至中枢神经系统,大脑对其进行组织和整合,以应环境需求做出合适反应。古筝演奏及音乐活动涉及感觉系统中的触觉系统、听觉系统、本体觉系统、前庭觉系统和视觉系统,是一种多通道感官刺激的活动。以下将粗略介绍与古筝演奏及音乐活动相关的各感觉系统的神经机制。

(一)触觉系统(tactile system)

触觉是胎儿在子宫时期第一个具有功能的系统,调节着人类对这个世界的第一个经验。

触觉感觉接受器分为两类:一类为外感觉接受器,负责接受外界环境传来的

---

① 丁文龙,刘学政. 系统解剖学(第九版)[M]. 北京:人民卫生出版社,2018:274.

刺激信息,并经过脑神经的传导分析反应出来;另一类为内感觉接受器,负责接受身体内脏所受的刺激,以身体为中心。触觉具有保护和辨别两大功能,其区辨能力与接受器的密度及区域大小有关。在精细触觉区辨区域(如指尖、手掌和口部周围),接受器的密度高且区域小,通常负责技巧性的功能。在比较不需要特定触觉信息的部位(如腹部和背部),接受器的密度低且区域大。触觉系统也会利用外侧抑制机制来集中刺激信息,以使区辨力更好。

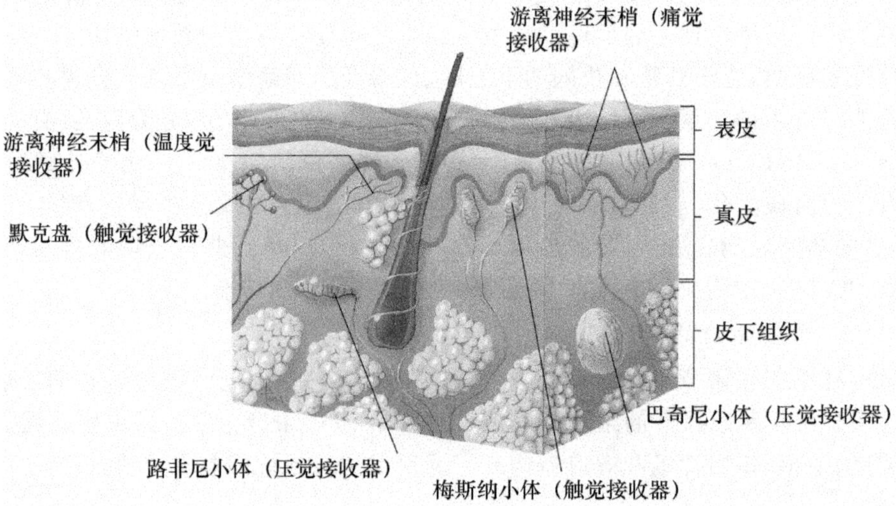

图 2-5-5　触觉接受器

　　触觉接受器位于皮肤内层的梅斯纳小体(meissner corpuscle)、默克盘(merkel disk receptor)、巴齐尼小体(pacinian corpuscle)、路非尼小体(ruffini ending)、游离神经末梢(free nerve ending)和毛囊(hair follicle)中(如图 2-5-5)。其中,梅斯纳小体位于皮肤乳头和舌尖粘膜,负责传送并解析触觉。默克盘位于皮肤少毛区的表皮和毛囊,负责传送并解析皮肤变形信息。巴齐尼小体位于皮下组织,负责传送并解析振动觉和压觉信息。路非尼小体位于毛囊和结缔组织,负责传送并解析触觉、皮肤牵拉感及关节运动信息。游离神经末梢位于真皮、关节囊、肌腱和韧带,负责传送并解析温度觉和痛觉信息。毛囊位于深真皮,负责传送并解析毛发的移位和痛觉信息。适应快速的接受器(如梅斯纳小体、巴齐尼小体和毛囊)是针对刺激的启动和中止反应,对信息的变化很敏感,对持续性的刺激无法反应。适应慢速的接受器(如默克盘、路非尼小体和游离神经末梢)向中枢神经系统提供有关刺激的强度、持续时间和传送速率等详细信息。古筝演奏过程中,触觉接受器巴齐尼小体传送并解析由指尖和琴弦间的对抗阻力而产生的压觉。当右手弹奏、左手扶在琴码左侧弦上时,巴齐尼小体传送并解析由琴体共振发声产生的振动觉。孤独症儿童开始接触古筝时,大多通过此振动觉对乐器物体产生兴趣,并用演奏过程中产生的压觉来满足自我感觉需求。默克盘传送并解析由指尖勾压弦而产生的皮肤变形信息。路非尼小体传送并解析拨弦动作所带动的指、腕、臂、肘、肩的关节运动和皮肤牵拉感信息。总之,皮肤内的触觉神经接受器把古筝弹奏中的触觉刺激信息传给中枢神经系统,大脑皮质解释信息,指示身体对刺激产生反应。指尖根据触觉区辨的回馈信息调整弹奏动作输出。指尖和手掌的末梢神经较多,触觉反应更敏感。有研究统计,在近节手指有 100 个巴奇尼小体;在中节手指有 20 个巴奇尼小体;在远节指腹的梅斯纳小体每平方毫米多达 50 个。[①]

　　触觉与本体觉有着不可分割的密切关联,几乎所有的本体觉都伴随着触觉,两者常统称为体感觉系统(somatosensory system)。体感觉系统有两条投射路径:背柱—内侧丘系路径(dorsal column medial lemniscal pathway,简称DCML)和前外侧系统(anterolateral system,简称 AL,又称脊髓丘脑路径)。两者提供我们解释触觉世界和做出适当反应的能力,对于我们与外界环境的互动是非常重要的。

　　背柱—内侧丘系路径的接受器对机械性刺激反应,传递触觉、振动觉、压觉和本体觉的信息。此路径与触觉区辨和知觉功能相关,负责侦测物体的大小、形状、轮廓、材质、通过皮肤的动作及与肢体在空间中的位置相关的动作,能够促进肢体稳定、探索活动、计划行动和执行动作。古筝演奏过程中,指尖触摸并施力于琴弦的体感觉刺激信号由接受器转变成动作电位,由轴突传递至背根神经节(此处没有突触),由背根神经节的细胞本体传递至树突直至脊髓,再由脊髓背柱传递到脑。古筝演奏坐姿要求两腿保持并拢姿势,并配合腰部及上身保持演奏运动时的身体稳定与平衡,这样的下肢信息传送至脑干的薄束核(这里是第一个突触),而上肢信息传送至脑干的楔束核。神经纤维从延脑开始交叉至对侧,形成内侧蹄纤维。神经纤维进入间脑的丘脑,传送信息到皮质(如图 2-5-6)。

　　背柱—内侧丘系路径对应的大脑皮质接受区域包括:初级体感觉皮质区(primary somatic cortex)和次级体感觉皮质区(secondary somatic cortex)。初级体感觉皮质区(S-Ⅰ)位于后顶叶的第五区(如图 2-5-7),负责触觉和本体觉。在初级体感觉皮质区里,体感觉接受器的密度和分布位置可以用"感觉矮人"(sensory homunculus,又称侏儒"倒立的小人",如图 2-5-8)表现出来。包括会

---

　　① 高士濂. 实用解剖图谱·上肢分册(第三版)[M].上海:上海科学技术出版社,2012:261.

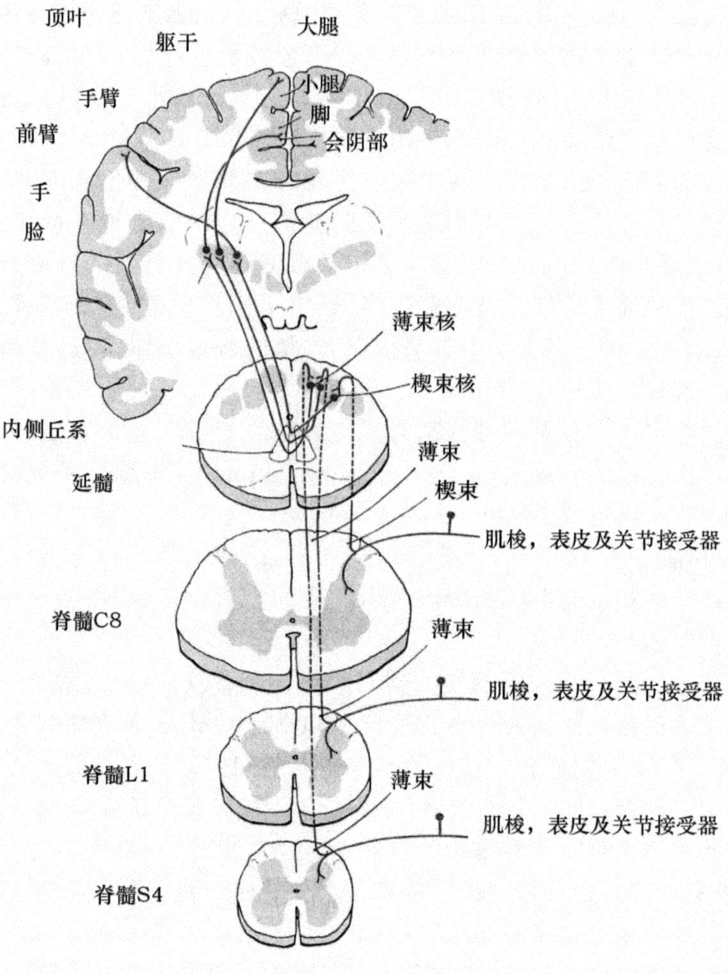

顶叶　躯干　大腿
手臂　小腿
前臂　脚
手　会阴部
脸

薄束核

楔束核

内侧丘系

延髓

薄束

楔束

肌梭，表皮及关节接受器

脊髓C8

薄束

肌梭，表皮及关节接受器

脊髓L1

薄束

肌梭，表皮及关节接受器

脊髓S4

图 2-5-6　背柱—内侧丘系系统

阴部、脚、小腿、大腿、躯干、臂、前臂、手、面、唇、颌等区域。由于脑可塑性特点，使这个身体图像是可变的。根据"用进颓废"的原则，身体部位的使用频率增加，相对应的皮质区域也会随之增加。持续不断的古筝演奏练习会使初级运动皮层中指、手、前臂、肘、臂和肩的表征区面积保持稳定增加。次级体感觉皮质区（S-Ⅱ）位于后顶叶的第七区，负责体感觉和视觉，是感觉区辨发生的区域。

　　总结来说，背柱—内侧丘系路径的纤维交叉于延脑的薄束核（nucleus gracile）和楔束核（nucleus cuneate）。第一次突触位于薄束核和楔束核；第二次

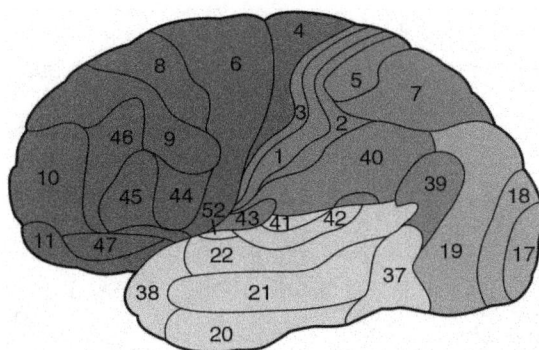

图 2-5-7　脑侧面的布洛曼氏分区

突触位于丘脑外侧膝状核网状构造；第三次突触位于初级体感觉皮质区和次级体感觉皮质区。

　　前外侧系统执行保护和反射动作的功能。主要传递疼痛、温度、轻触觉和痒觉等粗略的触觉。因此，古筝弹奏中的弱奏与此系统有关。其路径包括：脊髓丘脑（大部分经由此路径）、脊髓网状、脊髓延髓、脊髓中脑和脊髓下丘脑（如图 2-5-9）。神经元分布在背根神经节中，由此而来的投射进入脊髓，在连结到突触前会向上或向下传递到一至两个脊椎。连结到突触后，主要的次级神经元会跨越到对侧的脊神经，并向上传递至脑干的网状结构、中脑的丘脑、导水管周围的脑回、中脑四叠体和下丘脑等区域。

　　三叉丘系（trigeminothalamic pathway）传导来自脸部的体感觉输入（如图 2-5-10）。因此，唱诵儿歌与此系统有关。其细胞本体位于三叉神经节。信息从此传出，经由纤维投射至桥脑和脊髓，在形成突触前向上或向下传导信息。这些纤维在桥脑和三叉神经的脊髓束中形成突触。三叉神经的脊髓束将来自脸部和嘴巴的痛觉和温度觉等非区辨性触觉信息传入中枢神经系统，而主要感觉神经核则将来自脸部和嘴巴的区辨性触觉信息传至丘脑的 VPL。此后，纤维会投射至初级感觉皮质区。总之，三叉丘系的第一次突触位于三叉神经的主要感觉神经核和三叉神经的脊束核；第二次突触位于丘脑的腹后内侧核；第三次突触位于初级体感觉皮质区。

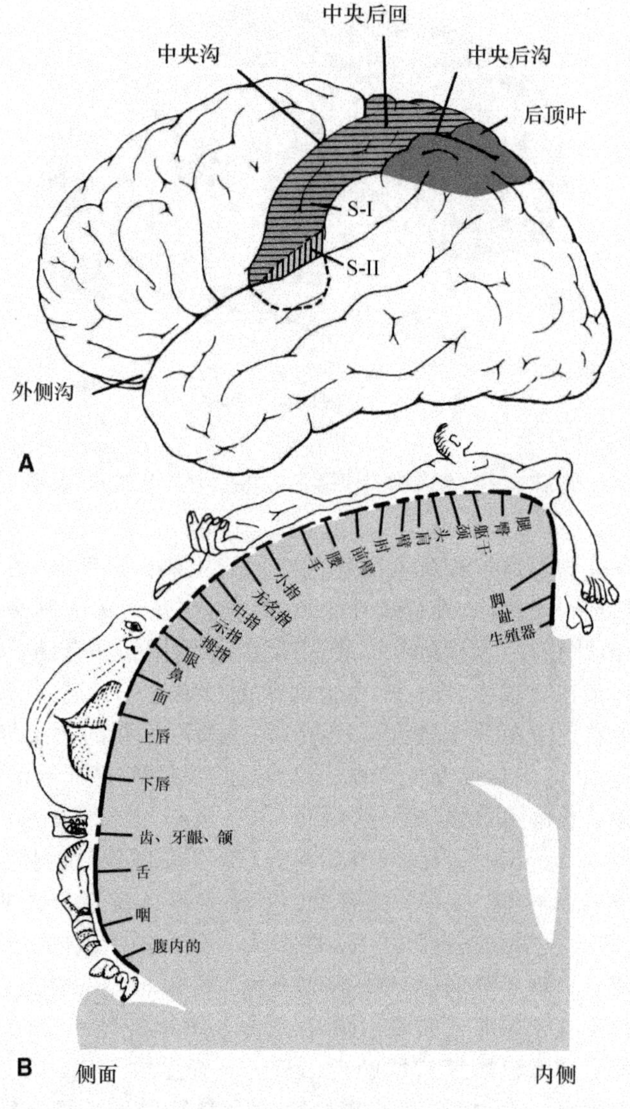

A图显示S-I区和S-II区　　B图表示"感觉矮人"

Form Kandel，ER，and，Jessell，TM：Touch．In Kandel，ER，Schwartz，JH and Jessel TM：Principlesof Neural Science，ed 3．Appleton and Lange，Norwalk，C，1991 with permission，pp 368A and 372［B］．

图 2-5-8　背柱—内侧丘系路径对应的大脑皮质接受区

（二）本体觉系统（proprioception system）

本体觉又称动作觉，由 Sherrington 博士于 1890 年提出，是个体了解自己的

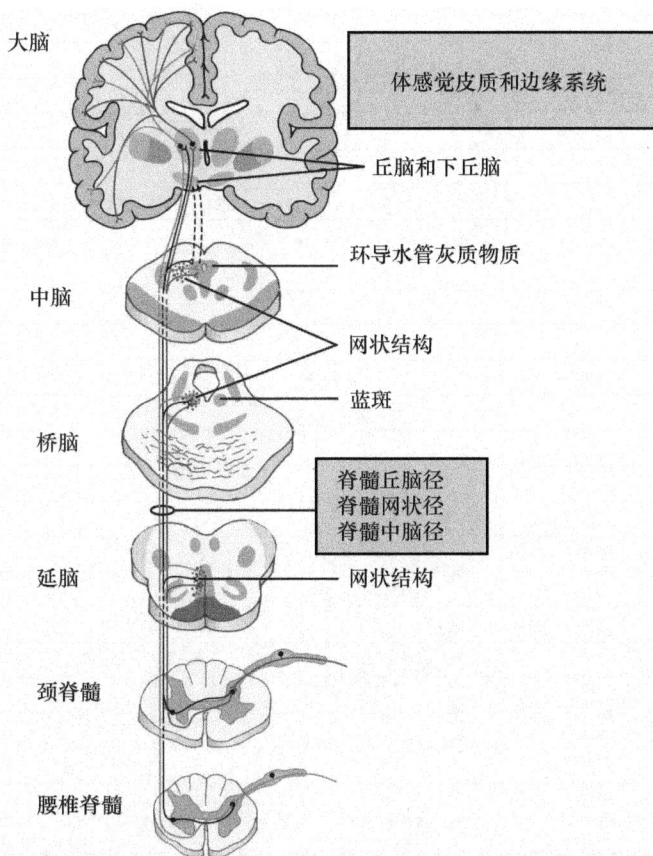

图 2-5-9　前外侧系统

前外侧系统包括几个纤维路径。此图显示的是脊髓网状径、脊髓中脑径和脊髓丘脑径

身体在空间中的位置与变化的感觉。它包括对关节和肢体的动作、动作的方向和速度、决定抓握或举起物体所需力量的感觉[①]及身体位置的知觉等。本体觉系统可以帮助身体察觉肢体的位置、距离、方向、动作的速度和时间点、动作的顺序、肌肉所产生的力量及肌肉被牵拉的速度；帮助维持肌张力和喉咙发音；帮助个体明白身边物品的位置、重量和阻力。本体觉发展顺利才能知道肢体的精确位置，才能有效控制肢体，使动作协调、流畅及优美。古筝弹奏时，即使眼睛没有注视手的动作，没有注视琴弦的位置，也同样能将动作精确地做出（这种能力被

①　Sally H. Zigmond. A method for movement[J]. Nature Cell Biology，1999，1(1)：E12.

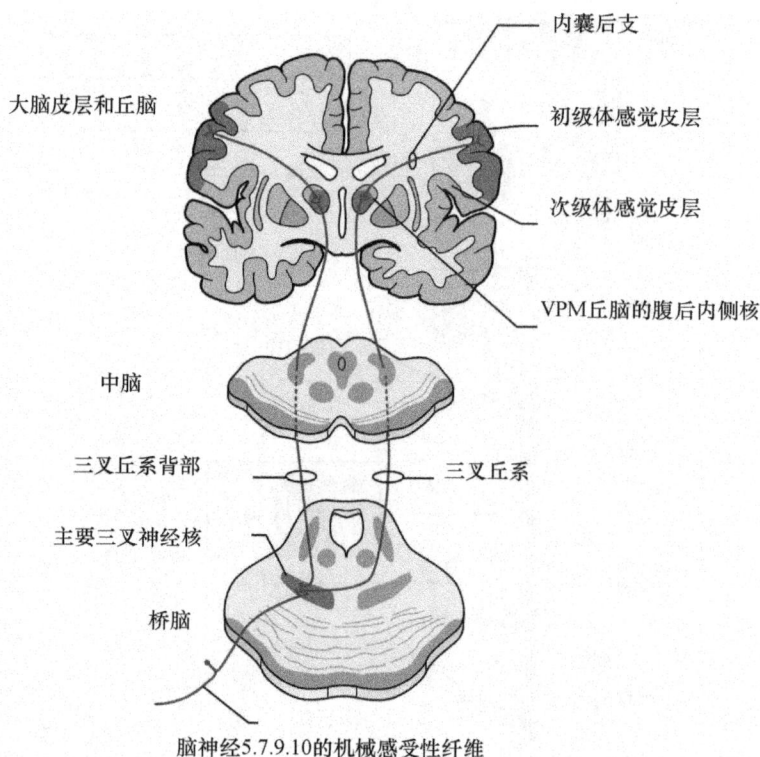

图 2-5-10　三叉丘系
这个路径传递面部的轻触觉、痛觉、温度觉、深触觉和本体觉至丘脑。

称为"盲弹"），便是依赖本体觉系统和听觉记忆。此类活动还有闭眼爬楼梯和球类活动等。

　　本体觉神经接受器位于肌肉束、肌腱和关节内。高基氏体和肌梭接收器是肌肉本体觉的主要接受器。高基氏体对古筝演奏所需肌肉在力量及张力的改变非常敏感。肌梭的主要及次要末端在肌肉伸展及抗重力收缩时会产生位移，这些长短位移引发本体觉回馈。古筝演奏时，这些接受器分别接收肌肉收缩时肌肉和肌腱的改变、关节的屈曲及伸展角度和位移的变化信息，可计算出指尖相对于琴弦的位置和手指及手臂动作的速度和方向。接受器向中枢神经系统提供在演奏动作进行中有关肌肉改变的信息，以便中枢神经系统依据外在环境中的琴弦弹性反馈，产生演奏动作所需正确力量的指令。身体感觉皮质对感觉输入的变化快速产生适应，调整身体状态以增进技巧性弹奏动作的改变。皮肤上也有对伸展度敏感的接受器（即路非尼小体），对于控制语言的口唇动作非常重要。

唱诵儿歌时，口腔动作的本体觉发展促进个体口齿清晰。手指皮肤有非常高密度的机械性刺激接受器，提供了演奏动作及触觉探索的回馈信息。古筝演奏涉及桡腕关节、腕骨间关节、腕掌关节、掌骨间关节、掌指关节和指间关节的运动。在这些关节的主动动作中，皮肤的机械性刺激接受器和关节接受器接收来的刺激信息对手指动作而言非常重要。虽然机械性刺激接受器在掌心表面对屈曲及伸展有反应，但无法提供动作方向的信息。手背的接收器此时负责相邻关节的动作信息和动作方向。并且，由于近端关节的动作更慢且产生更大的位移，所以近端关节比远端关节对动作更敏感。因此，从关节和皮肤接受器来的信息比从近端关节而来的信息对手部本体感更重要[①]。另外，由主动动作而来的本体觉会帮助建立身体基模及计划复杂动作[②③]，而被动动作并不会产生同等的本体觉输入[④]。被动关节的拉扯所产生的本体觉比主动动作的肌肉收缩和对抗阻力没效率。因此古筝演奏产生的主动动作能够帮助本体觉更好的发展，同时也需要有优良功能的本体觉支持。

古筝演奏时，本体觉的具体功能如下：第一，本体觉奠定身体知觉度和身体概念。第二，维持演奏姿势和肌张力。第三，提供演奏动作计划能力。做一个多步骤的技巧动作时，首先要计划这一系列动作的顺序才能省时省力地顺利完成，这个过程叫动作计划能力。第四，维持大、小肌肉动作协调，使动作精准而优美。第五，提升演奏时的注意力和记忆力。第六，促进弹性行为和抗压性行为。本体觉提升副交感神经活性，借此对抗交感神经的压力状态。能够改善孤独症儿童刻板想法和行为，以促进弹性有变通的行为方式。能够提升孤独症儿童挫折忍受度，减少忧虑、紧张和畏难的情绪，促进儿童自我调节的功能。第七，促进合作。对于教师的指令能专注地完成，并使演奏动作流畅地做出来，以便在古筝课堂、家庭教育及融合教学中能与教师、家长及同伴彼此间互相合作。第八，改善冲动，促进自我管理。肌肉与发力运动协调能让身体放松，让大脑冷静的同时情绪能够稳定，儿童演奏时便不会冲动行事。第九，改善睡眠品质，固化演奏记忆。充足的睡眠会影响演奏记忆的效率。大脑在白天也进行记忆的整合工作，但记

①　Jones L. A. Somatic senses 3: Proprioception. In H. Cohen (Ed.), Neuroscience for rehabilitation(2nd ed.)[M]. Philadelphia: Lippincott, Williams & Wilkins. 1999.

②　Kiernan J. A. Barr's the human nervous system: An anatomical viewpoint[M]. Philadelphia: Lippincott-Raver. 1998.

③　Kingsley R. E. Concise text of neuroscience[M]. Philadelphia: Lippincott, Williams & Wilkins. 2000.

④　Evarts E. V. Sherrington's concept of proprioception. In E. V Evarts, S. P. Wise, & B. Blousfield (Eds.), The motor system in neurobiology[M]. New York: Elsevier. 1985.

忆的固化必须在睡眠时进行。睡眠时存储某项运动技能可使脑表征产生重组，从而提高效能。练习过的技能的不同特征的一些双重分离，在特定的睡眠与清醒时间窗内可得到最好的固化①。第十，调节前庭觉和触觉的过度反应。本体觉是最重要的神经调节器。任何发力的活动和动作（包括关节的挤压和拉伸展）都可促使过度反应的神经系统正常化。

　　注意力是古筝演奏时的必备条件，直接影响演奏品质和演奏活动的进行。注意力系统主要由蓝斑核（nucleus ceruleus）、边缘系统、前额叶皮质区、部分脑干和小脑联结而成。蓝斑核具有开启与关闭睡眠的生理时钟调节功能。边缘系统中，杏仁核（amygdaloid nucleus）负责情绪调节；伏隔核（nucleus accumbens）负责执行动机的启动；海马回（hippocampus）掌管记忆；基底核（basal nuclei）受多巴胺（dopamine）浓度影响，是注意力系统转换是否流畅的关键。前额叶皮质区负责保持专注，是记忆的大本营，负责处理、思索、排序、计划演练和回馈评估，异常时容易没有时间管理概念。部分脑干是警醒中心。小脑负责肢体协调，此处的注意力、认知和动作彼此间存在许多互动与交集。注意力系统的主要功能是唤醒大脑将注意力集中于主要刺激上，排除干扰刺激。注意力也受多巴胺、血清素（serotonin）和正肾上腺素（norepinephrine）分泌的影响。多巴胺由黑质（substantia nigra）分泌，帮助细胞传送脉冲，使个体心情愉悦。血清素含量的提高能改善睡眠，帮助镇静，减少急躁。正肾上腺素能够帮助放松。这三种重要的荷尔蒙能帮助个体将注意力转换成执行指令。每次古筝学习和演奏训练前进行适度的本体觉训练，能增进孤独症儿童学习专注力，因为运动的发力动作会使脑中血清素增加，加强儿童自我控制能力，减少分心状况，使儿童专心有效率地学习。

　　（三）前庭觉系统（vestibular system）

　　前庭觉指身体移动时，内耳的三个半规管和耳石器官会侦测身体位置是否保持平衡的感觉，负责保持身体的平衡感和方向感。古筝演奏时，需要保持躯体、肢体和头部之间一定程度的平衡和稳定，以及感知判断肢体的相对空间位置。在各部位相互协调的基础上，才能顺利完成更精细的演奏动作。因此，前庭觉系统对古筝演奏活动至关重要。前庭器包括半规管（semicircular canals）、耳石器（otolith organs）、椭圆囊（utricle）和球囊（saccule）。其接受器为毛细胞（hair cells），位于耳石器和三条半规管基部的突起处。每个毛细胞有单根动纤

　　① Fischer Stefan, Nitschke Matthias F, Melchert Uwe H, Erdmann Christian & Born Jan. Motor memory consolidation in sleep shapes more effctive neuronal represntations[J]. Journal of Neuroscience, 2005, 25(49):11248-11255.

毛和多根立体纤毛。当动纤毛向一侧移动时,会引起毛细胞的去极化;而向另一侧移动时,则会引起毛细胞的过极化。当毛细胞去极化时,神经传递物质会被释放到突触裂隙(synaptic cleft)中,作用于前庭神经的传入纤维,使与运动相关的信息传入中枢神经系统。前庭神经核的传出纤维负责提供来自毛细胞信息传导的抑制性控制,在接受器位置负责预防信息的传导(如图 2-5-11)。

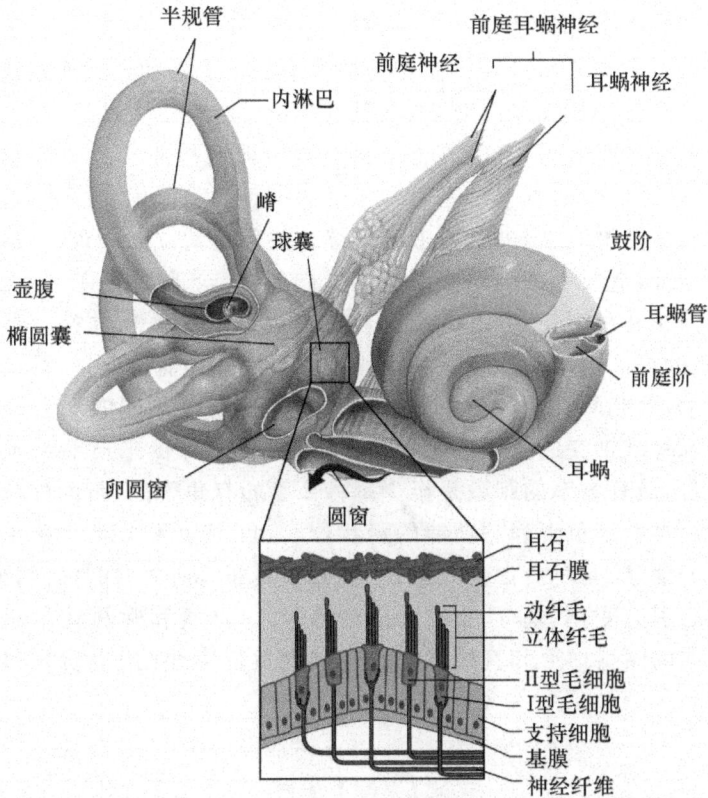

图 2-5-11 内耳结构

图像左侧的前庭器官显示了三条半规管和其中一条管膨大处壶腹部的接受区。壶腹内部是嵴,由毛细胞和上覆的被称为"顶"的胶状团块构成。耳石器官、椭圆囊和球囊也在图中被识别出来。在球囊中,可见斑或接受区。

前庭觉系统中的三个半规管分别为外半规管(lateral semicircular canal)、前半规管(anterior semicircular canal)和后半规管(posterior semicircular canal),它们两两垂直排列,因此可表现出空间中的三个平面。半规管负责侦测头部在空间中的转动幅度、强度及角速度动作（尤其是瞬间、快速的动作）等信息。半规管末端扩大之处的壶腹（ampulla）内有半规管的接受器壶腹嵴（crista ampullaris），其内有毛细胞接受器。半规管内充满内淋巴液，在听觉和前庭系统间自由流动。当头部有些许晃动时，三个半规管会以三个面向（原地转动、向前向后转动和向侧面转动）精准计算出转动的变化，并通知大脑借由平衡反应或翻正反射将身体拉回平衡姿势，不让头部受伤。当头部运动或加速时，惯性会使内淋巴液的流动比头部运动延迟，这会使压力作用于顶（cupula，毛细胞接受器所在处），产生一个与头部运动方向相反的移动。顶的移动导致毛细胞弯曲并启动传导过程。当头部运动持续时，内淋巴液的速度会赶上头部运动的速度，顶会恢复到它原本的休息位置，毛细胞也不再出现机械性扭曲。当头部匀速持续运动时，半规管接受器会回到一个基本的激发速率。当头部运动停止或减速时，惯性又再次作用于内淋巴液，内淋巴液会继续与头部运动方向一致的流动，压力会再次作用于顶部，造成毛细胞向头部运动方向弯曲，会改变前庭神经的传导活动。头部运动停止几秒后，顶和毛细胞会再次回到原本的休息位置。半规管是成对的，单方向的头部运动会导致一耳内的内淋巴液同向流动，另一耳内的内淋巴液则反向流动，因此两耳传送至中枢神经系统的信息是不同的。去极化会兴奋毛细胞与传入纤维轴突的突触以增加活性，过极化会降低来自毛细胞的兴奋。对半规管而言，最有效率的刺激是至少每秒 2 度的有角度的、瞬间的和快速的头部运动[1][2][3]。耳石是负责静态功能的囊状器官，负责侦测头部和身体在空间及姿势控制时的信息，同时负责直线运动、重力和头部任何方向的倾斜，侦测其加速、减速和地心引力变化（垂直、水平和前后方位）。球囊和椭圆囊一起负责侦测头部在各方向的倾斜情形和直线运动。椭圆囊负责直线的、持续的和低频的刺激

① Fisher A. G. & Bundy A. C. Vestibular stimulation in the treatment of postural and related disorders. In O. D. Payton, R. P. DiFabio, S. V. Paris, E. J. Prostas, & A. F. VanSant(Eds.), Manual of physical therapy techniques[M]. New York: Churchill Livingstine. 1989.

② Roberts T. D. M. Neurophysiology of postural mechanisms, (2nd ed.) [M]. Boston: Butterworths. 1978.

③ Wilson V. J. & Melvill Jones G. Mammalian vestibular physiology[M]. New York: Plenum. 1979.

（即静止的头部姿势或每秒低于 2 度的慢速头部动作）。[1][2][3] 在直立姿势下，椭圆囊斑处的毛细胞排列于水平面，耳石堆叠在其顶部。当头部倾斜或直线移动时，造成耳石和被包覆的毛细胞立体纤毛产生位移，启动刺激信息的侦测和传导过程。立体纤毛的运动引起毛细胞内的电子释出，在斑的毛细胞与前庭神经节传入纤维间的突触处，此电能被转化成化学能。椭圆囊中的毛细胞系统地排列在不同方向，因此可侦测头部在三维空间中的运动和姿势。Kandell 等人（2000）认为球囊负责垂直加速的侦测[4]。但对其精确功能的研究依旧不明。

前庭觉系统的中枢投射大致过程如下（如图 2-5-12）：前庭神经的细胞本体位于史卡巴氏神经节（Scarpa's ganglion），经由这些神经本体，前庭神经将接收到的信息借由第 8 对脑神经（即前庭耳蜗神经）传导到脑干的前庭神经核（vestibular nuclei）、小脑、网状神经系统和脊椎，神经信息上传到大脑皮质，以报告身体目前处于三维空间中的位置及速度，下传的神经路线借由脊椎神经影响身体姿势及眼球的控制。每一侧的前庭神经核各有四个神经核：前庭外核、前庭内核、前庭上核和前庭下核。每个神经核直接接受来自同侧的传入纤维和来自对侧神经核传出纤维的输入。这些神经核接受来自脊髓、小脑和视觉系统的输入信息。前庭神经核经由内侧纵束与动眼神经核（oculomotor nuclei）相连结。古筝演奏虽为坐姿，但头部和上身会随着音乐而产生运动，当头部和身体移动时，前庭—动眼反射（vestibular-oculomotor reflex）被启动，这些连结可固定眼球使视野仍可以看清物体，以获得一个稳定的视觉影像。

前庭神经有外侧前庭脊髓径（lateral vestibulospinal tract，简称 LVST）和内侧前庭脊髓径（medial vestibulospinal tract，简称 MVST）两种投射路径将信息投射至脊髓。这些路径负责肌张力和连续性的姿势调整。外侧前庭脊髓径接收来自半规管、耳石器、前庭小脑和脊髓的输入信息，其纤维终止于颈、腰部脊髓中的 α 和 γ 运动神经元。α 运动神经元支配肌纤维，γ 运动神经元投射到肌梭。因此，前庭系统对于维持演奏中姿势的肌肉、姿势控制和稳定度有着关键性的影响。内侧前庭脊髓径接受来自小脑、皮肤和关节接收器的输入信息。其纤维投

① Fisher A. G. & Bundy A. C. Vestibular stimulation in the treatment of postural and related disorders. In O. D. Payton, R. P. DiFabio, S. V. Paris, E. J. Prostas, & A. F. VanSant(Eds.), Manual of physical therapy techniques[M]. New York: Churchill Livingstine. 1989.

② Roberts T. D. M. Neurophysiology of postural mechanisms, (2nd ed.) [M]. Boston: Butterworths. 1978.

③ Wilson V. J. & Melvill Jones G. Mammalian vestibular physiology[M]. New York: Plenum. 1979.

④ Kandell E. R., Schwartz J. H. & Jessell T. M. Principles of neural science, (4th ed.)[M]. New York: McGraw-Hill. 2000.

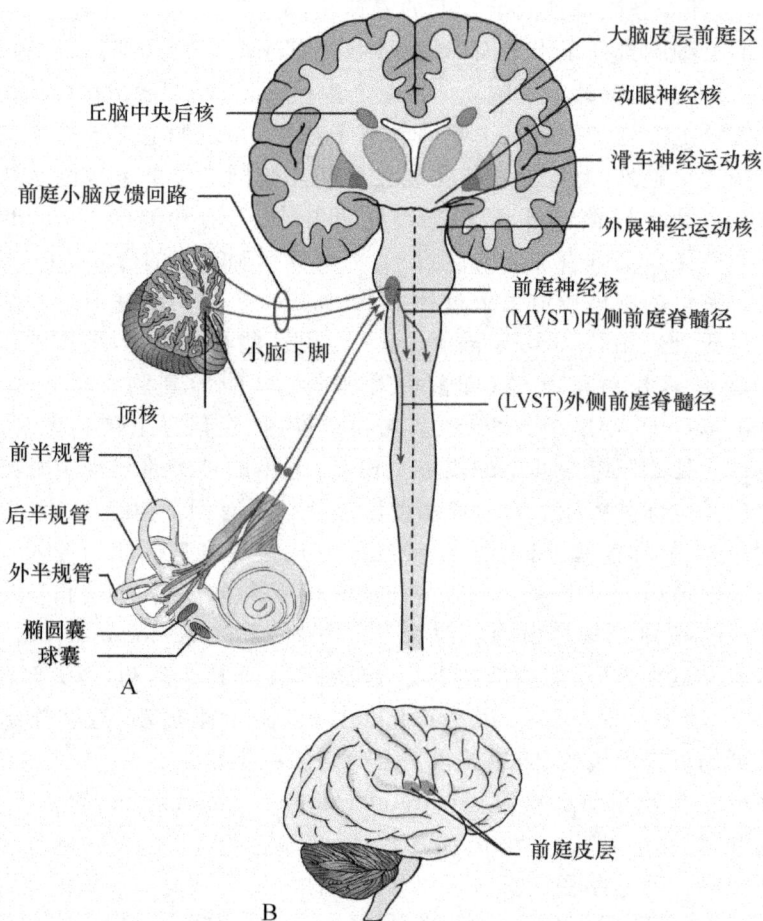

A 图"中央前庭连接",B 图"中央前庭连接与前庭皮质投射区"。上行纤维与动眼核相连,以协调眼球相对于头部的运动。前庭投射也存在于视丘和皮质区域。前庭系统与小脑相互连接,纤维作为内侧、外侧前庭脊髓通路下行至脊髓。B 图前庭系统的皮质投射区之一,位于中央前回和顶内沟的底部。

图 2-5-12　前庭觉系统的中枢投射

射到脊髓颈部区域的屈肌和伸肌运动神经元,这些输入有助于维持演奏时头部在空间中的姿势恒定。椭圆囊的输入传导主要经由外侧前庭脊髓径至肢体和上躯干的 α 和 γ 运动神经元,导致同侧伸肌群的促进和屈肌群的抑制。半规管的输入传导主要经由内侧前庭脊髓径至中轴的 α 和 γ 运动神经元,导致两侧的颈部和上躯干肌肉的促进。椭圆囊的输入会引起较多的张力性的姿势伸直和支持性姿势反应,包括演奏低音区时,由于身体重心向前移位而产生的下方承重肢体的伸直;演奏高音区时,由于身体重心向后移位而产生的上方承重肢体的屈曲;作为非承重肢体的手臂在身体左右倾斜时代偿性外展和伸直;直立坐姿下头部和上躯干的稳定。半规管的输入会引起较多位相性的平衡反应(即快速和瞬间的运动),包括直立坐姿势下头部和上躯干的稳定;演奏的身体倾斜时该边承重的手臂伸直,而对侧边的承重手臂屈曲。因此,如果演奏训练目标是诱发张力性或支持性的动作反应,可提供刺激椭圆囊的训练活动;如果演奏训练目标是诱发较多位相或瞬间的姿势反应,可提供刺激半规管的训练活动。两侧的前庭联系投射至丘脑的 VPL 神经核和外侧神经核群,VPL 接受来自体感觉的输入,是体感觉和前庭输入交互作用的一个区域。VPL 和外侧核的纤维投射至大脑皮质的前中央回底部和下顶回底部。下顶回底部的神经元负责反应头部运动,该区的活化会导致头晕或运动的感觉,接受来自前庭、视觉和本体觉的输入,与动作的知觉和空间方向感有关。前中央回底部接受来自前庭和体感觉的输入,并投射至运动皮质的第 4 区,与整合头部及身体的运动控制有关。

　　总之,前庭觉系统的纤维交叉于延脑和桥脑处的前庭神经核中的突触之后。第一次突触位于前庭神经核;第二次突触位于小脑、动眼神经核、α 和 γ 运动神经元及丘脑的 VPL 神经核;第三次突触位于前中央回底部和下顶回底部。

　　前庭觉与本体觉共同参与演奏时主动动作的知觉和身体姿势反应的发展和运用,再结合视觉的介入,以维持平衡和姿势张力。前庭觉能够帮助发展正常的肌张力,使背腰肌的肌张力能够将脊椎挺直,以形成良好的古筝演奏坐姿;能够帮助发展出两手两侧协调的动作能力,使双手在时间顺序上能够相辅相成、分工协调,且能够做跨中线的活动;能够帮助维持身体在空间移动时的眼睛的协调性和稳定度,让眼球能清楚对焦。前庭觉能预先判断琴弦的高度和琴体的位置,避免演奏时运动碰撞到琴体,并帮助手指在准确位置触弦。同时,前庭觉还影响大脑的警醒程度。快速或突然的前庭觉刺激可活化大脑网状神经系统,使人精神亢奋,并提升其警醒度。而轻缓且有规律的前庭觉刺激可降低神经警醒度,使人感到安定和放松。前庭觉的这一神经特性功能,为古筝演奏中调整孤独症儿童大脑警醒度的活动提供了有力的科学依据。上午 10 点至下午 3 点是警醒度普遍下降的时间,此时间段通过演奏的肢体运动可调整大脑处于理想的警醒范围。前庭觉还能侦测动作的速度和方向。前庭神经核可借由比较左右半规管和耳石器之间的神经电流冲动频率来侦测动作方向,这为古筝演奏中的快速技巧训练提供了神经学依据。

　　另外,前庭觉系统还影响其他感觉神经的功效。第一,前庭觉系统影响视觉、空间知觉和方向感。90％视觉神经系统的神经细胞都与前庭神经有关[1]，让我们能够辨认上下、左右、前后、东西南北等定位感和方向感。对古筝演奏及学习中，辨识远端与近端、桡侧与尺侧、左与右等方位有重要意义。第二，前庭觉系统影响听觉和语言发展。前庭神经和听觉神经共用内耳当作感觉接受器，又共同借由第8对脑神经传导。在儿歌弹唱活动中起重要作用。第三，前庭觉系统影响动作发展。古筝演奏高难技巧动作所需的精准时间、顺序、方位、速度感等都要仰赖前庭觉神经达成。第四，前庭觉系统影响孤独症儿童情绪。儿童的自尊心和自信心都和他活动时的成功满意度有关。

（四）听觉系统（auditory system）

听觉系统与前庭觉系统相邻（如图2-5-13）。其接受器是毛细胞（柯蒂氏器的一部分），位于内耳中的耳蜗，其功能类似于前庭系统中的毛细胞。古筝的声波经由外耳廓收集，经过外耳道（external acoustic meatus）的传送到达鼓膜（tympanic membrane）。中耳的听小骨附着于鼓膜上，将来自空气的声音能量有效地转换至充满液体的内耳（inner ear）。将声音转换成一种神经化学的信号与鼓膜的运动一起开始，引发中耳内的听小骨（small bones）动作。听小骨的其中一块连结卵圆窗（oval window. 即内耳的开口），其动作造成内耳里的外淋巴液流动。外淋巴液使基底膜（basilar membrane）产生震动，其上有含有毛细胞的

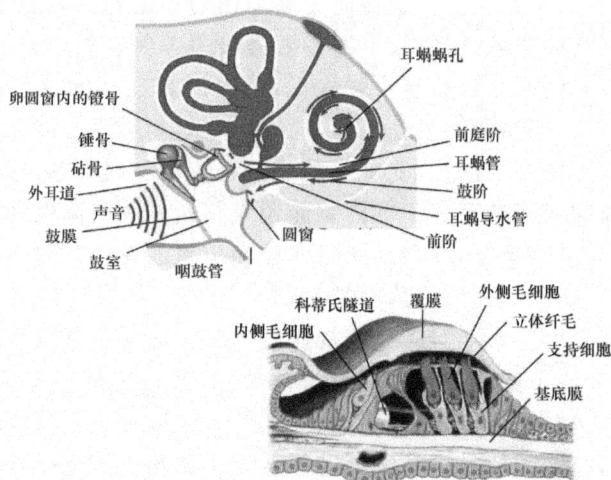

图2-5-13　听觉系统

① Goddard S. The well balanced child, movement and early learning[M]. UK：Hawthorn Press, Stroud, Gloucestershire. 2005.

柯蒂氏器(corti lies)。基底膜的底部比顶部薄,沿着其自身长度可感受不同频率。当基底膜移动时,不同区域的移动负责反应不同的声音强度,毛细胞移动抵向覆膜(tectorial membrane)弯曲启动其传导。毛细胞的去极化释放出一种神经传导物质,作用于听觉神经传入神经元的接受器部位,进而将信息传至中枢神经系统。柯蒂氏器中有两种毛细胞,外侧毛细胞(outer hair cell)负责控制接受器的敏感性,内侧毛细胞(inner hair cell)负责实际上的听觉。柯蒂氏器是有频率组织架构的,古筝高音区的声音会活化位于基底膜较窄端的细胞,而低音区的声音则会活化基底膜较宽处的细胞。听神经的传入要素形成前庭-耳蜗神经(vestibular-cochlear nerve. 即第 8 对脑神经)中的耳蜗部分,传出要素来自上橄榄体(superior olivary complex),直接支配外侧毛细胞,同时间接支配内侧毛细胞。当活化时,传出纤维会抑制信息传导至中枢神经系统,扮演在背景声音嘈杂的环境中区别出古筝声音的角色。

听觉系统通过两条路径与中枢神经系统(如图 2-5-14)连接:中央路径(core pathway)和带状路径(belt pathway)。中央路径最快速且直接,负责维持输入的频率组织构架,传送与速度和准确性有关的声音频率。带状路径围绕在中央路径周围,缺乏较完整的频率组织架构,负责传送与输入时间性和强度相关的信息,与两侧的声音交互作用有关。

中枢神经听觉系统包括几个重要部分:耳蜗神经核(cochlear nuclei)、神经纤维的交叉、上橄榄核、外侧丘系(lateral lemniscus)、下丘、内侧膝状体(MGN)、网状激活系统和听觉皮质。进入耳蜗神经核的听神经纤维是规则排列在三个方向上,以维持耳蜗对声音定向的结构。耳蜗神经核能维持来自同侧耳蜗神经和听神经的听觉信息。损伤此构造可能会降低纯音的阈值(阈值指纯音刺激可被察觉的最低范围)。耳蜗神经核内的各种细胞可能提供中枢听觉处理的初步机制,以及将古筝声音的各种特质予以编码。因此耳蜗神经核在听觉信息的精准处理上相当重要。螺旋神经节的细胞轴突形成耳蜗神经,由内耳上行至脑干,分别与腹侧耳蜗神经核和背侧耳蜗神经核形成突触。此处开始,有三条路径带着听觉信息前行:(1)来自背侧耳蜗神经核的纤维经由斜方体跨至对侧脑干,成为外侧丘系的一部分。(2)一群来自腹侧耳蜗神经核的纤维跟着背侧耳蜗神经核的这些纤维。(3)另一群纤维通过同侧和对侧的菱形体核(trapezoid body nuclei)和上橄榄核,加入外侧丘系。来自上橄榄核的信息,沿着外侧丘系传送,是脑干中上行和下行的主要听觉路径。听觉皮质对来自外侧丘系快速传递路线的刺激维持着警觉。上橄榄核是双耳信息汇集的第一个地方,对于精确地解释来自双耳的听觉信息相当关键。位于外侧丘系的纤维会上行到下丘和内侧膝状核。下丘在中脑中,接收所有重要的听觉输入,包括来自中央路径、带状

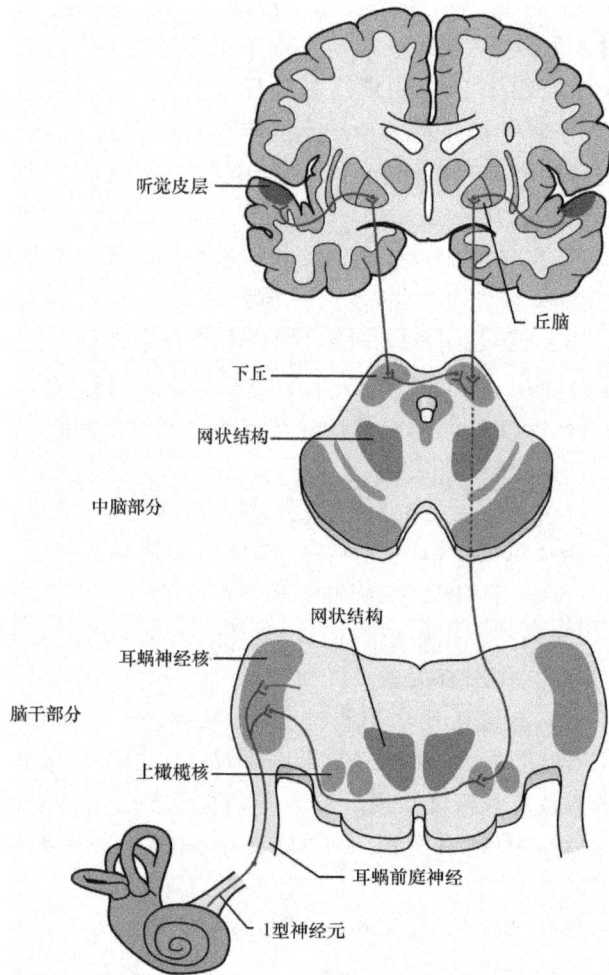

听觉皮层

丘脑

下丘

网状结构

中脑部分

网状结构

耳蜗神经核

脑干部分

上橄榄核

耳蜗前庭神经

I型神经元

一些听觉纤维投射到下丘,而另一些投射到视丘内侧膝状核和听觉皮层。

图 2-5-14　中央听觉路径

路径和对侧听觉皮质的输入,是听觉系统的一个主要整合中枢。其主要神经核为中央核,负责感受在声音传导接收时的时间性和强度差异。另一种下丘的神经核是中央旁核,接收听觉输入和来自脊髓、脊柱及上丘的输入,与多种感觉的整合及听觉注意力有关。大部分神经纤维是由外侧丘系向上传至下丘。下丘是将听觉信息传递至丘脑的一个重要传输中心。下丘将纤维传送至内侧膝状核。此处开始,信息传送至横颞回,此区由初级听觉皮质组成,接收来自中央路径的输入,具有频率组织构架。当信息传至初级听觉皮质时,声音就会被听见,意味着听觉信号的双耳呈现。次级听觉皮质区负责辨识弹奏古筝时声音发生的位置和方向,接收来自听觉、视觉和体感觉路径的输入。听觉联合皮质围绕着角回(angular gyrus)和缘上回(supramarginal gyrus),这些区域有多重感觉的互动。下丘与听觉皮质有传出纤维投射至上丘,在此与弹奏体感觉的输入进行整合,这些路径与头部、眼睛、身体对声音的方向感控制有关。大脑半球的侧化意味着成熟的左半球擅长处理语言的、顺序的和分析性的刺激,而右半球则擅长于非语言的功能。胼胝体是连接两个大脑半球的一大股神经纤维束,它的完全切断会导致在需要双侧大脑半球间传输的听觉任务上表现明显变差。大脑皮质内的连接也必须与双侧大脑半球间的信息传递同步化。网络激活系统在脑干中,是一种提醒机制,与中枢神经系统的活性程度有关。当它被外来的感觉刺激活化后,就会唤醒大脑以准备去解释这个刺激,并且在维持警醒度上扮演重要角色。它可协助大脑皮质决定哪些刺激是重要的要继续传输,而哪些刺激是该被抑制的。

总之,听觉系统的纤维交叉于螺旋神经节(spiral ganglion)。第一次突触位于腹侧耳蜗神经核和背侧耳蜗神经核;第二次突触位于上橄榄核和菱形体核;第三次突触位于下丘和丘脑的内侧膝状核;第四次突触位于听觉皮质区和中央前回。

听觉会提供物体与空间上的相互关系。目前还没有听觉与运用能力的研究。但有些研究显示,听觉系统的进步有可能可以改善动作表现。研究发现,大专学生因为听觉训练而有空间进步感。老鼠听过古典音乐后,迷宫识图的表现也进步了[1][2][3]。

(五)视觉系统(visual system)

视觉系统是我们每天最依赖的感觉系统。视觉能力依赖前庭—动眼反射,负责视野的稳定。当视觉影像静止不动时,可以接收地比较好。当视觉与其他感觉输入的信息不一致时,我们会相信视觉系统。

视觉接受器是特化的细胞,位于神经视网膜,分为杆细胞和锥细胞(都为光接受器)。这些接受器细胞将光能转换成电能,并借由神经传导物质传送至中枢神经系统。锥细胞(cones)负责感受鲜明光线(白天)的视觉,杆细胞(robs)负责

---

[1]　Rauscher F. H., Shaw G. L. & Ky K. N. Music and spatial task performance[J]. Nature, 1993, 365(6447):611.

[2]　Rauscher F. H., Shaw G. L. & Ky K. N. Listening to Mozart enhances spatial-temporal task reasoning: Towards a neurophysiological basis[J]. Neuroscience Letters, 1995, 185(1):44-47.

[3]　Rauscher F. H., Robinson K. D. & Jens J. J. Improved maze learning through early music exposure in rats[J]. Neurological Research, 1998, 20(5):427-432.

弱光（晚上）的视觉侦测。锥细胞的彩色视觉和视觉敏锐性较好，杆细胞有较高的光线敏感性，能够放大光线信号以求在暗光中拥有视觉能力。锥细胞路径没有汇聚，但维持高度的空间解析度；杆细胞路径呈现广泛性的汇聚，借由总和光线的输入增加在暗光下的能力，却降低了其解析能力。杆细胞是慢反应接受器，有助于总和暗光的能力；锥细胞是快反应接受器，允许我们看光的快速闪烁。锥细胞有三种类型，每种负责不同色谱：红、绿、蓝（即光学三原色），其他颜色的差异依赖于这三种接受器不同的信息传送。视网膜正中央区域为小凹（central fovea），光线在此处能较快到达接受器细胞，敏锐度会增加。视网膜（retina）共有 10 层（如图 2-5-15），最外层由色素上皮（pigment epithelium）组成，其余由外向内依次为：接受器层（receptor layers）、外限制膜（outer limiting membrane）、外细胞核层（outer nuclear layer）、外网层（outer plexiform layer）、内细胞核层（innernuclear layer）、内网层（inner plexiform layer）、节细胞层（ganglion cell layer）、神经纤维层、内限制膜（inner limiting membrane）。其中，外细胞核层有接受器的细胞本体。外网层有双极神经元、水平神经元和接受器细胞间的突触。内细胞核层有双极神经元、无轴突细胞和水平细胞。内网层有节神经元、双极神经元和无轴突细胞间的突触。

视觉系统中有三条路径至中枢神经系统（如图 2-5-16）：第一条、外侧膝状体路径。节神经元的轴突聚集形成视神经。纤维于视交叉处交叉至对侧，加入同侧眼颞侧视网膜而来的纤维，形成视神经径，投射至丘脑的外侧膝状核（LGN）。投射至此的纤维排列方式允许每一大脑半球接收来自对侧一半视野的视觉信息。节神经元分为两种：大细胞层细胞和小细胞层细胞。大细胞层细胞（magnocellular cells，即巨细胞）有大的接受视野，只短暂地对持续的光线有反应。小细胞层细胞（parvocellular cells）数量多且小，具有小的接受视野，负责传送有关精细视觉的信息，如绿色琴弦和白色琴弦的颜色辨识、演奏动作的和形状及颜色方面的信息。大细胞层路径负责协助我们了解手指、琴弦和乐谱在视觉环境中的位置，小细胞层路径协助我们了解这些物体具体是怎样的。丘脑外侧膝状核将信息投射至同侧初级视觉皮质区，感知这些物体的轮廓。小细胞层路径投射至下颞叶区，在此可察觉关于形状和颜色的辨识信息，可察知觉过程由大细胞层路径投射至顶叶的视觉—动作区，此路径传送关于演奏动作的速度和方向的信息，协助判断手与臂的所在位置。第二条、上丘路径。开始于视神经径的纤维，投射至上丘（superior colliculus，简称 SC）。此处细胞具有大的接受视野，负责反应视野中的水平动作。其他传入上丘的输入来自视觉皮质区和脊髓四叠体径（传送来自脊髓和延脑的体感觉信息）。上丘纤维有的投射至丘脑，有的经由脊髓四叠体（tectospinal）径投射至脊髓，有的投射至动眼神经核。因此，上丘

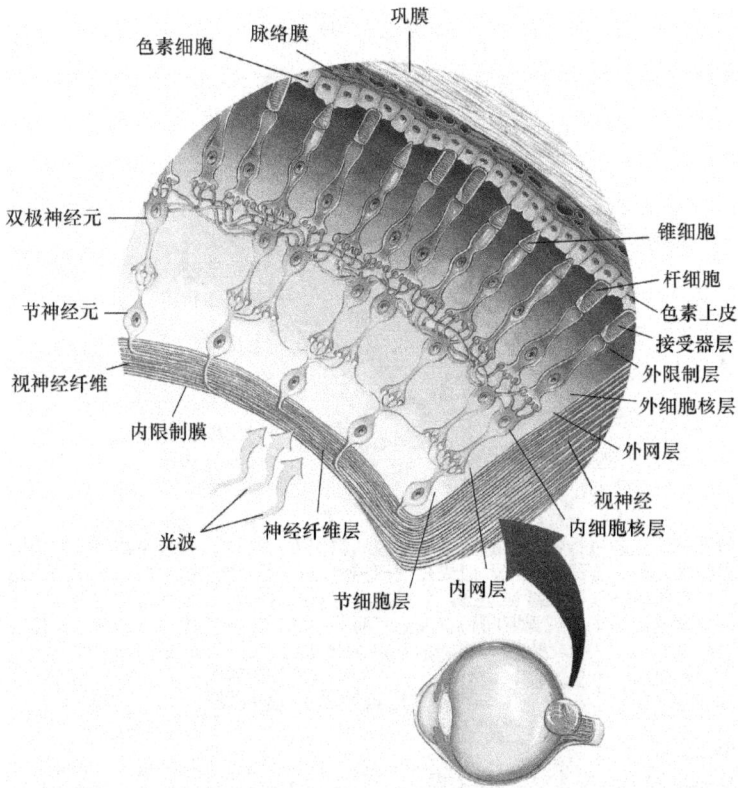

图 2-5-15　视网膜结构

在姿势的视觉系统性和眼睛动作的控制上非常重要。第三条、副视神经径（accessory optic tract）。由视神经径前行至副神经核，其神经核围绕着动眼神经核、内前庭核和丘脑外侧膝状核。传出纤维大部分投射至下橄榄核，再投射至小脑的前庭部分，与眼睛的动作调节有关。

　　视觉传输分为两部分，两者在神经系统内位于不同的位置。第一部分是物体视觉。辨别物体的特征，如形状、色彩、质地和大小。第二部分是空间视觉。处理与活动相关的物体的特征，决定物体的位置和姿势，是相对于我们身体及其他物体的关系，提供我们在环境中移动及与物体互动所需的视觉能力。外侧膝核投射至初级视觉皮质的路径中，脑对于辨认物体和决定空间位置的反应是不同的。视网膜有两种神经节细胞：M 型和 P 型，这些细胞投射至外侧膝核的巨细胞和小细胞层，接着传送到初级视觉皮质。小细胞接收 P 型神经节的信息，传送至外侧膝核的小细胞层和视觉皮质，最后结束在颞叶皮质的下侧。此通道

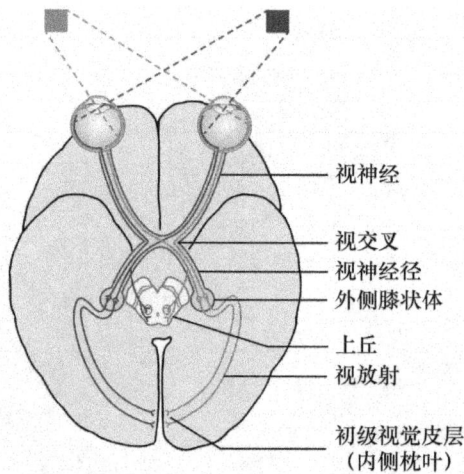

视神经
视交叉
视神经径
外侧膝状体
上丘
视放射
初级视觉皮层
（内侧枕叶）

视网膜的视觉信息通过神经节细胞从基于视野的组织方式传递。来自左侧的视网膜颞部纤维与来自右侧视网膜鼻部纤维组合，形成左侧视神经径，投射到左侧视丘。同样的左侧鼻部视网膜神经与右侧颞部视网膜纤维连接，形成右侧视觉神经径，并投射到右侧视丘。这种排列方式分别为大脑提供了左视觉空间和右视觉空间的信息。在视丘中，外侧膝状核接收视觉信息，并将其投射到初级视觉皮层17区。次级视觉通路包括投射到上丘的视神经径纤维。

图 2-5-16　视觉系统传递路径

对于色彩知觉、分析物体形状和表面材质辨认等功能很重要。巨细胞接收 M 型神经节的信息，传送至外侧膝核的巨细胞层和视觉皮质，最后结束在与感觉动作相关的顶叶下侧。此通道传送快速且短暂，与动作及视深度的侦测、实体觉和空间组织的解释相关。物体视觉的通路为腹侧束，接收由初级视觉皮质传来的信号，并投射至下颞叶皮质。空间视觉的通路为背侧束，接收由初级视觉皮质传来的信号，并投射至顶叶皮质。巨细胞通路主要在背侧束，小细胞通路主要在腹侧束。背侧束视觉提供物体的位置、相对于身体的位置和与其他物体的相对位置，也负责传递动作的视觉引导，并引导动作所需的物体品质信息。例如根据指法要求，调整手要拨动琴弦时的大小和位置，也控制演奏动作朝向琴体方向。不同的任务会分别激化腹侧束和背侧束。当个体执行琴体和乐谱的辨认时，腹侧束的皮质区会被激化；当个体执行追视空间内的弹奏动作时，会激化背侧束的皮质区。物体视觉和空间视觉两者的功能是互相平行的。

总的来说：视觉系统的纤维交叉于视交叉。第一次突触位于双极神经元。第二次突触位于节细胞。第三次突触位于上丘和丘脑的外侧膝状核。第四次突触位于初级视觉皮质。

视觉引导动作,就必须与其他感觉系统互相协调。大脑的顶叶后侧皮质是整合视觉输入的重要区域,此区域的神经细胞接收体感觉、本体觉、前庭觉、听觉和视觉输入,也就是眼、头、肢体和移动时的动作的相关资讯。视觉的身体基模是关于身体及其部位与环境空间中相互关系的资讯。它是一个关于我们身体的本体觉－动作－空间的结构,取决于正在进行和预期会进行的动作模式(来自触觉、本体觉和前庭觉输入)的相关资讯。没有身体其他感觉系统整合而成的身体基模信息,单凭视觉是无法在空间中操控身体的。视知觉的主要基础是前庭觉和本体觉,其他感觉系统也参与其中。顶叶后侧和额叶动作前区之间的连结是整合视知觉最主要的区域。

古筝演奏时,视觉列阵也在持续地改变。视觉列阵包括的主要机制有:第一,视觉流。视觉流指通过视网膜的视觉光束,可分辨自体动作和物体动作,是深度、距离和动作知觉最主要的信息来源。视觉流驱动的细胞位于顶叶后侧,这些细胞在视觉引导及空间中移动的功能上非常重要。第二,空间恒定。与在空间中移动有关的视觉的其他部分便是空间恒定。空间恒定提供稳定的视觉。当我们眼睛在琴弦、手指、乐谱之间转移时,乐谱和琴弦是维持稳定不动的。空间恒定需仰赖眼、头和身体部位的中枢注册信息,与视网膜所接收到因手指弹奏动作和头及上身在坐姿上的移动而改变的视觉模式之间相互协调。第三,视觉扩展。视觉扩展与物体和观察者之间的距离有关。距离近的物体比较远的物体占据更多的视野。如写在手上的指法符号要比写在乐谱上的指法符号看起来更大,这是因为距离眼部更近的手比距离更远的乐谱占据更多的视野。

古筝演奏涉及伸取手指到勾弹琴弦的视觉引导。其预备动作依赖背侧束的视觉输入,再转换视觉信息成为动作指令。伸取手指时需要的信息有关于琴弦的方向和距离。勾弹琴弦时需要的信息有关于琴弦的粗细、形状和方位。当手指碰到琴弦时,触觉输入会调整手指的压力,来判断琴弦的硬度和弹性质地。在移动手臂的阶段中,手臂会朝目标物(琴弦)加速前进,靠近琴弦以做弹奏的提前准备,在快达到琴弦时,又会再减速以便指尖瞄准准确弦位。手臂初期的动作是预先计划好的,动作一旦启动便不受视觉的影像,会受视觉影像的部分是动作即将要结束时的轨道修正,此部分需要视觉回馈来完成动作。勾弹不只需要手臂的动作协调,也需要勾弹的提前准备。包含了动作系统和物体的视觉注册之间复杂的相互作用。琴弦是固定的,其性质会引导动作控制的过程,其粗细、形状、方位和材质会影响将被勾弹的方式。这些物体特性使得手臂在移动时,手部会随着琴弦的形状形成预备勾弹的姿势,前臂也会旋转至适当的角度符合琴弦的方位。视觉会下意识地注明琴弦的方位,手会因不同的情况调整位置。例如,勾弹不同音区的琴弦时,由于不同音区有远端和近端方位的区别,需个体自动调整手臂到躯干的开合程度,在接触琴弦前就必须计划好手臂的角度,以便可以得到最稳定和恰当的勾弹。

三、关于感觉统合(简称"感统")理论

感统理论(Sensory Integration,简称 SI)是一门以神经生理学为基础发展而来的理论,该理论的原创研究者 Jean Ayres 女士(1920.7—1988.12,有进阶神经学和教育心理学的研究背景)于 1966 年首次提出。感统理论是组织来自身体与环境中的感觉的过程,使得身体能在环境中被有效率地运用[1]。感觉系统包括视觉、前庭觉、本体觉、触觉、听觉、嗅觉和味觉。其中,触觉、前庭觉和本体觉三者为个体发展最重要的基础感觉。该理论认为感统系统有感觉调节和感觉区辨两个主要功能。感觉调节负责调适神经的整体兴奋和反应程度,使个体能够集中注意在重要的事件上,以确保个体内在的平静稳定状态。而感觉区辨则与空间和时间概念有关,涉及所有的 7 大感觉系统。该理论的四个构成要素为:典型感统功能的描述、定义感统失调状态、实施评估和设计策划介入干预方案。其中的介入干预分为感觉动作和感觉刺激两类。感觉动作强调特定的动作反应,是主动寻求的,而感觉刺激则是被动施加的。

个体的感统过程是一个无限循环的动态体系。从理论形态学上看,是包括 5 个节点(即感觉输入、感觉统合、计划和组织行为、适应性互动与学习、回馈)的 4 步进程(如图 2-5-17)。其详细动态过程如下:第一步,来自外在环境与内在身体的刺激源,作为感觉输入被周围神经系统接收,此阶段有作为上一轮循环总结回馈的行为输入的介入。第二步,感觉信息依特定路径投射至中枢神经系统,在此进行统合处理,并计划和组织行为。第三步,肌肉及关节等运动结构接收到神经系统的指令信息,进行行为输出,以实现匹配外部及内部环境的适应性互动与学习。第四步,个体对行为结果进行效能评估后,产生正性或负性的回馈,得到的回馈结果介入对未来行为的调整,调整后的行为和感觉输入又进入到下一轮的循环。此阶段常伴有情绪的调节影响。从干预训练的视角来看,对中枢神经系统处理的理论分析在第二步中进行;对个体实施的感统能力的评估在第三步中进行;对个体行为的介入训练在第四步中进行。

感统理论基模是对整个理论体系知识的认知引导和分类结构,将各部分内容以层化结构的形态进行有机联合,具有预测和决策控制功能(如图 2-5-18)。此基模包括三个主要部分,第一,中枢神经系统处理视觉、前庭觉、本体觉、触觉

① Ayres A. J. Sensory integration and learning disorders [M]. Los Angeles: Western Psychological Services. 1972.

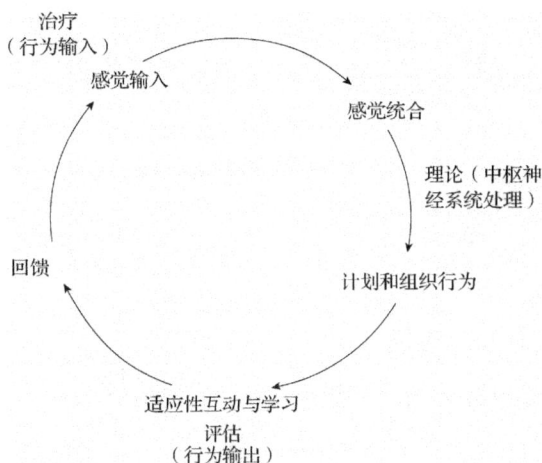

图 2-5-17 个体的感统过程

和听觉，还包括边缘系统和网状系统。第二，感统调节障碍的表现有感觉防御、重力不安全感、厌恶反应、注册不良和过度不敏感反应（感统理论层面），进而导致出现行为逃避、活动量大、易分心、退缩、寻求感觉刺激和缺乏自信心及自尊心等行为问题（职能行为层面）。第三，运用能力障碍（即动作计划能力）的表现有体觉运用能力障碍、双侧整合与顺序性缺陷（简称 VBIS）、身体计划不良、姿势—视觉控制缺陷和感觉区辨力不良（感统理论层面），进而导致出现避免动作行为、夸大或减少的力量、组织不良、感觉寻求、动作笨拙、动作怪异和缺乏自信心及自尊心等行为问题（职能行为层面）。越靠近中枢神经系统处理的中心栏，越有更近且更明确的神经学意义上的关联。例如，中枢神经系统对前庭觉的感觉调节出现障碍，导致出现重力不安全感，进而表现为个体逃避运动的问题现象。虽然我们发现个体的这一问题时，是先观察到个体逃避运动的现象，进而分析出原因是中枢神经系统对前庭觉的感觉调节出现障碍，导致出现重力不安全感。但从神经生理学角度来讲，重力不安全感显然比个体逃避运动的现象更接近问题产生的神经学根源，有更明确的因果关系。因为结构的功能状态会引起职能行为表现，职能行为是结构功能状态的外化表征。

　　感统理论的应用价值是多方面的，可以用来解释个体特定行为的原因，可以用来计划干预方式以改善特定困难，可以用来预测干预后行为会如何改变。其应用价值所对应的适用人群范围包括：没有神经学损伤、器质性病变等明显障碍缺陷，但在解读感觉信息方面有能力缺陷的儿童；存在学习障碍、需提升学业成绩的儿童；孤独症谱系障碍等特殊人群；为优化个体神经结构及功能或解决特定

自主　　边缘　　网状　　丘脑　　小脑　　基底核　　皮质

→

职能参与度挑战（Occupational Engagement Challenges）	行为结果	感觉调节不良的指标		感觉中不适当的中枢神经系统统和与加工		感觉统合和运用能力不良的指标		行为结果	职能参与度挑战（Occupational Engagement Challenges）
	与注意、规则、效果、活动相关的感觉挑战	反应过度、嫌恶和防御反应	感觉反应	视觉	感觉认知能力(Sensory perception)	姿势–视觉控制不良	VBIS	缺乏自信心、自尊心	
				前庭觉				动作怪异	
	感觉经验的退缩和逃避			本体觉		感觉区辨不良触觉、本体觉、前庭觉、视觉、听觉	体觉运用能力降凝	避免动作作业作为	
		反应不足，注册不良		触觉[Interoception]				视觉动作协调	
	感觉寻求			听觉					
				嗅觉				组织不良	
	缺乏自信心、自尊心			味觉		身体计划不良		感觉寻求	

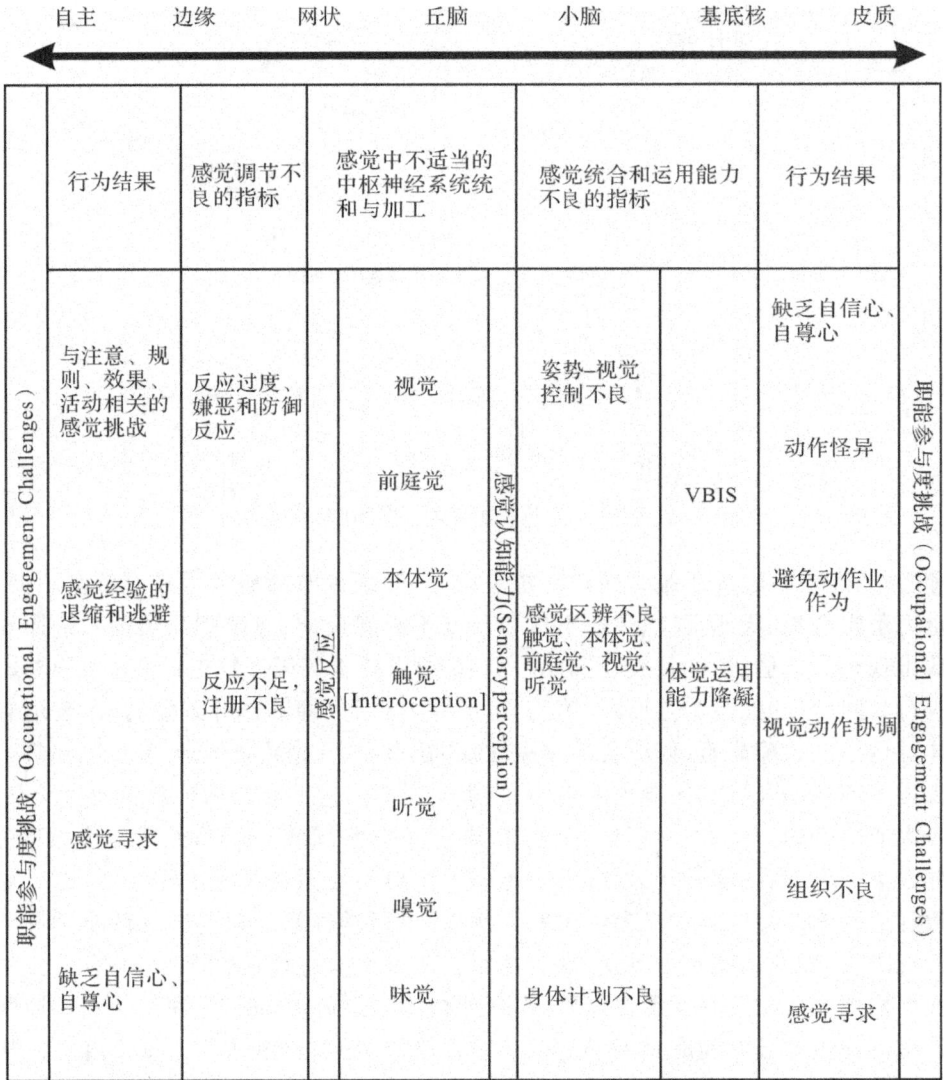

图 2-5-18　感统理论基模

问题的普通人群。对使用范围的界定，同时也意味着其局限性的明确。感统理论倾向于解释和解决学习和行为上轻度到中度的问题，尤其是伴随着动作协调、肢体运用、感觉调节和感觉区辨等方面障碍的问题，不包括由明显的中枢神经系统伤害或异常所造成的障碍。当然，由于受认知的研究手段的局限，任何理论都是暂时性的和相对的，后续新观点的形成将会对先前存在的理论进行重新评估和修正。

四、古筝演奏中的感统障碍

孤独症儿童古筝演奏中体现的感统障碍,分为感觉调节功能障碍、感觉区辨功能障碍和以感觉为基础的肢体运用障碍。其中,感觉调节功能障碍包括在听觉、触觉、视觉、平衡觉和本体觉方面的反应过度、反应不足及感觉寻求。肢体运用障碍包括动作计划障碍、演奏姿势控制障碍和双手配合弹奏障碍(即身体双侧整合动作顺序障碍)。69％～100％孤独症儿童伴有感官调适和反应异常等感觉调节障碍[①]。

1. 感觉调节功能障碍

感觉调节功能障碍是个多面向而复杂的问题。"调节"是中枢神经系统调节自我活动性的功能[②]。感觉调节功能是大脑中枢神经对感觉刺激的调整作用,把外界刺激的大小、强弱、难易、新旧和长短等都调适到个体能接受的状态,可过滤多余的刺激而仅注意重要的刺激,能保持神经的稳定,影响神经警觉度。感觉调节障碍是一种感觉统合障碍的类型,指的是对环境或身体而来的感觉刺激产生过多或过少的反应。导致个体无法对外在环境(如文化、环境、活动的要求、人际关系)产生适当的反应。孤独症儿童在进行古筝演奏时表现出的许多障碍和问题行为都是由感觉调节功能障碍引起的。

孤独症儿童在进行古筝弹奏及其相关的音乐活动中,常表现出在不同感觉方面上不同程度的情绪问题,会直接影响其活动质量。情绪调控与感觉调节有直接关系,而感觉调节又与边缘系统和下丘脑有关。边缘系统是所有情绪的中介者[③]。它包括三个皮层、海马回和杏仁核的灰质。三个皮层分别为扣带脑回(cingulate gyrus)、膈板(septal area)和旁海马(parahippocampal gyrus)。边缘系统连接由大脑各皮层而来的信息并投射到不同区域,在古筝演奏学习、古筝乐谱及音乐记忆、攻击行为、情绪及表达等的功能上扮演非常重要的角色。当边缘系统中的透明中隔被激活时,会让人产生满足感。扣带脑回有许多的连结,以接

---

① Susan R. Leekam, Carmen Nieto, Sarah J. Libby, Lorna Wing & Judith Gould. Describing the Sensory Abnormalities of Children and Adults with Autism[J]. Journal of Autism and Developmental Disorders, 2007, 37(5):894-910.

② Ayres A. J. Sensory integration and the child [M]. Los Angeles: Western Psychological Services. 1979.

③ Hanft B. E., Miller L. J. & Lane S. J. Towards a consensus in terminology in sensory integration theory and practice: Part 3: Sensory integration patterns of function and dysfunction: Observable behaviors: Dysfunction in sensory integration[J]. Sensory Integration Special Interest Section Quarterly, 2000, 23(9):1-4.

收从海马回所传来的信息。同时,也有与丘脑前核、额叶、颞叶、前额叶相关区域的交互连结。扣带脑回会传送至丘脑的背侧中间核,而丘脑的背侧中间核会对知觉有极大的影响[①]。当扣带脑回受到刺激时,会抑制杏仁核的作用,也就是会减少侵略性的行为。扣带脑回也有与杏仁核类似的功能,会将感觉输入赋予情绪上的意义。杏仁核的中央核是启动解释感觉刺激所赋予的情绪意义的地方。杏仁核与海马回有许多连结,所以会影响自主神经系统的功能。海马回也被视为感觉调节中的重要角色,与记忆有相当大的关系。海马回从皮质接收了处理好的感觉信息,让我们知道在环境中,我们的身体姿势为何,也提供相对时间点的信息[②]。海马回就好像是感觉与动作之间的守门员。下丘脑统合了从皮质、脊髓和脑干而来的信息。下丘脑是自主神经系统的控制中心[③]。下丘脑与大部分的中枢神经系统都有互动,以维持行为需求下所需的适当心智状态。杏仁核的输出会投射至下丘脑的侧边部位,抑制了愤怒的情绪,下丘脑受损的人会表现出攻击和暴力行为。

　　孤独症儿童在进行古筝弹奏及其相关的音乐活动中,也会表现出极易分心和专注力低下的问题。活动中个体的感觉调节与其神经警醒程度有关。因为意识依赖网状激活系统的运作,而网状激活系统是被感觉和皮质输入所启动的。网状系统是分散在脑干中的组织。这个构造会调节警醒程度和意识。网状系统接收每一个重要传导路径而来的信息,并直接或经由从丘脑核投射到适当的皮质区,以维持最适当的警醒程度。当有新奇或具有挑战性的弹奏任务出现时,胆碱素性神经元负责传导到大脑皮层,增加警醒程度、注意力和动机。组织胺对警醒程度及动机有影响。血清素由氨基酸的前导物色氨酸制成,对降低警醒程度及调节脊髓程度的疼痛、睡眠、记忆、学习、情绪都有影响。同时,血清素对杏仁核的侧边细胞作用,能抑制兴奋。饮食中色氨酸的摄取会影响中央层级的传导物质。在中度的警醒程度下,与弹奏活动环境间的互动会有最佳的适应行为。行为表现与感觉输入的强度有关,感觉刺激的强度也会直接影响警醒程度。每个个体都有不同的调节警醒程度的能力。每个个体依照自己对于警醒程度增加之后所产生的经验为喜欢或厌恶,来决定要寻求更多的警醒程度,或是要躲避警醒状态。

---

① Kingsley Price. How Can a Piece of Music Be Merry? [J]. Philosophy of Music Education Review, 2000, 8(2):59-66.

② Gilman S. & Newman S. W. Essentials of clinical neuroanatomy and neurophysiology (9th ed.) [M]. Philadelphia: F. A. Davis. 1996.

③ Gilman S. & Newman S. W. Essentials of clinical neuroanatomy and neurophysiology (9th ed.) [M]. Philadelphia: F. A. Davis. 1996.

弹奏中,儿童也会表现出面对困难任务指令时躲避等问题行为,其感觉调节和压力有关。在焦虑所导致的压力之下,个体的感觉防御会更严重。压力是面对环境中感觉输入的强度或种类所引起的一种反应。在出现困难弹奏任务的压力时,个体产生反应的目的是要减少或逃避压力。压力系统持续地将现处的弹奏活动环境与以往经验做比较。因此,压力的反应要记忆功能的支援,而记忆由海马回负责。压力反应的开始是由位于下丘脑的下丘脑室旁核开始分泌作用在海马回腹侧的促肾上腺皮质激素释放因子或荷尔蒙,以激发促肾上腺皮质激素的分泌。这个作用会引起脑下垂体分泌皮质醇。压力反应的大小常常可以用皮质醇的分泌量来判别。促肾上腺皮质激素是由边缘系统所控制,也受到脑啡和脑内啡的影响。压力与焦虑的表现与脑啡、脑内啡、血清素等的神经传导物质有关,而这些传导物质又都与边缘系统、网状系统、下丘脑和大脑皮质的构造有关。预期的弹奏声效与实际上所听到的声音现况不符,行为抑制系统会启动并开始控制行为表现,就会产生焦虑和压力,警醒程度和注意力也因而提高,接下来的感觉输入会变得更敏感。

演奏中儿童表现出的感觉防御在感觉调节障碍里是最常见的。高阶中枢神经系统接收到过多的刺激(即抑制不足),因而产生了防御性的行为。常表现出古筝教学及活动中儿童过动、多话、易分心、健忘、混乱、逃走、恐惧和眼神不与人接触。触觉防御的发生是因为背柱—内侧丘系路径的辨识系统无法发挥抑制前外侧系统的功能。因此,哪怕是教师对儿童的轻触觉都会激发儿童保护性、逃离性的行为和强烈的情绪反应。有触觉防御的儿童倾向有不稳定的情绪、情绪波动度较大、对于个人空间有极大的需求和控制并拒绝教师的接近,会干扰建立或维持师生间亲密关系的能力。过度反应指对某种感觉刺激反应过度。这样的儿童神经阈值很低,所以只要一点点刺激就可以引起反应。通常他们表现得对某些感觉十分惧怕或厌恶,而这些感觉对一般人来说并不构成威胁。这些状况常导致教学中儿童拒绝、退缩和激烈反抗的行为,因为某些刺激激发了儿童的交感神经反应。儿童对于一般人认为无害或不具威胁的感觉刺激产生负面的反应(攻击或逃跑),是因为交感神经太活化,而副交感神经不够活跃,与边缘及网状活化系统处理能力较差有关。严重的反应过度表现为:演奏时无法正确解读和调节感觉刺激,容易惊吓、害怕、躲避,需要经常协助,几乎所有发展领域都受影响。中度的反应过度表现为:儿童很难自己调节进入理想中的神经警醒度,也无法维持在理想的专心及清醒度,演奏或学习时情绪不稳定、受挫感强烈、强烈喜怒、易闹脾气、过度攻击性或退缩性、不喜改变环境。轻度的反应过度表现为:50%～75%的时候会主动参与演奏及教学,但仍需协助指导,表现为敏感、挑剔、情绪失控、固执意见和不服从教师指令。感觉防御按类别分为:触觉防御、听觉防御、口腔防御、前庭重力不安全感和视觉防御。触觉防御表现为对触弦及教师的碰触很敏感，发生率最高，最影响孩子情绪。听觉防御表现为对无害的琴声过度害怕和惊恐，害怕演奏及学习环境周围诸如吸尘器、马桶、电钻之类的声音，害怕演奏过程中突然的声响，常捂耳朵并爆发情绪。口腔防御表现为排斥唱诵儿童，害怕开口发声。前庭重力不安全感表现为儿童对于演奏动作中头部位置的改变和重心的改变过度害怕，害怕头向后倾或重心不稳，害怕移动，害怕偏离直立坐姿或双脚离开地面，演奏姿势动作僵硬。前庭重力不安全感是最具威胁和破坏性的一项障碍，好像每个动作都可能会让儿童害怕。

感觉寻求（又称感觉迟钝或感觉休眠）是另一种演奏时常见障碍，指儿童产生了过度抑制和警醒程度不足的反应，常表现出被动和安静，感觉反应过低或远低于预期该有的。反应不足的儿童具有较高的神经阈值，呈现出没有得到足够刺激或没有注意到这些感觉，会寻求大量刺激，这样的反应使他们陷入危险或受伤。感觉寻求表现为演奏时发大力抠弦或抠琴体木头，以寻求多种感觉的自我刺激；过动或不顾安全的冲动；到处摸，喜欢碰触；沉迷在自我中心的世界；攻击性和破坏性行为。有感觉寻求的儿童有时也表现为对感觉延缓反应。儿童借由过度寻求感觉刺激，让大脑获得调节注意力、调节情绪所需的感觉活动。有听觉障碍的儿童善用视觉信息认识演奏环境。有视觉障碍的儿童，其触觉和听觉系统是主要的学习管道。要注意一种情况，如果发现个体出现忽略感觉的状态，通常是为了保护自己远离感觉防御，而不是真正的反应不足。彻底关闭自己，一点都不产生反应，或者控制不住开始发脾气，这两种行为的根源是一样的：感知觉信息超负荷，大脑中有太多的信息无法处理。因此，感觉信息过多可以导致感觉通道完全关闭。在关闭的时间段里没有信息可以进入大脑，也就没有学习。真正反应不足的个体会出现嗜睡懒散或情感淡漠，即使出现强烈感觉刺激，也无法变成警醒的状态。他们通常会花很多时间做一件简单的工作[①]。有时一件原本让个体觉得正面的事物，有可能转瞬间就让个体觉得厌恶，而变成焦虑的来源[②]。这个反转理论可以解释感觉调节障碍的儿童会一会儿反应不足并积极寻求感觉刺激，另一会儿又变成反应过度，拼命地躲避感觉刺激。

2. 感觉区辨功能障碍

感觉区辨功能指个体明确辨别各种感觉的质与量的变化、时间差异和空间

---

① Royeen C. B. & Lane S. J. Tactile processing and sensory defensiveness. In A. G. Fisher E. A. Murray & A. C. Bundy (Eds.) Sensory integration: Throry and practice[M]. Philadelphia: F. A. Davis. 1991.

② Apter M. J. Reversal theory and personality: A review[J]. Journal of Research in Personality, 1984,18(3):265-288.

中的精准程度。感觉区辨功能可形成正确的知觉度,帮助个体辨别身体位置和空间方向,在大小肌肉运动上更协调。此功能包括方向知觉(前庭觉区辨)、动作精准(本体觉区辨)、材质辨别(触觉区辨)、听觉灵敏(听觉区辨)和视觉正确(视觉区辨)。感觉区辨功能障碍的神经学依据为外侧抑制机制,发生在大脑次级感觉皮质区,常伴随运用能力不佳。前庭觉区辨不良表现为:不能辨识头、颈及上半身离开中线的程度和在空间中的位置,因而无法启动平衡动作,使整体姿势僵硬而笨拙。本体觉区辨不良表现为:演奏动作不精准,手指配合不灵活,演奏节奏有时间误差、计算肌肉收缩动作力度不良、计算关节屈曲角度不准确、勾弹琴弦无法使用适度的力量,手臂无法控制使用适度的力量以保持悬浮于空中的状态等。触觉区辨不良表现为:无法准确辨识拨弦时义甲与琴弦间的阻压力;无法辨识不同音区的琴弦因粗细不同而产生的不同弹奏阻力;无法准确辨识左手手指按压琴弦时的压力、痛感及皮肤变形程度,因而无法使用适宜的力度控制演奏动作。听觉区辨不良表现为:对左手按弦音高辨识力差;对余音等微弱声音的辨识力差;对不同音量和音色声音的辨识力差;对不同节拍节奏及速度的辨识力差。视觉区辨不良表现为:在不同距离事物(乐谱、琴弦与左右手)间进行视线转换时的辨识力差、对不同颜色琴弦(绿色和白色)的辨识力差,视线锁定琴弦上的旋律进行轨迹的辨识力差。区辨能力不良表现为两类:过度警醒和低警醒度。警醒程度是神经系统的状态,能影响个体感受外界环境、做出适当反应的速度及效率。正如天宝·格兰丁曾自述说道:"当我面前的成年人说话太快,我努力试图去分辨也听不清之后,我的听觉处理反应是两种:关闭或者都进来。"①

3.肢体运用障碍

肢体运用能力指可以做出自己想要的动作来。要能成功地计划一个动作,需要具备以下信息的处理能力:动作与目标物之间的关系、动机和控制肢体的意志。运用能力障碍是指动作计划能力的缺损,通常是先天的,是由于发展障碍而产生的运用能力障碍的统称。有运用能力障碍的儿童在计划一系列动作的工作及排序上有困难,尤其在学习新演奏动作或不熟练的学习内容时困难明显增加。肢体协调、理解遵守指令、完成动作有顺序障碍都属于肢体运用障碍。肢体运用障碍影响儿童的大肌肉动作和小肌肉动作的发展。感统运用能力障碍是指由于感统障碍而产生的运用能力障碍。表现为对于后回馈依赖型(较简单)动作任务、前回馈(较困难)依赖型动作任务、粗大动作任务和精细动作任务都有困难。个体的动作或目标物的运动越多,任务所需的前回馈性就越大,从易到难分为

---

① (美)天宝·格兰丁,(美)理查德·潘内克.孤独症大脑:对孤独症谱系的思考[M].燕原,译.北京:华夏出版社,2016:81.

"自体不动—物不动"活动、"自体不动—物动"活动、"自体动—物不动"活动、"自体动—物动"活动。古筝演奏属于"自体动—物不动"活动。

用放射学技术检查发现,有 39％动作笨拙儿童出现不正常的 CT 显示。这些异常包括脑室扩大、周边萎缩、特别明显的脑部区域[1]。运用能力是一种包括了皮质及下皮质部位的功能合作的复杂脑部功能。其中包括:(1)动作的观念形成。指将动作概念化,是皮质功能的一种,额叶扮演重要角色,同时也与左脑功能和基底核功能有关。但负责动作的观念形成功能精确的脑部区域尚未明确地定位出来。(2)动作计划。额叶运动前区和额叶补充运动区(位于额叶中间)扮演重要角色。这些区域负责将动作策略"翻译"成具体的行为做法。额叶运动前区在动作与外在环境产生互动时是多模式被活化的。运动前区在准备和预测动作上非常重要。额叶补充运动区依赖本体觉,同时对了解两侧整合与顺序问题有极大帮助。额叶补充运动区与两侧协调顺序上的眼睛及头部的定位有关。额叶补充运动区影响了有感统障碍的儿童计划投射性动作顺序的能力。本体觉输入对动作计划能力也扮演重要角色。皮肤和关节而来的感觉输入帮助脑部建立内在基模来作为动作计划的工具。美国罗彻斯特大学学者 Bennetto 等人使用河内塔(the tower of Hanoi)和其简化版伦敦塔(the tower of London)这两项任务来研究孤独症儿童的计划能力,发现孤独症儿童在这两项任务上的表现都显著地差于正常组儿童和其他发育障碍儿童[2]。(3)动作执行。动作皮质提供自主动作执行的机制。在主要动作皮质里的神经接受和解释正在进行的有关速度、方向和速率的刺激。这些是由肌肉、关节、皮肤再经由丘脑及身体感觉内皮质所投射。从主要动作皮质(第四区)而来的信息被传送皮肤脊髓径和皮肤延髓径。皮肤脊髓径包含主要动作皮质(第三区)、前动作皮质(第一区)和主要感觉皮质(第二区)。在侧边运动神经元(侧皮质脊髓纤维)和中间运动神经元(底部皮质脊髓纤维)的突触中传递信息,会执行动作。从脑部不同区域而来的信息传送到脊髓的 α 神经。小脑在协调性的动作执行上也扮演重要角色。小脑由于和脊髓没有直接的突触相连,所以不直接控制动作,而是主要负责动作的整合和回馈。将运动信息提供给中枢神经,并借由脑干和运动皮质来使动作品质更好,再将统合的信息提供给脊髓。小脑同时负责姿势控制和指引头部、眼睛、上半身和双上肢的动作。小脑在动作学习上扮演重要角色。因为小脑回路是由经验积累

① Kunckey N. & Gubbay S. S. Clumsy children: A prognostic study[J]. Australian Pediatric Journal,1983,19:9-13.

② Sally J. Rogers, Loisa Bennetto, Robin McEvoy & Bruce F. Pennington. Imitation and Pantomime in High-Functioning Adolescents with Autism Spectrum Disorders[J]. Child Development, 1996,67(5):2060-2073.

而成并不断更新,重复练习之后更加熟练,熟练后就不需要像刚学习时付出如此多的注意力。小脑此时会将已经熟练的动作途径由意识层面转移到潜意识层面[1]。基底核接受由额叶补充运动区传来的信息,经由丘脑将信息再传回额叶补充运动区,此区主要参与动作的启动。基底核依据动作当时的复杂程度来确定执行顺序,在动作顺序上扮演极重要角色。基底核内的系统接受由边缘系统传来的信息,这种连结有利于动作计划的动机和情绪。

运用能力失调主要包括四个模式:体感觉运用能力障碍(由前庭和本体处理问题)、两侧协调与顺序问题(是较轻微的动作障碍,由前庭觉和本体觉问题造成)、对口语指令的运用能力障碍和视觉运用能力障碍[2]。儿童在弹奏古筝时具体发展及表现为:演奏动作笨拙;不易掌握演奏进行的前后顺序,常把音符逆序弹奏;空间预测能力差,常弹错音;滑音弹奏时右手弹奏和左手按弦的顺序混淆;双手配合弹奏困难,双声部节奏对位概念理解困难;容易碰撞琴体,而不是把手悬浮于琴体上;要求大人陪;难度动作技巧差;自己定演奏和练习规则,不听从教师的指令规则;演奏和唱诵儿歌时跟不上节拍;模仿动作能力差;左右混淆、看双手配合的大谱表时上下混淆;当需右手在弹奏区左侧弹奏变化音色时不愿意跨越中线;计划在琴弦上的旋律进行轨迹图有困难,只愿意弹挨着的弦位,不愿隔弦弹奏;弹奏用力不当;低肌张力或高肌张力;不佳的姿势控制;关节框架稳定度不佳等。

五、感统能力的评估

评估是收集相关信息的过程,包括量与质的资讯。要综合使用感统与运用测验的结果、演奏现场观察及从儿童及主要照顾者所获得的相关信息,同时参考其他专业人员(如教师)所提供的信息。阐明是使这些信息成为有意义的步骤。当情况适合时,需要以感统理论去解释个体所表现出来的困难。缺乏有意义的评估是一个全世界性的问题。目前使用广泛的有:《神经动作表现的临床观察》(Clinical observations of neuromotor performance)、《感觉处理的评估》(Evaluation of sensory processing, ESP)、《小学生触觉检核表》(Touch inventory for elementary school children)、《布鲁因宁克斯-奥泽利特斯基动作熟练度测验》(简称 BOTMP)、MABE。对孤独症儿童古筝演奏及相关活动感统

---

① Kingsley R. E. Concise text of neuroscience[M]. Philadelphia: Lippincott, Williams & Wilkins. 2000.

② Ayres A. J. Sensory Integration and Praxis Tests[M]. Los Angeles: Western Psychological Services, 1989.

能力的评估需要设计出个性化、系统化的评估工具,以便对儿童的障碍进行准确解释,并为介入训练提供科学合理的实施方案。

感统理论中的"自我实现螺旋性过程模式"同时融合了两个螺旋过程[①]。第一,神经学感统模式。包括内在驱力、感觉输入、感觉统合、组织与计划和适应性互动。内在驱力推动个体投入有意义的活动,是感觉产生的源头。其中的"有意义"指具有重要性、价值或目的。要使一个活动成为有意义的,个体必定要能操控并理解活动过程。感觉输入包括物理环境、社会环境、产物回馈和结果回馈。产物回馈来自于自身身体,使个体察觉到动作的感受是怎样的。结果回馈是因行动改变环境而来的。当结果是预期想要的,感觉输入会重复进入之后的行动。当结果不是预期想要的,感觉输入便会终止或重新调整以适应外界环境。产物回馈和结果回馈对古筝演奏的学习来说是重要的,在发展出一个演奏动作的神经模式后,它可以被用来计划新的、更复杂的演奏互动方式。对于个体演奏反应的要求,必须订在比他先前所表现过的再好一些。"互动"意味着对环境中的要素进行施加和拿取,对环境有某种程度的操控感,有互动的活动应是我们可观察、评估、测量、解释和改变的行为。个体能够进行适应性互动,体现在个体对于活动了解"要做什么",以及能够安排"如何去做"。第二,职能行为。包括动机和自我导向、意志状态、对技巧的信心、组织与计划、适应性互动、生产与结果回馈、优越感、控制、自信、有意义和满足。意志是产生适应性互动的必要条件。当个体开始发展出相信自我的技巧能对环境进行操控时,个体与环境的互动会更具有意义,更容易感到满足,进而更有优越感和自信心。总之,透过螺旋性过程,感统和适应性互动可导致有组织和有效率的职能行为(如演奏时的自我控制、完成指令、理解学习等)。职能行为的表现在一定程度上以感统状态为基础。

教师的主要关注点为儿童的职能表现和在古筝演奏及活动中的能力,所以应将评估用在评估儿童整体日常生活角色和古筝演奏活动中,并用感统理论去进行解释。评估应采用"自上而下"的方式,从评估个体完成日常生活的能力开始(即职能表现层级),只有在证实个体的具体特殊困难的种类和程度后,才能去寻求了解感统状态如何影响职能行为和古筝演奏活动的表现,因为演奏活动和职能表现依赖于感统状态的精通,特别是有关动作技巧方面,评估着重在感统状态。评估应减少花费时间在个体已经充足的技巧上,利用最少的经费和时间去做评估、方案设计和介入训练,并让个体了解自己的需求,让家长了解儿童的情况。

① Fisher A. G. & Murray E. A. Introduction to sensory integration theory. In A. G. Fisher E. A. Murray & A. C. Bundy (Eds.). Sensory integration: Theory and practice[M]. Philadelphia: F. A. Davis. 1991.

（一）指定动作感统处理评估

对儿童感统能力的测验最主要的是借由观察儿童做指定要求来完成。姿势是其中最重要的测验部分,包括以下几种指定姿势要求:第一,俯卧伸直(如图2-5-19)。维持此姿势需要的能力是张力性姿势的伸直肌力。这是一个针对前庭觉和本体觉能力的强力指示[1]。当前庭觉和本体觉使伸直肌(特别是颈部和上半身)的输入降低时,就会影响维持俯卧伸直的能力。6岁及以上儿童可维持此姿势30秒。动作标准度分级由低到高分别为:快速不间断地做出整体姿势、维持头部稳定且保持45度直立的姿势、抬高肩部、胸部和上臂离开地面、抬高双后腿的后1/3部分离开地面、维持膝盖小于45度的弯曲、同时可不憋气地大声说话。第二,仰卧弯曲时做出颈部弯曲动作(如图2-5-20)。当仰卧弯曲时,前庭觉的输入(特别是从椭圆囊引起的)会诱发颈部和上半身的翻正动作。若儿童有下巴抬高倾向的动作,则反映出对颈部弯曲肌的前庭觉输入减低。第三,伸直肌张力。前庭觉和本体觉处理影响伸直肌张力。指定动作可以为伏地挺身、拉重物、搬桌椅。其不良表现有:远端关节过度伸展、不良站姿,脊椎前凸和膝盖过度伸直或卡住、肌肉摸起来软。第四,近端关节稳定度。关节稳定度指,儿童在做需承重的张力性姿势时,伸直肌肉收缩以稳定近端关节的程度。跪趴姿势是评估近端关节稳定度的最好方法(如图2-5-21)。观察儿童是否有脊椎前凸、手肘过度伸直僵硬或无法支起承重、肩胛骨内侧缘高耸或过度外展的情况。第五,平

图 2-5-19　俯卧伸直

图 2-5-20　仰卧曲颈

图 2-5-21　跪趴

图 2-5-22　仰斜板倾斜

双腿之间至少30°打开

图 2-5-23　平板伸手触摸

①　J Ayres. Personal communication[Z]. March 11, 1988.

衡反应。对平衡性动作姿势的观察是评估前庭觉、本体觉及视觉—空间感的最好方法。具体包括三个评估测试[1][2]：(1)倾斜板倾斜(如图 2-5-22)。当儿童(5岁及以上)双腿站在一倾斜板上时，应维持颈部及上半身在直立的姿势，上方腿会弯曲髋部和膝盖，使身体重心落在下方的脚上，下方腿的髋部和膝盖会保持稳定挺直，双上肢会自然外展以辅助平衡，双眼会目视前方，而非看着地板。(2)平板伸手触摸(如图 2-5-23)。当儿童(7 岁及以上)站在一个稳定的平板上，并要求做出伸出一侧手臂去触摸远处物品的动作时，应当能维持身体的整体平衡，应能自然伸直并外展对侧的手臂，并且对侧的腿能呈挺直状地从平面板上抬高并外展。外展的腿离地后要与另一只承重腿分开至少 30°。(3)倾斜板伸手触摸。当儿童(7 岁及以上)站在一个倾斜板上，并要求做出伸出一侧手臂去触摸远处物品的动作时，应当能维持身体的整体平衡，应能自然伸直并外展对侧的手臂，并且对侧的腿能呈挺直状地从平面板上抬高并外展。外展的腿离地后要与另一只承重腿分开至少 30°。

运用能力方面的指定动作评估具体包括：第一，两侧整合。观察评估符合年龄的跳跃、跑跳、双脚跳、开合跳(7 岁及以上儿童适用)、同侧和交替的跨步跳(9 岁及以上儿童适用)、惯用手的发展、左右区辨。跑跳要求用流畅的和交替的方式进行。开合跳(如图2-5-24)要求同时张开和合并双上肢及双脚，并能连续跳。同侧跨步跳要求

图 2-5-24　开合跳

连续跳跃，同时能前后摆动同一侧的双上肢和双脚。交替跨步跳要求连续跳跃，同时能前后摆动对侧的双上肢和双脚。第二，跨中线。让儿童坐于地面，双手接住从一侧身后递来的物品，并从另一侧给出，传递过程中髋部不可扭动。第三，预测性的动作顺序。评估观察接住抛来的球、跳房子或跳格子、踢开滚来的球、跳过两人摇的绳且没有分开的跨步。第四，顺序性对掌。指快速并按顺序，规律地用拇指指尖分别触摸其他手指的指尖。活动可由易到难变化，包括睁眼睛、闭眼睛、单侧、双侧等。第五，完成慢的控制性动作。指儿童模仿施测者做出的慢

---

① Fisher A. G. Objective measurement of the quality of response during two equilibrium tests[J]. Physical and Occupational Therapy in Pediatrics，1989，9：57-78.

② Fisher A. G. & Bundy A. C. Vestibular stimulation in the treatment of postural and related disorders. In O. D. Payton，R. P. Difabio，S. V. Paris，E. J. Protas & A. F. Van Sant (Eds.). Manual of physical therapy techniques[M]. New York：Churchill Livingstone. 1989，239-258.

的、平顺的、控制手臂的动作。如,从肩膀逐渐到指尖舒服的伸直,再慢慢移动手朝向肩膀。5 岁及以上儿童最适当用 5 或 5 秒以上[①]。第六,触觉辨识操作。如,手部图形知觉。让儿童闭眼辨识书画在手心部位的,且在其认知范围内的字、图形或符号。轮廓的产生(即沿物体边缘移动手指)在 6～7 岁发展,是确认形状的最佳策略[②]。约 5 岁时,儿童开始使用手掌和手指一起探索[③④⑤]。

对儿童手内操作能力的观察,可作为古筝演奏前的手部机能评估。手内操作能力是利用手内的动作去调整已抓住的物体的位置来使用的能力(如在手里转球、转笔等)。在幼儿约 18 个月时就开始发展。小于 2 岁的儿童不能做出稳定的操作。3 岁儿童可做出操作但尚不稳定。手内操作能力具体分为两类:第一类,移位。是线性的动作,是将物体从手指到手掌或手掌到手指的移动能力。如,单手捡硬币握于手心。单手将握于手心的硬币移动到捏住姿势并投币。握笔姿势下,拇指、食指与中指像毛毛虫一样,从笔尖移动到笔尾,再从笔尾移动到笔尖。第二类,旋转。是使物体在手内绕着一个或多个轴心转动的动作。小于 $180°$ 的是简单旋转,如转陀螺、用钥匙开门。超过 $180°$ 的是复杂旋转,如转笔、转手球。

教师可使用“儿童指定动作感统处理评估表”进行评估(见表 2-5-1)。此表对儿童的姿势控制、本体觉肌张力、前庭觉平衡反应、体感觉运用能力、两侧整合与顺序问题、视觉运用能力、感觉区辨、精细动作这几个维度进行感统处理状态的评估。在每个动作评估前,教师需要先给儿童示范标准动作,并简单解释关键性要求。在确保儿童充分明白动作要求的前提下,再开始评估。每个动作儿童可做三次,取完成最好的一次作为评估结果。教师还需对儿童动作完成的质量状态及问题障碍做详细描述(如姿势保持的时长、儿童说出或表现出的感受、动作反应的快慢及流畅性、动作的标准程度、儿童能否进行自我矫正、做手内操作的惯用手等),可记录在“备注”一栏中。测试时首先要确保儿童人身安全。要在安静、舒适、无干扰的环境中施测。不要用言语或手势来评论儿童在测试中的正

① Wilson B., Pollock N., Kaplan B. J., Law M. & Paris P. Clinical observations of motor and postural skills[M]. Framingham, MA: Therapro. 2000.

② Lederman S. J. & Klatzky R. L. Hand movements: A window into haptic object recognition[J]. Cognitive Psychology, 1987, 19: 342-368.

③ Piaget J. & Inhelder B. The child's conception of space[M]. New York: Norton. 1948.

④ Zaporozhets A. V. The development of perception in the preschool child[J]. Monographs of the Society for Research in Child Development. 1965, 30:82-101.

⑤ Zaporozhets A. V. Some of the psychological problems of sensory training in early childhood and the preschool period. In A. R. Leont'ev & A. R. Luria (Eds.). A handbook of contemporary Soviet psychology[M]. New York: Basic. 1969, 86-120.

确性。如果儿童感到疲倦时要停止测试，换个时间再继续。若儿童需要，可让家长陪伴在侧。

表 2-5-1　儿童指定动作感统处理评估表

儿童姓名：　　　　性别：　　　　年龄：　　　施测教师：　　　　日期：

指定动作	类别	选项	结果	备注
俯卧伸直	姿势	A. 流畅、标准完成　B. 基本完成 C. 需要辅助完成　D. 无法完成		
仰卧曲颈	姿势	A. 流畅、标准完成　B. 基本完成 C. 需要辅助完成　D. 无法完成		
伏地挺身、拉重物	伸直肌张力	A. 流畅、标准完成　B. 基本完成 C. 需要辅助完成　D. 无法完成		
跪趴	近端关节稳定度	A. 流畅、标准完成　B. 基本完成 C. 需要辅助完成　D. 无法完成		
倾斜板倾斜	平衡反应	A. 流畅、标准完成　B. 基本完成 C. 需要辅助完成　D. 无法完成		
平板伸手触摸	平衡反应	A. 流畅、标准完成　B. 基本完成 C. 需要辅助完成　D. 无法完成		
倾斜板伸手触摸	平衡反应	A. 流畅、标准完成　B. 基本完成 C. 需要辅助完成　D. 无法完成		
跑跳、双脚跳、开合跳、同侧和交替的跨步跳	两侧整合	A. 流畅、标准完成　B. 基本完成 C. 需要辅助完成　D. 无法完成		
身体两侧传递物品	跨中线	A. 流畅、标准完成　B. 基本完成 C. 需要辅助完成　D. 无法完成		
接住抛来的球、跳房子、踢开滚来的球、跳绳	预测性的动作顺序	A. 流畅、标准完成　B. 基本完成 C. 需要辅助完成　D. 无法完成		
顺序性对掌	预测性的动作顺序	A. 流畅、标准完成　B. 基本完成 C. 需要辅助完成　D. 无法完成		
慢的、平顺的、控制手臂的动作	控制性动作	A. 流畅、标准完成　B. 基本完成 C. 需要辅助完成　D. 无法完成		
手部图形知觉	触觉辨识	A. 流畅、标准完成　B. 基本完成 C. 需要辅助完成　D. 无法完成		
单手捡硬币、单手投币、笔上毛毛虫	手内移位操作	A. 流畅、标准完成　B. 基本完成 C. 需要辅助完成　D. 无法完成		
转陀螺、用钥匙开门	手内简单旋转操作	A. 流畅、标准完成　B. 基本完成 C. 需要辅助完成　D. 无法完成		
转笔、转手球	手内复杂旋转操作	A. 流畅、标准完成　B. 基本完成 C. 需要辅助完成　D. 无法完成		

(二)日常生活感统处理评估

对儿童的日常生活能力进行评估,是对儿童在最自然的环境里表现出的真实能力的情况收集。家长是对孩子情况最了解的人,因此评估可以用对家长进行以问卷调查为主,同时配合访谈的方式进行。家长是比儿童要好的报告员,家长经验过他们孩子在许多情况下的行为,但是从一个外在的观点。家长通常有较多的口语表达和较长的注意力,可以反应较多或较复杂的问题,但家长仍是他们孩子经验的二手报告者,并经常带有主观判断和感情色彩。

教师可使用"儿童日常生活感统状况调查问卷"(见表 2-5-2)进行评估。此问卷从听觉系统、本体觉系统、本体觉系统、前庭觉系统和视觉系统这几个方面,结合儿童实际日常生活和活动进行设计,能够反映儿童在感觉防御、感觉迟钝、感觉寻求和感觉区辨这几个维度的障碍情况。在进行答卷前,需告知家长要在仔细阅读、充分理解并认真回顾儿童情况后,尽量做出最客观的判断。教师应先根据问卷结果总结出儿童的障碍种类和方向,在此基础上通过与家长的访谈中家长对儿童问题的详细描述,做出更准确、客观的判断。要将儿童的详细情况记录在"备注"一栏中。如:在什么情况下,对具体什么物品或活动,有什么样的异常表现和反应等。最终确定儿童日常生活中的感统障碍。

表 2-5-2　儿童日常生活感统处理调查问卷(家长版)

儿童姓名:　　　性别:　　　年龄:　　　答卷人:　　　与儿童的关系:　　　日期:

听觉系统	A.总是	B.偶尔	C.有时	D.很少	E.从不	备注
1.孩子了解别人话的意思有困难吗?						
2.孩子对家庭的或普通的声音过于敏感吗?如吸尘器、吹风机、抽水马桶或电钻的声音。						
3.孩子对大的噪音有负面反应吗?如哭闹、逃避、尖叫或捂耳朵。						
4.孩子会听不到某些声音吗?						
5.孩子会对大的噪音反应过低吗?						
本体觉系统						
1.孩子会抓握物品太紧而很难去使用物品吗?						
2.孩子会抓握物品太松而很难去使用物品吗?						
3.孩子会在活动中太过用力吗?如跺脚走路、猛力关门或写字用力压。						

续表

本体觉系统	A.总是	B.偶尔	C.有时	D.很少	E.从不	备注
4.孩子会总想去寻求活动吗？如推、拉、托、提、搬或跳。						
5.孩子会比同龄其他孩子更多的咀嚼衣物或身体吗？						
6.孩子安坐在椅子上有困难吗？						
7.孩子会碰撞或推别人吗？						
8.孩子好像常常很虚弱吗？						
触觉系统						
1.孩子在身体被轻轻碰触时会避开吗？						
2.孩子对新衣服的感觉反应是负面的吗？						
3.孩子在给他梳头、洗头或剪头时会表现出异常厌烦吗？						
4.孩子拒绝戴帽子、眼镜、项链或手表等配件吗？						
5.孩子在给他剪手指甲或脚趾甲时会表现出异常厌烦吗？						
6.孩子被抱时会挣扎吗？						
7.孩子会介意用手做手指画、玩橡皮泥、玩泥巴、玩沙子或玩胶水等活动吗？						
8.孩子在给他洗脸时有困扰吗？						
9.孩子会抗拒或不喜欢穿短袖上衣和短裤吗？						
10.孩子会避免某些质地的食物吗？						
11.孩子对轻微的受伤会反应过度吗？						
12.孩子好像对被碰触缺乏正常的察觉吗？						
13.孩子对疼痛有异常高的忍耐力吗？						
14.孩子喜欢去触摸而不是被摸吗？						
15.孩子好像想要去摸不同的材质吗？						
16.孩子有持续摸东西的倾向吗？						

本体觉系统	A.总是	B.偶尔	C.有时	D.很少	E.从不	备注
17.孩子偏好某些衣服质地或特殊布料吗？						
前庭觉系统						
1.孩子好像会过度害怕上下楼梯、荡秋千、跷跷板、滑滑梯等游乐动作吗？						
2.孩子被移动或坐在移动的设备上时会显得很痛苦吗？						
3.孩子会逃避需要平衡的活动吗？如走独木桥或走不平坦的地面。						
4.孩子在他的头处于非直立或垂直的其他姿势时，会显得痛苦吗？如倾斜头向后或倒立时。						
5.你的孩子会表现出平衡感不佳吗？						
6.你的孩子喜欢快速的、旋转的或自转的活动吗？如旋转木马、翻筋斗。						
7.孩子坐姿时移动身体会跌落椅子吗？						
8.要跌倒时，孩子会无法做出想要稳住自己的保护性动作反应吗？						
9.他人通常会晕时，孩子好像不会头晕吗？						
10.孩子在紧张时会晃自己吗？						
视觉系统	A.总是	B.偶尔	C.有时	D.很少	E.从不	备注
1.孩子在分辨相似的图案时有困难吗？如分辨 d 和 b。						
2.看图片时，孩子会着重看细节而不是看主要的图案吗？						
3.孩子难以命名、区辨或配对颜色、形状及大小吗？						
4.孩子在抄写或阅读时会颠倒字序吗？						
5.孩子会对灯光（特别是明亮的灯光）敏感，而出现眨眼、眯缝眼看、哭闹或闭眼的行为吗？。						

续表

视觉系统	A.总是	B.偶尔	C.有时	D.很少	E.从不	备注
6.孩子在保持眼睛锁定在正在进行的活动有困难吗?						
7.孩子容易被视觉刺激分心吗?						
8.孩子在一堆东西里寻找一个物品有困难吗?						
9.孩子看物体时会斜眼看或闭上一只眼看吗?						
10.孩子追视物体时,会难以控制眼睛的动作吗?						
11.孩子在读写时会在页面上迷失位置吗?						
12.孩子会在抄写黑板内容时难以从注视黑板转移至书本上吗?						

(三)古筝演奏中的感统处理评估

教师在对儿童进行过指定动作感统处理评估和日常生活感统处理评估后,还应在对儿童古筝演奏的指导教学实践中,对儿童的古筝演奏感统处理状态予以评估。教师应在对儿童进行过指导教学至少三次后,再做出总结性的客观判断。教师可使用《古筝演奏中的感统处理评估》进行评估(见表2-5-3)。此评估表从与古筝演奏紧密相关的识谱与弹弦位、姿势与力度、弹唱同步性、节奏与速度、手指动作、双手配合这几个方面进行评估,能够反映儿童在视觉追踪、感觉区辨、视听动统合、本体觉、前庭觉、动作计划、精细动作、双侧协调方面的感统处理状况。要将儿童的详细演奏情况记录在"备注"一栏中。

古筝演奏中所体现的具体感统能力有:

1.儿童需要一边看乐谱一边找弦位弹奏,这种视线在不同远近(琴弦在近端,乐谱在远端)和不同平面(琴弦在水平面,乐谱在垂直面)物体间的频繁转换,能够反映儿童的视线追踪和空间恒定视觉的能力。

2.古筝琴弦间排列较密(琴弦间距为1.5厘米),儿童在找弦位时要将绿色弦与白色弦区别开,并集中视觉注意力,避免其他琴弦在视觉上的干扰,儿童的找弦位情况能够反映儿童的视觉区辨能力和主题-背景视觉能力。

3.正确的古筝演奏姿势需要儿童在下肢、躯干、头颈、上肢、手部等部位有一定的保持性姿势控制能力。在整体演奏姿势框架稳固的基础上,儿童才有可能用适当的力度弹奏并进行手部的精细动作。

4.弹唱的协调同步需要儿童的视听动统合能力作为基础,依赖于中枢神经系统的平行处理模式和分散的信息处理及控制机制。例如,需要将听到的左手按音音高统合与左手按弦深浅的动作控制。

5.弹奏节奏与速度的控制需要儿童在弹奏前就已有内心听觉效果并准备好动作计划。

6.有音高变化的余音声音很微弱,能够评估出儿童的听觉区辨能力。

7.单指及多指的协调弹奏能够反映儿童手部精细动作能力。

8.扎桩弹奏动作体现了手部两侧分化原理。手部的功能分为桡侧(也称为技巧侧)和尺侧(也称为稳定侧)。桡侧包括拇指、食指和中指部分,这三根手指的发展对于发展精细动作、拇指对掌能力及有效率地操作物品有很重要的角色。尺侧包括无名指和小指,较有利于抓握、发力及维持手部稳定。尺侧和桡侧分化的动作功能在于发挥远端横向手弓的制衡效果。当尺侧的无名指和小指弯曲时,可强化手弓稳定度让桡侧三指操作较为精细的动作[①]。古筝弹奏中,用尺侧无名指弯曲扎桩可更有利于桡侧拇指、食指和中指的精细灵活弹奏。

9.和弦的弹奏体现动作计划理论。要先找到各和弦音的弦位并预测好指间间距后,才能快速摆好手型框架并迅速到达正确弦位。

10.泛音的弹奏需要目测距离的能力,体现视觉-空间理论。

11.轮指指法体现精细动作中的掌内操作复杂旋转(complex rotation)的能力。

12.双手配合完成旋律或弹奏双声部音乐能够反映儿童的双侧协调及顺序能力。

13.在与老师的演奏互动及融合集体课中,能够听辨出自己与他人声音的不同,依赖的是听觉的主题-背景区辨能力。

表 2-5-3　古筝演奏中的感统处理评估

儿童姓名:　　性别:　　年龄:　　施测教师:　　观察期:　　评估日期:

一级指标	二级指标	结果	备注
1.识谱与弹弦位	(A)识谱(B)肢体辅助弹弦位(C)独立弹弦位		视线追踪、视觉区辨与视动统合
2.姿势与力度	(A)整体姿势正确(B)手型正确或力度适中(C)手型、力量均完成		本体觉、前庭觉
3.弹唱同步性	(A)弹唱音名或歌词同步(B)弹唱的节奏或音高同步(C)弹、唱、律动统合		视听动统合

---

① 吴端文,陈韵如.手能生巧——让孩子快快乐乐写字[M].新北:启端感觉统合教育有限公司,2009:62.

续表

一级指标	二级指标	结果	备注
4.节奏与速度	(A)慢速准确(B)中速连贯(C)快速流畅		动作计划
5.手指动作	(A)单指动作准确(B)多指配合指法正确(C)手指间配合灵活		精细动作
6.双手配合	(A)右弹左辅(B)双手和声配合(C)双手技能同步		双侧协调及顺序

（四）参考基模

对个体感统能力的评估要参考各年龄段基模进行综合评定。古筝演奏学习对于普通儿童来说，一般最早从 4 岁左右开始进行。但同龄的孤独症儿童会普遍比普通儿童在生理和心理发展上低近两年的发展，也就是说一个 4 岁孤独症儿童感统能力的评估也许要以两岁普通儿童基模为参考。2 岁及以上儿童各阶段感统发展大致情况如下。

2 岁是感觉动作和身体形象认识的关键时期。约 2 岁儿童的各项感觉器官和神经系统的生理机能初步完善，初步具备与外界环境互动的能力基础。发展重点为平衡、认识和使用自己身体各部位。会发展出自己进食、用手掌整把抓握、撕纸、翻故事书、伸出食指去指他要的东西、倒出玩具盒里的玩具、指认肢体部位的游戏、丢接球、攀爬、独立行走、横行、后退、堆积木、套环、串珠、玩粘土、插棒、丢掷东西、涂鸦、剪纸、拧开瓶盖、能够做坐姿时保持平衡的动作、坐摇动的滚筒、坐在矮凳上伸手够玩具、重心偏移时会挺起背并使背肌不对称收缩、腹斜肌和腹肌会找到平衡点稳定躯干，不致失去重心跌倒。手指抓握动作大多已发展完成。可自行控制手肘弯曲、翻转到适合的位置以利于抓握物品，并利用手腕上翘的动作将物品放入小容器内。

约 3 岁儿童能够单腿站立、踢球、脚尖站立、辨识图案、辨识不同发声物体、折纸、描画。3 岁儿童的发展重点是触觉辨别力。这是高级动作计划能力的基础。要除去过多的保护，少穿衣裤、多滚多爬，提供各种材质形状等物品和玩具，每天按摩 10 分钟，做推拉玩具、钻山洞、滑滑梯、荡秋千、摇木马、踩高跷、拉拔玩具等活动。能发展出快走、跑、跳、爬上爬下、蹲姿、从蹲姿站起来等动作能力。手臂和手腕的控制力还较差，会利用肩部协助控制精细动作操作。逐渐听懂简单的指令，会模仿大人的动作。进入幼儿园后逐渐开始适应集体环境。

约 4 岁的儿童喜欢跑跳等挑战平衡、速度和地心引力的游戏。此类活动满足前庭神经和小脑的发展，促进双侧协调、平衡、方向感、视觉区辨、听觉区辨的能力。当提供安全且少限制的环境，以便充分活动肢体时，能够爬阶梯、攀爬架、跳床、向前翻滚、拍球、向前跨步走、分类形状、辨别形状大小、拼图、辨别和配对颜色、夹小物品、穿鞋带、握笔画线条和简单图形、翻跟斗、骑三轮车、走楼梯、跑步、空中跳转身（考验瞬间爆发力、动态平衡、转身和落地动作的协调性）、玩超越障碍的游戏、做连续双脚跳动作（连续双脚跳能力是动作计划能力的萌芽，双脚能同时着地是双侧协调良好的指标）。手腕和手已发展出独立分开的动作，手腕可协助精细动作操作的方向和位置。

约5岁的儿童充满活力，喜欢大动作并具速度感的游戏。强烈的感觉刺激和乐趣远胜于游戏的胜负或目的。发展出成熟的双侧协调能力、动作计划能力，在动态环境中维持身体平衡和自我掌控感。能够理解游戏规则，与人协调并发展出自己的游戏策略。做动作前能够先思考，想出最适当的预备姿势，尝试得到最好的使用身体的方法。能够手撑地、向后方和侧方翻滚、仰卧起坐、动物走路、倒退跨步走、阅读、走迷宫、两点连线、线内涂色、分类、变化高低位置的游戏、利用秋千的游戏。可加强运动节奏感和动作之间的连接能力的活动、合作性的游戏、托轮胎、踩影子、投球、模仿想象游戏、户外爬山、跳皮筋、踢球、闭眼单脚站（4岁孩子至少能完成4~5秒）、双腿夹物跳跃、侧翻、蛙跳等活动。进行精细动作操作时，肩胛、手肘、前臂的稳定度较好，只需要手腕和手部的配合完成操作。掌内操作能力已完成并发展出成熟的动态三点握笔方式（dynamic tripod）。能区别简单的相同与不同。开始有时间的概念。会主动要求交朋友。会观察周围人的表情及动作，关心周围环境的变化。可以控制自己的行为。能在教室中安静听课20分钟或更长。

7岁是儿童动作发展的成熟期。各项基础动作成熟精细化。儿童的体力、肌力、肌耐力、瞬间爆发力、敏捷性、协调性逐渐成熟。身体各部位的力度能够保持平衡。能体会肢体与空间的关系，以促进精细动作能力大幅进步，整体达到高阶段感统发展。能够双手拍双球、对墙丢接球、双脚互换跨球拍、跳绳、翻跟斗后倒立、俯卧撑起、翻单杠、倒挂单杠、攀爬绳网、球类运动、赛跑、两人手拉手一起侧滚翻、往返跑、老鹰抓小鸡、警察抓小偷、配合音乐、双脚交替登阶等活动。

8~12岁儿童的脑重量已达到成人的水平，神经纤维髓鞘化基本完成，神经传导功能迅速且准确，皮层功能有明显的发育。身体器官及系统的发育已接近成人。进入小学后懂得要遵守学校的各项规章制度，懂得要遵守课堂纪律，懂得要完成各课程的学习任务。儿童已具备一定独立性，逐步自觉地、独立地、有目标计划地去观察、分析、处理不同事物和事情。逐步完善、提高自己地认知和思维能力。学习是此年龄段儿童的主要活动。

（五）评估后

进行过以上三种评估后，教师需考虑并做到：（1）对收集到的关于儿童的各方面信息进行列项，并进行情况总结。（2）儿童的问题属于哪个有意义的障碍集群。（3）有没有感统障碍的实证。如果有，障碍的本质是什么。（4）做出问题根源与表征间的阐明工作。（5）需要哪一类的感觉加强。（6）介入训练应是什么？（7）最想要的适应性互动的特性是什么。（8）将结果用易于理解的方式与家长沟通。（9）与家长讨论训练方案。

六、感统能力介入训练

研究已发现感统活动有效果的范围在降低孤独症儿童压力和焦虑[①]、降低自我刺激行为[②]、增加社会互动、接触新活动及对握手与拥抱的回应和动作[③]。

对孤独症儿童的古筝适应性指导教学应当包括一些常见的感统训练内容。这些活动能够让儿童的神经系统得到放松，更愿意接受古筝演奏课程，同时可以降低感觉敏感度，减少发脾气和出现刻板刺激行为的次数。对孤独症儿童的古筝演奏感统介入训练，主要包括预备活动，演奏技法训练、儿歌弹唱训练、互动演奏几个部分。预备活动包括预备感统训练活动和古筝演奏热身操，为接下来的训练调适儿童的整体感统状态。古筝20种演奏技法可对应提供姿势协调、肌肉屈曲张力、关节稳定度、双侧整合、手眼协调等精细动作、上肢大动作及专注力刺激训练（详见本章第三单元）。儿歌弹唱提供追视、视觉稳定度、动作计划等视听动统合刺激训练（详见本章第四单元）。互动演奏包括跟节拍器演奏、跟伴奏演奏、与教师及同伴合作演奏，提供动作计划及动作顺序的刺激训练。其中，预备感统训练活动是针对提高儿童感统能力最直接的介入训练形式。

（一）训练原则

1. 前后顺序规律

孤独症儿童同普通儿童一样，其感统能力的发展有一定的前后顺序规律。儿童需要具备前期发展阶段的能力，才能自发进行后期阶段的发展训练。介入的感统训练需要在顺序规律的基础上设计实施才能达到预期效果。不遵循客观规律的训练无疑是无效或低效的，甚至会造成儿童的运动损伤。此顺序规律具

---

① Edelson S. M., Edelson M. G., Kerr D. C. & Grandin T. Behavioral and physiological effects of deep pressure on children with autism: a pilot study evaluating the efficacy of Grandin's Hug Machine [J]. The American Journal of Occupational Therapy, 1999, 53(2):145-152.

② McClure M. K. & HoltzYotz M. The effects of sensory stimulatory treatment on an autistic child[J]. The American Journal of Occupational Therapy, 1991, 45(12):1138-1142.

③ Linderman T. M. & Stewark K. B. Sensory integrative-based occupational therapy and functional outcomes in young children with pervasive developmental disorders: a single-subject study[J]. The American Journal of Occupational Therapy, 1999, 53(2):207-213.

体为：第一，从翻正和平衡反应发展开始。有助于稳定身体并在运动技能中提供一个可靠稳定的基础。第二，从一般到特殊运动发展。儿童手臂和躯干的整体运动先于手臂的节段性运动以及手和手指的运动。第三，从头到尾方向发展。儿童在获得下肢控制前先获得了头和躯干的控制。在开始下肢活动计划前稳定头部和躯干是十分重要的。第四，从近端到远端协调发展。运动的出现是从身体的中线到四肢。躯干和肩部的肌肉群发育和成熟是先于四肢动作协调发育的。第五，从对称到非对称交替运动协调发展。儿童能够联合运动后，才能够在需要时只伸一只手而其他肢体不出现联动①。与古筝演奏直接相关的上肢能力发展规律为：从肩胛开始逐渐发展至手指；从大而不协调的动作发展至较精确的和技巧性的动作；先具备近端躯干和肩胛的稳定，再发展至其他远端的能力。因此，在古筝演奏中表现出的感统障碍，不光要在古筝演奏及相关活动中进行训练并得到解决，更需要先帮助儿童训练出演奏准备前的基础能力，使儿童具备一个好的身体机能条件，以便更好的完成古筝演奏及学习。只有这样，儿童才能在古筝演奏活动中自发地提高自身能力，增进自我效能感。

　　2. 由简到难规律

　　Ayres 认为感统训练阶段性反应阶层的各个阶级为：(1)对被动刺激有反应。(2)保持住原地不动。(3)交替性的收缩和放松肌肉群(如推、拉)。(4)起始一个熟悉且非常简单的活动，但无法持续。(5)起始并维持一个活动，使用熟悉且简单的动作。(6)起始并维持一个有二到三个步骤的活动，使用不熟悉且复杂的动作。(7)起始并维持一个复杂步骤的活动，使用不熟悉且非常复杂的动作，需要时间性，或是很多的调整。古筝演奏适应性感统训练是一个有规划的整体过程。对于孤独症儿童来说，要能先接受被动刺激训练才能开始进行主动训练，要先完成前一阶段容易的训练目标，才能有进入下一阶段训练的基础。这种点滴前进的训练节奏也是儿童所能接受的。对孤独症儿童的古筝演奏感统训练切忌加速冒进，要做好从简到难的温和过渡。

　　(二)训练特点

　　2007 年，感统训练研究者 Parham 提出了规范感统活动实施的十个基本要素：(1)确保儿童身体安全；(2)提供一系列感觉应用机会；(3)通过环境和活动设计，帮助个体保持自我调节和警觉性；(4)挑战儿童的姿势和运动控制能力；(5)挑战儿童的行为和行为组织能力；(6)与儿童合作进行活动选择；(7)调整活动以向个体提出适宜的挑战；(8)确保活动成功；(9)支持个体活动的内在动机；

---

　　① (美)福利奥(Folio. M. R.)，(美)菲威尔(Fewell. R. R.). Peabody 运动发育量表(第二版・下册). 李明，黄真，主译. 北京：北京大学医学出版社，2006：59-60.

（10）与个体建立联盟。[①]

以古筝为媒介的感统训练活动要运用古筝乐器及演奏活动的特点来设计训练。其具体特定为：

1. 古筝感统训练中适应性的反应行为是训练的核心。适应性的反应行为是只有目的的行为，为达到此目的，大脑会安排出一个计划。从计划到行动由儿童主导，儿童要自己参与及达到目标，进而引发儿童主动自发学习，倾注全力地参与。这是一个"过程导向"的训练和儿童探索经验的学习过程。过程的内容和形式要有趣、有弹性。抓住儿童的内在动机和兴趣，是"很好玩"的训练。

2. 儿童与老师之间充满信任，教师陪伴在侧进行辅助，或与儿童合作弹奏。教师对于儿童与其说是督导者，不如说是亲密的陪伴者和互动者。教师不是发号施令的人，而是观察儿童在演奏环境中的反应、与同伴的互动及在不同情境中的处理，并给予辅助、指导和调节活动。

3. 考虑孤独症儿童自身情况、训练活动和训练环境。教师要设计一个主客观环境来给儿童提供最适当的挑战。学习内容要控制难易度适当，儿童容易学会，感到有成就，对自己有信心。

4. 古筝演奏提供听觉、视觉、触觉、前庭觉和本体觉的多通道统合形式，为儿童提供了一系列的感觉应用机会，以促进感统能力的提高。需要在教师的生动直观的引导及结果反馈下，引起儿童对自身感知和行为调控的注意力。

5. 针对孤独症儿童的特点，在训练前应给儿童充分的时间自己组织对训练活动的计划。可提前一段时间把难度适宜的训练内容给儿童，让儿童自己先"预习"。

6. 提供给儿童不同的训练内容，让儿童在其范围内自主选择，进入适应性状态后，在儿童"不知不觉"的状态下逐渐给予儿童适宜的挑战。

7. 对有一定语言能力的儿童，教师要引导他表达出自己对训练过程的任何感受。教师也要在儿童训练时，时刻关注并解读儿童的任何言语和肢体反映信息。

8. 教师对儿童训练结果的反馈和评价尽量用正面情绪形式。对于对语言理解有障碍的儿童可用手势或表情给予回馈。其实，当儿童顺利地完成了训练目标时，儿童就已经对自己很满意，产生自我效能感了。教师的回馈是要让儿童了解别人的感受和对自己的评价。

（三）训练内容

1. 触觉促进训练

使用深压觉是触觉促进训练最典型的方式，可使儿童冷静下来，也可同时开

---

① Parham L. D., Cohn E. S., Spitzer S., et al. Fidelity in sensory integration intervention research[J]. The American Journal of Occupational Therapy, 2007, 61(2):216.

启儿童的触觉感觉通道。例如，婴儿会通过与母亲身体的亲密接触、裹奶嘴和吃手指，来为自己提供身体和口腔的深压觉刺激，以此来获得心理安慰和满足。

第一，增进触觉发展的活动。进行触摸板（摸不同材质的触摸板，可提供触觉刺激，并促进触觉区辨发展）、手指画（将手部蘸上颜料，在纸上作画）、豆箱（如图 2-5-25，将小物品放在装满豆子的箱里里，让儿童伸手进沙箱寻物并捡出）、吹泡泡（吹制好的肥皂水，可促进口腔的触觉发展，并为唱诵儿童提供气息支持）、粘土或橡皮泥（促进手部的触觉发展，并为儿童弹奏提供指力支持）、球池寻宝（为身体各部位提供触觉刺激，促进全身触觉发展）、三明治（将自己压在棉被中或卷起来，为身体提供深压觉的触觉刺激）、压大球（如图 2-5-26，用大龙球压过全身，为全身提供深压觉刺激）、购物车（如图 2-5-27，爬行时将重物压在背部，为躯干提供深压觉刺激）等训练活动项目。

图 2-5-25　豆箱　　　　　图 2-5-26　压大球　　　　　图 2-5-27　购物车

第二，降低触觉防御的活动。进行重压类（将重物压在身体各部位的活动）、床单秋千（如图 2-5-28，用床单当秋千悠荡儿童，增加皮肤和布料的接触面积，提供触觉和前庭觉的双重感觉刺激）、粘土（提供强度、中强度、中度、轻度的阻力，提供触觉和本体觉刺激，促进手指肌肉发展的不同需求）、揉面团（提供触觉和本体觉双重感觉刺激）、拉拔和挤压的串联玩具（提供触觉、本体觉和视觉的多重感觉刺激）、穿紧身衣（提供深压觉刺激）、穿重量背心（可促进专注力和专心互动）、触觉刷（如图 2-5-29，可使用 Wilbarger 专业触觉刷，并配合 Wilbarger 按摩—关节挤压方案，以降低儿童触觉神经警醒度[①]。同时按照弹唱儿童的节奏律动，边唱边刷）、坐在装满毛绒玩具的整理箱里、玩沙坑（或在沙滩玩沙子）、双人拍手游戏（如图 2-5-30，提供手部压力触觉刺激）、洗澡（包括用浴花搓沐浴露）、游泳、抱毛绒玩具、用毛巾搓身体、手捏握力球（可在儿童感到焦虑和紧张压力时进行）、自己做或大人帮着做抱压和按摩（如图 2-5-31，可在每天洗完澡后，儿童不穿衣服时涂抹乳液并配合按摩）、弹奏古筝时在手臂上绑负重袋（如图 2-5-32）、适度

---

① 吴端文.感觉统合［M］.台北：华都文化事业有限公司，2014：81-159.

增加义甲重量等训练活动项目。

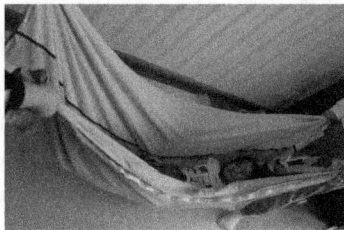

图 2-5-28　床单秋千　　　图 2-5-29　触觉刷　　图 2-5-30　双人拍手游戏

图 2-5-31　按摩　　　　　图 2-5-32　绑负重带弹奏

　　第三,改善触觉敏感度低及区辨力不足的活动。用许多不同触觉特性来丰富儿童的触觉感觉经验。进行振动按摩棒(也可使用电动牙刷刷牙)、使用需发力的物品(可帮家长干搬桌椅等家务活)、使用较重的汤勺或笔、在进行的所有感统训练活动中加入不同材质的物品、猜猜在后背或手掌画了什么、猜猜摸到了什么物品、不佩戴义甲弹奏古筝等训练活动项目。

　　训练时还需注意:

　　(1)要使用规律的深压觉感觉输入。注意避免轻触、避免穿薄和宽松的衣服。

　　(2)对于触觉防御的儿童,要提前告知碰触情况会发生。古筝集体课中,可将触觉防御儿童的位置排在最后一个或靠门处。提高提供重压按摩的频率。不想进行训练时就要即刻停止。

　　(3)尽量让儿童自己去加强触觉和本体觉,让他们去选择部位、相对的压力、需要多长时间。教师要能辨认出一些过度紧张、活动量过高、自主神经系统引发压力(如流汗、脸色苍白)的反应。

　　(4)虽然一般认为深压觉是降低触觉敏感最普遍的方式,但仍会有部分儿童比较喜欢轻触碰或快速移动的刺激。应该要让儿童体验各种不同感官刺激后,来决定哪一种最有效。

　　(5)不需要提供全身性的触觉或本体觉刺激,提供四肢和后背的刺激通常就可减低触觉敏感。深压觉和本体觉有中枢神经的抑制作用,因此虽然只在特定的部位提供感觉,却能产生整体性的效果。儿童比较能接受的部位是手臂、腿部和背部。比较不能接受的部位是脸部和腹部等身体其他部位。

(6)若提供的触觉刺激若是顺着毛发生长的方向,较容易被儿童所接受。逆着毛发则容易导致高警醒度及活动量过大。但有些儿童也存在当刷子重复的顺着毛发生长方向刷然后离开皮肤,完全没有逆着刷的动作,反而容易让他们焦躁不安的相反效果。

(7)可在室内安静舒适的环境提供一部分训练活动,因为可以减少其他感官刺激,尤其是无预期的碰触。也要在户外能够提供适应性触觉刺激的环境中进行训练,户外环境可提供风、水、草、土、石、沙子和雨等刺激条件,提高儿童的适应能力,同时还可提供大型训练器械。

(8)本体觉是整合能力最强的感官。很少会有敏感情形。

(9)在活动中增强感官刺激不一定会出现立即的成效。效果大约会延迟几个小时甚至几天。教师必须定期和儿童及家长沟通,要确认训练有效与否,效果具体是怎样的。需等待训练时间结束后几小时的反应变化。

2.前庭觉促进训练

任何有动作参与的活动都有本体觉。但为了简化,通常把涉及全身性动作和姿势的感觉归于前庭觉,本体觉则是从肌肉和延伸出来的关节里接收到的感觉。内耳石负责侦测来自身体各个方向和姿势的慢速或直线的动作。半规管负责侦测快速或拐弯的动作。肌梭负责侦测有阻力的动作。增强两者的感觉刺激都会涉及主动动作。前庭觉的训练活动可分三类:(1)动作种类(直线和拐弯);(2)动作速度(慢和快);(3)对抗阻力的动作。拐弯训练比直线训练难度大;快速训练比慢速训练难度大;对抗阻力大的活动比对抗阻力小的活动难度大,不同类别可相互组合。

第一,上下、左右跳的活动。具体活动有:弹跳球(坐在羊角球上,手抓两"羊角",并上下弹跳)、吊单杠(根据儿童身高决定单杠的高度,根绝儿童的耐力决定时长,让儿童自己上跳抓住单杠,也可加入下肢动作以增加难度)、跳高(如图2-5-33,要根据儿童身高及下肢长度决定障碍物的高度)、跳房子(如图2-5-34,要求儿童按照规定路线和单腿跳及开合跳等方式进行,中间尽量不停顿)、蹦床(如图2-5-35,如图有困难的儿童可先手扶一个固定支撑物,例如扶着大人的手,适应后再逐渐撤出辅助物。也可在有弹性的沙发、床上跳)、跳山羊(此活动有一定难度。先让儿童在山羊箱上用双臂将自己撑起,同时将双脚打开。再让儿童完成助跑后跳过山羊箱的整体动作)、坐充气垫弹跳(如图2-5-36,可在演奏前进行此活动,并将坐垫用于儿童古筝演奏时,以增强前庭觉感觉刺激)、单脚跳(促进前庭平衡感）、跷跷板（抓住把手，利用自身重力向下坐压）。

图 2-5-33　跳高

图 2-5-34　跳房子

图 2-5-35　蹦床

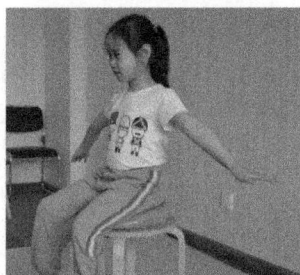

图 2-5-36　坐充气垫

　　第二，前后、左右摇晃的活动。具体活动有：骑木马（随着坐在木马上的前后摇晃，使头部改变空间位置，以提供前庭觉感觉输入）、滑板车（手扶把手，一脚踩踏在车板上，一脚蹬地前进。促进平衡训练和不对称的双侧协调训练）、荡秋千（如图 2-5-37，用不同高度、不同速度和不同坐姿，为儿童提供前后和上下方向的前庭觉感觉输入。可以让儿童采用脚着地、俯卧、坐姿、跪姿、蹲姿、站姿等不同姿势逐渐加大训练难度，以增强刺激程度。也可同时加入其他任务）、滑滑梯（如图 2-5-38，提供前后和上下方向的快速直线或拐弯方向的前庭觉刺激）、床单秋千

图 2-5-37　荡秋千

（用床单当秋千悠荡儿童，提供不同速度的左右、上下、旋转方向的前庭觉感觉刺激）、双人拉拉船（如图 2-5-39，双人面对面坐于地板上，双脚互相顶住，相互拉住双方的手，一拉一松。使儿童感受前后方向慢速的前庭觉刺激）、坐姿画八（坐姿时，上半身呈"8"字形摇摆，为古筝演奏时上半身的表演运动提供前庭觉刺激练习）。

图 2-5-38　滑滑梯

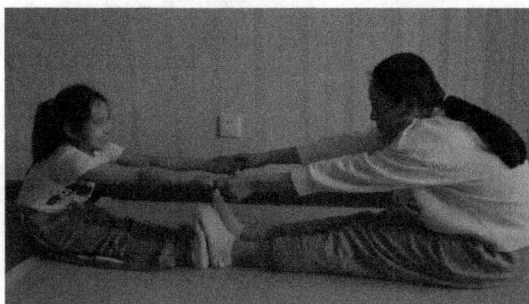

图 2-5-39　双人拉拉船

第三，头下脚上、两侧平衡的活动。具体活动有：翻筋斗（如图 2-5-40，先在教师的辅助指导下进行，以保证人身安全。让儿童感受头部向下方向的前庭觉感觉刺激）、仰卧起坐（如图 2-5-41，有困难的儿童可坐在大人伸直的双腿上，由大人拉着儿童双臂坐起，慢慢引导儿童腹部用力）、胯下丢接球（如图 2-5-42，双腿分开站，俯身从胯下看着球的方向，完成丢接球）、趴大龙球（如图 2-5-43，儿童趴在大龙球上，身体挺直，大人握儿童双手或双脚，由大人控制运动方向）、动物爬行（如图 2-5-44，双手双脚撑在地板上，像动眼一样的爬行）、老汉推车（如图 2-5-45，双手撑在地板上，双脚由大人抬起，用双手向前爬行。也可在背部负重物品，以控制运动中的稳定平衡）、过独木桥（如图 2-5-46，增强儿童平衡力及视觉协调性）、坐独角凳（如图 2-5-47，坐在只有一条腿的独角凳上，促进儿童平衡力和专注力发展）。

图 2-5-40　翻筋斗

图 2-5-41　仰卧起坐

图 2-5-42　胯下丢接球　　　图 2-5-43　趴大龙球　　　图 2-5-44　动物爬行

图 2-5-45　老汉推车　　　图 2-5-46　过独木桥　　　图 2-5-47　坐独角凳

第四，身体旋转的活动。具体活动有：旋转飞机（大人抱着俯卧的儿童，做旋转方向的运动）、滚棉被（用棉被把儿童卷来，逐渐展开棉被时，儿童随之翻滚出来）、旋转滑滑梯（为儿童提供拐弯方向的、上下快速旋转移动的前庭觉刺激）、滚圆筒（如图 2-5-48，儿童在滚筒内，随着滚动的滚筒或自己使滚筒滚动起来）、空中旋转跳（如图 2-5-49，儿童向上跳起时，努力让自己旋转起来）、双人转圈（如图2-5-50，双人手拉手快速转圈）。

图 2-5-48　滚圆筒　　　图 2-5-49　空中旋转跳　　　图 2-5-50　双人转圈

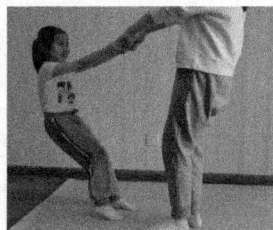

训练中可为儿童提供以下辅助策略：(1)在稳定点的支持下去做动作。如扶

着大人的手蹦床(如图 2-5-51)。(2)以宽基底支撑的方式站立,即双脚分开至肩宽的距离。(3)在柔软的或有毯子铺垫的表面上运动,而不是在一个坚硬的表面上运动。(4)需要时可坐着完成运动。

训练时要注意:前庭觉刺激常有延迟性的影响,有时 2～4 天后才出现副作用和反效果,因此必须特别注意"量"的给予,并密切观察孩子的反应,与家长保持好紧密沟通。

3. 本体觉促进训练

本体觉活动是种类最多样的训练项目。几乎所有

图 2-5-51　扶手蹦床

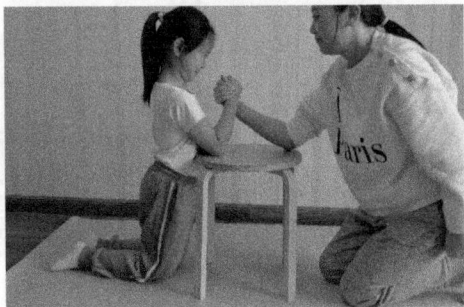

需要发力的活动都能够促进本体觉的发展。发力越多,提供的本体觉输入就越多。保龄球(用推出的贴地滚动的球击倒目标物)、呼啦圈(用腰腹部力量转起呼啦圈)、老鹰抓小鸡等追逐活动、123 木头人(训练儿童运动奔跑和静止不动之间的瞬间转换控制)、往返跑、攀爬、掰手腕(如图 2-5-52)、打沙包、拔河、模仿游戏、跳马、推车、踩影子、购物车、踩高跷、翻滚动作、跳高、跳远、跳绳、拉重物、左右跳、儿童瑜伽、搬桌椅、打扫卫生、球类活动、撑凳子(坐在凳子上,用双臂将身体撑起)、背重包、推墙(如图 2-5-53)、脚钩凳(如图 2-5-54,在在凳子上时,使劲用双腿钩住凳子的两条腿)、唱游(跟随弹唱儿歌做出简单的合拍的韵律动作)、跑步、跳床、吊单杠摇摆、匍匐前进(如图 2-5-55)、伏地挺身(如图 2-5-56)、用吸管喝水(吸管粗细和液体粘稠度可改变发力程度)、嚼口香糖、嚼 QQ 糖、吹口哨、吹泡泡、吹吹画等活动都可促进本体觉发展。

对于完成有困难的儿童,训练时可采用以下适应性方法:(1)提供给儿童轻量级的器材。(2)运动活动期间可提供适当的休息。(3)开始先进行短距离或短时训练,再根据儿童的状况逐渐增加。(4)允许儿童在运动开始前用一些时间思考动作计划。(5)要给予儿童言语上的鼓励以保证运动耐力。

图 2-5-52　掰手腕　　　　图 2-5-53　推墙　　图 2-5-54　脚钩凳

图 2-5-55　匍匐前进　　　　　图 2-5-56　伏地挺身

4.听觉促进策略

从 19 世纪中期开始在欧洲已经使用听觉训练来对付感觉处理障碍。这些过程在美国已经大众化超过 10 年。听觉系统和前庭觉系统有许多关系:两者有时被说成"前庭耳蜗系统"。两者分享内耳的骨性迷路,两者的接收器以非常相似的方式运作,分享相同的脑神经及可能的一些神经纤维。因此对听觉处理的改善活动可同时混合增加前庭觉的输入。

第一,改善听觉环境。提供背景活动最少的安静环境。可用帘子、地毯和吸音棉等材料改善教室本身的吸音效果。但要注意,当儿童能够适应在这种环境下进行较好的训练活动后,要逐渐向正常环境过渡,以免对特殊环境形成依赖。同时。最容易伤害耳朵的声音是那些高频、尖锐和断续的声音,像火警、烟雾报警、手机的某些铃声、麦克风发出的尖利声音等。也可以通过录下儿童害怕的声音,从小音量开始适应,再慢慢放大,以减弱他们的敏感反应。

第二,代偿策略。下指令时使用多重感觉输入方法,尽量用不只一种感觉输入的方式来表达口语的内容。用其他感觉输入来代偿听觉在理解周围环境内容时的功能。鼓励使用教师示范演奏视频、提供额外的视觉协助或听觉副本。如,提供听觉训练前,可先让儿童看到教师,教师轻轻拍一下儿童的肩膀或叫儿童的名字。学习指法动作时,边听教师的动作要求,边看步骤示意图片,用视觉信息帮助理解听觉内容。

第三,监控儿童听觉注意力的状态。要求随时通过提问或让儿童复述听到的主要内容的方式,来检查并确定儿童的听觉状态,并做及时调整。

第四,注意训练量的控制,把握训练节奏。训练过程中要提供短暂的中场休息。在训练前,让儿童先预习新的训练内容,以减少训练时的听觉处理负担。把需要大量倾听的训练活动安排在早上或下午早一点。提供结构化和可控制的理想环境。

第五,最适当的座位并考虑优势耳。古筝集体课往往在较大的教室内进行。如果儿童有明确的优势耳,儿童应坐在教室前面,稍微偏离中心线的一边,用优势耳对着教师,并远离干扰物。对于没有表现出优势耳的儿童,可坐在教室前面正对着教师。

第六,减低噪音的工具。耳罩或耳塞的作用是减少外来的听觉干扰,能让儿童专注在古筝演奏学习等活动上。只塞一只耳朵,减少功能较差的那只耳朵的听觉输入,可减少对功能较好的那只耳朵的神经信息干扰情形,便可改善儿童在嘈杂环境中区分听觉主题与背景的表现[1][2][3][4]。滤波耳塞只会稍稍削弱语音频率范围内的声音,同时可大范围的降低高频率的声音,在嘈杂环境下特别有用。戴上滤波耳塞后,即使是在高频率范围内,听力仍在正常范围内。

第七,调频助听系统。古筝集体课时,多人同时弹奏的声音环境会给有听觉感统障碍的儿童带来很大的困扰。儿童会听不清教室的弹奏示范和指令。也会因周围同伴的琴声干扰而无法区辨自己弹奏出的声音。为改善听觉环境的信号—噪音比值,可在教室使用调频助听系统。包括教室的扩大器及个人的配件。可将无线的指向或全向麦克风放置在靠近教师嘴边的衣领、挂在脖子上或戴在头上。透过调频后的无线电波,教师的声音会被扩大并传送到儿童的接收器中,或是传送到教室里的靠近儿童的扩音机里。调频助听系统能减少背景噪音,让教师的声音更加突出。使用前,儿童要先确定是否能忍受系统的较大声音效果。

第八,教师放慢说话速度,让儿童有听觉处理和反应的时间。示范视频也可调至放慢几倍的速度播放。用缓慢化的声音(即语言整体延展或放慢速度),对具有正常听觉敏锐度的成人在嘈杂环境下可提升听觉的理解度。延展30%或是放慢说话的速度(与平均说话速度做比较)可以使改善幅度达到最大[5]。此方法可以放缓语言和音乐的速度,而不会明显改变语言讯号的音高和音质,可以增加言语的理解度。

第九,跟教师示范视频或伴奏音乐弹奏时,可将耳机与播放器连接。此方法可明显提高儿童的弹奏同步程度。

① Jon M. Hasbrouck. Performance of Students with Auditory Figure-Ground Disorders Under Conditions of Unilateral and Bilateral Ear Occlusion[J]. Journal of Learning Disabilities,1980,13(10): 22-25.

② Willeford J. Central Auditory Behaviors in Learning-Disabled Children[J]. Seminars in Speech, Language and Hearing,1980,1(2):127-140.

③ Willeford J. & Billger J. Auditory perception in children with learning disabilities. In J. Katz (Ed.). Handbook of clinical audiology (2nd ed.)[M]. Baltimore:Williams & Wilkins. 1978,410-425.

④ Willeford J. & Burleigh J. Handbook of central auditory processing disorders in children[M]. New York:Grune & Stratton. 1985.

⑤ Wenndt S. Novel signal processing for the enhancement of speech intelligibility[Z]. Unpublished master's thesis,Colorado State University,Fort Collins. 1991.

第十,给儿童播放不同类型、不同音乐元素的音乐。训练时,通过调控音响的高频和低频输出、音量大小以及音源方位来促进儿童的听觉适应性及区辨能力。通过古筝演奏训练中,让儿童倾听并区辨左手按音产生的不同音高。让儿童倾听双声部弹奏中不同声部的内容,增强听觉主题—背景的区辨能力。

5.视觉促进策略

第一,养成由左向右的视觉搜寻和指读习惯。学习识谱时,用手指控制读谱速度和唱读到的位置,做到不漏读、不倒读。简单有组织的环境利于视觉搜寻。分乐句后先唱读整曲再唱读分句,再到每一小节。

第二,提供视觉提示。用量尺放在要唱读的那行音符下面。一次只提供一个视觉刺激,例如,学习弹奏力度阶段,只提供力度符号的视觉刺激提示;学习指法阶段,只提供指法符号的视觉刺激提示。用彩色荧光笔画出重点练习的部分。弹唱练习阶段教师写乐谱时,要将唱的字写在同时弹的音的正下方,用视觉对齐提示弹唱对齐。双手的双声部练习阶段教师写乐谱时,要将双手同时弹奏的音符上下对齐写,用视觉对齐提示节奏对位。节拍节奏学习阶段教师写乐谱时,要以单位拍为单位,将不同单位拍的音符间拉开距离。弹奏速度快的音符间密集写,弹奏速度慢的音符间拉开距离写,用视觉的疏密提示弹奏的快慢。放大谱面的音符字体。教师可在乐谱上指出儿童正在弹奏的位置,为儿童提示视觉定位(如图 2-5-57)。使用系统树状图、一览表等图示用于定期学习总结。用箭头等视觉提示标出练习开始和结束的范围位置。用在琴弦上的旋律进行轨迹图辅助儿童找到准确弦位。在琴码左侧的琴弦上做标记,以提示左手放弦的准确位置。

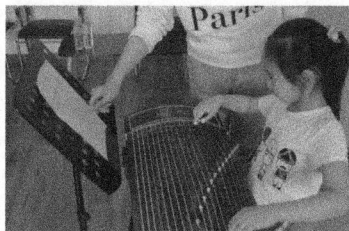

图 2-5-57　视觉辅助

第三,训练到一定时长后,进行短暂的闭目养神,提高训练效率,防止视觉疲劳。

第四,训练视觉转换。若儿童看完琴弦后回到乐谱时找不到弹奏位置,可将放置乐谱的谱架板放平,使乐谱与琴弦处在同一个水平面上。在同一水平面的两个物体间的视觉转换,要比在不同水平面(乐谱在垂直面,琴弦在水平面)的两个物体间的视觉转换要容易。待儿童完成后,再将乐谱放回垂直面的谱架上进行不同平面的视觉转换训练。

第五，调整环境光线和物品角度。夜晚弹琴时，大灯和谱架灯都要打开。房间大灯在头上方，谱架上的小灯要在左上方，这样避免出现阴影干扰。一些儿童可能无法读谱，因为白底黑字对他们来说对比度太强，看上去在晃动。教师可用白色笔把乐谱写在黑色的纸张上，使用黑色系当背景，以避免白色纸张反光的视觉干扰刺激。当琴体面板在灯光下产生反光的视觉干扰时，可将琴体面板部分用深色布料覆盖，以避免反光。调整谱架的高度和倾斜度，以方面看谱，避免反光。

第六，去除视觉干扰。训练时，若儿童出现视觉专注力不佳的情况，可用隔断、屏风或戴帽子隔绝多余视觉刺激。利用纸张覆盖不相关的内容刺激，只露出目前要练习的部分。

第七，用抄写和描写乐谱的方法，加深儿童对乐谱的视觉区辨和记忆。

第八，将示范视频放慢速播放，或用慢速录制。20世纪90年代的一系列研究发现，如果给孤独症儿童观看慢镜头播放的面部表情录像，他们的测试结果和普通同龄儿童一样。"世界变化太快"的作者发明了一个软件，可以把录像和声音变慢，当孤独症儿童处于变慢的环境中，他们开始出现模仿行为，而普通儿童在过慢的环境中无反应。同样，如果研究人员把说话速度放慢，他们发现孤独症儿童对语言的理解力普遍提高了[①]。

6. 专注力促进训练

当同时有数个刺激进入时，大脑只能对一个刺激产生反应即只对有"意义"的刺激产生反应，接下来是理解处理输入的感觉刺激，再和过去的经验做比较，以产生适当的反应。专注力选择性的理论基础为瓶颈理论。英国心理学家布鲁德本特（D. E. Broadbent）经过大量的实验于1985年提出了注意的过滤器模型理论，即瓶颈理论。注意的选择性是信息加工系统在同一时间内对信息加工的资源有限造成的。注意就像一个过滤器，在信息加工过程中对外界输入的信息进行筛选，受到注意的信息能通过过滤器，而未受到注意的信息则被排除在信息加工系统之外。过滤器对信息的通过或拒绝是由刺激的简单物理特性决定的，而不需要高级分析参与活动。因此这是基于感觉特征选择信息的，而且是按"全"或"无"的原则工作的[②]。

注意力缺失者的脑前额叶的新陈代谢是缓慢的，脑中控制注意力、抑制冲动

---

① （美）天宝·格兰丁，（美）理查德·潘内克.孤独症大脑对孤独症谱系的思考[M].燕原，译.北京：华夏出版社，2016：84-85.

② 吴端文.感觉统合[M].台北：华都文化事业有限公司，2014：268.

的区域对糖类的新陈代谢的速度比正常人慢 10％～12％[1]。他们的中枢神经和自主神经的电位活动都过低。孤独症儿童的注意具有明显地弥散性,长时间处于无意注意状态。注意维持时间极其短暂,有的孩子甚至转瞬即逝,注意力特别容易受到外界因素地干扰而转移。基本没有维持注意地自我调节和控制能力。在自己喜欢的事物或活动上又表现为极其专注,甚至陷入长久地沉迷状态,难以转移。引起注意的往往是来自身体内部的自我刺激。应该注意的不去注意,不该注意的反而特别地注意。

适当且适量的运动可提升专注力与记忆力。在运动时会促使脑内分泌多巴胺、血清素、肾上腺素等化学物质,由于大脑血清素增加,使人更具弹性思考、不固执[2]。运动使前额叶皮质(主管判断和思考)和颞叶(主管记忆)产生新的脑细胞;大脑深部极度缺乏健康的血液供应,会造成血管壁变窄,长时间会影响思考速度、动作速度、动作协调。[3] 运动有助大脑得到充分的氧气、葡萄糖、各种营养素,同时快速带走毒素。

儿童在训练时的警醒度分为:低警醒度、高警醒度和适当警醒度。低警醒度表现为易疲劳、懒洋洋、对事物和活动提不起兴趣。高警醒度表现为精神过度亢奋、安静不下来、多动、易冲动、活动做到一半就停止、尖叫、活动量大、非常紧张害怕。适当警醒度表现为注意力集中、对训练活动保持适宜的好奇心、积极配合参与训练活动、专心于演奏和训练活动、能自主排除外界环境中的干扰、与同伴相处和谐、较好听从并配合完成教师的指令。适当警醒度是训练时追求的理想状态,在此状态下儿童才能表现出最高的效率和最高的训练质量。

促进神经系统安静或警醒的做法具体如下:

(1)前庭觉刺激。为低警醒度的儿童提供快速的、不规律的、变换方向的训练活动,同时可加上视觉刺激的输入,以提高儿童警醒度。如,倒立(如图 2-5-58)、翻筋斗、空中旋转跳、坐独角凳、过独木桥等活动。为高警醒度的儿童提供慢速的、有规律的、单一方向移动的、器材固定在地上的

图 2-5-58　倒立

---

① Zametkin A. J., Nordahl T. E., Gross M., King A. C., Semple W. E., Rumsey J., Hamburger S. & Cohen R. M. Cerebral glucose metabolism in adults with hyperactivity of childhood onset[J]. The New England Journal of Medicine, 1990, 323(20):1361-1366.

② Amen D. Change your brine, change your life[M]. New Youk: Time Books. 1998.

③ Amen D. Magnificient mind at any age[M]. New York: Harmony Books. 2008.

训练活动,以降低儿童警醒度。如,床单秋千、跷跷板、骑木马、脚着地荡秋千、扶把手跳床。

（2）本体觉刺激。为低警醒度的儿童提供快跑、用力踏步、123木头人、发力运动等训练活动,以提高儿童警醒度。为高警醒度的儿童提供关节挤压、慢慢拉扯关节、慢慢推拉重物等活动,以降低儿童警醒度。

（3）触觉刺激。为低警醒度的儿童提供轻碰、摸粗糙的物品、摸有棱角的东西、冰冷的环境或器材,以提高儿童警醒度。为高警醒度的儿童提供重压和负重的活动、温暖的器材、光滑和无棱角的东西、摸形状简单或多钝角的东西,以降低儿童警醒度。

（4）视觉刺激。为低警醒度的儿童提供鲜艳的颜色、瞬间出现的东西、黑白对比、饱和度高的色调、突然或强烈和闪烁的光线,以提高儿童警醒度。为高警醒度的儿童提供规律或不变的视觉刺激、饱和度低的色调、昏暗的灯光,以降低儿童警醒度。

（5）听觉刺激。为低警醒度的儿童提供不预期的、无规律的、混杂的声音、速度快、音色尖锐、节拍节奏复杂、音量大的重金属摇滚曲风等,以提高儿童警醒度。为高警醒度的儿童提供可预期或熟悉的声音、简单的旋律、速度慢、音色圆润、节拍节奏简易、音量轻柔的轻音乐和舒眠曲风等,以降低儿童警醒度。

因为感统是无法被观察到的,因此当我们观察到儿童演奏中的能力缺陷时,需先假设是因感统不佳所导致的结果,实施精心设计的训练方案后,再观察介入的演奏训练是否能够影响个体的行为能力,必须等到能力的确得到改善了,才能够证明假设,即这些改变是由于感统改善或是神经功能进步了。

在日常生活中,复杂的外界情况作用在同一个人身上,他的感觉敏感度还可能随时发生变化。这样多样性和持续的变化使设计感觉科学研究实验非常困难,也无法验证训练方法的可靠性。所以,专家们会明确得出这样的论断:"对孤独症谱系人士来说,目前没有任何科学研究支持的有效的感觉统合训练方法。"这种论断相对于默认目前所有与感觉相关的治疗方法均无效。缺乏临床研究结果其实并不说明现有的治疗方法对成人和儿童完全没有价值,只是说明目前的研究还不能明确其价值[①]。实际上,如果仔细观察儿童,便会发现他们的问题和训练后的变化。即使感统训练不是对所有人都有效,但对于那些有效的人而言,感统训练足以让他们各方面的状态大大改善。感统理论和训练还需要有更深入的科学研究来揭示特定现象背后的本质原因。

---

① （美）天宝·格兰丁.我心看世界:天宝解析孤独症谱系障碍[M].燕原,译.北京:华夏出版社,2012:57.

第六单元　如何组织课堂

一、前期准备

对孤独症儿童古筝教学的前期准备主要是指教师心理上和能力上的准备。教师要能深刻体会并足够重视孤独症儿童古筝适应性教学的特殊性。同时,在教学实践中不断深化提高这些前期准备,积累丰富的教学经验。

(一)了解儿童

对于孤独症儿童的古筝演奏指导,教师的课前准备需要个性化的精心设计。但没有什么是比了解儿童更重要的了。孤独症的教学指导之所以比普通儿童的教育要难上百倍,是因为每一个个体都是极其不同的,障碍领域不同,障碍程度也不同。很难将一个固定的模式和统一的发展目标用于对所有的孤独症儿童的指导中。在对他们的教学中,让儿童完全配合和跟随教师设想的要求期许是有相当难度的,也是不现实的。教师只有充分了解儿童,才能通过指导现场儿童表现出的细枝末节,来真正解读无法表达自己内心想法和感知的儿童,从而根据儿童的需求给予他们指导和帮助。因此,作为教师必做的基本功课,应在几乎每节课前查看儿童的档案信息,以及儿童近期甚至很久以前的教学记录。用心解读儿童表现出的特殊方式,努力发现教学指导的更多突破点,得出假设后要设计出预案,并在教学实践中小心求证。教师应形成并不断加深对儿童特质和变化情况的了解。有了对儿童生理上、行为上和心理上的深刻了解,才能在儿童需要时第一时间给予适当的回应。与儿童建立起了儿童想要的交流方式,才能构建与儿童的情感互动,进而让儿童接受教师的引导。

(二)观察力准备

观察是最直接了解儿童、解读儿童的最有效方法。教师的观察力指教师对教育对象由外表到内心的认知能力,以及对与教育对象相关的客观环境和主观环境的认知能力,有目的性、计划性和持久性的特点。观察能力是教师综合素质和整体能力的体现。一位好的老师必须首先是一个好的观察者,能及时看出不同类型的学习困难。

孤独症儿童的古筝适应性教学需要教师具有比教普通儿童更高的观察力,并对观察到的信息进行合理解读,需要用心分析出儿童独特的学习方式,合理地应用灵活的教学方法。观察要敏锐、细致、全面、客观、深入。观察的内容包括儿童的现场行为、神情、语言、亲子关系等。在教学活动中,儿童的表情和行为会表现出不同程度的、或细微或夸张的变化。当儿童对自己及正在参与进行的活动满意时，会露出专注、惬意、得意的表情。当儿童对自己不满意，或正在参与进行的活动令他困惑、不适、有压力时，儿童会表现出紧张、痛苦、愤怒的神态和行为。当儿童专注力状态不佳时，会出现坐不住、眼神游移、反应迟钝、自我刺激、刻板行为等表现。教师在教学指导时不能只一味地盯着儿童的手或乐谱观察，监督儿童是否出错，更重要的是要观察并判断儿童的行为和言语所透漏出的所有信息。结合对儿童的了解得出假设的结论后，第一时间给出对儿童状态的回应，并根据儿童的反应回馈来小心验证假设，从而行下一步的教学调整。对孤独症儿童的教学观察除了用眼去看，用耳听，更要用心去解读，要将感官知觉与思维结合起来。感官能接触到事物的表层，思维才能够触及事物的本质。对儿童的解读错误，必然不能给予儿童真正需要的适应性指导帮助。对于有表达障碍的孤独症儿童，如果教师的观察粗疏、浅表，是很难解读儿童并对其进行教学指导的。

　　教师对儿童的观察判断要客观。要尽力排除主观因素的干扰，不因儿童的弱势角色而为儿童找主观理由，要实事求是地看待儿童的行为表现。

　　教师还应观察家长与儿童在教学活动中表现出的互动关系状态。父母的性格及状态、与儿童相处的方式及家庭生活的经历都会对儿童的整体状态产生影响。孤独症儿童很难快速的调适自己的状态和情绪，一旦问题爆发，往往会持续一段时期。古筝活动只是儿童生活的一个有机组成部分，儿童表现出好的或不佳的状态，往往不是在这次的教学活动中产生的，可能儿童几天以来都处于此状态中。教师要敏锐地观察到这些信息并与家长深入交谈，找到根源后才能做出正确的教学决策。因此，对儿童要进行多场景、长时间的深入观察，要用变化发展的眼光观察儿童。

　　教师要在准备阶段及实践中不断培养自己主动观察的动机和意识。只有具备强烈观察动机和意识，并保持兴趣和热情的教师，才能有耐心的性格和坚韧的毅力等心理品质，进行有的放矢的教学。

　　（三）弹性教学准备

　　教师要有决断力，在关键时刻能对教学内容及方向做出果断的决定。教学计划及目标在教学开始前是一定要有的，儿童演奏技能及音乐能力的整体发展一定是符合其客观规律的，因此教学也会是和进阶目标整体一致的进行状态。但对孤独症儿童的古筝指导完全按照计划进行，并受到很好效果的机率是很有限的。更多的时候是需要教师根据儿童的现场状态当即决定教学内容，对儿童进行弹性教学。当儿童状态不佳时，很难进行新内容的学习，甚至使教学无法进行，这就要迅速改变教学目标和内容，转而退回进行对旧乐曲的复习。当儿童状态好于预期时，可以跃进式的进行适合儿童能力的新内容。教师应依据儿童的能力和状态,把握住教学指导的关键节点。

同时,教师还应根据儿童个体间的差异进行弹性教学。每个儿童的障碍程度不同、弹奏练习多少不同、近期状态不同、家庭教育质量不同,教师的教学进度就会体现出个体间的差异。对于能力低的儿童要采取"小步慢走"的教学节奏,以巩固已掌握的乐曲及演奏技能为主;对于能力中等的儿童,主要进行"最近发展区"的教学内容,让儿童在稍具挑战性的目标前,在稍作努力的前提下,激发自身潜能完成学习目标;对于能力高的儿童,如果能够帮助他们找到适合的学习方式,甚至能与普通儿童的教学进度一致。

(四)现场把控力准备

突如其来的情绪和行为问题在孤独症儿童中会时常发生,教师要能根据情况调适儿童的情绪及行为。孤独症儿童的行为具有极不稳定性和无法预期性,当儿童突然爆发行为问题时,教师要能够及时有效地控制住场面。或者抱紧儿童限制其行动,与儿童在体力上进行对抗。当儿童逐渐明白自己无力抗争时,便会主动选择服从和冷静。或者停止所有演奏和教学活动,保持现场环境的静默,让儿童到休息区冷静一会儿,待儿童调整状态后再恢复弹奏和教学。准备恢复弹奏和教学活动时,教师可为儿童提供倒计时,给予儿童适当的时间,以便儿童能够意识到即将要由休息环节转换到弹奏环节。

二、课堂进行环节

对孤独症儿童的古筝适应性教学指导,不是以教师设计的教案进行环节为标准,不是以完成所有教学计划任务为标准,而是以儿童的现场状态为标准,以儿童的心理活动为标准。先要让儿童内心感到满意和舒适,才能在此状态下被教师引领,并开始进行教学计划中的教学内容。课堂进行环节大致分为热身期、自信期、适应期、互动期、休息期、评估期和总结期七个部分。对孤独症儿童的教学一定要稳扎稳打,切忌追求进度,急于求成。每节课总时长以 30～45 分钟为宜。

(一)热身期

此期间,儿童进行的活动有古筝演奏热身操、调适儿童警醒度的感统专注力促进训练活动、让儿童聆听不同性质和不同感统功能的音乐、让儿童在教室等待区内做的课前准备工作(如戴义甲、唱诵儿歌等帮助儿童提前进入古筝演奏学习状态的活动)。活动时间在 15 分钟左右。由家长及负责教学的教师帮助、监督儿童完成,负责记录的教师记录热身期的儿童情况。

(二)自信期

此期间,儿童弹奏近期学习过的旧乐曲。教师先对儿童提出遍数要求,如,每首弹唱儿歌要完成 5 遍。每弹完一遍,教师或儿童要说出第×遍弹完了,还有×遍要弹,让儿童能了解并把握活动的进程。儿童弹奏过程中,教师要评估儿童对弹奏指法技巧是否能熟练把握并能灵活运用、儿歌的弹唱是否能准确完成、整体流畅度如何、哪些方面还要再纠正和精进、儿童弹奏时是否有能够轻松完成的自信心理状态。当儿童能够准确、流畅、轻松完成弹奏时,教师可决定进入下一个适应期。若儿童的弹奏还不够自信,那么教师就应让儿童在自信期内继续巩固练习。

当儿童弹奏正确时,教师要及时给予反馈、评价和强化。当儿童的弹奏出现错误时,教师应进行以下几个步骤的错误纠正程序:第一步,不给予正面评价或强化,同时避免负面评价或负面表情反馈,以免打击儿童学习的兴趣和自信心。第二步,引导儿童注意到错误处,教师可做视觉上的符号标记。第三步,教师用最短的时间和最简洁的语言说出应该怎样做,必要时还要说出儿童的弹奏错在哪里。教师的语言切忌繁杂冗长,以免造成儿童理解困难和专注力转移。第四步,教师进行示范弹奏。对错误点的正确演奏要夸张、明确地展示给儿童,可同时伴有简要的语言要求或讲解。教师示范时还要同时检查儿童的专注力状态。示范遍数以三遍为宜,遍数过少难以引起儿童足够的关注度,没有给儿童充分的观察和理解的时间;遍数过多会使儿童的注意力出现转移或进入弥散状态,因为儿童的注意力不能够保持足够长的时间。第五步,儿童对错误点进行反复纠正练习,再对错误点所在的乐句进行反复整合练习。第六步,进行乐曲其他部分或其他乐曲的练习,使儿童对错误点的关注延迟一段时间。第七步,重新回到错误点的重复练习,教师要检查儿童能否在当堂课内完成纠正,并能巩固住正确的弹奏。第八步,儿童完成纠正和巩固后,教师要给予明确的强化奖励。

儿童没有足够的熟练度、准确度和自信心就冒然进入下个阶段,会对儿童产生极大的压力和适应性问题。与普通儿童不同,青春期前的普通儿童对自己的评价往往来自于教师及家长对自己的评价。但孤独症儿童对自己的弹奏如何往往有自己的内心评价标准,有很多儿童又都是刻板的"完美主义者"。有时教师的评价似乎对儿童而言并不是凌驾在儿童对自己的评价之上的。儿童弹奏古筝首先是让自己感到满意,他们往往不在意别人的眼光和评价。因此,是否完成自信期是以儿童的满意度为标准,而不是以教师认为的教学成果质量为标准。只有儿童在古筝弹奏活动中拥有了足够的自信心,才能够在心理上真正做好了进入适应期学习新内容的充分准备,儿童适应期的学习才能够顺利开始。教师在儿童的自信期要充分观察并解读儿童的心理状态,切不可盲目急切地揠苗助长。

自信期的进度不是平均的,每个儿童走过自信期的进度有快有慢,儿童在学习不同阶段走过自信期的进度也有快有慢,教师要能够准确把握住教学节奏。

能够顺利完成自信期的儿童大概需要 15 分钟,不能够完成的儿童也许需要几节课的时间。课堂由负责教学的教师进行教学指导,负责记录的教师记录课堂情况,并要求家长旁听。

（三）适应期

教师要在适应期内进行新内容的教学指导。新内容包括指法技巧动作和儿歌弹唱。具体教学程序遵照弹奏指法进阶内容和儿歌弹唱的整合程序进行（详见本章第三、第四单元）。此阶段的教学中,教师要以儿童能否接受、适应、消化学习内容和目标为标准,时时检查儿童的适应状态。若儿童出现任何不适应的表现,就要减少内容量、细化教学步骤、增加辅助,甚至退回到自信期或进入休息期。

儿童听觉处理速度慢,错听、听觉次序排列错误等情况常有发生,教师要多重复指令并给予儿童反应时间,耐心等待回应。有些儿童的学习还具有内隐性特点,看似对教师的教学没有反应,甚至看起来处于注意力涣散状态,但实际上已接受并领会了教学内容。因此教师需要在了解儿童个体学习方式的基础上决定适应期的教学实施。教师对新内容的弹奏示范要进行约 3 遍,遍数过少难以引起儿童足够的关注度,没有给儿童充分的观察和理解的时间,不会起到示范的效果;遍数过多则会使儿童的注意力出现转移或进入弥散状态,因为儿童的注意力难以长时间地保持。孤独症儿童的自信心又是极其脆弱的,任何程度的新内容或新挑战都可能会让其自信心瓦解,甚至到情绪爆发的程度。儿童开始尝试挑战新内容的弹奏时,教师应要求儿童用尽可能慢的速度弹奏,以便儿童有足够的时间进行动作计划、动作调适和心理准备。同时,教师应先使用尽可能多的辅助方式,包括肢体辅助和语言辅助,为儿童提供足够的"保险",使儿童感受到足够的安全感,再随着儿童的适应力及弹奏能力的提高逐一撤销辅助,直至儿童能够完全独立完成弹奏。

适应期时间可控制在 10～15 分钟,由负责教学的教师进行教学指导,负责记录的教师记录课堂情况,要求家长旁听。教师的笔记记录可以《授课记录》（见表 2-6-1）为例。

表 2-6-1　授课记录(案例)

学生姓名:明明	上课日期:2019 年 3 月 14 日 10:00—10:30	所在学校:培智学校
记录教师:李老师	上课教师:张老师	课前儿童状态:低警醒度

教学目标:学会托劈指法和儿歌《三条鱼》的弹唱音名

上课形式:一对一个别课

教学内容:复习弹唱儿歌《阳光》《春晓》;学习托劈指法动作;学习《三条鱼》的弹唱音名

教学时间:30 分钟

教学材料:三首儿歌的乐谱、铅笔

教学准备:古筝演奏热身操 5 分钟、坐独角凳 2 分钟、过独木桥 2 分钟、推墙 2 分钟(提高专注力的警醒度)、等待区准备 3 分钟。

教学环节	自信期(12 分钟):《阳光》弹奏 5 遍、《春晓》弹奏 5 遍,不需要教师辅助,弹奏较流畅、准确。教师给予表扬强化。发力过大的问题还要在之后的弹奏中继续调整。明明演奏状态较轻松,但每弹完一遍都要刻板地抠抠琴面板。
	休息期(2 分钟):明明在休息区喝了口水,半躺在沙发上玩衣服上的帽绳。
	适应期(16 分钟):1.教师示范《三条鱼》弹唱音名 3 遍,家长录示范视频。告诉明明乐谱中新的指法符号叫托劈。让明明跟随教师的指引用铅笔标出所有用托劈指法弹奏的地方,作为视觉提示。明明状态较认真并准确完成。2.学习托劈指法的 4 个步骤。明明的扎桩动作不够稳定,教师进行肢体辅助。3.《三条鱼》弹唱音名。用极慢速弹奏,遇到托劈指法的地方教师提前进行语言提示,并进行肢体辅助。开始时教师唱音名,明明弹奏,完成了 3 遍。之后明明开始尝试弹唱,完成了 3 遍。明明动作反应较慢,动作计划需要时间,不确定时手会晃,但弹奏弦位较准确。

(四)互动期

对于能力较高的儿童,可在儿童能够完成适应期内容后进行师生间的弹奏互动。互动方式有:(1)儿童跟随节拍器及教师的节拍节奏引导弹奏。(2)儿童跟随教师齐奏。(3)跟随伴奏带弹奏。(4)教师为儿童进行和声伴奏。(5)师生交替弹奏。如教师弹前一句,儿童接下一句。(6)教师为儿童弹奏儿童喜爱的歌曲。弹奏要进行古筝化的改编,可加入未学过的新指法,这会引起儿童对未来学习的兴趣和期盼。这些互动方式实质上是用音乐来跟儿童交流、游戏,也为更高阶段的融合集体课做前期适应准备。教师在进行此类活动时,要营造轻松、互动、游戏的氛围,以儿童的参与感受为主要教学目标,儿童弹奏的完成质量则是次级教学目标。若开始时儿童参与的主动性不强,教师应有耐心地做多次示范。

当儿童逐渐熟悉并了解了参与的形式及内容后,便会开始尝试主动参与。

课堂上的互动还包括亲子间的互动。由于家长在课堂上全程陪同并旁听,因此可以扮演很好的助教角色。课堂上可让家长代替教师,从旁指导辅助儿童。教师观察家长的辅助过程后,对家长的指导给予纠正和建议。有弹奏能力的家长甚至可以与自己的孩子进行齐奏等弹奏互动。用古筝弹奏这种音乐方式进行的互动活动不失为一个促进亲子情感交流的好方法。有时家长的示范弹奏可能会比教师的示范更能引起儿童的注意力和学习兴趣,会对儿童形成特殊的意义。

（五）休息期

长时间的课程对部分儿童具有一定的压力,对儿童的专注力更是一个不小的挑战。因此,为保证儿童的整体演奏学习状态,可在教学环节间或儿童情况不佳时,果断中止教学,让儿童转入休息期。休息期的次数和时长要根据儿童的现场具体情况提供。若儿童状态极差,可少量多次地提供多个休息期。要注意,休息期只在必要时才为儿童提供。若儿童的课堂状态尚可,则不要中断课堂进行,无需休息期,要趁热打铁,以免破坏儿童的专注力状态。教师还可在儿童休息期辅导家长弹奏。若家长有一定的弹奏能力,会在家庭教育中给予儿童很好的辅导。同时,通过古筝弹奏带来的美育也会在舒缓家长精神压力方面产生很大的效用。

（六）评估期

对儿童的各项弹奏、喜好、感统、学习及综合能力的评估要定期进行(详见本章第一单元和第五单元),可在课堂儿童状态较好时,对其中的几项指标进行评估。评估应在自然的情境和儿童心情放松的前提下进行,评估形式不要给儿童造成任何程度的压力感,以免影响评估结果的准确性和信效度。每项的评估用时要尽量短,以免丢失儿童的评估专注力。

（七）总结期

课程及活动结束后进入总结期。教师应及时回看授课记录及录像视频进行教学总结及反思。教师可使用《教学总结及反思表》(见表 2-6-2)从以下方面进行:(1)哪些方面做得较好?(2)哪些方面做得不够好?(3)有哪些改进方案?(4)对儿童的观察又有哪些发现?(5)其他总结。

表 2-6-2　教学总结及反思表

学生姓名：	上课时间：	上课教师：
记录教师：	儿童整体状态：	上课形式：
教学目标：		
教学内容：		
哪些方面做得较好		
哪些方面做得不够好		
有哪些改进方案		
对儿童的观察又有哪些发现		
其他		

第七单元　几种特殊教学方法的使用

一、结构化教学

结构化教学(structured teaching)是专门为孤独症者设计的教学模式,由邵普勒及其同事创建的 TEACCH 项目于 19 世纪 90 年代提出。结构化教学基于孤独症儿童独特的学习特点、方式及需要对环境进行调整,即对物理环境、活动顺序及任务进行积极的组织和指导,并提供视觉支持,帮助孤独症儿童更好地理解和应对所处的环境,发挥孤独症儿童的优势。其干预领域涉及学业能力、沟通能力、自理能力、职业技能及社交技能等①。

TEACCH 项目提出的一个理论概念——"孤独症文化",它是指孤独症者有其独特的思考和行为模式等,强调尊重孤独症者的差异,通过他们的视角去看待事物,帮助他们习得融入社会的技能。"孤独症文化"认为孤独症者具有以下特点:(1)偏好获得视觉信息,有视觉优势。(2)关注细枝末节,难以整合、联系信息及较难抽象出事物的含义。(3)注意力多变,有时容易分心,有时又过度专注,难以有效地转移其视线。(4)沟通障碍,不同发展水平的个体在沟通障碍方面有时不同,但都存在语言方面的社会功能损伤。(5)难以理解时间概念,包括活动转换时过快或过慢,不理解活动中的顺序以及"完成"的含义。(6)坚持自己的日常生活习惯,难以泛化到其他情境中,受外界影响不能继续完成日常活动时会感到迷惑或沮丧。(7)对组织和顺序极端坚持,坚持以自己的方式摆放物品或玩游戏。(8)对于喜欢的活动过于热衷,很难离开。(9)有明显偏好和讨厌的事物或活动②。(10)面对陌生环境、事物、人群或突发状况时容易产生焦虑。(11)感知觉异常,对某些刺激过度敏感或过度不敏感③。

结构化教学利用孤独症儿童的视觉优势和对顺序的感知帮助他们学习新的知识和技能,同时,这种学习反过来又能增加其参与任务的舒适度和动机。其目标是帮助孤独症者成为自信的学习者,意识到自己能够按照要求做某事并能成功完成任务④。

对孤独症儿童的古筝适应性教学指导运用结构化教学理论具体体现在:

1. 基于孤独症儿童不同的教育需求和特点,建立个别化的教育目标和教育策略,对儿童相关能力进行详细而持续的个别化评估,评估结果为教师提供儿童的学习方式、兴趣喜好、优劣势等方面的线索,以确定教学策略。

2. 运用对空间物理环境进行结构化分区的理论,将古筝教室划分为演奏及学习区、教师工作区、活动区、休息区、等待区、洗漱如厕区 6 个功能区域。每个区域有其不同的功能。帮助儿童理解"我现在在哪个功能区"和"我应该要做什么"。有助于儿童集中专注力,增加学习行为并减少焦虑感。

3. 运用对时间进行结构化安排的理论,将古筝课堂分为热身期、自信期、适

---

① Mesibov G. B. & Shea V. The TEACCH program in the era of evidence-based practice[J]. Journal of Autism and Developmental Disorders, 2010, 40(5):570-579.

② Mesibov G. B. & Shea V. The TEACCH program in the era of evidence-based practice[J]. Journal of Autism and Developmental Disorders, 2010, 40(5):570-579.

③ 胡晓毅, 刘艳虹. 孤独症谱系障碍儿童的教育[M]. 北京:北京师范大学出版社, 2016:59.

④ Zager D., Wehmeyer H. M. & Simpson L. R. Education students with autism spectrum disorder, research-based principles and practices[M]. New York: Taylor & Francis, 2012.

应期、互动期、休息期、评估期 6 个环节。制作儿童的课程进度表,在儿童要进入具体的某个环节前,为儿童展示课程进步表,以视觉化的方式向儿童呈现何时做何事,让儿童充分了解自己完成了什么活动,接下来要去完成什么活动、具体将要做什么。对课堂活动进行结构化安排,明确地呈现学习内容的先后顺序及步骤等,可有效降低儿童的焦虑紧张感。

4.结构化教学在很大程度上依赖于呈现的视觉信息,如图片、日程表、流程图等,以代替口语教学或指令。视觉提示主要解决 5 个方面的问题:(1)我应该在哪里或我要去哪里学习;(2)在这里我要做什么活动或工作;(3)我要做多长时间或我要做多少任务;(4)我如何知道完成工作的进展或如何知道我已完成;(5)下一步我要做什么[①]。古筝教学利用此原则,将古筝演奏热身操和指法学习中的动作要求制作成为分步骤的图片,用视觉图片代替教师的口语讲解。儿童看着图片提供的动作提示,再配合教师简洁的口语讲解或指令,便可轻松完成动作大框。

5.将孤独症儿童的特殊兴趣或尤为喜欢的某一物品嵌入教学活动,采用儿童的特殊兴趣,可提高儿童的学习动机,吸引其注意力,使其参与学习任务。大多数孤独症儿童都有自己喜爱的歌曲和音乐,古筝教学运用此教学策略,将儿童喜爱的歌曲或音乐改编成具有古筝演奏特点的音乐现场展示给儿童,可极大程度的吸引儿童的注意力,提高儿童的学习动机和对未来学习的期盼。

6.结构化教学强调教师与家庭之间的合作,教师指导家长如何对儿童进行家庭教育的评估,将家庭对儿童的期待和目标与教学目标整合,教师指导家长如何为儿童提供个别化的技能支持。古筝适应性教学指导中的家庭教育法便充分体现了此教学原则(详见第三章家庭教育法)。

7.结构化的工作系统(structured work system)增加孤独症儿童的学习注意力、活动主动参与能力和独立完成任务的能力。系统回答四个问题:我要完成什么任务、要完成多少任务、完成时我如何得知、完成后要做什么[②]。古筝教学采用动作步骤图和活动流程图的视觉化方式来展示。对于能力高的儿童可采用文字加图片的形式注明要做什么活动以及数量。每完成一项教师或儿童做打钩标记或儿童自己喜欢的方式标注自己已完成。对于能力低的儿童,用数字、符号、图片来呈现活动,帮助儿童了解自己的活动进展。

① Zager D.，Wehmeyer H. M. & Simpson L. R. Education students with autism spectrum disorder，research-based principles and practices[M]. New York：Taylor & Francis，2012.

② Mesibov G. B.，Shea V. & Schopler E. The Teach Approach to Autism Spectrum Disorders [M]. New York：Plenum Publishing Co.，2004.

二、应用行为分析

应用行为分析(applied behavior analysis)是一门致力于研究和改善人类行为的科学,指将研究控制条件与动物及人的行为变化之间关系的实验分析得出的行为原理应用在实际生活场景中,从而研究人的行为的变化。主要研究行为如何习得、如何存在、如何通过控制环境改变行为。广泛应用于不良行为的改善和良好行为的塑造。其原理适应于任何人群。20世纪70年代开始首次运用于孤独症儿童的干预领域。美国加州大学洛杉矶分校的洛瓦斯教授(Lovaas,1987)探索用行为技术来改变孤独症儿童的行为,用40多年的时间形成了一个完整的操作体系,曾经被认为是促进孤独症儿童发展的最好方法。它包括一些具体的干预策略,如回合式教学、功能性行为分析、功能性沟通训练、区别性强化、时间延迟等,被归类为循证实践方式。促进了孤独症儿童的认知、沟通、运用、社会交往等各个领域的发展,无论是在新行为的习得方面,还是在问题行为的减少方面,都有着积极的效果[1]。2014年,美国孤独症循证实践评审小组发布《孤独症谱系障碍儿童、青少年及青年的循证实践》报告,介绍了27种循证实践,超过1/3的方法以应用行为分析为基础[2]。

行为分析的特点有以下几点:(1)以行为为中心。(2)以行为原理为基础。(3)强调现有的环境状况。(4)准确记述实行的程序。(5)能够在日常生活场景中进行。(6)要测量行为的变化。(7)分析行为原因时不能过分强调过去的事件。(8)关于行为原因的说明不可用假说框架[3]。应用行为分析中的"行为"必须是可量化和观察的。

(一)强化

应用行为分析的心理学依据是强化作用。强化指在行为之后产生的环境变化会提高将来在同样场景下产生该行为的概率[4]。强化在行为产生之后呈现,目的是增加这一行为在今后出现的概率,控制强化可以有效改变行为。一个行为因为引发的后果不同,因而被增强或削弱。如果一个行为的后果是令人愉快

---

①② Wong C., Odom S. L., Hume K., Cox A. W., Fetting A., Kucharczyk S. & Schultz T. R. Evidence-based practices for children, youth, and young adults with Autism Spectrum Disorder[R]. Chapel Hill: University of North Carolina, Frank Porter Graham Child Development Institute, Autism Evidence-Based Practice Review Group, 2014.

③ (日)小林重雄.自闭症教育基础用语百科辞典[M].裴虹,范祺韡,译.上海:上海人民出版社,2019:16.

④ (日)小林重雄.自闭症教育基础用语百科辞典[M].裴虹,范祺韡,译.上海:上海人民出版社,2019:244.

的,那么这个行为以后的出现频率会增加;如果一个行为的后果是令人不愉快的,那么这个行为以后的出现频率会降低、减少、消失。行为强化有两种类型:正强化和负强化。正强化指行为发生后,行为人得到了某样喜爱的东西。负强化指行为发生后,行为人避免了某样讨厌的东西[①]。能起到强化作用的事物都称作强化物。强化物有正强化物(可以带来愉快感觉的东西)和负强化物(可以带来不愉快感觉的东西)。也可按类型分为一级强化物(满足基本生理需求,如食物、玩具或活动)、二级强化物(与一级强化物反复联合产生强化作用,如代币)和社会性强化物(满足心理需求,如音乐、称赞、表扬、拥抱、注意等)。强化物的使用方法有给予和取消两种。举例说明,教师的教学目标是让儿童完成乐曲 A 的弹奏,当儿童准确完整地弹奏 A 时,此行为是教师所期盼发生的,儿童行为的结果是教师给予了他的强化物(如用古筝现场弹奏他最爱听的乐曲)。当儿童了解了他的弹奏行为与得到强化物之间的关联,那么儿童的此种行为再现的概率就会增加,此种强化为正强化。教师的教学目标是让儿童完成乐曲 A 的弹奏,而乐曲 B 是儿童不喜欢的。教师要求儿童弹奏 A 和 B 各 5 遍,但先弹奏 A,再弹奏 B。当儿童准确完整地弹奏 A 时,此行为是教师所期盼发生的,儿童行为的结果是可减少一遍 B 的弹奏。当儿童了解了他的弹奏行为与避免讨厌的事物之间的关联,那么儿童的此种行为再现的概率就会增加,此种强化为负强化。不管是得到喜爱的强化物还是避免不喜欢的乐曲,这都是儿童所喜欢的后果。因为出现了喜欢的后果所以准确完整的弹奏会出现的机会增多,这样行为就被强化了。

外部刺激条件对行为可产生显著影响。古筝适应性教学中,每次上课可以让儿童带一些喜欢的物品作为强化物,教师可控制强化物,通过控制强化物来控制孩子的行为。只要方法得当,就可以改变孩子的行为。

使用强化物时要注意:

1.一级、二级强化物容易饱和,饱和后会暂时失去效力。由于这种强化物较原始低级,因此不能在任何场合里都使用,也要避免儿童随便就可以得到,滥用就会导致失去强化作用。控制强化物的使用在于教师及家长对数量和频率的尺度把握,争取达到每次给少量的强化物,就可以维持较长时间学习的效果。教师及家长应掌管好强化物,既不要因为强化物太多让儿童饱足而失去强化效应,也要避免因为强化物太少,而达不到强化效果。只是在开始阶段或在儿童理解认知程度较低时会较频繁使用,随着儿童行为的改善最终它要被高级强化—社会强化所取代。

---

① 杜佳楣.ABA 改变孤独症[M].西安:陕西师范大学出版总社有限公司,2014:61.

2.在教学指导的初始阶段,也要注意一级、二级强化物和社会性强化物同时使用,为儿童向社会性强化发展做准备。当社会性强化物能够发挥有力效用时,一级、二级强化物便可逐渐撤去。

3.社会性强化也应在教学指导的初期出现。最初儿童不会意识到表扬等社会性强化物具有强化作用,可是如果每次社会性强化物和一级、二级强化物都是同时出现的,儿童就会自然地将两者联系起来。当撤销了一级、二级强化物后,社会性强化物便可以起到强化的作用。

4.强化物必须是在儿童认知范围内的,儿童可辨别的事物,儿童要能够理解其意义。

5.社会性强化物效果不佳时,就应该回到一级、二级强化物的水平上,并与社会性强化物一起使用。

6.强化物要及时升级。

7.表情和语言是常用的社会强化方式,随时随地便可以表扬儿童。

8.社会强化的高级形式是自我心理强化,即内滋性奖励。产生自豪感是最高级的强化效果。

9.孤独症儿童对赏识和奖励有着更强烈的渴求。不能忽略儿童任何值得肯定的一面,教师及家长不能因为儿童做到的良好行为是本来就期待的应该行为而忽略了赞赏,其结果会使儿童的良好行为反而消失了。

10.慷慨赏识、当即表扬,帮助儿童树立牢固的因果关系。一个后果要想成为最有效的强化物,就应该在行为发生之后立即发生。儿童对自己行为表现所引发的后果的关注程度会随着时间的延长而降低。当儿童的关注程度降低时,强化物引起的效果也会降低,所以立即给予强化的效果最佳。如果延迟强化,儿童便会无法辨别是自己的哪个行为导致的强化,往往会造成儿童错误的认知。所以对儿童进行强化的时候一定要在尽可能短的时间内将强化物兑现给儿童,最好还能用最简洁明了的语言点明一下强化的原因。被期盼出现的行为出现频率较高时,再采用延迟强化的方式,将延迟的时间距离逐渐拉大。当时间延迟到无限大时,说明这个行为已牢固建立,此时强化就需要停止了。

11.对儿童的古筝教学过程中,要保证儿童有成功的机会是非常关键的,这样他才有得到强化的可能,强化才能让他的期望行为更多地发生。因此,教师应提供给儿童适当难度的、在儿童邻近发展能力范围的任务或活动。

12.如果儿童能够完成任务了,教师还要不时地提供机会让儿童把这个技能练熟,因为巩固熟悉技能会让儿童的本领不断增加。

13.在学习一个新指法动作或一首新的弹唱儿歌时,教师通常要使用连续强化,因为这是行为学习适应期。如果一个技能已经获得了,即儿童已进入了弹奏自信期,教师就应尽快转为使用间歇强化,以便儿童能够继续保持这一技能。

14.教学中要使用不同的强化物,避免对特定强化物产生厌烦或依赖。尝试新的刺激,观察对于不同类别刺激的反应情况。对强化物的使用本身也是教学和评估的重要内容。

（二）忽略

在古筝适应性教学指导实践中,经常出现儿童用不停的明知故问等方式意欲引起教师注意,或逃避弹奏及学习等活动。这时应使用忽略策略。任何一个行为一连发生多次都未能带来满意的后果,无法获得强化物,其行为的强度就会逐渐地衰弱,直至最后不再发生。适合使用忽略策略的儿童不良行为需具备以下特点:(1)和某种增强建立了联系,不再增强行为就会被削弱。(2)明显是儿童想引起别人注意而发生的,行为发生后儿童没有得到关注,行为就会消失。教师及家长把目光移开就可达到削弱的目的。教师需要透彻地了解儿童。使用忽略策略时要注意,必须连续忽略,不能有时被忽略,有时又没有被忽略。教师和家长见要有一致的态度和做法。由于连续强化而建立的行为,采用忽略效果会比较好;由于间隔强化而建立的行为,消除起来会比较难。因为,此次不给予增强,儿童还会期待下次的强化,因此必须进行连续忽略后,儿童才会意识到强化物不会再出现了。危害他人的攻击性行为和危害自己的自伤行为是最先需要改善的,应先改善儿童最需要改善的严重行为。忽略适用于情节轻微的不当行为,严重的行为要用惩罚等其他方式。

（三）行为塑造和行为改变

行为训练有两项基本任务:

1.行为塑造。塑造指对接近目标的行为做出区别性强化的过程,即通过强化小步骤进步,最终帮助儿童达到目标行为①。塑造能够激励良好行为的出现,巩固维持良好行为。

2.行为改变。指减少或消除不良行为。行为改变的关键在于教师及家长通过对强化物的操作,控制行为发生的后果,让儿童体验到愉快或不愉快。应用行为分析适用于外显的、可观察的、可习得的具体行为,具有很强的操作性、直观性、可评估性,收效快。应该分析影响行为的心理因素,让儿童理解行为的意义,引导行为矫正和行为建设向更深入、更复杂、更高级的阶段发展。让儿童从外部的物质强化走向内部的自我强化和社会强化,从而真正改善儿童的行为。

（四）链接

孤独症孩子的几乎每一项技能都需要特意习得。任何复杂行为都可以分解

---

① 胡晓毅,刘艳虹.孤独症谱系障碍儿童的教育[M].北京:北京师范大学出版社,2016:43.

为若干个简单行为,复杂行为是由简单行为串联而成的。这种由一系列前后相关联的、有特定顺序的单一行为组成的复杂行为叫做链接(又称为刺激—反应链接,stimulus response chain)。链接用以习得新的行为链接,以及扩展与修正已经习得的行为链接等。复杂行为如同一个行为链,第一个反应建立后,再建立第二个反应,直到最后的反应全部完成,然后再从头至尾将一连串的正确反应连贯起来,就是一个完整的正确行为。这是一个典型的由易到难、循序渐进的过程。在指导学习系列的连续技能时,教师必须明确动作成分环节与动作完成顺序。此分析过程称为任务分析(task analysis),以基于任务分析的系列的分割行为为基础,实施链接化的指导过程①。每完成一步时要给予及时奖励。在复杂的行为链中,哪个地方最容易突破,就让儿童从哪里做起。以支腕摇指法的弹奏动作学习为例,这个弹奏指法动作就是一个行为链,它包含了很多的单一反应,如:①手型。拇指指间关节绷直,食指指尖桡侧捏在拇指指腹的胶布处,将拇指义甲捏牢固,虎口呈半圆形。其他三指指间关节自然弯曲,指尖屈回,掌指关节上翘。手心中空。②预备练习。摆好手型后,将前臂抬起,做挥手再见的左右摆腕动作,手腕上翘约40°。要感受到向桡侧的运动是发力运动,向尺侧的运动是靠反弹的运动惯性。腕部要松弛灵活,持续运动。③将手臂整体移动至掌心向下的位置。④将腕根部尺侧的豌豆骨压在琴头上作为摆动支点,做空弦摆腕动作练习。⑤在步骤四的基础上,拇指义甲尖端逐渐下降至触弦发声。在支腕摇的行为链中,每一个后面的动作都是在前面的基础上发生的。如果没有①手型,②预备练习就没有意义。

使用链接策略时要注意:

1.确定好终点行为是什么。支腕摇的终点行为就是在支腕的姿势下,摇摆手腕,弹奏出声。这一动作链中的相关行为都要强化,无关的行为都要削弱。

2.了解儿童现在的基础。儿童现在与终点最接近的行为是什么,也就是儿童发展到哪个环节出现了困难和障碍。这个行为和环节便是行为塑造的基础和原点。可以从这个基础出发,逐渐延伸和扩展,引导儿童逐步一环扣一环地走向终点行为。

3.链接中最为重要的环节就是要进行任务分解。把复杂的终点行为分成若干个适于儿童学习的具体环节,将复杂行为形成一个系列。在教学中用一定合理方式建立单一行为,再串联起来,这个行为链就完成了。单一行为的设计必须细化和简易到符合儿童的能力范围。

---

① (日)小林重雄.自闭症教育基础用语百科辞典[M].裴虹,范祺韡,译.上海:上海人民出版社,2019:35.

4.儿童在每一环节成功并获得巩固后,再进入下一个环节的学习,切不可在未得到巩固时便急于进入下一环节。如果建立下一个新行为有困难,则需要退回到前一个环节继续训练。进展速度要适宜,太快太慢都不好,因为每一个步骤练习时间太长,行为被过分强化,反而使下一个环节的行为不易出现。因此,教师既要有足够的教学耐心和扎实的严谨态度,又要把握好进阶节点,果断做出教学决策。

逆向链接是链接策略的其中一种形式,是将复杂的行为分解,设计出顺序,由教师辅助完成前面所有程序,只留下最后一个步骤让儿童自己完成。如支腕摇的学习中,教师手把手的辅助儿童完成①手型—②预备练习—③手心向下—④空弦摆腕,最后一步—⑤触弦发声由儿童自己完成。当儿童做完最后一步时立即给予表扬,让孩子体验到成就感。然后逆向后退,再由教师辅助完成①手型—②预备练习—③手心向下,从倒数第二个步骤④空弦摆腕开始训练由儿童自己完成,再训练倒数第三个步骤③手心向下,从后往前学习。由于每次儿童都是在成功体验中结束学习的,孩子没有挫折感,会勇于积极尝试。

我们从国外引进的应用行为分析方法在使用中常常会出现扭曲和走形的现象,影响了儿童的康复效果。其一是因为各种方法、技术、手段之间缺乏融会贯通和有机融合,其二是因为整体师资水平等条件的局限。应用行为分析只是一种方法和手段,方法不是孤立存在的,也不能直接照搬使用,方法要与教学实践进行完美融合,要"藏于"实践活动中,在具体的教学活动中才能发挥它的功用。这个方法应用的效果与应用者对其理解和把握有很大的关系。过于重视操作形式,甚至机械性刻板地重复训练形式,反而对其精髓缺乏理解和把握。同时,应用行为分析也有其自身的局限性,如怎样使儿童向社会强化升迁还没得到很好解决。另外,应用行为分析强调"刺激—反应"模式,可以不完全依赖于儿童的理解能力,靠简单的反应模式建立好的行为。其局限性即为这使行为训练具有了机械性地特点。在古筝教学中,除了学习程式性的弹奏动作外,更重要的元素是音乐,音乐的情感表达和美感特点会在一定程度上会弥补应用行为分析训练的这些机械局限性,演出表演等实践活动也会使社会性强化的功用在儿童内心得到最大程度的彰显,使其在教学实践中得到更好的发挥。

三、回合式教学

回合式教学(discrete trial training)是应用行为分析中的一种具体教学策略,又被称为分解式操作教学法,是对某个未经训练的行为明确它的前因与结果，从而控制刺激的训练方法[①]。其基本步骤是把一个任务分解成数个子任务，每个子任务由数个回合组成，每一回合包括刺激（即指令）—行为（即反应）—结果（即强化），有明确的开始和结束标志[②]。这一教学策略非常适用于语言能力低、社交能力较差的孤独症儿童，被广泛运用于提高他们的各种能力，经过实证检验取得了积极的效果[③④⑤]。

这个策略包括六个步骤：

1. 吸引注意力。教师在教学前应先进行儿童喜好的评估，包括音乐喜好和强化物。教师可弹奏示范要学习的内容及弹奏儿童喜欢的歌曲或音乐的古筝改编版（如儿歌《小兔子乖乖》），也可将要学习的儿歌主题（如兔子玩偶）在正式学习前呈现给儿童，以吸引儿童的注意力，维持儿童的学习动机。在发出教学指令前先建立教学控制。这是教学活动得以开展的前提条件。儿童能够将注意力放在要进行的活动之上，教学活动才能够有效开展。

2. 发出指令。指令要简短、明确、具体，以免给儿童的理解增添负担或丢失儿童的注意力。如弹出弹唱儿童《兔子》的所有音符 5 遍。随着教学的开展，指令逐渐由简单向复杂过渡。如《兔子》的第二个乐句有弹错音，要重新再弹一遍。具体错在哪里，应该怎么弹。

3. 提示。若儿童对指令无反应或执行错误，则这一回合教师在给出指令后就应立即给予相关内容的提示，以保证儿童能在指令和反应间建立关系。如《兔子》的第二个乐句具体错在将中音 2 弹成了高音 2，中音 2 的弦位应该在哪里呢？，此时引导儿童思考并寻找。提示应逐渐减少，以免儿童形成依赖。提示有很多类型，包括身体提示、半身体提示、示范提示、手势提示、言语提示和视觉提示等。教师示范弹出中音 2 的弦位属于示范提示。教师告诉儿童应该去找中音 2 属于言语提示。教师手指向乐谱中 2 的位置属于视觉提示。

4. 反应。当反应正确时，可立刻给予强化。当反应错误时进入错误纠正程序（详见本章第六单元）。教师可引导儿童判断自己的弹奏是否正确，然后再说

---

① （日）小林重雄. 自闭症教育基础用语百科辞典[M]. 裴虹，范祺韡，译. 上海：上海人民出版社，2019：83.

② 胡晓毅，刘艳虹. 孤独症谱系障碍儿童的教育[M]. 北京：北京师范大学出版社，2016：45.

③ Gould E., Tarbox J., O'Hora D., Noone S. & Bergstrom R. Teaching children with autism a basic component skill of perspective-taking[J]. Behavioral Interventions, 2011, 26(1): 50-66.

④ Summers J., Tarbox J., Findel-Pyles R. S., Wilke A. E., Bergstrom R. & Williams W. L. Teaching two household safety skills to children with autism[J]. Research in Autism Spectrum Disorders, 2011, 5(1).

⑤ Kodak T. & Clements A. Acquisition of mands and tacts with concurrent echoic training[J]. Journal of Applied Behavior Analysis, 2009, 42(4): 839-843.

出教师的评价。

5.强化。强化是保证教学效果的关键环节。依教师对儿童的了解,选择现阶段儿童最喜欢的强化物,以社会性强化物和音乐强化物为主,一级、二级强化物为辅,各种类强化物综合运用。如,儿童将弹唱儿歌《兔子》正确完成后,教师为儿童弹奏《小兔子乖乖》作为奖励,或者可允许儿童玩兔子玩偶1分钟。强化物还应具有多样性,以促进习得技能的泛化。同时,教师要始终明确要强化的行为,时刻注意强化目标不可偏离。

6.暂停。教师将强化物回收,暂停代表着回合式教学策略的结束。儿童可转入休息阶段。教师可记录儿童的完成情况。

回合式教学也尤其明显的局限性:(1)以儿童的模仿能力为基础前提,儿童需要反复学习和练习完整技能的每一个细小环节,前一个环节完成并巩固后才能进行下一个环节的学习。完整技能的全程学习耗时漫长,儿童不免感到枯燥乏味。并且一旦练习暂停一段时间,已习得的技能就会退步或被遗忘。(2)回合式教学多在一个结构化程度高、干扰少的教室内,由教师对儿童一对一地进行。已习得的技能较难进行泛化,缺乏在更自然的多样环境中进行练习。(3)儿童通常过于依赖教师的辅助,缺乏勇气和自信去主动尝试,缺乏主动参与意识。

四、关键反应训练

美国学者 Simpson 将目前的孤独症干预方法分为三大模式:教导主义模式、发展主义模式和自然主义模式。教导主义模式以行为主义理论为基础,在干预中采取重复回合式的教学方法,并结合强化物对孤独症儿童进行反复训练。应用行为分析和回合式教学属于教导主义模式[①]。自然主义模式的教育干预策略强调在自然的情境中采用应用行为分析的原则进行干预,以自然强化物(将孤独症儿童的期望与当前活动或干预直接相关的物品作为强化物)激励孤独症儿童自发的沟通意愿以及对行为进行功能分析。结构化教学和关键反应训练属于自然主义模式[②]。

关键反应训练(pivotal response treatments,PRT)是自 20 世纪 70 年代开始,由美国加州大学圣塔芭芭拉分校区的罗伯特·凯格尔(Robert Koegel)和琳·柯恩·凯格尔(Lynn Kern Koegel)博士等人开发的,具有发展策略与应用行为分析相结合的综合性指导方法,并以在融合教育中提供自然环境下的学习机会为特点。所谓关键性技能领域指由特定领域目标扩展而来的其他领域,包

---

① 胡晓毅,刘艳虹.孤独症谱系障碍儿童的教育[M].北京:北京师范大学出版社,2016:39.

② 胡晓毅,刘艳虹.孤独症谱系障碍儿童的教育[M].北京:北京师范大学出版社,2016:53.

括动机、对复数的人物与事物的注意力、自我控制能力、语言与行为的主动性、共同注意力的 5 个关键性领域[①]。关键领域的改善能够将这种积极影响"辐射"到其他领域,能有效促进孤独症儿童的沟通、社交、行为等其他领域的广泛发展、改善和泛化[②]。

　　古筝适应性教学指导可将关键反应训练灵活地运用在教师教学、家庭教育及融合教育中,可使关键反应训练成为要使用到的主要教学策略,有利于促进儿童习得技能的泛化和保持。动机领域包括 5 个策略:儿童选择、分散安排习得任务和保持性任务、任务变化、自然强化及强化尝试[③]。古筝教学中,教师使用儿童喜爱或感兴趣的物品、音乐及活动进行干预。如在教学目标为分指指法练习的课堂上,教师可为儿童提供以学习分指技巧为练习目的的不同主题的弹唱儿歌《自己吃饭》《龟兔赛跑》《小螃蟹》《一排纽扣找朋友》《小熊过桥》《人有两件宝》等,让儿童根据歌词主题或乐曲旋律选择自己喜爱的一首或几首,然后再进行教学。在学习新内容时,为避免儿童一再学习新内容而反复不断地体验失败地感觉,最终导致习得性无助,教师可将习得任务和保持性任务分散安排到演奏活动中,可在适当的时候让儿童弹奏已熟练掌握的旧曲目,即从教学适应期退回到教学自信期,待儿童调整好自信心理状态后,再重新进入适应期,进行新曲目的学习。任务变化指在互动时变化刺激物和强化物。古筝教学指导中,应避免长时间的反复进行教学目标内容的训练,可安排一些其他的间隔活动,如教师在轻松愉快的氛围中为儿童现场弹奏下一阶段要学习的新曲目等。此策略即可避免儿童因为学习压力而产生问题行为,又可保持住儿童的学习兴趣。强化尝试指不仅强化儿童的正向行为反应,有必要对清晰明确、有目标指向的努力尝试也进行强化。对孤独症儿童的任务完成标准未必是百分百的正确,只要儿童在原有基础上有进步或表现出努力尝试的积极心理状态和动机就应给予明确的强化。给予强化时,教师要同时对儿童说明强化的具体原因。如儿童在学习悬腕摇技巧时,会常出现手腕僵硬不够灵活的错误动作,悬腕摇中的手腕动作确实具有一定的技巧难度,虽然儿童没有完美的完成此技巧,但能够完成大部分的摆动动作,且表现出迎难而上的积极尝试状态,教师就应给予强化,并让儿童明确自己得到强化的原因是自己的积极尝试。对于有语言发音障碍的儿童,在唱诵儿歌时虽然不能做到吐字清晰,但只要儿童努力尝试做到完成大致轮廓的声韵母发音就

---

　　① (日)小林重雄.自闭症教育基础用语百科辞典[M].裴虹,范祺韡,译.上海:上海人民出版社,2019:224.

　　② Koegel R. L., Koegel L. & Carter C. M. Pivotal teaching interactions for children with autism[J]. School Psychology Review, 1999, 28(4).

　　③ 李丹.孤独症干预的关键性技能训练法[M].北京:北京大学出版社,2014.

应给予强化。

为促进儿童对复数的人物与事物的注意力,教师应为儿童提供多线索反应任务。如在与普通儿童的融合古筝教育课堂里,孤独症儿童与其他儿童一起齐奏,儿童需要在音准、节奏、速度、力度、音色及演奏动作等多重线索上与大家保持一致,教师要引导儿童对这些线索的观察和倾听,学习比较相同和不同。通过完成多线索反应任务,儿童可学会对演奏环境中多线索刺激的反应,有助于注意的正常化,这会扩大儿童的注意范围,最终提高儿童的演奏与学习的泛化能力。在我的教学实践里,有个别能力较高的孤独症儿童能够在融合集体课里对其他儿童的错误进行纠正,他们会说出他人哪里错了,应该怎么弹,甚至主动示范给他人看正确的演奏。他们非常享受像老师一样指导其他儿童的成就感。即使其他儿童未必对他们有预期的回应,也不会使他们的这种"热情"有任何的消减,这也许就是他们在融合环境里发起语言和行为主动社交的表现形式。这种社交的自我发起对获得远期的积极效果是非常重要的,教师此时应给予儿童充分角色扮演的机会和空间,让儿童成为教师的"助手",让儿童充分享受"助理教师"这一角色。

自我控制能力主要包括自我观察、自我记录和自我强化三个步骤。具体指:①儿童能观察自己的行为,能判定自己的行为是否发生过。②发生过的行为是目标行为,还是无关行为或不良行为,如果是目标行为则需要儿童及时并如实地记录这一行为。③当达到目标行为的标准后儿童为自己提供适当的奖励。自我控制有助于孤独症儿童问题行为、自我刺激行为和刻板行为的改善,有助于提升孤独症儿童的社会交往能力[①]。古筝教学指导中,教师要引导儿童对自我意识进行感受和观察。教师可在进行练习任务前给儿童布置自我控制的任务,让儿童在弹奏完一遍后立即对自己的演奏进行评价,如给自己的演奏一个整体评价(满意、不满意、尚可)、自己哪里有弹错?、为什么错了? 或弹错成什么样了?、上一遍的错误这一遍改正了吗? 等。当儿童认为对自己的弹奏较满意时,实际上就已实现了自我强化。有语言障碍的儿童可为其提供选项供其选择。在学习指法动作时,儿童需要带着教师的问题进行弹奏练习,如手腕会累吗?、手臂跳了吗? 虎口使劲儿了吗? 等。有语言障碍的儿童只需要回答"是"或"不是"(或用点头和摇头表示)。

关键反应教学法的成分有:学生注意力、清晰而恰当的指令、难易结合的任务、分享控制和多重线索[②]。古筝教师在课堂教学进行中,应先确保儿童的注意

---

① 李丹.孤独症干预的关键性技能训练法[M].北京:北京大学出版社,2014.

② (美)奥温·C.斯塔曼(Aubyn C. stahmer),等.孤独症儿童关键反应教学法[M].胡晓毅,译.北京:华夏出版社,2015:207.

力呈较好的状态。对儿童提出清晰而恰当的指令,指令难度可稍高于儿童的现有能力。习得任务和学习目标应按一定比例的在适当的时候交替进行。可让儿童在教师提供的范围内自主选择要完成的具体任务及完成的顺序。集体课中,儿童还应学会轮流弹奏,要耐心倾听他人的弹奏并等待自己的演奏。儿童做出正确反映或积极尝试时教师要给予强化。

五、小步子程序法

小步子程序法(small step)是美国现代行为主义心理学家斯金纳(Skinner,B.F.)提出的程序法学习的理论之一。他主张将知识学习细分为一系列过程,每下一个过程的复杂程度都比上一个过程深,每一次学习的知识量都是比较合适的,学习进程的步子要小,这样循序渐进使得学生学习起来不会出现过多的困惑,学生做出正确反应的比率也会比较高①。当以孤独症为代表的发育障碍人士在快速形成社会性期待行为出现困难时,逐渐接近最终期待行为的小步子程序法是相当有效的。该方法是从对象会的行为开始,帮助其逐渐进步的援助方法,也是不加重对象者负担的方法②。古筝适应性教学指导中的儿歌弹唱教学就遵从了以上原则,具体体现如下:

(一)弹唱教学环节分割

将每首儿歌的弹唱教学过程分割为唱音名—弹唱音名—唱歌词—弹唱歌词四个环节。每个环节进行前,要求儿童聆听教师对该环节的现场示范约3遍,以便有利于儿童整体观察和模仿,形成对儿歌的整体印象。在开始第一环节前,儿童应在前期学习中已具备初步识谱能力。

第一环节:唱音名。教师首先要一边手指谱面上的音符,一边慢速、发音清晰地示范唱音名3遍,同时视线追踪音符的进行位置(类似于阅读训练中的指读)。其次,教师保持做以上示范,要求儿童同步跟唱。儿童在刚开始时由于不熟悉会出现声音小、延迟跟唱的现象,逐渐熟练后便会自信地大声跟唱。再次,教师只带领唱,不再手指音符位置,要求换做儿童手指并跟唱,教师可根据情况进行肢体辅助。最后,要求儿童独立完成手指与唱音名。要求儿童注意力集中,尽量做到音高、节奏准确,速度稳定,教师可以从旁手打拍做速度提示。第二环节:弹唱音名。要求儿童在唱出音名的同时,找到其对应的弦位并用规定指法准确弹出,要求弹唱同步。教师要明确告知学生并引导其进行视线追踪和切换,看

---

① 谢应宽.B.F. 斯金纳强化理论探析[J].贵州师范大学学报(自然科学版),2003(1):113-114.

② (日)小林重雄.自闭症教育基础用语百科辞典[M].裴虹,范祺韡,译.上海:上海人民出版社,2019:271.

一个音符找一个弦位,熟练后逐渐增加视觉记忆量,由看一拍的音符找一次弦位,到看一乐句的音符找一次弦位。第三环节:唱歌词。首先要求儿童跟随教师按照节奏律动诵读歌词,解决生字和词意的困难,再跟随教师清唱每乐句,最后教师弹奏,同时带领儿童学唱每乐句。第四环节:弹唱歌词。按照弹唱音名同样的方法学习弹唱歌词。在唱词与弹奏配合时,要注意歌词的每个字与弹奏音符的对位要准确。

（二）托指弹奏的程序化教学

孤独症儿童在学习单指弹奏时,托指的弹奏会比其他手指的学习更困难,容易出现僵硬和虎口凹陷等错误动作。教师可将其分解成以下步骤进行:第一,找到半握拳的正确手型。第二,拇指伸直、虎口张开、其他手指自然弯曲。第三,拇指在远端指间关节处打折,指尖握向手心方向,虎口保持不动。第四,以上动作空弦交替重复练习,让儿童体会哪里动、哪里不动。第五,拇指关节打折时拨动琴弦,在琴弦上反复练习,要求自我监控动作是否标准。整个过程教师需要从旁做动作示范,给儿童提供视觉提示进行同步模仿,同时应伴有简易指令,如"伸直—打折"。动作学习完成后,还应在乐曲弹奏中进一步强化巩固。

（三）分指弹奏的程序化教学

分指弹奏对几乎所有孤独症儿童都是一个困难环节,教师需做好以下几点,帮助儿童顺利完成:第一,在进行分指弹奏教学前,要确定儿童能够用不同手指进行单指的熟练弹奏,其独立性和灵活性能为分指弹奏打好手指机能的基础。第二,大部分孤独症儿童的视觉优势明显,教师可利用这一优势来设计视觉提示,将每个指法符号写在对应的手指上,训练儿童将音符上方标注的指法符号与手指上所写的指法符号建立起对应关系,从而能在这种视觉提示下用准确的手指弹奏。经过多首分指弹奏乐曲的学习,儿童便会逐渐感受到指法安排的规律,反应会更快。第三,按节奏练习时,孤独症儿童会在明显的压力情绪作用下手指配合僵硬,可要求儿童先空弦把每乐句所有指法动作流畅熟练地连接完成,熟练地完成动作计划后,再在琴弦上完成弹奏。

六、同伴介入

孤独症社交领域的技能取向研究开始于 20 世纪 80 年代,以行为主义原理为基础,强调行为与环境之间的关系,认为刺激引起反应,通过强化可以增强反应。同伴介入（peer-mediated instruction and intervention,PMII）法属于技能取向的社交干预方法①。

同伴介入法是一种在自然环境中通过正常发展的同伴与孤独症学生的互动,促进后者掌握新行为、沟通和社交技能的方法②。研究者训练有社交能力的普通儿童,通过指导他们与孤独症儿童建立恰当的社交模式、强化孤独症儿童合适的社交行为③。社交障碍是孤独症儿童的核心障碍之一。大量研究已证明,同伴介入法能有效提高孤独症儿童的社交能力。

同伴关系在儿童生活中起着成人无法取代的独特作用。孤独症儿童面对同伴进行古筝弹奏和面对教师及家长进行古筝弹奏有着不一样的内心感受。在与教师和家长的弹奏互动中,非常容易形成教师及家长处于主动指导方、儿童处于被动接受方的情形,这种不平衡的氛围无形中会形成对儿童的压力感,消减了儿童主动表达和互动的动机与欲望。与同伴进行弹奏互动更容易形成和谐、轻松、游戏式的氛围,这种环境氛围更有利于儿童自主性的发挥。同时,孤独症儿童需要有一个好的示范者来让他学习正确的演奏,以及学习发展正确的社交技巧。与同伴进行古筝弹奏的音乐互动可帮助儿童去掉"需要做特殊训练"的不良标签,甚至能够分享共同的演奏经验而发展出孤独症儿童能接受的友谊。

在古筝适应性教学指导中,同伴可以选择个别课活动,也可以进行集体课活动。同伴需要承担一定的教学任务,如示范指法动作或乐曲演奏、当孤独症儿童弹奏有困难时给予适当提示、当孤独症儿童做出正确行为反应后给予强化、发起和维持与孤独症儿童的古筝演奏社交互动等。此策略在一定程度上减轻了教师的负担,同时增加了孤独症儿童与普通儿童的社会互动,有利于弹奏技能泛化到不同人群和不同情境中,促进儿童的社会化。

对古筝适应性教学指导的集体课活动中儿童社交地位的评量使用的量表是对李克特五点量表的改编。评量内容为"你喜欢和古筝集体班中某人玩耍的程度",其中"1"代表一点都不喜欢,"5"代表非常喜欢。儿童还需要完成另外 3 个问题:(1)选出认为弹奏得好的 3 个同伴。(2)选择认为是自己好朋友的 3 个同伴。(3)选出最想与之在课后玩耍的 3 个同伴。评量结果决定了哪些儿童在古筝集体班中拥有较高的社交地位,较受大家喜爱,具有一定的模范表率作用。候

① 胡晓毅,刘艳虹.孤独症谱系障碍儿童的教育[M].北京:北京师范大学出版社,2016:165.

② Wong C., Odom S. L., Hume K., Cox A. W., Fetting A., Kucharczyk S. & Schultz T. R. Evidence-based practices for children, youth, and young adults with Autism Spectrum Disorder[R]. Chapel Hill: University of North Carolina, Frank Porter Graham Child Development Institute, Autism Evidence-Based Practice Review Group, 2014.

③ 田金来,张向葵.同伴介入法在自闭症儿童社交能力中的应用[J].中国特殊教育,2014(1):35-39.

选儿童出现后,教师再从 4 个标准对候选儿童进行更细致的考察:①服从、执行、模仿重现教师要求的能力;②出勤率高且具备较高的弹奏能力;③有灵活的社交能力和丰富的言语能力;④有乐于助人的优秀品质。符合这些标准的儿童将最终被选定为同伴助学者。

由于孤独症儿童自身原因以及社会上的偏见,使他们奇缺朋辈群体。古筝适应性教学中的同伴介入围绕古筝儿歌弹唱学习活动展开,可对大龄儿童和小龄儿童设计不同的方案。小龄儿童的同伴为同年龄段的普通儿童,这些儿童需具备古筝初、中级演奏能力,演奏方法较规范。与古筝集体课上所有儿童的共同关注是教师不同,为防止现场社交互动障碍,同伴可先把弹唱儿歌录成跟随节拍器弹奏的、带有简单问候互动语言的视频,作为模仿的榜样供孤独症儿童学习使用。有些小龄孤独症儿童表现出对同伴的视频比对教师的示范视频更大的兴趣,他们通过反复聆听和借助节拍器同步跟弹的形式进行练习,儿童可以通过乐器与同伴连接。视频互动活动进行较稳定后,再逐渐过渡至进行现场互动。大龄孤独症儿童的同伴为来自音乐高校的古筝专业大学生志愿者。采用课堂上同伴辅导的方式,志愿者在教师的提前培训及现场指导下,直接近距离的对大龄孤独症儿童进行教学和带领弹唱。在我的教学实践中,部分大龄孤独症儿童表现出对同伴极大的关注度,有"让××姐姐教"的话语。同伴介入不仅可以促进孤独症儿童社交能力的提高,也使普通儿童体验到了帮助别人的乐趣,大学生志愿者也收获了孤独症古筝教学的宝贵实践经验,成为孤独症古筝适应性教学的预备师资力量。

七、示范

人们在日常生活中进行学习时,首先通过观察粗略地学习需要的行为,然后实际尝试,根据结构进行修正,慢慢地将行为固定下来。如此,观察他人的行为后自己也做出与之相同的行为被称为示范(modeling)或者观察学习、模仿。示范之后通过外在强化或自我强化,将模仿巩固下来。普通儿童在看到示范后会立刻出现模仿反应,随着成长,即使在示范后隔了一段时间也能做出模仿反应。关于模仿出现的难易程度,有依赖性的人,或者拥有在模仿时受到强化经验的人,比其他人更具有对示范进行模仿的倾向。另外,具有较高的能力、权利、姿容、亲密度等对观察者来说具有魅力的示范,比不具魅力的示范更容易被模仿①。示范几乎是任何教学中都非常重要的组成部分②。对孤独症儿童的行为疗法中采用示范后,可促进已经习得但出现频率较低行为的产生,可使观察者学习新的行为,也可减少和消除儿童的恐惧症。孤独症儿童的古筝弹奏学习离不开对多种形式示范的模仿,多数孤独症儿童善于进行机械性模仿和视觉化思维,通过模仿示范可以最直观、最有效、最大限度地学会目标动作并完成学习目标。模仿能力差的孤独症儿童也可依据神经学镜像神经系统实现对示范的部分复制。

镜像神经系统的神经机制如下:脑将知觉到一个动作这一意象投射到了运动系统中,后者会通过即时的、自动化的加工,产生一个对相同动作的运动编码,就像镜子可以对直接感知到的意象产生一个精准的拷贝③。大脑左前额叶皮层的布洛卡区、腹外侧运动前皮质、顶下小叶、额下回、脑岛等区域具有镜像属性的神经元④。这些区域属于一个神经网络,主要负责行为观察、行为—声音匹配、跨通道感觉运动整合,共同构成人类镜像神经元系统。布洛卡区是额颞神经网络的一部分,被称作"镜像神经元系统"。额下回主要负责将听觉事件整合到较大的听觉单元中,识别听觉系列的改变,并将行为与相应的声音匹配。顶叶可能负责感觉信息的编码和听觉信息与其他感觉信息的整合。这种镜像神经元可以对任何一种形式的动作的视觉、听觉、执行产生反应。当要模仿的动作在镜像神经元系统得到表征,这个动作就能立即被复制出来⑤。镜像神经元具有视觉思维和直观本质的特性,无须思考就能执行基本的动作。镜像系统和模仿不同,模仿是一种有目的、有意识地活动。镜像神经元的激活被认为是一种自发地、无意识的神经性反应。让我们在看到别人做出某种动作时,自身也能做出相应的动作。能够解释为什么人们看到其他人打哈欠时自己也会被感染,别人大笑时自己也会不由自主地发出笑声⑥。

古筝演奏是一种强大的多通道刺激,可同时将视觉、听觉、触觉和运动的信

① (日)小林重雄.自闭症教育基础用语百科辞典[M].裴虹,范祺韡,译.上海:上海人民出版社,2019:190.

② Ayres Kevin Michael & Langone John. Intervention and Instruction with Video for Students with Autism: A Review of the Literature[J]. Education and Training in Developmental Disabilities, 2005, 40(2):183-196.

③ 陈巍,汪寅. 基于镜像神经元的教育:新"神经神话"的诞生[J].教育研究,2015,36(2): 92-101.

④ 丁峻,陈巍. 具身认知之根:从镜像神经元到具身模仿论[J].华中师范大学学报(人文社会科学版),2009,48(1):132-136.

⑤ (美)弗朗西丝·H.劳舍尔,[德]维尔弗里德·格鲁恩.音乐教育神经科学[M].南云,等译.上海:上海教育出版社,2020:114、124.

⑥ 胡晓毅,刘艳虹.孤独症谱系障碍儿童的教育[M].北京:北京师范大学出版社,2016:176-177.

息传递给由额叶—顶叶脑区组成的特定镜像神经元系统。唱诵儿歌的发声刺激激活运动前区腹下部,弹奏的手部动作刺激激活运动前区腹上部。古筝演奏可以调动这个系统中所有可能的功能,一种潜意识或自动化的听觉—运动和视觉—运动神经网络被同步激活。这些视听神经元可以独立表征动作,无论演奏动作是看到的、听到的还是儿童自己执行的,都会激活相同的神经系统。在古筝学习活动中,镜像神经元维持的演奏动作表征还会通过演奏学习得到逐步发展。

对孤独症儿童进行的古筝弹奏示范按形式可分为现场示范和视频示范,按内容可分为局部示范和整体示范。现场示范用于实时教学,对儿童的各感官刺激的输入更具真实感和冲击力。儿童需要在教师亲切的引领下即刻对示范做出模仿或跟随反应。教师根据课堂上教学的需要决定用什么速度示范、示范局部还是整曲、让儿童在哪个视觉角度观察、让儿童观察演奏中的哪个线索等内容。教师对以上内容可进行现场灵活的调控。

视频技术是一种孤独症儿童乐于接受的教学媒介,且在塑造恰当行为、提供反馈等方面非常有效[①]。视频示范运用录制的视频而不是生活中的现实场景供学习者进行观察,将目标行为或技能通过示范的方式呈现给学习者,旨在提升学习者的注意力以及对目标行为进行记忆、模仿和泛化的能力[②]。视频示范是指学习者观看特定行为的视频并进行行为的模仿[③]。视频示范的优势有:(1)能够更好地获得和保持儿童的注意[④]。(2)可简化示范过程,比现场重复呈现目标行为快很多[⑤]。(3)可很好地控制示范过程[⑥]。(4)能够被重复利用。(5)可用于教

①　Peter Sturmey. Video Technology and Persons with Autism and Other Developmental Disabilities [J]. Journal of Positive Behavior Interventions,2003,5(1):3-4.

②　Hitchcock C. H. , Dowrick P. W. & Prater M. A. Video self-modeling intervention in school-based settings:A review[J]. Remedial and Special Education,2003,24(1):36-45.

③　Bellini S. & Akullian J. A meta-analysis of video modeling and video self-modeling interventions for children and adolescents with autism spectrum disorders[J]. Exceptional Children,2007,73(3):264-287.

④　Charlop-Christy M. , Le L. & Freeman K. A. A comparison of video modeling with in vivo modeling for teaching children with autism[J]. Journal of Autism and Developmental Disorders,2000,30(6):537-552.

⑤　Silton N. R. Innovative technologies to benefit children on the autism spectrum[M]. Hershey,PA:IGI Global,2014.

⑥　Ergenekon Y. , Tekin-Iftar E. , Kapan A. & Akmanoglu N. Comparison of video and live modeling in teaching response chains to children with autism[J]. Education and Training in Autism and Developmental Disabilities,2014,49(2).

导多种技能,也能运用于多种情境,如家庭、教师和社区环境①。(6)符合大多数家庭和学校的支付水平,且比其他教学策略更具有时间和成本效益②。

古筝适应性教学中使用的视频示范(video modeling)用于家庭教育、同伴介入等时差教学,儿童可通过反复回看视频来完成模仿和跟随,适合儿童反复练习时使用。在录制视频示范时,要考虑以下几点:(1)示范视频整体上应清晰、完整、无误,为儿童提供弹唱等多通道感官刺激。(2)明确对儿童的教学目标要求是什么,视频示范的主要体现要与教学目标相一致,为其服务。如同伴介入的视频有促进儿童社交的功用,因此要录制示范者的正面全身。(3)明确从哪个视觉角度录制可为儿童提供教学目标所强调的音乐元素或演奏线索。建议常规录制的视觉角度要与儿童演奏时的视觉角度相一致,即从示范者后上方录制其演奏,这个角度最方便儿童一比一地进行比照观察和模仿。孤独症儿童通常存在视觉空间认知处理困难,相同角度的录制可避免儿童在利用视频示范时需要进行视觉空间方位转换的负担。同时,双手的演奏还要注意录制的视野范围,即左右手都要“入镜”。对于儿童演奏时的视觉盲点,教师及家长可用一个可移动的小镜子为儿童补充不同角度的视觉影像。(4)明确用多快的速度示范,既可完整表达音乐,又可最大限度的突显教学要求中的演奏细节,从而最大化地起到示范效用。(5)即使是同一首乐曲,每节课也要根据不同的教学目标进行突显目标的个别化录制。(6)指法动作的示范视频除了从示范者后上方进行常规视觉角度的录制外,还应从其他不同的视觉角度进行录制,以便让儿童充分了解动作细节要求。(7)可录制儿童弹奏较好的视频,让儿童以自己为模仿对象,为儿童提供自我示范。充分利用视频示范可为儿童自发性的弹奏练习提供更多便利参考,提高儿童的弹奏水平。当儿童面对他人进行现场弹奏时才会有更稳定的情绪状态和更强大的自信心。开始时儿童会看起来并没有意识到他演奏的效果,更不用说演奏的水准。最初儿童并不认真看播放的视频,没有真正感觉到这是他自己演奏的音乐。过了一些时间,儿童才会把视频联系到自己,从此视频就会变得对儿童来说非常重要。

八、辅助

在古筝适应性教学指导中,对孤独症儿童的辅助可分为直接辅助

① Maione L. & Mirenda P. Effects of video modeling and video feedback on peer-directed social language skills of a child with autism[J]. Journal of Positive Behavior Interventions, 2006, 8(2):106-118.

② Rayner C., Denholm C. & Sigafoos J. Video-based intervention for individuals with autism: Key questions that remain unanswered[J]. Research in Autism Spectrum Disorders, 2009, 3(2):225-230.

（assisting）和间接辅助。具体的辅助策略如下：

1.肢体直接辅助，即手把手教。如，儿童弹奏时经常出现手臂大幅度跳动的错误动作，教师可把住儿童的前臂，控制住前臂保持稳定状态。儿童也常常偷懒把手臂直接放在琴体上弹奏，教师可托住儿童的前臂和手腕处离开琴体，让儿童先找到重心的支撑点，再随着弹奏能力的提高逐渐尝试自己完成手臂悬浮姿势的弹奏（如图2-7-1）。学习扎桩指法、支腕摇指法等难度技巧动作的初期，教师应扶着儿童的手指或手臂进行肢体辅助（如图2-7-2）。儿童做感统训练活动时，教师可先为其提供前庭觉的重心点辅助。正如罗尔纳·温在《早期儿童自闭症》一书中写道："一个孤独症的儿童很难观察他人做演示再在自己身上模仿这些动作，他不能理解言语指导，但他能通过感受他自己的肌肉运动而学会。"孤独症儿童因为无法体会和感悟别人的肌肉感觉，所以模仿上有较大困难，老师需要手把手地进行肢体直接辅助，帮助儿童体验同样的肌肉运动感受。

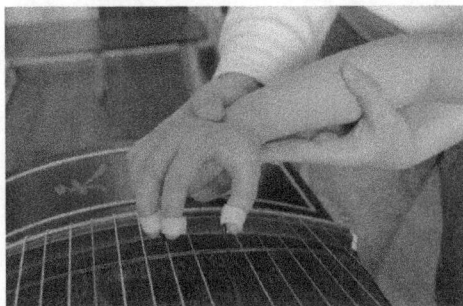

图 2-7-1　托臂辅助　　　　　　　　　图 2-7-2　肢体辅助

2.动作示范辅助。为儿童提供视觉上的动作参照，让孩子直接模仿或跟随。

3.语言辅助。当儿童演奏错误或处于不确定的困惑状态时，教师应用简洁、明了、直接语言指导孩子的弹奏动作和行为。儿童唱诵儿歌时，教师应给予仿说的辅助提示。

4.表情和神态辅助。对于有语言理解和表达障碍的儿童，教师可用表情、目光、肢体动作示意等指导孩子完成正确反应。也可对儿童的弹奏给予表情和神态上的反馈评价，辅助儿童对自己的演奏进行评价。

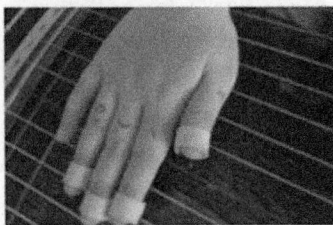

图 2-7-3　指法提示

5.符号辅助。用文字、图形提示等指导孩子完成正确反应。如儿童在学习分指指法时，可在每个手指视线能看到的部位正确的标写上所对应的指法符号（如图2-7-3）。训练儿童将谱面上的指法符号与手指上的指法符号一一对应,即看到乐谱上的指法符号后找手指上相同的符号,并准确伸出对应的那个手指。

6.视觉辅助。如指法动作学习的步骤流程图示、儿童在琴弦和乐谱间视觉转换时教师辅助提示乐谱上的弹奏进行位置、前岳山处可贴标明琴弦音名的辅助提示胶布等。

辅助是一种帮助和支持的策略,不是包办儿童。采用的方式和频率依照孩子的程度而定。孤独症儿童具有很大的行为学习的潜能,因此要避免过度辅助,要适当放手让儿童自己做。简单辅助就能解决问题的,不用复杂的辅助,最终辅助是必然要撤销的。他们能学会很多我们以为不能学会的东西。学习新曲目时要先提供足够的辅助,再逐渐撤销。如果发现儿童有退步要马上恢复辅助,过一段时间再逐渐撤销。

第三章　家庭教育法——根本保障

　　家庭教育对于孤独症儿童古筝演奏的技能习得几乎是决定性的，与教师教学同等重要。儿童在短期的课堂弹奏训练中所取得的进步，如果没有家庭教育长期的巩固性训练，儿童的演奏成果就将难以保存。古筝课堂上的演奏训练无论时间、内容、形式都是有限的，生活中的应用从时间的持续性，到内容的广泛性，再到形式的多样性、情景的真实性，都是课堂训练无法比的。家长为儿童提供的环境对儿童的总体发展和行为至关重要。家庭教育就在每一次家庭成员与儿童的共同活动过程中，不仅有丰富的教育内容，还有随时可用的教育机会，具有灵活性、广泛性、长期性、全天候的特点，对儿童的影响是深刻的、持久的和显著的。家长是家庭教育的直接实施者，要树立持久战的教育干预理念，下定决心，戒骄戒躁，扎扎实实地提高自己的教育能力。同时，家庭教育具有家长高度个人化的经验特色，家长要具有主动性、敏捷性、领悟性，把握住每次家庭教育的契机，摸索创新儿童适应性家庭教育策略。家长要紧密围绕教师的教学目标和内容，学会设计家庭教育的具体目标和实施，家长与教师的关系应建立在彼此信任和共同关心孩子的基础上。家长对古筝演奏的态度对有些儿童来讲，是其前进道路上的最重要因素。几乎所有的家长，无论是否精通音乐，在亲眼目睹了儿童是如何沉浸在古筝演奏的状态中后，都深信其对儿童的作用是安全的，是有百利而无一害的。家长应坚信，即使孩子不能或不会有任何成果，但是古筝演奏也可以成为一条连接孩子和父母的情感纽带。家长对儿童的古筝演奏活动表现出兴趣，可以成为与孩子间的一种黏合剂和支持力，这对于全家都有益。

第一单元　家庭教育评估的设计及实施

　　对孤独症儿童任何形式的教育都需要经历不断地重复练习和强化巩固，才能使技能被真正掌握。因此在家庭环境下的练习远比在古筝课堂上的练习要多得多。家庭教育的质量和持续性因此就显得尤为重要。对孤独症儿童古筝演奏学习中家庭教育的评估应是多维度和持续性的。评估应由家长和教师共同完成。需要对教师的家庭教育指导能力和执行表现进行评估；教师需要对家庭教育环境中家长的教育能力和执行表现进行评估；家长需要对儿童在自己的辅导干预环境下的能力和表现进行客观评估。完成对教师、家长和儿童三方面的综合评估才能够全面、真实地反映出家庭教育的详细情况，为家长与教师共同商榷教育指导方案提供有力依据。

　　此系列评估的具体特点如下：（1）指向性。评估分为针对不同评估对象的三个版本，即对教师家庭教育督导能力的评估、对家长家庭教育学习及执行辅导能力的评估、对儿童在家庭教育中能力表现的评估。每个版本的评估都在评估者、评估对象、评估维度、评估目标和评定标准方面具有明确的指向性。（2）操作性。评估使用现场观察、面谈、统计记录、查看记录视频、查看交流记录的方式进行，确保评估结果真实有效。评估方法和实施过程的可操作性较强。（3）完整性。三个版本的评估包括了古筝家庭教育涉及到的主体因素、环境因素、活动因素、交互因素以及教育进行中的各个环节，能够比较完整地反映出古筝家庭教育的全貌。（4）稳定适用性。评估设计体现了评估对象的个体差异及其变化发展形式，符合古筝家庭教育活动的普遍性规律，其评估结果对家庭教育起着普遍的参考作用，可长期用于阶段性评估。（5）灵活性。对于孤独症儿童进行的教育及评估一定要具有足够的灵活性，才能够真正适合这个群体使用，真实反映出个体能力和现状。（6）注重对细节的具体描述。评估的最终结果不仅要依据评定标准中整体性和阶层性的评价，还有结合对评估对象具体细节的描述进行综合衡量。（7）以注重教育过程和儿童反映为主，以注重教育效果质量为辅。

一、对教师的家庭教育评估

　　孤独症儿童的家长对于如何指导儿童在家庭环境里的古筝弹奏等活动是陌生和茫然的，许多家长苦于找不到家庭教育的切入点，不知如何下手。这就需要教师对家长的家庭教育进行专业、具体、可操作的有效指导。教师对家长家庭教育的指导能力从根源上决定了孤独症儿童古筝适应性教学家庭教育的质量和效果。对教师家庭教育指导能力的评估是提高孤独症儿童古筝学习家庭教育的重要依据，可从根源上找到影响家庭教育质量和效果的原因。此评估的评估对象是教师，评估教师在孤独症儿童古筝适应性教学指导中家庭教育部分的督导能力。评估具体做法如下：

（一）对教师指导家长演奏能力的评估

目的：考察教师指导家长进行演奏的能力。家长的演奏能力如何直接决定了能否在家庭教育中用演奏的音乐形式与儿童交流对话，对儿童的古筝演奏进行准确有效的辅导。教师指导家长演奏是实现这种交流和辅导的重要前提。

评估过程：在教学现场观察教师指导家长唱诵、弹奏及弹唱等活动的过程，给予结果评价。

评定标准：A. 教师不给予家长弹奏指导。B. 要求家长旁听，与儿童一起学习。C. 教师大致讲解要点或要求。D. 让家长现场唱诵、弹奏或弹唱，教师对其进行具体指导。

可对教师对家长进行唱诵、弹奏及弹唱指导的具体做法做详细描述。

（二）对教师指导家长辅导能力的评估

目的：考察教师指导家长进行辅导的能力。家长能将课堂上教师的教学复制重现在家庭环境中，无疑是一种高质量的家庭教育，而教师指导家长辅导儿童是实现这种复制重现的重要前提。

评估过程：在教学现场观察教师指导家长辅导儿童进行古筝演奏等活动的过程，给予结果评价。

评定标准：A. 教师不给予家长辅导的指导。B. 给予家长语言辅导的指导。C. 给予家长肢体辅导的指导。

可对教师对家长进行辅导指导的具体做法做详细描述。

（三）对教师录制视频示范能力的评估

目的：考察教师录制视频示范的能力。视频示范是家长进行家庭教育的重要工具和模板。

评估过程：在教学现场观察教师指导家长录制视频示范的过程，给予结果评价。

评定标准：A. 不录制。B. 示范完整度及准确度不佳。C. 示范完整准确。D. 示范根据教学要求进行针对性录制，并对家长说明其针对点。E. 指导家长从指定视觉角度和视野范围录制，并对家长说明其观察目标。

可对教师录制视频示范的具体做法做详细描述。

（四）对教师反馈儿童练习成果视频能力的评估

评估 1　目的：考察教师要求家长录制并上交视频的能力。录制并上交视频是家长教育态度和儿童家庭练习成果及状态的集中体现，也是教师了解家庭教育情况的重要依据。

评估过程：在教学现场观察教师要求家长录制并上交儿童练习成果视频的

过程,给予结果评价。

评定标准:A.不要求家长录制并上交儿童练习成果视频。B.要求家长录制并上交儿童练习成果视频。C.对家长如何辅导儿童录制练习成果视频进行指导。

可对教师要求家长录制并上交视频的具体做法做详细描述。

评估 2 目的:考察教师对家长上交的视频进行反馈指导的能力。教师反馈视频的能力决定了家长进行家庭教育的方式和教育强度。

评估过程:查阅教师对家长上交的视频进行反馈指导的交流记录,给予结果评价。

评定标准:A.对家长上交的儿童练习成果视频不予回应。B.对视频进行整体性评价。C.指出儿童的具体错误及问题。D.指导家长对儿童进行辅导、纠正和提高。E.要求家长待儿童纠正或完善后再次录制并上交视频,同时再次给予反馈指导。

可对教师进行视频反馈的具体做法做详细描述。

(五)对教师监督家庭教育情况能力的评估

目的:考察教师监督家庭教育情况的能力。教师对家庭教育进行督导是家庭教育进行的重要保障。

评估过程:查阅教师询问儿童家庭练琴情况、监督家庭教育情况的交流记录,并记录给予监督或询问的次数,给予结果评价。

评定标准:A.不对儿童家庭练琴情况及家庭教育情况进行询问或监督。B.偶尔对儿童家庭练琴情况及家庭教育情况进行询问或监督。C.每周主动对儿童家庭练琴情况及家庭教育情况进行询问或监督至少一次。

可对教师询问儿童家庭练琴情况及监督家庭教育情况的具体做法做详细描述。

评估可使用《家庭教育评估量表》(教师版)(见表 3-1-1)进行,此量表使用因素分析研究方法制作,具有较高的灵敏度,可明显显示结果对教师家庭教育指导的评估。评估维度包括指导家长演奏、指导家长辅导、录制视频示范、反馈视频和监督。其中的"评定标准"体现了教师指导能力上的显著差异,从无指导、无要求、无作为到高质量的各项指导,从敷衍潦草的指导态度到严谨认真的指导态度,也包含了教师进行家庭教育指导的不同典型形式,适用于对从无指导能力到有较高指导能力教师的评估,符合教师指导的现实情况。此评估在自然的教学指导环境过程中进行,可在很大程度上真实反映出作为孤独症儿童古筝适应性家庭教育教学参考依据的教师对家庭教育的指导能力。此评估的目的是为家庭教育教学指导服务的。另外,教师的指导能力会有阶段性的变化,需要对教师进行定期评估(建议三个月一次)。同时,评估结果还应结合对教师指导的细节描述进行综合考虑。

表 3-1-1　**家庭教育评估量表(教师版)**

一级指标	二级指标	结果	备注
1. 指导家长弹奏	(A)不指导　(B)要求家长旁听　(C)大致讲解　(D)对家长现场的唱诵、弹奏及弹唱进行具体指导		
2. 指导家长辅导	(A)不指导　(B)给予语言辅导的指导　(C)给予肢体辅导的指导		
3. 录制视频示范	(A)不录制　(B)示范质量不佳　(C)示范完整准确　(D)示范有针对性　(E)指导家长录制		
4. 反馈儿童练习成果视频	(A)不要求家长录制并上交儿童视频　(B)要求家长录制并上交儿童视频　(C)对家长如何辅导儿童录制视频进行指导		
	(A)对儿童的视频不回应　(B)整体评价　(C)指导家长纠错　(D)要求纠正或完善后再次上交并给予反馈指导		
5. 监督	(A)不询问或监督　(B)偶尔询问或监督　(C)每周主动询问或监督		

二、对家长的家庭教育评估

孤独症儿童的家长是家庭教育的直接实施者和教育主体,也是教师教学的"二传手"。家长的教育能力关乎能否对儿童保持实施高质量的演奏辅导干预,是古筝家庭教育质量的根本保障。此评估的对象为家长,评估者为教师。

(一)对家长营造家庭音乐氛围能力的评估

目的:考察家长营造家庭音乐氛围的能力。家庭的音乐氛围会给孤独症儿童带来一种安全、轻松、愉悦的体验,同时有利于提高儿童的音乐感知能力,为古筝演奏打下良好的前提基础。

评估过程:观看家长营造家庭音乐氛围的记录视频,或听家长讲述营造的做法和过程,给予结果评价。

评定标准:A. 无任何家庭音乐氛围。B. 家长播放音乐给儿童听。C. 鼓励儿童跟随音乐唱跳或进行亲子互动。D. 能够在家庭音乐氛围里发现儿童的音乐喜好。

可对家长营造家庭音乐氛围的具体做法做详细描述。

（二）对家长学习能力的评估

目的：考察家长学习古筝演奏及辅导教学的能力。家长能够进行古筝弹奏可在家庭教育中直接与儿童进行演奏形式的音乐互动，家长会对演奏活动有更直观的感受，其辅导能力直接决定了家庭教育的质量。

评估过程：在教师教学现场观察家长古筝演奏和辅导儿童的学习情况、观看家长在家庭环境里进行古筝演奏和辅导儿童的记录视频，给予结果评价。

评定标准：A. 家长不学习。B. 家长旁听上课。C. 家长能够唱诵儿歌。D. 家长能够弹奏。E. 家长能够辅导儿童。

可对家长学习弹奏和辅导的具体做法做详细描述。

（三）对家长了解儿童演奏情况程度的评估

目的：考察家长了解儿童演奏情况的程度。家长对儿童弹奏情况了解的程度决定了家长家庭教育的态度及方式方法。

评估过程：通过与家长面谈关于儿童弹奏情况的内容，给予结果评价。

评定标准：A. 家长不了解。B. 家长了解儿童主要的问题和进步变化。C. 家长对儿童的问题有一定的方法或计划。

可对与家长面谈的内容做详细描述。

（四）对家长使用视频示范情况的评估

目的：考察家长使用视频示范的能力及情况。

评估过程：观看家长在家庭环境里使用视频示范辅导儿童进行古筝弹奏等音乐活动的记录视频，或听家长讲述使用的做法和过程，给予结果评价。

评定标准：A. 家长不使用视频示范。B. 家长播放视频示范给儿童看。C. 引导儿童用视频示范纠错。D. 引导儿童跟弹或跟唱

可对家长使用视频示范的具体做法做详细描述。

（五）对家长辅导能力的评估

目的：考察家长辅导儿童进行古筝弹奏等音乐活动的能力。家长的辅导能力直接决定了家庭教育的质量及儿童演奏水平的高低。

评估过程：观看家长在家庭环境里辅导儿童进行古筝弹奏等音乐活动的记录视频，或听家长讲述辅导的做法和过程，给予结果评价。

评定标准：A. 家长不给予辅导。B. 家长旁听陪伴。C. 家长能够进行语言辅导。D. 家长能够进行肢体辅导。E. 家长能够创新使用针对性的辅导方法。

可对家长进行辅导的具体做法做详细描述。

（六）对亲子互动情况的评估

目的：考察家长用各种活动形式进行亲子互动的能力及情况。高质量的亲

子互动会极大地提高儿童古筝演奏练习的参与度和积极主动性。

评估过程：观看家长在家庭环境里使用古筝弹奏及其相关活动进行亲子互动的记录视频，或听家长讲述互动的做法和过程，给予结果评价。

评定标准：A. 家长不进行任何形式的亲子互动。B. 家长聆听儿童弹奏，扮演"观众"。C. 对儿童的弹奏进行评价、纠错和辅导。D. 与儿童齐唱、齐奏或配合演奏。

可对家长亲子互动的具体做法做详细描述。

（七）对家长完成儿童练习成果视频情况的评估

目的：考察家长录制并上交儿童练习成果视频及与教师交流的能力及情况。家长与教师间这种形式的交流和讨论会有效地对偏离教学目标和内容的家庭教育进行及时修正，使家庭教育能够高效进行。

评估过程：观看家长录制并上交的儿童练习成果演奏视频，查阅家长对儿童练习成果视频情况与教师进行交流的记录，并记录上交视频和交流的次数，给予结果评价。

评定标准：A. 家长不录制并上交儿童练习成果视频。B. 家长录制并上交儿童练习成果视频。C. 家长每周上交视频的次数在两次及以上。D. 家长主动与教师就视频情况进行交流讨论。

可对家长上交的视频和与教师的交流情况做详细描述。

（八）对家长规划儿童练琴流程情况的评估

目的：考察家长规划儿童每次练琴等相关古筝音乐活动具体流程的能力及情况。家长帮助儿童对练琴流程进行合理规划是结构化教学在家庭教育环境中的集中体现。

评估过程：查阅家长对儿童每次练琴记录的《每日练琴记录》（见表 3-1-3），给予结果评价。

评定标准：A. 家长对儿童每次的练琴无规划。B. 每次练琴前，家长与儿童共同商量确定流程表。C. 家长详细记录儿童每次练琴流程。D. 家长能够根据儿童具体情况，灵活调整变化流程，以便保障练琴活动继续进行。

可对家长规划儿童练琴流程的情况做详细描述。

（九）对家长泛化情况的评估

目的：考察家长将古筝演奏及相关活动的内容泛化至生活中其他情境的能力及情况。这种泛化有利于儿童综合能力的提升，是孤独症儿童古筝适应性教学指导的最终目的之一。

评估过程：观看家长在家庭环境里将儿童古筝弹奏能力及其相关能力泛化

至日常生活里不同情境、不同人群的记录视频,或听家长讲述泛化的做法、过程和情境,给予结果评价。

评定标准:A. 家长不主动指导泛化。B. 家长有意识并能够用儿歌的歌词内容指导儿童日常生活。C. 家长有意识并能够将音高泛化至儿童说话声调。D. 家长有意识并能够将弹奏相关的感统能力泛化至儿童生活中的动作和姿势。

可对家长指导儿童泛化的情况做详细描述。

（十）对家长辅导预习与自学情况的评估

目的:考察家长辅导儿童在家庭环境里进行古筝演奏的预习与自学的能力及情况。预习和自学是一种较高级形式的泛化,能够极大地挖掘儿童的学习潜力,有助于提高儿童的学习效率和演奏水平。

评估过程:观看家长在家庭环境辅导儿童进行古筝弹奏的预习及自学的记录视频,或听家长讲述辅导的做法及过程,给予结果评价。

评定标准:A. 家长不提醒儿童尝试预习或自学。B. 家长鼓励儿童尝试对未学内容进行预习或自学。C. 家长也一同进行预习或自学的弹奏。D. 家长用语言提示的方式辅导儿童进行预习或自学。E. 家长用肢体提示的方式辅导儿童进行预习或自学。

可对家长指导儿童进行预习或自学的情况做详细描述。

评估可使用《家庭教育评估量表》（家长版）（见表 3-1-2）进行,此量表使用因素分析研究方法制作,具有较高的灵敏度,可明显显示结果对家长家庭教育的评估。评估维度包括家庭音乐氛围、家长学习能力、对儿童弹奏情况的了解、使用视频示范、家长辅导能力、亲子互动、与教师视频交流、规划练琴流程、泛化、辅导预习与自学。其中的"评定标准"体现了家长家庭教育能力上的显著差异,从无指导、不学习、不了解、无作为到高质量的各项家庭教育指导,从敷衍潦草的辅导态度到严谨认真的辅导态度,也包含了家长进行家庭教育的不同典型形式,适用于对从无辅导能力到有较高辅导能力家长的评估,符合家长辅导的现实情况。此评估在自然的家庭教育指导环境过程中进行,可在很大程度上真实反映出作为孤独症儿童古筝适应性家庭教育教学参考依据的家长家庭教育指导能力。此评估的目的是为家庭教育教学指导服务的。评估在无记录视频为依据的情况时,会依据家长的主观讲述进行,因此要求家长力求讲述的客观性,实事求是。对最终结果的评定还需结合儿童的现场回课情况和对家长指导的细节描述进行综合考虑。另外,家长的指导能力会有阶段性的变化,需要对家长进行定期评估（建议三个月一次）。

表 3-1-2　**家庭教育评估量表(家长版)**

一级指标	二级指标	结果	备注
1.家庭音乐氛围	(A)无任何音乐氛围 (B)听音乐 (C)鼓励儿童唱跳或进行亲子互动(D)发现儿童音乐喜好		
2.家长学习能力	(A)不学习 (B)旁听上课 (C)能够唱诵 (D)能够弹奏 (E)能够辅导		
3.对儿童弹奏情况的了解	(A)不了解 (B)了解儿童主要的问题和进步变化(C)对儿童的问题有一定的方法或计划		
4.使用视频示范	(A)不使用视频 (B)播放给儿童看 (C)引导儿童使用视频纠错 (D)引导儿童跟弹或跟唱		
5.家长辅导能力	(A)不辅导 (B)陪伴(C)语言辅导(D)肢体辅助(E)创新辅导		
6.亲子互动	(A)不互动 (B)当观众聆听 (C)评价、纠错、指导(D)齐唱、齐奏、配合演奏		
7.完成儿童练习成果视频	(A)不录制视频 (B)录制并上交儿童视频 (C)一周有两次以上(D)主动与教师交流讨论		
8.规划练琴流程	(A)无规划 (B)与儿童商量确定流程表 (C)详细记录流程 (D)灵活变化流程		
9.泛化	(A)不主动指导泛化 (B)用儿歌歌词内容指导日常生活 (C)将音高泛化至说话声调 (D)将弹奏相关的感统能力泛化至生活中的动作和姿势		
10.辅导预习与自学	(A)不提醒儿童 (B)鼓励儿童尝试 (C)语言提示(D)肢体提示		

表 3-1-3　**每日练琴记录(家长使用)**

姓名:	日期:	时间:	时长:

曲目及练习重点:

	计　划		实际情况记录
练琴流程计划与完成情况	1.	(　　)	1.
	2.	(　　)	2.
	3.	(　　)	3.
	4.	(　　)	4.
	5.	(　　)	5.

续表

	计　划		实际情况记录
练琴流程计划与完成情况	6.	（　　）	6.
	7.	（　　）	7.
	8.	（　　）	8.
	9.	（　　）	9.
	10.	（　　）	10.

儿童整体状态：

家长评价：

三、对儿童的家庭教育评估

孤独症儿童是古筝适应性教学指导中家庭教育的教育对象，也是家庭教育成果的集中体现。对儿童在家庭教育干预环境下的评估，体现了家庭教育的最终结果。此评估的评估对象为孤独症儿童，除了对儿童现场回课情况的评估是由教师来完成，其余指标的评估者为儿童家长。

（一）对儿童练琴量的评估

目的：考察儿童古筝演奏练习强度（即练琴量）的情况。孤独症儿童的技能习得需要比普通儿童多百倍的重复练习才能够将技能巩固住，不易消退。儿童进行足够多量的演奏练习是古筝演奏技能习得的前期基础保证。

评估过程：统计《每日练琴记录》里家长记录的儿童练琴时间总量（三个月内的），计算出周平均量，或家长回忆估出儿童的周平均练琴量，给予结果评价。

评定标准：A. 满 30 分钟。B. 满 1 小时。C. 满 2～3 小时。D. 满 4 小时以上。

（二）对儿童练琴频率的评估

目的：考察儿童古筝演奏练习频率的情况。孤独症儿童的专注力等方面的状态往往无法完成一次太长时间的不间断练习，因此少量多次的练习会比一次长时练习起到更好的效果。

评估过程：统计《每日练琴记录》里（三个月内的）家长记录的儿童练琴日期和次数，计算出日平均练琴次数，或家长回忆估出儿童的练琴频率，给予结果评价。

评定标准：A. 不练琴。B. 一周三次以内。C. 一天一次。D. 一天多次。

（三）对儿童专注力的评估

目的：考察儿童在古筝家庭教育环境中的专注力状态。

评估过程：计量儿童在古筝家庭教育环境中专注力持续保持的时间长度，给予结果评价。

评定标准：A. 1分钟以内。B. 5分钟以内。C. 10分钟以内。D. 10分钟以上。

家长可对儿童的专注力状态做详细描述。

（四）对儿童情绪的评估

评估1　目的：考察儿童在古筝家庭教育环境中的情绪稳定状况。

评估过程：统计儿童在古筝家庭教育环境中一个月内情绪不稳定的次数，给予结果评价。

评定标准：A. 情绪不稳定超过5次。B. 情绪不稳定3～5次。C. 情绪不稳定少于2次。

家长可对儿童情绪不稳定时的具体情况做详细描述。

评估2　目的：考察儿童在古筝家庭教育环境中，儿童自我调控情绪的能力。

评估过程：观察儿童在古筝家庭教育环境中，当情绪不稳定时儿童调控情绪的方式，给予结果评价。

评定标准：A. 无法平复情绪。B. 需要安慰、鼓励或奖励。C. 需要适度放松。D. 能意识到自己的情绪并能自我控制。E. 能接受面对挫折或被打扰。

家长可对儿童调控情绪的方式做详细描述。

（五）对儿童现场回课情况的评估

目的：考察儿童在古筝课堂上现场回课的情况。

评估过程：观察儿童进行完古筝家庭教育后，在古筝课堂上现场回课的情况，给予结果评价。

评定标准：A. 回课情况不佳。B. 基本完成。C. 回课情况良好。D. 回课情况优秀。

教师可对儿童的现场回课情况做详细描述。

（六）对儿童使用视频示范情况的评估

目的：考察儿童在古筝家庭教育环境中使用视频示范的情况。

评估过程：观察在古筝家庭教育环境中，当家长呈现视频示范后，儿童使用视频示范的情况，给予结果评价。

评定标准：A．儿童对视频示范不关注甚至排斥。B．儿童能够专注看视频但无法跟弹或跟唱。C．儿童能跟弹或跟唱，但无法与视频示范准确同步。D．儿童能够与视频示范同步跟弹或跟唱。

家长可对儿童使用视频示范情况做详细描述。

（七）对儿童录制练习成果视频情况的评估

目的：考察儿童录制练习成果视频的情况。

评估过程：观察儿童在古筝家庭教育环境中，录制练习成果视频的情况，给予结果评价。

评定标准：A．儿童抗拒录制练习成果视频。B．儿童因紧张等原因完成不佳。C．儿童能够完整录制。D．儿童能够关注并能评价自己的视频。

家长可对儿童录制练习成果视频的情况做详细描述。

（八）对儿童泛化情况的评估

目的：考察儿童将古筝演奏及相关活动的内容泛化至生活中其他情境的能力及情况。成功泛化是儿童综合能力提升的集中体现，是孤独症儿童古筝适应性教学指导的最终成果之一。

评估过程：观察儿童在家庭环境里将古筝弹奏能力及其相关能力泛化至日常生活里不同情境、不同人群的情况，给予结果评价。

评定标准：A．儿童无泛化能力。B．儿童能够用儿歌歌词内容指导日常生活。C．儿童能够将音高泛化至说话声调。D．儿童能够将弹奏相关的感统能力泛化至生活中的动作和姿势。

家长可对儿童泛化的具体情况做详细描述。

（九）对儿童预习与自学情况的评估

目的：考察儿童在家庭环境里进行古筝演奏预习与自学的能力及情况。成功的预习和自学能够极大地挖掘儿童的学习潜力，有助于提高儿童的学习效率和演奏水平。

评估过程：观察儿童在古筝家庭教育环境中进行古筝弹奏预习及自学的情况，给予结果评价。

评定标准：A．儿童无此能力。B．儿童在家长辅助指导下能够完成。C．儿童能够独立完成。

家长可对儿童进行预习或自学的具体情况做详细描述。

评估可使用《家庭教育评估量表》（儿童版）（见表 3-1-4）进行，此量表使用因素分析研究方法制作，具有较高的灵敏度，可明显显示结果对儿童在古筝家庭教育环境里古筝演奏及相关活动表现的评估。评估维度包括练琴量、练琴频率、专注力、情绪、现场回课、使用视频示范、录制练习成果视频、泛化、预习与自学。其中的"评定标准"体现了儿童个体间在古筝家庭教育环境中能力与状态上的显著差异,从无练习、状态不佳、拒绝活动、无能力到有较好的表现、能力及状态,从负面排斥的练习态度到认真积极的练习态度,也包含了儿童表现出的不同典型形式,适用于对从无练习能力到有较高练习能力儿童的评估,符合儿童练习的现实情况。此评估在自然的家庭教育环境过程中进行,可在很大程度上真实反映出作为孤独症儿童古筝适应性家庭教育教学成果依据的儿童家庭练习能力。此评估的目的是作为成果依据为教师及家长的家庭教育服务,是教师及家长调整家庭教育方式及内容的重要反馈依据。评估多依据家长的主观观察及记录进行,因此要求家长力求判断的客观性,实事求是,避免受对儿童主观情感的影响。对最终结果的评定还需结合儿童的教学现场回课情况和家长观察的细节描述进行综合考虑。另外,儿童的能力和状态会有阶段性的变化,家长需要对儿童进行定期评估(建议三个月一次)。

表 3-1-4　家庭教育评估量表(儿童版)

一级指标	二级指标	结果	备注
1.练琴量	(A)满 30 分钟　(B)满 1 小时　(C)满 2～3 小时　(D)满 4 小时以上		按周计算
2.练琴频率	(A)不练琴　(B)一周三次以内　(C)一天一次　(D)一天多次		
3.专注力	(A)1 分钟以内　(B)5 分钟以内　(C)10 分钟以内　(D)10 分钟以上		
4.情绪	(A)情绪不稳定超过 5 次　(B)情绪不稳定 3～5 次　(C)情绪不稳定少于 2 次		月平均量
	(A)无法平复情绪　(B)需要安慰、鼓励或奖励　(C)需要适度放松　(D)能意识到自己的情绪并能自我控制　(E)能接受面对挫折或被打扰		
5.现场回课情况	(A)不佳　(B)基本完成(C)良好(D)优秀		
6.使用视频示范	(A)不关注甚至排斥　(B)能专注看但无法跟弹　(C)能跟弹但无法准确同步　(D)同步跟弹		
7.录制练习成果视频	(A)抗拒录制　(B)因紧张完成不佳　(C)完整录制　(D)关注并能评价自己的视频		
8.泛化	(A)无泛化能力　(B)用儿歌歌词内容指导日常生活　(C)将音高泛化至说话声调　(D)将弹奏相关的感统能力泛化至生活中的动作和姿势		
9.预习与自学	(A)无此能力　(B)需家长辅助指导　(C)独立完成		

第二单元　家庭教育的策略与实施

一、教师的策略与实施

（一）指导家长的演奏与辅导

在儿童的家庭教育中，家长的演奏和辅导是其主要内容，家长主动认真的实施策略决定了儿童对待家庭教育的态度。教师对家长的演奏及辅导予以指导，可直接提高家庭教育的质量，让家长的教育明确方向。具体策略包括：1.要求家长在古筝课堂上旁听，与儿童一起学习指法动作和乐曲的演奏。2.要求家长观察教师对儿童指导和辅助的实施方法。3.让家长明确演奏和辅导的要点。4.通过语言和肢体的形式，对家长的演奏和辅导进行现场指导。尽量让家长的演奏及辅导与教师的相一致。

（二）录制视频示范

视频示范是家庭教育所要使用到的辅导工具。相对于家长的语言和肢体辅导，视频示范的直观性更便于为儿童提供形象的视听提示和模仿对象。教师首先要能够熟练准确的演奏指法动作及弹唱儿歌，以确保视频的流畅性和准确性。教师同时要明确现阶段及每次课的教学目标及教学内容，对儿童具体问题的解决策略要有指向性和针对性。在此基础上，教师可录制两种版本的视频示范，一种是指法及乐曲的常规演奏视频，即用演奏要求的速度、力度、动作流畅性对指法及乐曲做完整演奏，此视频可使儿童对演奏形成整体认识。另一种是针对儿童问题解决的指向性视频，每次课都要针对儿童不同的问题具体录制，弹奏时可伴有简洁的语言提示讲解。如儿童的演奏问题需要慢练解决，教师就需录制一个比原速慢一倍的视频示范。再如儿童的托指弹奏动作有问题，教师就需录制一个突出托指演奏的示范视频。另外，教师需要求家长用便于儿童观察细节的视线角度拍摄。要从教师的后方录制教师的演奏，而不是面对面地进行录制。对于儿童要特别注意的姿势细节，需要从特定角度录制，如无名指扎桩的动作就需要从教师面对面的角度录制，在教师后方是录不到无名指的。

（三）指导儿童录制的视频

儿童在家里将阶段性的练习成果录制成视频，并得到教师的指导反馈是一种便捷有效的家庭教育策略。教师应要求家长在儿童完成较熟练后录制视频并及时上交。教师对视频进行数次观看后给予评价和指导。应先对儿童的进步和努力付出给予鼓励和肯定评价,要具体指出儿童已完成或进步的地方及内容,对儿童的评价家长要让儿童知晓,所以教师要用儿童能听懂和接受的内容和语气进行表达。对儿童还存在的问题要简明扼要地告诉儿童及家长,为要解决的问题明确方向,也为提高演奏提供下一个目标建议。目标要少,以一至两个为宜。对家长的家庭教育指导可说明策略的目标、原理及实施步骤。

二、家长的策略与实施

(一)营造家庭音乐氛围

音乐可以给儿童创造一个安全的环境,对儿童来说是一种愉悦的体验。借由孤独症儿童所具有的良好音乐感受能力和音乐记忆能力,可以帮助儿童架起一座与外部世界沟通的桥梁,丰富儿童的精神世界。在闲暇时间,可以在家里播放儿童爱听的歌曲,满足儿童对音乐的需求,也能同步提高家长的音乐感知和审美能力。播放的音乐可不只局限在儿童喜欢的歌曲里,以儿童喜爱的歌曲为主,同时可适度尝试让儿童听不同风格类型的音乐,如纯音乐、古典音乐、民族音乐、流行音乐等。家长也可通过观察儿童的反应得知儿童的音乐喜好。与在教室面对教师的环境相比,儿童在家里这个最放松舒适的环境里对音乐的反应会更准确、明显。家长要注意控制播放音量在儿童能关注和接受的范围内,音量太小无法引起儿童的关注,音量太大容易引起儿童的感觉刺激过度,会适得其反。播放工具根据家庭经济条件选择,高品质音响的播放效果要远比手机好得多。鼓励儿童在听歌的时候大声地唱出来,家长陪伴儿童一起互动歌唱的效果会更好。对于节奏律动感强的音乐,家长可带领儿童随着节奏自由舞动,以感受律动。同时,还要给儿童选择的空间,引导儿童去主动选择自己喜好的音乐,家长可尝试询问儿童或为儿童提供选项引导其说出喜欢的原因。

倾听是孤独症儿童进行古筝适应性演奏学习必备的一个非常重要的音乐基本技能,它是对孤独症儿童实施古筝适应性教学指导的基本出发点,也是开展教学活动的前提和基础。利用日常生活和家庭周围环境对儿童进行听觉和倾听的培养是最自然和直接的一条途径。家长可以和儿童一起辨别、倾听自然界的各种声音变化,如风声、水声、雨声、动物叫声等;日常生活中的各种声音、响声,如关门声、扫地声、切菜声、洗衣声等;人体发出的各种声音,如拍手声、说话声、脚步声、打喷嚏声、打哈欠声等;还有歌曲声、乐曲声中不同的模拟音响等。在家庭生活中培养儿童对周围各种声音产生倾听、辨别、模仿的兴趣,逐步养成集中注意倾听的习惯,为古筝演奏打下良好的感知音乐和理解音乐的音乐基础能力。

（二）家长的古筝演奏及辅导学习

家长若能亲自感受古筝演奏的即时感觉,便能感同身受到儿童在弹奏及学习时相似的感知觉状态。当然,儿童的弹奏比家长要困难的多。家长从指导角色和弹奏角色两方面考虑如何辅导儿童完成演奏,才能避免理论上的纸上谈兵,才能使儿童的家庭教育方向正确。古筝演奏不同于日常生活技能,日常生活技能是儿童能力不佳,但家长早已熟能生巧的、下意识就可完成的固化本能。在对儿童辅导时,家长需要用心重新考虑该如何帮助不具备基本能力的儿童从点滴学起。而古筝演奏则带有一定的专业技巧性,对于儿童和家长来说都是同一起点,家长也要从基础学起,也需要通过努力才能习得,家长在学习时也必须要从根本上去思考演奏的基本原理和方法,家长也要向内自觉演奏和学习时身体内部的神经感受,家长也会同时感受到儿童演奏和学习的不易。家长既是最了解儿童特殊情况的人,是对儿童最有照顾经验的人,同时也是具有直接演奏感受的人,因此家长是连接儿童与古筝演奏的最佳人选,可能会是比教师还要好的教育者。同时,古筝初级学习较易上手,对家长来说即使没有音乐基础和乐器演奏经验,也可在教师的指导下展开学习,可实施性和操作性强。家长与儿童一起学习、一起演奏,一起感受音乐带来的愉悦体验,一起感受主动操作一件乐器的控制感,亲子间可以通过这种安全的音乐方式相互交流。家长是儿童最好的"伴读",也是儿童最好的榜样。在我的教学实践中,有部分儿童在课堂上表现出对家长的演奏比对教师的演奏更感兴趣,这也许是因为儿童对有更多情感依赖和亲密程度的人会产生更多的关注和模仿行为。家长具有一定的演奏能力,便可以在家庭教育环境里直接进行现场示范,相比录像视频,儿童对家长的现场演奏会更感兴趣,这无疑会有助于儿童演奏水平的提高。

因此,家长要为与儿童一起学习古筝演奏而付出努力。家长在家庭教育中,最重要的是要完成多种角度、多重角色的学习和观察思考。在教学课堂上,家长不仅要从照看者的角度陪伴儿童左右,帮助教师稳定儿童状态;还要从学习者的角度与儿童一起跟随教师学习如何演奏,用心学习教师的教学策略,细心观察教师的教学细节及儿童的反映;从指导者的角度帮助儿童记住演奏要领,以便在家庭教育中对儿童的演奏进行查漏补缺的提示。家长要从指导者的角度详细观察和了解儿童在课堂上的演奏问题和情况,以便在家庭教育中有目标地进行辅导。在课堂教师指导家长演奏环节,家长要从演奏者的角度用心体会并努力做到演奏要求,以便在家庭教育中为儿童做出最正确的示范和指导。在课堂教师指导家长辅导儿童环节,家长要从指导者的角度用心体会教师辅导方法的原理和目的,对教师的演奏和指导经验进行充分地消化和吸收,如此才能在家庭教育中灵活运用这些辅导策略,才能及时果断地对儿童的表现和状态予以正确回馈。在家庭教育的演奏互动环节,要从陪伴者的角度启发儿童动机,为儿童创造安全、轻松、自由的互动人为环境气氛。在儿童没有任何演奏动机的时候,家长应为儿童弹唱并耐心等待儿童的行为回应。家长的演奏既是自己练习、享受音乐的过程,也是熏陶、吸引儿童兴趣的过程,家长的任何演奏状态都会成为儿童模仿的对象。

(三)监督儿童练琴习惯的养成

帮助儿童逐渐养成练琴习惯可有助于儿童技能的持续巩固和演奏水平的稳步提高。在儿童初学古筝演奏阶段,为了不破坏儿童敏感脆弱的自信心和兴趣动机,家长和教师应以引导、启发儿童为主,要避免给儿童过多要求以造成心理紧张和压力。家长在家庭教育中可以营造古筝音乐氛围和音乐互动的方式开展教育。家长应尽力带领儿童做到每天一次固定时间或随机的古筝活动,具体进行时间和持续时间长短以儿童的现场状态为准。

待儿童逐渐入门进入学习和演奏状态后,家长可帮助儿童逐渐养成较稳定的练琴习惯。具体建议策略如下:(1)将古筝弹奏这项活动安排在儿童每天的日程表中。整个日程表的内容与时间安排可在前一天晚上与儿童共同商定,并在第二天早上再次呈现给儿童,让儿童对一整天的活动安排有一个整体概念和心理预期,以便在活动转换时成功过渡。要注意的是,在呈现日程表时家长也要告知儿童,活动可能会在一些情况下有变换、增加或取消,以避免儿童因实际与计划间的不同而产生更严重的刻板行为问题。(2)提醒儿童练琴。当古筝弹奏的活动时间到时,要提醒儿童进行活动。在活动进行前应先适度调整儿童的整体情绪和专注力状态,并根据儿童的状态或逐渐过渡进入活动,或直接进行计划流程。儿童状态好时要直接进行练琴流程，以免丢失儿童的专注力。儿童状态欠佳时要逐渐过渡引入练琴活动，应避免引起儿童排斥情绪。虽然每天的古筝演奏具体内容和目标会有不同，但排除特殊情况，每天都应进行一定时间的练琴活动。（3）少量多次原则。孤独症儿童的注意力时间极短，行为具有极不稳定性。当练琴活动较难继续进行时，可先暂停练琴活动，不强求儿童。按照少量多次的原则，只要在儿童有兴趣动机和专注力的情况下，就可进行练琴活动，即使在儿童不愿意戴义甲的情况下。这种积少成多的练习也会收到一定的效果。（4）家长先养成习惯。当儿童对练琴活动严重排斥时，家长应该变换思路，从让儿童练琴转换为让自己练琴，让古筝弹奏变成家庭里每天的常规活动，让古筝的声音每天都能在家中响起。对于儿童的排斥，家长还要分析其原因，有的儿童因为有畏难情绪而排斥，家长要进行有效演奏辅助，同时降低阶段练琴目标，允许儿童用更小的步子前进。儿童对于已熟练掌握的技能是非常愿意重复练习的。（5）培养儿童练琴动机。家长可运用强化原理，找到与古筝演奏相关的强化物，如上台表演的机会。在我的教学案例里，儿童在现场观看到熟悉的同伴在舞台上的成功演出后，在很长一段时间内每天不停的跟妈妈重复："我要去××大剧院演出！"，显然古筝演出活动和演出场地已成为了儿童的强化物。这时家长便可自然的说出要多练琴，达到一定水平才能够登台的道理和要求，这种儿童内化了的练琴动机是最好形式的行为强化。这位儿童也在此动机强化下成功进行了长期稳定的有效练琴活动，演奏水平得到了飞跃式的提高。

（四）使用视频示范

虽然视频示范无法代替家长和儿童面对面的家庭教育，但由教师录制的视频示范和由同伴录制的互动视频可以成为家庭教育中供家长和儿童使用的优质教学工具。此两种视频的作用不同：教师录制的视频示范有明确的教学指向性，针对儿童演奏学习的内容、目标、重点和难点进行详细讲解和直观示范，目的是给儿童提供演奏和学习的模板，供其模仿。由同伴录制的互动视频兼具互动和示范双重功能，并以互动功能为主，为儿童的现场融合活动做前期适应性准备。

儿童在练习的前期阶段应以使用教师视频示范为主。家长可先在儿童注意力较好时，为儿童播放几遍视频，让儿童不断形成对乐曲或指法的整体概念和印象。孤独症儿童更擅于观察细节而忽略了对整体的感受，因此对事物的认知存在严重偏差，因此儿童对乐曲或指法的全貌认知尤其重要。儿童开始尝试弹奏时，家长应先给儿童一定的空间和时间进行自由尝试，让儿童自己去思考和判断，无论儿童弹奏是对是错，家长都不要急切冒然地打断儿童的演奏和注意力状态。儿童对自己的弹奏有了一个初步的认知后，家长的指导才会让儿童形成比较。除非儿童主动寻求家长帮助，家长尽量不要提供辅助，要用各种方式无形中给儿童一个心理信号：自己做，自己能行，家长会在旁陪伴和帮忙。家长的辅导介入要把握好时机，介入太早会打扰儿童进行自我尝试，介入太晚会不利于对儿童错误的纠正。在进行细节练习时，家长应提供线索引导儿童将自己的演奏和视频示范反复进行比较，在儿童能接受的心理承受力下引导儿童主动纠正。儿童弹奏较完整熟练且有一定程度的自信后，家长可鼓励儿童跟随视频示范演奏，先从慢速的跟随开始。跟随使用耳机收听的视频会使儿童表现出更好的节奏同步性。

儿童对自己的演奏有了一定自信后，可以通过同伴视频来与同伴进行隔空互动，古筝演奏是两者的交流纽带和共同关注。这种非语言的交流对孤独症儿童来说更有安全感，会让儿童感觉更轻松自如，从而才能引领儿童离开弥散和封闭状态，进入音乐自觉状态。同伴视频也可发挥示范作用，儿童可跟随同伴视频进行"隔空齐奏"。从某种程度上说，这既是一种交流，也是一种模仿。

（五）家长与儿童的互动

说起互动，这也许是家长在古筝家庭教育中遇到的最棘手的环节。儿童没有足够的专注力、没有游戏和扮演心理等情况再普遍不过。家长先要做到的是从儿童的角度理解何为"互动"。从社会学角度来看，互动指一种主体间相互使彼此发生作用或变化的过程，有着极为广泛的内涵和外延，儿童时刻都处在与周围主客观环境的适应和互动中。可以说，只要同时涉及儿童和家长的行为活动都属于互动。家长应打开思路，发掘更多儿童能接受的互动形式，而不必限定在我们日常所普遍定义的互动范围，如一起唱歌、一起弹奏、一起游戏等。普通人群更多的是通过语言和行为进行互动，孤独症儿童有着特殊的互动方式，家长需要通过观察推理和"假设—验证"的沟通方法发现儿童所使用的具体互动方式。孤独症儿童和家长间长期稳定的良性互动需要满足以下条件：（1）双方有共同关注的目标。家长和儿童可以先一起关注物品，以物品为纽带进行互动，再逐渐发展儿童对活动和对家长的关注。这些关注的目标之间要有共同的相似点，才能成功转移儿童的关注目标。（2）双方有平衡的互动关系。儿童与家长一起进行活动时，即使家长发现儿童出错，也要避免正面干扰纠正，要让儿童感受到家长是他的"陪伴者"，双方有相互平等的活动权利。若儿童感觉家长是他的"指挥者"，那么儿童会处于被动一方，会破坏互动关系的平衡。（3）双方有相互的角色认定。有些儿童在课堂上听教师指令的表现较好，但在家庭教育中听家长指令的表现较差，是因为儿童将家长认定为"照顾者"的角色，在家庭生活中"照顾者"会迁就儿童，儿童处于主动一方。儿童不能同时认定家长的"指导者"角色，被指导的儿童容易感受到要被动服从，这使儿童感受到压力。家长应将生活中儿童能够听指令时的方式方法泛化到古筝演奏指导中。同时，家长不可过度迁就儿童的行为,儿童也需要适度的压力和要求。适度的压力在习得技能时是很有必要的,外来的压力会使儿童集中注意力激发出自己的最佳认知状态,只是家长要注意压力程度的把控。

用古筝演奏进行互动的具体形式可包括:(1)家长聆听。家长扮演"观众"的角色,耐心地、默默地聆听儿童演奏,在适当的时候给儿童以语言、表情或肢体的肯定回应,让儿童逐渐体会到古筝弹奏不仅可以弹给自己享受,也可以弹给别人欣赏。(2)家长给儿童纠错。纠错要注意方式方法,尽量避免让儿童感受到家长否定的言语、行为和神情以及强制性要求的态度。引导儿童学会比较,比较自己的弹奏与家长的弹奏、教师的视频示范和同伴的互动视频之间的不同。当发现不同时,儿童会产生主动纠正的行为。(3)家长辅助演奏。家长应尽力将教室里标准化的教师教学复制到家庭教育中,将教师的成功辅助泛化至家庭环境中,应根据儿童的状态将辅助逐一撤除。(4)使用节拍器。稳定的节奏会让儿童感受到更大的安全感,而且孤独症儿童普遍对物品比对人感兴趣。家长可引导儿童使用节拍器,儿童与家长一起跟随节拍器唱或弹,或者家长不干扰,让儿童独自跟随节拍器唱或弹,这种儿童和节拍器之间的互动会为儿童与家长的互动做前期铺垫。(5)齐唱齐奏。家长或带领或陪伴地与儿童共同唱诵歌词和音名、共同演奏乐曲或练习指法、儿童演奏时家长打拍。这些与最亲近的家长间进行的互动有助于泛化至与同伴间的演奏互动。(6)扩展活动。家长可对儿童讲解儿歌的歌词大意,用此指导日常生活。对于儿童陌生的词汇,家长可以在歌词情境里对儿童进行认知教学,扩展儿童的认知范围。对于理解能力差的儿童,家长可以用自绘简笔画、插图、连环画的视觉方式帮助儿童理解。家长还可以鼓励有绘画能力的儿童根据歌词大意自己绘制配图,使儿歌发挥更大更广的作用,以提高儿

童学习兴趣和综合能力水平。

（六）规划练琴流程

孤独症儿童的家庭教育也应使用结构化教学策略，规划练琴流程便是其集中体现。在正式进行演奏活动前，家长需同儿童共同商定好流程所包含的具体内容。练琴流程包括练习指法、练习曲目、练习遍数、练习时长、不同古筝主题活动等，将其写在《每日练琴记录》的计划中，并展示给儿童看。练习开始后，儿童每完成一个环节就在记录上做一个完成标记，以便了解自己的活动进度。练习结束后，家长回忆记录儿童的实际练琴流程，并呈现给儿童看，也可让儿童自己总结记录（见表3-2-1）。同时要注意以下几点：（1）明确练习量，先让儿童完成乐曲的要求遍数，提高熟练程度，再去追求演奏质量。（2）以练习旧曲子为主，完成旧曲子的练习后再去开始练习新曲子。新旧乐曲的练习比例要合理。（3）家长要能够灵活变化并控制流程。儿童状态不佳或疲劳时可让儿童休息一会儿。一项任务无法进行时，可调换顺序先进行其他任务。要避免儿童沉醉于固定的乐曲或演奏顺序，适时更换乐曲及演奏顺序。在练习前要告知儿童，练习内容可以是固定不变的，但练习顺序和活动起止等内容要听从家长的指挥。家长必须与儿童建立一种基于"他的自由"和"我的权威"的持久关系。同时，家长还要从小教会孩子灵活思考。高度结构化的生活对他们很重要，但是在生活中计划往往会改变，这是常识。（4）活动可不只局限于练习的形式，多种古筝主题活动可综合进行，如唱节奏、挑视频错误等。每天的活动内容可根据练习需要灵活安排。（5）最好的音乐强化物呈现方式是家长现场用古筝演奏儿童喜爱的歌曲。

表 3-2-1　每日练琴记录（案例）

姓名：明明	日期：2019 年 8 月 2 日	时间：19：00—19：30	时长：0.5 小时

曲目及练习重点：1.旧曲目《穿衣服》《借东西》
　　　　　　　　2.新曲目《三条鱼》
　　　　　　　　3.托劈指法

	计　划	实际情况记录
练琴流程计划与完成情况	1.托劈指法动作 20 组　　　（　　）	1.按计划完成
	2.《穿衣服》唱音名弹 5 遍，唱歌词弹 5 遍　　　　　　　　　　（　　）	2.按计划完成
	3.《借东西》唱音名弹 5 遍，唱歌词弹 5 遍　　　　　　　　　　（　　）	3.按计划完成

续表

姓名:明明	日期:2019 年 8 月 2 日		时间:19:00—19:30	时长:0.5 小时
	4.休息 2 分钟,呈现音乐强化物 （　　）		4.休息了 4 分钟,呈现强化物《青花瓷》3 遍	
	5.看《三条鱼》视频示范 3 遍 （　　）		5.看《三条鱼》视频示范 2 遍后失去注意力,转入下一环节	
	6.跟视频唱《三条鱼》音名 3 遍（　　）		6、跟视频唱《三条鱼》音名 2 遍后要求尝试弹,转入下一环节	
	7.《三条鱼》唱音名弹 5 遍 （　　）		7.按计划完成,并服从了家长的要求,又多弹了 2 遍	
	8.《三条鱼》唱诵歌词 3 遍 （　　）		8.《三条鱼》唱诵歌词只完成了 1 遍,不爱唱歌词,转为家长唱歌词 2 遍	
	9.呈现音乐强化物 （　　）		9.按计划完成	
	10. （　　）		10.	

儿童整体状态:情绪状态较稳定,专注力和动机不足。

家长评价:托劈的扎桩不稳定,会离开琴弦。旧乐曲整体熟练。不爱动嘴唱。

（七）与教师视频交流

利用科技手段使家长与教师保持线上的即时交流,是对家庭教育进行及时纠正的有效方式方法。录制并上交视频是家长家庭教育态度和儿童家庭练习成果及状态的集中体现,也是教师了解家庭教育情况的重要依据。家长与教师交流后可判定自己的辅导是否得当和有效,同时也可在第一时间内对自己的辅导方法和儿童的错误弹奏进行修正,有助于提高儿童的学习效率和演奏水平。

当儿童将学习内容练习地较为完整熟练后,家长可录制儿童的演奏视频并通过通讯软件(如微信、QQ 等)上传给教师,等待教师的反馈指导,家长再将对教师反馈的理解变为对儿童的具体指导,待儿童有纠正和改善后,家长进行再次的录制与上传交流。家长应主动跟教师讨论儿童现阶段出现的问题和情况,主动向教师寻求应对和改善策略,并在家庭教育实践中努力使策略得到验证。对视频的录制不可进行太早,当儿童的弹奏熟练度还不够时,面对录像镜头会产生紧张心理,从而影响专注力和完整弹奏,家长应在儿童弹奏地足够熟练时再进行录制。同时,长期的录制也会让儿童逐渐产生适应性心理,可为上台表演做前期铺垫。家长录制完成后,要让儿童看自己的视频,开始时儿童也许未必能意识到这是自己的视频,但长期的观看会让儿童逐渐产生观察自己的意识,有利于儿童自我意识的养成。家长可引导儿童将自己的演奏视频和教师的视频示范进行比较,给出具体判断,当儿童明确不同之处后便会逐渐尝试自主改正。

（八）泛化、预习与自学

泛化是指儿童将先前训练过并习得的行为功能应用在某一与之行为功能相似的未经训练的行为中。泛化是很多孤独症儿童学习训练时所面临的问题,很多儿童在习得一些技能后只能在有限的环境中使用,究其原因,是因为期望行为习得之后的泛化没有做好。因此,期望行为获得后的泛化非常重要。

泛化能力和儿童的思维能力密切相关,行为的训练和认知能力密不可分。思维是认知的最高形式,是对输入刺激的更深层次的加工,是借助语言、表象或动作实现的、对客观事物概况的和间接的认识,它能揭示事物的本质特征和内部联系,并主要表现在概念形成和问题解决的活动中。元认知是对认知的认知,即个体对思维和学习活动的知识和控制。孤独症儿童由于信息整合困难,难以探索事物之间的联系,并且不会积极地与外界环境接触,思维和元认知发展受限,所以他们在动作执行解决问题能力方面较弱,在动作学习中不能举一反三[①]。孤独症儿童的思维方式是非常细节化和具体化的。需要把他们大脑里的细节碎片整合分类,形成概念,并提高他们的归纳和泛化能力。

古筝适应性教学指导中众多不同的活动和情境中包含着许多相同的因素,通过在教师与家长的教学过程中抽象概括出其相同的因素（即合并同类项）,是让儿童实现泛化的关键一步。桑代克（Thorndike）认为,两个领域之间可能发生的迁移量依赖于领域间基本部分的相似性。两个领域中相似部分越多,正性迁移的可能性就越大[②]。演奏训练环境与泛化目标环境的相似性越大,技巧和能力的转移及泛化就越容易实现。

儿童在古筝家庭教育中进行的预习和自学是儿童泛化能力的集中体现之一,其能力有助于儿童将自己脑中已习得的关于古筝演奏的大量信息进行成功地归类和应用。对未巩固技能的习得是需要儿童付出相当多的脑力能量的,当儿童通过对已习得技能的充分巩固和消化吸收,不再需要消耗如此多的能量时,儿童便有更多的注意力去思考新鲜的内容与情境。要预习和自学的内容应是难

① 胡晓毅,刘艳虹.孤独症谱系障碍儿童的教育[M].北京:北京师范大学出版社,2016:178-179.

② （美）弗朗西丝·H.劳舍尔,（德）维尔弗里德·格鲁恩.音乐教育神经科学[M].南云,等译.上海:上海教育出版社,2020:201.

易合理的,新旧内容比例在2∶8较为易于儿童接受。当儿童多次尝试成功的预习和自学后,便是对自我意识、自我评价、自信心和自尊心极大的提高。

　　古筝家庭教育中的泛化可遵循以下原则:(1)家长需要明确儿童的刻板行为是他们无法自主控制的,是不由自主的。儿童克服刻板行为需要自身付出巨大的心理能量来实现。家长要重视和肯定儿童的努力付出和点滴变化,并需要长期的耐心帮助提高儿童的抽象概括能力。(2)先让儿童对已习得技能建立巩固。给孩子更多的可预知的情境和已习得的技能,并对技能进行长时间的大量重复练习。可预知情境和习得技能的巩固是泛化产生的前提。(3)去找和习得内容及情境类似的内容及情境,两者越相似,儿童泛化的可能越大。(4)帮助儿童找异同。告诉儿童新的内容和情境里哪里和原来相同,哪里和原来不同。产生新旧内容和情境间的连接,为泛化做好前期准备。(5)创造条件让儿童多次产生泛化行为,锻炼儿童在行为活动中领悟抽象和概括的能力。儿童变通的经验增多了会自然克服自己的刻板行为。(6)逐渐增加与已习得内容和情境不同的因素,扩大泛化的范围和程度。(7)要有适度的压力。儿童在面对新鲜事物时,总是需要一定的外界压力来迫使其开始尝试。应不断测试儿童的能力极限,看看能推儿童到多远。孤独症儿童可以学习,也可以成功,只要他们周围的人相信他们的能力,对他们抱有较高的期望。(8)调整儿童状态。在让儿童预习或自学有一定难度的内容时,要注意让儿童保持清醒和灵活的状态。

　　古筝家庭教育可开发出多种形式的泛化,具体如下:(1)古筝演奏能力泛化。将习得的演奏指法及多种音乐元素泛化到不同乐曲的具体演奏中。如训练托劈指法的乐曲有《穿衣服》《借东西》《三条鱼》和《地震歌》四首。儿童在教师指导下习得托劈指法并学习完成前一、两首乐曲后,家长可在家庭教育中鼓励儿童将托

劈指法泛化到后面未学的乐曲中进行预习和自学。家长可引导儿童先总结学过的曲子里使用托劈的地方都有哪些特点,当总结出其共同点是同音反复和快速节奏后,引导儿童找出新曲子里可以使用托劈指法的地方并做视觉指法标记。儿童就可在视觉提示下尝试新乐曲的预习和自学。儿童还可将习得的演奏动作、节奏节拍、音高变化等元素泛化至日常生活中的动作和语言中。实际上,两方面是相互泛化的关系。(2)演奏环境泛化。演奏环境包括物理环境和人为环境。对于物理环境的泛化,家长可以让儿童在不同的地点练习。如调换琴在房间内摆放的位置,在不同房间进行演奏,在教室、学校、操场、社区、舞台上进行演奏等环境空间由封闭到开放,让儿童逐渐适应泛化。对于人为环境的泛化,家长可组织不同观众来欣赏儿童演奏,如父母、家人、亲戚、邻里、客人、同伴等。人数可由少到多,让儿童逐渐适应泛化。家长也可在判断好适当的泛化时机后,与教师沟通调换上课时间、调换授课教师、调换上课教室及场地、调换介入的同伴,逐渐扩大儿童的泛化范围。(3)音乐创编泛化。家长可鼓励并帮助儿童进行自由的音乐创编,给儿童机会让他们创造性地探索节奏、音响、旋律等音乐要素的各种变化和重新组合,探索对语言及韵律的扩展。形式可包括对学过弹唱儿歌的歌词进行创编,如儿童可将歌词中的词汇进行替换(如把"小狗汪汪"换成"小鸭嘎嘎")、在第一段歌词后续写第二段歌词;将喜爱乐曲的主旋律用古筝弹奏出来;创编旋律接龙、创编节奏接龙、创编歌词接龙等。(4)泛化至日常生活。家长应有敏锐的、强烈的教育意识,在生活中为儿童发现泛化机会,让儿童将儿歌歌词内容泛化到实际生活中应用,让儿童把音乐与自己的生活结合起来。如儿童学习弹唱儿歌《漱口》期间,家长可在儿童漱口之前先让儿童唱儿歌或家长唱给儿童听,用这种愉悦、温和的方式提醒并指导儿童养成漱口的卫生习惯。歌词内容可扩展儿童的认知范围,对于歌词中儿童陌生的词汇,家长可以在日常生活中给儿童呈现实物、行为或活动现场,让儿童将抽象的语言与具体的实物、行为和活动产生概念关联。对绘画感兴趣的儿童还可根据儿歌歌词配画。

第四章　美育法——核心灵魂

2018年，我带领着培养了一年多的十名优秀孤独症儿童，在沈阳市内最大的音乐厅——盛京大剧院音乐厅登台演出。这是中国第一个全部由孤独症儿童组成的古筝乐团，我给这个古筝乐团取名为"星空筝团"。这场演出见证了"星空筝团"的诞生，意味着这些孤独症儿童他们的音乐艺术之路开始扬帆起航了。为了这些星星的孩子们能够走出自己的音乐天地，他们当中无论是参加台上演出的还是在台下苦练但没能够正式参加演出的，都在为自己能够走上这样的舞台而不断努力着，因为他们从来都不掩饰自己对这样专业舞台的喜爱，因为他们只会用行动告诉我，他们渴望着下一次再登上专业舞台。

这是我在这场音乐会后最大的感触与收获。音乐会后，我又陆陆续续地接收了几名孤独症孩子，有少年也有青年。年龄虽然差别较大，但对我来说他们都是孩子。家长带他们来的原因只有一个，这些孤独症孩子们在音乐会上表现得太棒了，大家都被震撼和感动。令我非常感动的是孩子们全都是自己要求来学的，这些孩子对舞台的渴望，令我十分动容，所以我将这几名孩子都接收了。同时，我的那些之前没有登台的孤独症学生，看完音乐会后，有几名孩子每天在家都会对家长不断地重复着同一句话"我要上盛京大剧院！"，短短的几个字已经表达了孩子的心声，可这些孩子们都才只有十一二岁啊！渴望是他们的动力。在孩子们的召唤下，妈妈、爸爸们开始以"去盛京大剧院音乐厅演出"这一目标作为他们练习古筝的强化物，逐步开始培养孩子们每天练琴的习惯，并且持续至今，这也是我做孤独症教育的原动力。

由于2019年10月我的宝宝的到来，再到2020年的这场全球新冠肺炎疫情的大爆发，使得我们不得不暂停了古筝音乐课。在这期间，多位孩子及家长发送孩子的古筝视频给我看，让我指导，帮助练习。我很欣慰孩子们点点滴滴的变化，他们的变化其实用普通孩子的标准来说，并不算突出，甚至可能是慢的。虽然细小的进步在别人看来不算什么，可对于他们来说，无论是多年的孤独症孩子家长还是我这位多年从事教学研究的孤独症儿童教师,大家都能清楚地看到他们那蜗牛速度般的进步是非常了不起的。这些进步是我与家长内心中最大的成就感,但同时也激起了我们的不满足感。成就来源于我们的付出,他们并没有像我看过的那些书本里或者是某些干预机构里所描述的孩子那样——孤独症儿童没有学习音乐的能力,他们更适合做一些训练或者侧重于学一些生活性的干预训练与融合训练。而我研究的结论是我这里的孩子在音乐上是有学习能力的!一位重度孤独症男孩,在干预机构内学习了 2 年的阿拉伯数字"1、2、3"这三个数字都没有学会,但在古筝音乐课上,我们仅用了半年的时间就让他能够弹奏出我的团队里编曲李首鹤教师编写的 5 首弹唱儿歌,并且能看谱识弦,同时也认识了"1、2、3、5、6"这五个简谱中的阿拉伯数字符号。所以,我们认为孤独症儿童或是成人,从来都是能够学习职业技能的,问题在于用何种方法、由哪位教师教、从事什么职业、处于何种环境而已。所以,音乐能够给孤独症孩子带来快乐和希望,给予教育和职业,甚至关乎生活和生存。还是那句话,问题不在孩子们身上,问题在于我们这些社会人身上。扪心自问,我们是否也存在刻板,我们是否也有那种社交障碍,我们身上是不是也出现了那种强迫不同的群体非要和我们一样,非要他们在我们建立的社会体系中找到他们的相应位置的现象?这些都是我们现今社会需要重新定位思考的问题。

第一单元　美育是什么

新中国成立后的新式教育提出了德育、智育、体育、美育全面发展。美育作为其中的一项内容,虽与德育、体育、智育等共同发展,但在新式教育的发展过程中,美育的发展并没有得到足够的认识,而且在现今教育体制下所实施的教育过程中,美育也一直被广大的教育工作者及相关教育部门所忽视。究其原因就在于在对被教育者进行美育教育的实施过程中,对其教育思想及教育方法的宏观性把控有相当难度,同时美育无法显性地用一个公式、一张答卷、一套训练方法或一个理论来简单地对其教育成果进行评价与衡量,无法在短期内鉴定其作用与意义,它需要从审美的角度培养其人格与价值,需要被培养者具有全局性的思想意识与判断能力。美育不同于德育、智育、体育,因为美育本身所具有的判断标准就较为隐性,无法直观判断教育应用后的效果。德育指的是政治思想和道德品质的教育;智育则是提高才智、发展智力的教育;体育更是单纯的身体的教育;唯有美育,是在人格、人生、价值、世界、社会、自然等全方面的探索性教育。这就使得美育不仅需要被教育者能通过教育挖掘其宏观性的思维及人生格局,同时美育教育实施者更需要有超凡的哲学思想、科学素养以及人生价值观。美育是关于人性的完善,是关于人格的确立,当然也是关于人的独立思考能力和创造能力的培养,是人们判断真、善、美和假、恶、丑的指南和依据①。

随着我国社会的高速发展,美育的重要性和社会性的价值意义已不断地被验证。在重视教育全面性的同时,美育也逐渐被认识与重视起来。美育并不能被简单地解读为审美教育或是美术教育的简称,因为美育是广义的,而美术则是相对狭义的,美育是理性教育与感性教育相结合的教育方法。美育教育并没有绝对的界定范围和界限,美育的目的是以培养人对于文化、艺术、自然、科学、社会及人的内心感受的统合认知,以理解、尊重、接受、包容为宗旨的教育活动。审美判断作为美育的基础,艺术教育则作为美育的手段,从审美基础到艺术手段的运用过程,使被教育者能够树立其自身的人生观、价值观、世界观,并把其树立的审美准则作为目的的思考过程。德国启蒙运动的美学家席勒则将美学理论应用于教育,认为要使人从感性的人上升为理性的人,唯一的途径是使他成为审美的人,于是提出了"美育"的概念,并开辟了一个新的协调人的感性冲动和理性冲动的形象化情感教育领域——游戏冲动,亦即美育②。席勒、黑格尔、韦伯等都是美育教育的倡导者,他们致力于通过美育教育来弥补社会发展过程中的"异化""碎片化"倾向,并希望由此重新建立完善的人格和人性③。现代社会中,科学技术占据主要地位,但是无论科学技术给艺术带来的改变有多大,都离不开一个人文价值的核心问题,这就是人的情感问题。因为所有的人文价值,都要以人的情感为基础。我国社会及民众多年来一直推崇着功利化教育、应试化教育,这也使我们的社会及民众渐渐地远离了新中国成立初期确立的教育目标,其教育目标就是德育、智育、体育、美育全面发展。而美育作为教育目标之一,其核心就是培养大众的审美判断能力及审美创造能力,通常我们把对美的思考称之为审美判断,把对美的加工称之为审美再创造,把针对审美能力的培养称为美育教育。那些放弃了培养审美判断能力的人,都已习惯被动接受已知事物,不太善于探索未知的事物,某种程度上来说这样意味着放弃了自身发展的审美创造力。

时至今日,虽然中央政府及教育部近些年不断的提倡美育教育,强调其在教育中的重要性及必要性,但我们也要看到一些教育工作者以及相关基层教育管理部门还在认定,艺术教育只是一种职业技能教育,是从事艺术职业的艺术家的事,不是普及认知教育的核心部分,这是我们民众以及基层教育管理部门对于艺

---

① 于婉莹.浅议美育教育的不可或缺性[J].美术观察,2020(2):77.
② 于婉莹.浅议美育教育的不可或缺性[J].美术观察,2020(2):77.
③ 于婉莹.浅议美育教育的不可或缺性[J].美术观察,2020(2):77.

术教育性质的严重误判,同时也是对我国教育体系及美育教育的一种变相破坏。美育是人性与人格的教育,也是人与人的情感教育,我们要树立和谐社会,就应当树立完善的美育教育。

第二单元　美育法的核心与美育理论

一、美育法的核心

美育是沟通现象世界和实体世界的重要桥梁。美育不仅可以帮助孤独症儿童家长及教师认识现象,认识实体,同时也能帮助孤独症儿童家长及教师提高观察能力、想象能力、形象思维能力和创造能力,还能调剂他们的生活,提高学习效率。在我的三法教育中,美育法并不是需要实际操作的教学方法,也不是给予孤独症儿童的审美及艺术教育,而是改变及树立孤独症儿童家长们及教师们的人生观、世界观、价值观,在其思想、人格等层面的精神教育法。帮助家长与教师在漫长的看护、干预孤独症儿童人生长路上确定自己正确的处世及生活态度。教学三法中我把美育比作是核心,同时也是战略与决策;教师法是战役;家庭教育法则是战术。战略是比较长远的整体性策略与规划;战役则是战争中的组织与实施,并且有若干个相互关联的战斗共同形成;战术就是要达到战略和战役的目的所使用的手段。在这三者中,美育法所起到的核心作用就是要在长久的孤独症儿童干预之路上进行自我规划,帮助家长与教师找到适合孩子与自己的人生目标及干预教育目标。教师法则是要让每一位教师把每一堂课当作是一场战役,并且要把每场战役的结果与经过总结形成关联,找出制胜的手段。家庭教育法则是通过美育法确定的目标和教师法的制胜手段,来完成孤独症儿童具体的干预教育实施。

美育要从内在来进行激活改变每一位孤独症儿童的家长及教师,帮助他们在数十年的养护、教育、陪伴中坚定信心。从认识美的事物到科学客观地看待人生及价值,是需要坚定的信念支持和足以能够改变自身认识的原动力。这种原动力,既要符合事物的时代性,也要满足孤独症儿童家长及教师的基本心理需求。日复一日、年复一年的机械式行为干预及结构化教学,只会给孤独症儿童家长及教师带来无限的迷茫与烦恼。当然,应用行为分析(ABA)等孤独症干预手段确实能够改善他们的生活能力与社交技能,但这种干预仅能在孤独症儿童小龄阶段起到良好的效果,但对大龄孤独症者则不是万能的。同时它也缺乏对实施干预教育者的重视。从内在到外在,现有的干预手段都只针对被干预者—孤独症儿童,无法关注到孤独症儿童家长及教师的内在承受力。常年的无限反复,只有痛苦麻木,没有希望。而对于孤独症儿童来说,常年的无限反复就是常态,家长与教师作为干预教育的供应方,在不断地消耗着自己的耐心与时间,而需求方——孤独症儿童则被动刻板地接受着供应方给予的机械式训练内容,所以这就造成了供需关系的紧张,以及供求双方的矛盾。美育法就是要解决其核心矛盾问题,为孤独症儿童家长及教师寻找美的诉求及改变的方式,帮助他们用审美的态度来看待干预手段,在干预手段中渗透美的事物,这样便会产生一种干预的良性循环。孤独症儿童家长及教师教授美的干预手段,帮助孩子认识美与技能,同时孩子通过学习美的事物及技能,再反馈给家长与教师。在训练水平的不断提高中,让双方都能分享美、改善心灵、认识自我,家长也能够平和地看待孩子,这样的方式才能保证长期干预的有效性和实用性。

其实在每一位孤独症儿童内心里都有着对美育法的隐性需求,这种需求来源于孩子们对积极向上的渴望,他们需要他们喜欢的家长及教师给予他们更多具有美的干预教育及认知营养。但这种诉求往往会被孤独症儿童家长及教师在现实生活中经历的苦涩、艰辛、歧视所吞噬淹没。家长会因为家庭、自卑、自责、歧视、压力等方面的问题,慢慢地开始忽视孩子最真实的需求。家长与教师受限于自身能力的原因,无法发现孩子真正的需求,这些都会使供需双方无法到达统一。所以任何一种干预都要在美育的基础之上进行,没有美育的干预教育手段就是不完整的,也无法长久。

二、美育理论

美育虽作为一个由西方传入的教育概念,但在我们的传统文化中也早有与美育相关的记载与内容。我国在 20 世纪初开始关注美育,许多的教育家、美学家都提出或阐述过对于美育的定义与观点。例如:1903 年王国维的《论教育之宗旨》《孔子之美育主义》;吴梦非的《美育是什么》;吕澄的《艺术与美育》;1917年,蔡元培先生提出的"以美育代宗教"说;以及后来的音乐家贺绿汀,都对美育进行过研究与阐述。又如:王国维在《孔子之美育主义》中写到:"今转而观我孔子之学说。其审美学上之理论虽不可得而知,然其教人也,则始于美育,终于美育。《论语》曰:'小子何莫学夫诗。诗可以兴,可以观,可以群,可以怨。迩之事父,远之事君。多识于鸟兽草木之名。'又曰:'兴于诗,立于礼,成于乐。'其在古昔,则胄子之教,典于后夔;大学之事,董于乐正(《周礼·大司乐》《礼记·王制》)。然则以音乐为教育之一科,不自孔子始矣。""蔡元培说:人人都有感情,而并非都有伟大而高尚的行为,这由于感情推动力的薄弱。要转弱而为强,转薄而为厚,有待于陶养。陶养的工具,为美的对象,陶养的作用,叫作美育。"①在这些人中,蔡元培先生是一直致力于思考并推动美育事业的,其美育思想包括:(1)有启蒙意义的扬弃宗教的悦情教育;(2)构建广视域的审美人格养成途径和真善美人格理想的乌托邦;(3)把现代国民的养成视为美育的问题指向。蔡元培反复强调使国民"养成完全之人格"的重要性。他倡导的完整人格五个构成因素中,除生存需要之外,美育占比最高。美育虽无法担当国民教育的全部任务,但却是各种任务中相当重要的不可替代的一种②。

在蔡元培心中,有两个美育,一是宗教领域的美育,一是科学时代的美育。科学否定了宗教对世界的解释,科学方法下的生理学、心理学和社会学更加深刻地回答了道德问题,美学当以科学方法而不是神学方法来展开③。蔡元培先生的两种美育一直在强调科学,并且认为科学能够客观地解释世界、解释道德问题,同时也是美学的理论基础。美育并不包含现代人的一切知识、理论和实践,但却间接地将现今中国人的精神文明与人格塑造也包含在了其中。这不仅是他超脱时代的思想境界以及前瞻性的教育思考,同时也间接验证了蔡元培先生的美育和对他的影响,用自身的美育,来验证美育的必然。蔡元培先生指出:"美育者,应用美学之理论于教育,以陶养感情为目的者也。"

1911 年,蔡元培先生在超脱时代的视野以及前瞻的教育理念基础上对国民问题进行了分析,他认为人的学习、成长过程中所涉及的学习科目,多要有美育的参与。蔡元培作为现代教育家,深知完全人格的培养所需要的知识、技能和品味积累的复杂性,认为国民教育需要美育,美育作用不可取代,美育的目的便是现代国民的完整人格。如蔡元培以比喻的方式说:"军国民主义者,筋骨也,用以自卫;实利主义者,胃肠也,用以营养;公民道德者,呼吸机循环机也,周贯全体;美育者,神经系也,所以传导;世界观者,心理作用也,附丽于神经系,而无迹象之可求。此即五者不可偏废之理也。"他把美育比作人的神经系统,我们也知道神经系统对人而言的重要性④。

———————————

①　王确. 蔡元培美育思想与现代国民人格理想乌托邦[J]. 天津社会科学,2020(3):110-118.
②　王确. 蔡元培美育思想与现代国民人格理想乌托邦[J]. 天津社会科学,2020(3):110-118.
③　王确. 蔡元培美育思想与现代国民人格理想乌托邦[J]. 天津社会科学,2020(3):110-118.
④　王确. 蔡元培美育思想与现代国民人格理想乌托邦[J]. 天津社会科学,2020(3):110-118.

第三单元　孤独症儿童家庭及家长现状

一、基本情况

　　孤独症儿童家庭是关乎孤独症儿童康复的重要组成。我在"三法"中,不仅专门为家庭确立了家庭教育法,而且在教师法及美育法中都有相关内容对其进行阐述。我国是一个庞大且文化底蕴深远的国家,地大物博,人口众多,这是我国最基本的国情,也是高速发展的重要核心。而家庭——同时也是社会的细胞——是组成社会最核心的成员,家庭和谐就意味着社会和谐,家庭因素上至关乎其国家社会和谐,下至影响人民安定团结。这样一个小社会组织中包含了多种家庭角色——爸爸、妈妈、爷爷、奶奶、姥姥、姥爷、哥哥、姐姐、弟弟、妹妹等。由于我国独特的家庭文化,所以并没有像欧美国家那样,家庭角色相对较少,家庭生活较独立,也较少会出现有隔代老人介入到家庭中去的情况。而对于我国来说,家庭里会在条件允许的前提下有多位隔代老人介入其中。对于孤独症儿童家庭来说这种隔代介入更是如此。在孤独症儿童的人生道路上,不仅要关注到爸爸、妈妈等角色对孤独症儿童的影响,隔代老人也是至关重要的影响因素。在孤独症儿童的家庭中,家庭成员总会有一位或多位家长来照料及干预教育。一般情况下,会由妈妈来主要负责抚养及干预训练,而繁重的负担势必会影响到养护家长的职业工作,所以很多家庭被迫选择其中一人在家中全职照料孩子。但这也取决于孤独症儿童的情况,一般年龄较小、程度较好或干预训练水平较高的孤独症儿童家庭,不会出现家庭成员全职照料的现象,这样的家庭家长会选择让老人协助看护或是家长请长期假、请保姆、家长半工半护等形式,以这些方式来进行密集的干预训练一段时期,然后再根据训练情况确定是否继续。而对于程度较差或者年龄较大的一些孤独症儿童来说,家长势必会亲力亲为,也有少数请老人或是保姆协助管理或是代为看护,这样的情况相对较少,但这种情况多会直接影响孩子的干预效果。隔代老人或保姆能力不足,导致干预效果不明显。从长远来看,父母陪伴照顾才是长远之计,在干预训练学习及技能学习等方面其效果都远远优于隔代老人和保姆。

　　在家庭中,孤独症儿童的干预效果,不仅会受其父母影响,同时也会受到亲友及家庭二孩等因素影响。我国近些年来,放宽计划生育政策,鼓励生育二孩,不仅会改善社会的人口年龄比例,同时也为一些孤独症儿童家庭提供了再次生育的机会。但很多孤独症儿童家庭并不愿意生育二胎,究其原因:一是家长怕对孤独症儿童的干预教育产生影响；二是经济负担较重无力承担；三是怕为二孩留下更大的负担。这些因素导致了很多家庭选择不再生育，而是专心照顾孤独症儿童。

二、家庭经济现状

经济压力是孤独症儿童家庭普遍所需要面临的核心问题，而且也会直接影响到干预效果。近年来，部分研究学者开始关注孤独症儿童家庭的经济现状及问题，一些论文及书籍，也介绍了其相关的研究与数据，然而这些数据并不全面，而且相互之间的很多统计数据与结论并不相同。据熊妮娜、杨丽、于洋等（2010）撰写的孤独症、肢体残疾、智力残疾儿童家庭经济负担调查："孤独症儿童家庭的经济负担不但重于普通儿童家庭，亦重于肢体残疾和智力残疾儿童家庭"。[①] 而在 2010 年彭红、周海燕等人的《北京市学前残疾儿童家长心理压力问卷调查》中讲道："在经济负担方面，智力残疾、脑瘫和听力残疾儿童的家长显著高于孤独症儿童家长"。总之，很多研究都不能够准确地反映出我国孤独症儿童家庭的真实经济状况。当然，相关研究也因其地域情况不同及家庭情况不同等多种因素构成导致了研究结论不同。但就沈阳地区而言，孤独症儿童家庭的经济状况普遍不好，负担压力较重，多数家庭中父亲负责工作提供全家收入来源，母亲则全职看护照顾儿童。

目前我国孤独症儿童家庭普遍未享受到社会帮助，原因在于其政府及职能部门的重视程度不足，相关的法律法规及经济支持也严重缺失。虽然近些年我国也在不断加大力度提高孤独症的相关经费支持，但这部分经费多投入到资助公办康复中心及大型孤独症干预机构上，很难惠及到每个孤独症家庭中去。康复机构也同样普遍面临着多方面经济问题。这些机构无论是公办机构还是私立机构都或多或少受到运营成本、场地租赁、教师薪资、师资短缺、教师经验不足、资金紧张等因素的影响，公办机构由于其师资力量不足，优质师资短缺，所以在课程设置上并不合理，由此导致了部分公办机构优质教师会额外收取相应费用来满足孤独症儿童在干预过程中所需要的干预教育。虽然公办机构在政策上是减免费用的，但每日自费几百元的干预训练费用，仍然还会增加公办机构内孤独症儿童家庭的经济负担。其结果是公办机构不仅没有解决孤独症儿童的干预教育相关问题，而且在经济压力方面也没有得到缓解。这样一来，其国家扶持的资金并没有起到其初衷，问题依然存在，并且使得公立机构的费用与私立机构的干

---

① 熊妮娜，杨丽，于洋等. 孤独症、肢体残疾、智力残疾儿童家庭经济负担调查[J]. 中国康复理论与实践，2010，16(8)：785-788.

预费用相差不大。但由于公立机构相对较少,且在学费上是免费的,所以受教儿童的人数上还是会略多一些,这样就导致了公立机构内教师力量短缺,孤独症儿童的数量却很庞大,师资配比不合理等问题。多方面因素的叠加就导致了公立机构的干预训练水平不均衡,其干预效果不佳,这也就能够解答为什么一部分公立机构内的孤独症儿童家长要私下付费找相关教师进行干预教育了,而对其干预效果也会极大地受到这种不确定性的影响。

对于私立干预机构来说,虽然一部分大型的干预机构也能够得到政府的资金支持,但其也面临着公办机构类似的一些问题:师资力量不足、师资流失严重、师资水平下降、干预空间较小、孤独症儿童学员数量增多等,同样存在着课程设置不合理,需要孤独症儿童家庭二次付费购买教师的干预课程,增加了孤独症儿童家庭经济负担等问题。而一些小型的私立干预机构,虽然收费较高,但相对于公立以及大型的机构,教师配比相对均衡,而且孤独症儿童学员数量也较少,课程设置较为简单合理,干预效果也优于大型机构及公办机构。这类小型机构有其优势,就是 5、6 名干预教育教师能够负责 10 至 20 名孤独症儿童干预课程,这样的配比较为合理,而且在一位核心教师的带领下,干预手段及相关知识的学习能力较强。但小型机构的不足之处也非常明显,存在普遍教师经验不足、不确定性非常大、教师流失严重、干预效果参差不齐、干预设备少、干预场地不稳定等,使得这些小型机构也很难长期生存,这就导致了现今孤独症儿童干预市场非常混乱,稂莠不齐。

总而言之,对于孤独症儿童家庭来说干预机构的费用是多数家庭最主要的经济支付之一,也是最大的负担,而针对家庭的相关补助却是杯水车薪。目前大多数孤独症儿童家庭中都是一位家长外出工作,另一位则在家全职照料孤独症儿童,这就导致家庭收入的锐减,而孤独症儿童的干预训练成本却在激增。因此收入较低的孤独症儿童家庭不仅面临着儿童的养护压力与干预压力,更背负着沉重的经济压力和生存压力。

三、孤独症儿童家庭压力

很多研究都表明,孤独症儿童家庭中全部成员的心理压力、社会压力非常大,远高于普通儿童家庭,也高于其他类残疾儿童家庭。其原因是孤独症儿童的严重行为障碍问题、养护责任问题、没有回应的感情打击以及经济压力等问题,这些问题的交织使得家长的心理承受着常人无法理解的压力,我们把这种压力称为"慢性悲痛"状态。

郭德华等对全国 30 个省市孤独症家庭的调查中发现,52.4% 的家庭有一人放弃工作全职照顾儿童,高达 67％ 的家长存在喘息服务的需求[①]。有调查结果发现,孤独症儿童主要照顾者的照顾负担总分及相应的牺牲、失控、愤怒、自我批评、依赖、自觉总体负担等维度得分均较普通儿童组高;从照顾者的方式来看,孤独症儿童家庭采用消极应对方式的约为普通儿童家庭的 2 倍[②]。在孤独症儿童照顾者中,消极看待事物是这一群体中普遍的表现状态。在孤独症儿童家庭中,患抑郁症、精神病、强迫症等心理疾病的比例非常高,不仅是照顾者会患上这类心理疾病,一部分孤独症儿童也有这类疾病,并且需要常年服用治疗这类疾病的药物。这类疾病问题不仅源自家庭压力与矛盾,也来自社会的歧视。中国精神残疾人及亲友协会通过问卷的形式了解到近 50％ 的孤独症家庭表示对相关残疾人政策不了解或没有得到社会支持,60％ 以上的家长因害怕家庭及孩子受到外界的歧视,不愿意让外人知道其子女是孤独症患者。

家庭教育是孤独症儿童康复的关键因素,也是实施干预教育过程中的重要环节,更是孤独症家庭迈出家门走入社会的核心基础。所以孤独症儿童家庭的稳定与处世态度决定着孤独症儿童的干预效果、康复程度及其社会状态。家长既是孤独症儿童的监护人,也是孤独症干预中不可替代的教学成员,积极参与孤独症儿童整个康复过程是孤独症儿童正向发展的关键。

四、孤独症儿童家长现状

据 Dumn 等人(2001)对孤独症儿童父母的状况进行系统回顾,发现孤独症儿童父母比正常儿童的父母和其他特殊儿童监护人父母的压力要大得多,他们更容易遭遇婚姻危机和社会隔绝方面的问题。孤独症儿童的照顾者与智力有障碍、脑瘫等青少年的照顾者相比,有更多的行为适应不良问题、个人适应的条件较差,压力也更大。Schuntermann(2002)认为患有严重行为障碍和沉重护理负担的儿童会导致父母经历"慢性痛苦"情绪上的痛苦和照顾有特殊需求的儿童的责任交织在一起,成为抚养残疾儿童的典型反应[③]。

在我多年关注孤独症群体的经历中,前期探索阶段都是从书中或是相关讲座中获知孤独症儿童家长及家庭的部分信息。但这些信息都较为片面,只是讲

① 赵萍萍,赵敏,等. 自闭症儿童家长亲职压力及其心理需求的关系研究[J]. 中国特殊教育,2017(4):66-71.

② 五彩鹿儿童行为矫正中心. 中国自闭症教育康复行业发展状况报告[M]. 北京:北京师范大学出版社,2015:69.

③ Peter Schuntermann. Pervasive Developmental Disorder and Parental Adaptation:Previewing and Reviewing Atypical Development with Parents in Child Psychiatric Consultation[J]. Harvard Review of Psychiatry,2002,10(1):16-27.

解了部分家庭现状及家长心理的问题,并没有客观全面地分析其核心问题及干预方法在家庭实施过程中所遇到的困难是为什么。往往是简短概括的一句"并没有很好地在家里执行"或"家庭结构化教学与机构结构化教学衔接不好"之类的话语来解答家庭教育中孤独症儿童家庭与家长的问题。这种不对称的信息输入,误导了我很久,直至我和团队真正进入到科研实践的前期工作时,此类信息也一直影响着我对孤独症儿童家庭及家长的判定。对于干预教育的家庭问题,其核心就在于教师在干预课上有着很好的效果,而课下教师却总是遇到各种各样的问题与推脱理由,当然也有小部分家长很认真很努力去执行的。可以说,效果较好的也有,效果不明显的也有。在我的科研应用实践过程中,也遇到了干预机构所遇到的类似问题。在科研实践进行了一段时间后,出现了部分孤独症儿童退出的现象。还好退出的情况没有太多,但走的孩子中多数是 4~10 岁的孩子,仅有 1 名大龄孤独症儿童。科研实践此时也进入到了第一个疲劳期。笔者开始与科研团队成员互相鼓励、打气,同时也进行了团队内部的讨论与总结。得出的结论是:小龄孤独症儿童离开的原因中,一是教师对家长执行部署的课后任务的执行能力期望过高;二是相对于自己动手进行家庭教育,家长更愿意采用付费购买教育这种方式;三是很多孩子有明显的畏难情绪,遇到困难就躲避(这也是孤独症儿童普遍现象),而最为重要的是孤独症儿童家长在看到孩子出现这些困难后,不假思索地选择了退缩。这种现状不仅出现在我的科研课程里,也出现在其他干预课程里,一遇到问题家长就选择躲避。当然这些问题并不仅仅出现在孤独症儿童家庭与家长身上,也出现在现今中国普通孩子家庭里,这只是现今中国教育的一个缩影展现罢了。无论是在普通儿童家庭还是特殊儿童家庭里,逃避困难以及付费购买教育都是司空见惯了的普遍现象。这类家庭的家长针对教育困难采取的最佳解决方式就是付费购买,因为付费购买教育远比自己动手实施来的更直接、更容易,也能够帮助自己在最短时间内解决掉教育服务问题。这种方式对于普通儿童来说或许还能够接受,每周一到两节课便可以完成一门学科的全部内容,并且自己能够自我复习、温故知新。但对于孤独症儿童来说,他们需要不间断的干预教育,这种干预教育在孤独症儿童小龄阶段时期基本是需要每天都不能耽误的,他们需要教师及家长天天进行干预教育。这不仅需要孩子回到家中复习今天的干预教育内容,同时家长也需要知道如何操作干预教育内容,如何把握干预教育手段。从生理到心理全方位地关注孤独症儿童的点点滴滴,这对于我国现今家长的素质能力来说,是非常困难的。孤独症儿童家长在对孩子进行干预教育时不仅要掌握基本的应用行为分析法的灵活运用,同时还需关注孩子的生理需求及心理需求,在孤独症儿童的行为中观察出他们的心理状态及诉求。这仅仅是对于孤独症儿童而言,还没有包括干预教育中的经济负担以及家庭其他成员对其产生的影响。不仅如此,还有一部分家长由于自卑心理及逃避心理,选择以工作挣钱的方式来填补对孩子的内疚,同时以此来躲避看护责任,把繁重的养护责任推给老人。这样一来,这部分孤独症儿童的干预效果就又会大打折扣。多数隔代老人抚养的孩子,只能够做到最基本的生理需求,完全无法做到心理需求及科学的干预教育。专业干预知识与技能完全无法应用到家庭中去,所以直接影响到了孤独症儿童的干预效果,以上都是无法避免的问题与现象。

　　一些程度较好的孤独症儿童在进行了多年的干预后,明显有了改观,能够进入到普通儿童群体中去。在儿童能够进入普通学校上学后,这部分孤独症儿童家长会迅速从孤独症群体里消失,删除一切与孤独症群体相关的联系方式与交流渠道,有甚者搬家,搬离居住城市。这样的案例比比皆是,不可否认回忆是痛苦的,可是这些康复较好的孩子在成长到一定年龄后由于学习、社交、行为等多方面的因素影响,还是会与普通孩子有所不同。他们会被校园霸凌、欺辱直至退学,并再次走回孤独症群体。在我所教授的孩子中,有多位都有着相同的或类似的经历。孩子虽然比其他孤独症儿童程度好,但要完成学业,考入大学,直至就业,是无法完成的。现实当中,一部分孤独症儿童家长会想尽一切方式与手段,使自己的孩子完成了学业甚至是就业,可完成后在社会中还是会同样面临着被排斥,无社交等多方面的问题。很多孤独症者就业后,如不依靠亲朋好友的关系维系,很难继续工作下去。对于社会中的一些愿意招收残疾人工作的工厂及单位来说,他们也很明确地表示更愿意接收肢体残疾人而不是精神类残疾人。在这种情况下,没有完成学业和就业的孤独症者羡慕那些完成的,而完成学业与就业的孤独症者却又陷入到另外的迷茫与痛苦中,无奈已变成所有孤独症儿童家长的共同心理和常态。

　　既往研究表明,孤独症儿童父母的亲职压力水平远远高于唐氏综合症、身体残疾、发育迟缓儿童以及精神障碍儿童的父母。秦秀群等人发现,儿童的适应行为能力越低,则母亲的亲职压力会越高。经过一定干预,母亲的亲职压力程度降低,同时孤独症儿童不良行为的发生也降低[①]。这几项研究中我们可以发现,其干预教育以及养护责任压力会导致孤独症儿童的不良行为增多及互动关系降低。这些因素还会增加家庭内部的矛盾,导致家长常年处在较高的压力中,从而形成一个恶性循环的家庭。这不仅会损坏孤独症儿童的身心及干预教育,也会导致家长产生不良行为。

---

　　① 赵萍萍,赵敏,等. 自闭症儿童家长亲职压力及其心理需求的关系研究[J]. 中国特殊教育,2017(4):66-71.

2018 年于沈阳音乐学院民族器乐系排练厅
举办公益活动"孤独症儿童音乐沙龙"

第四单元　社会支持及法规与政策

一、社会支持

随着我国经济的高速发展,一系列的社会问题也随之产生,其中社会福利增长地较为缓慢,并且没有像经济增长一样得到相应发展。我国的社会福利建设及改革一直在不断的深化与发展中,利益分配和市场竞争必然要扩大其社会福利及社会服务。因此孤独症儿童家长必然要重视起来,孤独症儿童作为一个特殊的群体,与社会形成一种隔绝的关系,急需社会福利及社会支持,帮助其摆脱孤立于社会之外的基本现状。

据一项相关研究发现,不同残疾类别儿童家长的社会支持存在差异,而这种差异主要来自于客观支持,其中智力残疾儿童家长的客观支持和社会支持总分最低。对于孤独症儿童家庭来说,他们多数都处于无助的状态。社会支持大多来自于民间零星的支持与帮助,相关部门及团体给予的社会支持还处于极度匮乏阶段。社会支持与服务项目多以零星活动为主,系统化的社会支持与服务项目相对缺乏,这些是导致孤独症儿童家长心理压力的社会因素之一。

社会支持分为正式社会层面及非正式社会层面。正式社会层面的社会支持来自于政府、机构、学校、医院、社区街道等。非正式社会层面则来自家庭、亲戚、朋友、同事、邻里、家长互助社团、网络、志愿者等。在正式层面中，就目前现状来看，这一层面直接针对孤独症家庭及孤独症儿童进行的社会支持力度非常小，大多数的支持都是以官方形式的宣传活动，其象征性意义较大。而非正式社会层面的支持则主要以来自于亲友的经济支持及协助帮护为主，也有一些志愿者提供的喘息服务、亲密互动，以及家长互助社团组织举办的相关宣传活动等等。这类活动小而杂，大量的活动都并没有实质的意义，更多的是给予孤独症儿童家庭一个宣传互动平台，无法起到面向社会大众宣传孤独症的效果。部分媒体的节目组对孤独症群体的报道，也并不全面，往往会以哭诉、卖惨等形式来吸引他人的支持，以提高节目的关注度。这些不仅起不到对孤独症的宣传，反而会更加重社会大众对于孤独症群体的误读，误导大众的认知。

在我国，孤独症儿童申请残疾证也是比较困难的。究其原因一是国内确诊方式还相对落后，二是其申请手续及程序繁杂，三是残疾等级确定标准不明确。这些因素的叠加导致孤独症儿童较难申请到残疾证，或是申请的残疾等级不准确。由于孤独症儿童其外观上与常人无异，所以在申请残疾证方面也会因此吃亏。我国目前并没有界定孤独症残疾等级的官方标准，多数确诊孤独症是以医院开具的诊断书为准，而对于残疾程度，诊断书并不能体现出来，且大多数诊断的病例也不够准确，误诊的现象在我国还是较为普遍的，只有较大城市权威医院的诊断才能够做到确诊。所以各地残疾人联合会并没有相对应的能力与资质来判定孤独症儿童的残疾等级，这就导致了孤独症儿童的残疾证的等级与其本人的残疾程度不匹配的现象暴露出来。还有一些孤独症儿童家长由于害怕社会的歧视与排斥，怕同事、朋友知道自己的孩子是孤独症儿童，所以选择不让孩子外出，常年在家，并且也不申请残疾证，这就阻碍了社会对与他们的救助与支持。

学校方面，虽然我国在 1994 年国家教委（现称教育部）就已明确的规定让残疾儿童群体随班就读，但是孤独症儿童并没有被明确列入其中，部分学校拒绝适龄孤独症儿童入学等问题时有发生。2011 年教育部修订的《残疾人随班就读工作管理办法》中已明确了"精神残疾"包含孤独症，但近些年来即使是入学的孤独症儿童，也因多种因素导致无法入学及被退学，普通儿童家长联名上告孤独症儿童等问题年年发生。这些问题在短期内无法解决。从孤独症儿童家庭的角度来看，国家宪法中已明确了公民享有义务教育的权利，孤独症儿童也不例外；从普通儿童的角度来看，儿童上学其目的就是学习知识，需为其营造良好的学习环境；从学校的角度来看，其受限于国家法律法规及政策的规定，不情愿但也不得不接收孤独症儿童入学。这就导致三方角度中只有孤独症儿童家庭是满意的，其他两个方面都是反对或不情愿的。让现有体制下的普通学校接收孤独症儿童随班就读，是非常不符合现实的，且弊大于利。原因在于孤独症儿童即使是干预较好的孩子,在小学期间也很难完全克制住自己的一些不良行为。他们只是相对于较重的孤独症儿童来说是有所改善,但要让其做到保持一整天上课都是安静的状态是不现实的。课业对孤独症儿童来说又是另外一种负担。目前,大部分普通学校对于教师的考核,还是以其所教班级的全员学习成绩为做衡量标准及考核标准。虽然对于一些接收孤独症儿童的班级,学校都会把孤独症儿童的成绩排除在统计之外,但孤独症儿童上课期间的不良行为还是会或多或少地干扰到其他普通儿童的学习。从这一点上看,我们也就不难理解那些联名上告的普通儿童家长的心态了。就目前的学校教育环境来说,让孤独症儿童随班就读的方案是不合理也是不科学的。普通学校与校内教师都还不具备特殊教育的能力,盲目地接收孤独症儿童只会激化矛盾,无益于问题的解决。

社会支持领域方面,目前最为空白的是社区这一基层环节。据有关研究认为,居委会与街道等机构并没有介入到孤独症儿童领域,相关领域处在空白阶段。一些孤独症儿童父母无法管理孩子时,多将儿童托付给亲友照料。类似于"阳光之家"这样的看护机构,也仅仅是短期的填补,并不能满足其真实需求,而且也并不能全天看护。所以孤独症儿童的养护问题急需社区的进入与支持。

在非正式社会层面,亲戚、好友、邻里等社会关系人群,虽然能够在生活方面给予一定的帮助与支持,但这类支持非常有限且只能短期进行。同时,这类帮扶只能在基本生活保障领域发挥作用,无法帮助孤独症儿童接受干预教育及社会服务。由家长抱团组织的互助社团虽然在近些年发展迅猛,然而这类社团组织结构烦乱复杂,社团目标不明确,群体统一性不强,团队意识较弱,虽然能够获得一些非教育资源类的社会支持,但较难长久维持,缺少运营经费。这些不确定因素是导致这类社团无法长期稳定,同时也制约其发展的重要原因。

志愿者与网络是近些年里最为活跃的支持孤独症儿童的社会支持群体。有研究表明,志愿者中大学生是参与度最高的群体,他们有时间、有热情、较专业,对于孤独症儿童的支持作用也最大。但这类大学生群体存在的问题在于可提供的社会资源较少、流动性大、流失率高。网络主要是靠网络媒体宣传与报道。虽然近几年网络报道数量逐年增加,但由于现今网络信息量的暴增,相对增加的孤独症儿童相关报道与信息,反而在比例上比往年有所下降。

二、法规与政策

孤独症儿童在法律法规方面的完善与保障,是孤独症儿童家长心理干预的核心与基础。目前,我国并没有针对孤独症群体的相关法律法规及教育政策,但从精神残疾领域来讲可以找到相对应的一些政策与法律法规对其保障。

《中华人民共和国宪法》其中就规定了残疾人的公民权利。

《中华人民共和国义务教育法》(1986年全国人民代表大会通过,2006年修订)规定了残疾人的受教育权,特别是初次提到了"随班就读"的问题。

《中华人民共和国残疾人保障法》(1990年由全国人民代表大会常务委员会通过,1991年施行,2008年修订),有总则、康复、教育劳动就业、文化生活、社会保障、无障碍环境、法律责任和附则一共9章。在法律上全面保障了残疾人的合法权利。

《中华人民共和国残疾人教育条例》(1994年由国务院批准并颁布实施,2011年修订),具有落实残疾人保障法的重要功能。

《残疾人随班就读工作管理办法》(2011年由教育部修订),性质上是行政法规。

联合国《残疾人权利公约》是联合国第一个内容全面的保护残疾人权利的公约,2007年我国签署了《残疾人权利公约》。2008年全国人民代表大会常务委员会批准了该公约,并于同年8月31日生效。

在特殊教育领域国家政策的制定相对于法律法规,就更为灵活。但我们也要清楚地看到政策的实施也是需要法律法规的保障,两者缺一不可。

1.《中共中央　国务院关于促进残疾人事业发展的意见》:

发展残疾人教育,鼓励从事特殊教育;加强师资队伍建设,提高特殊教育质量;完善残疾学生的助学政策,保障残疾学生和残疾人家庭子女免费接受义务教育;鼓励和支持普通高等学校开办特殊教育专业;支持师范院校培养特殊教育师资;落实特殊教育学校教师特殊岗位津贴政策。

2.《关于进一步加快特殊教育事业发展的意见》:

全面实施残疾学生免费义务教育;加强特殊教育学校建设;做好中等教育和高等教育阶段残疾学生资助工作;加大投入,确保特殊教育学校(院)正常运转;根据残疾学生的身心特点和特殊需求,加强教育的针对性;继续提高残疾儿童增强少年义务教育普及水平;鼓励社会力量举办学前特殊教育机构;不断扩大随班就读规模;确保随班就读的质量。

3.《中国残疾人事业"十一五"发展纲要》

总目标

——残疾人基本生活总体初步达到小康水平。

——残疾人文化生活水平进一步提高,体育活动得到普及。

——进一步将残疾人纳入社会保障体系,保障基本生活。

——残疾人组织体系进一步完善,为残疾人服务的能力进一步增强。

——全面推进残疾人"人人享有康复服务"工作,通过实施重点工程,使830万残疾人得到不同程度的康复。

——基本普及残疾儿童青年义务教育,积极开展残疾儿童学前教育,发展残疾人高级中等教育、高等教育和职业教育,切实保障残疾人接受教育的权利。

——有就业需求的残疾人得到职业指导和职业培训,残疾人就业规模进一步扩大,就业水平进一步提高。

4.《中国残疾人事业"十二五"发展纲要》

修订《残疾人教育条例》。

建立完善残疾儿童少年随班就读支持保障体系,依托有条件的教育机构设立特殊教育资源中心,辐射带动特殊教育学校和普通学校,提搞随班就读质量。支持儿童福利机构特教班建设。

建立多部门联动的0～6岁残疾儿童筛查、报告、转衔、早期康复教育、家长培训和师资培养的工作机制,鼓励和支持幼儿园、特教学校、残疾儿童康复和福利机构等实施残疾儿童学前康复教育。实施"阳光助学计划",资助残疾儿童接受普惠性学前康复教育。逐步提高残疾儿童学前康复教育普及程度。重视0～3岁残疾儿童康复教育。帮助0～6岁残疾儿童家长及保育人员接受科学的康复教育指导。鼓励、扶持和规范社会力量兴办残疾儿童学前康复教育机构。

实施0～6岁残疾儿童免费抢救性康复项目,建立残疾儿童抢救性康复救助制度,有条件的地区逐步扩大康复救助范围。

加大特殊教育教师培训力度,提升特殊教育师资能力。高等师范院校普遍开设特殊教育课程,鼓励和支持高等师范院校和综合性院校举办特殊教育专业,加快特殊教育教师培养。根据国家规定落实并逐步提高特教津贴。在优秀教师表彰中提高特殊教育教师比例。

实施残疾人就业服务能力建设工程。加强国家残疾人就业服务指导中心建设,制定残疾人职业技能鉴定辅助标准,完善残疾人职业技能鉴定办法。

以智力、精神、重度残疾人为重点对象,组织开展托养服务需求调查,摸清底数,制定托养服务发展计划。

各类公共文化场所免费或优惠向残疾人开放,提供设施及信息交流无障碍服务。群众艺术馆、文化馆、乡镇综合文化站、社区文化中心(街道文化站)、特殊教育学校、残疾人组织、社会福利机构、社会残疾人服务机构等组织残疾人开展形式多样、健康有益的群众性文化、艺术、娱乐活动。农家书屋、全国文化信息资源共享工程等国家公共文化服务重点项目中要有为残疾人服务的内容。在国家和地方各级政府组织开展的各项文化活动以及各类文化评奖、艺术比赛中,鼓励和吸纳残疾人或残疾人文化艺术团体参与。

以"残疾人文化周"为载体,开展基层群众性残疾人文化活动。在城乡社区实施"残疾人文化进社区"项目。

扶持以特殊教育学校为主的残疾人特殊艺术人才培养基地。举办全国残疾人艺术汇演、全国特教学校学生艺术汇演和全国残疾人文化艺术博览会。鼓励扶持残疾人参加工艺美术、书画、文学、摄影等艺术活动和创作，培育残疾人文化艺术品牌。开展残疾人文化艺术国际交流。

5.《国家中长期教育改革和发展规划纲要（2010—2020）》

由教育部制定。

关心和支持特殊教育。各级政府加强发展特殊教育，把特殊教育事业纳入当地经济社会发展规划。

完善特教教育体系。全面提高残疾儿童少年义务教育普及水平；因地制宜发展残疾儿童学前教育；加快发展残疾人高中阶段教育；加快推进残疾人高等教育发展；大力开展面向成年残疾人的职业培训。

健全特殊教育保障机制。国家制定特殊教育学校基本办学标准、地方政府制定生均公用经费标准；加大对残疾教育的投入力度。

6.《中国儿童发展纲要（2011—2020）》

由国务院颁布：明确儿童与教育主要目标：学前三年毛入园率达到 70％，学前一年毛入园率达到 95％……九年义务教育巩固率达到 95％。

提高 0～6 岁残疾儿童抢救性康复率。建立 0～6 岁残疾儿童登记制度，对贫困家庭残疾儿童基本康复需求按规定给予补贴。优先发展残疾儿童抢救性治疗和康复，提高残疾儿童康复机构服务专业化水平。以专业康复机构为骨干、社区为基础、家庭为依托建立残疾儿童康复服务体系，加强残疾儿童康复转介服务，开展多层次职业培训和使用技能培训，增强残疾儿童生活自理能力、社会适应能力和平等参与社会生活能力。

7.《特殊教育提升计划（2014—2016）》

由教育部、发展改革委、民政部、财政部、人力资源社会保障部、卫生计生委、中国残联制定，经国务院同意并转发。

全面推进全纳教育。计划采取的主要措施：(1)扩大残疾儿童少年义务教育规模。(2)积极发展非义务教育阶段特殊教育。(3)加大特殊教育经费投入力度。(4)加强特殊教育基础能力建设。(5)加强特殊教育教师队伍建设。(6)深化特殊教育课程教学改革。

改革开放以来，我国的社会救助依然任重而道远。适度普惠型社会福利制度的提出一方面对我国社会救助提出了更高水平的要求，要求政府增加社会福利的支出；另一方面根据西方国家的社会福利建设经验与教训，也要求我们从中国的国情出发，实现社会救助的可持续发展。

中国残联与 2006 年首次将孤独症儿童写进《中国残疾人事业"十一五"发展

纲要》与配套的实施方案中,并在 31 个试点城市投入 3000 万开展孤独症儿童康复训练。这体现了孤独症儿童迫切需求社会的关注。随着孤独症儿童数量的增加,也就是说孤独症儿童家长的数量也在逐步增加,如此庞大的群体让人们不得不重视其孤独症儿童家长的问题。

8.《残疾人教育条例》

由国务院第 161 次常务会议通过。

县级以上人民政府应当组织卫生和计划生育、教育、民政等部门和残疾人联合会整合从事残疾人康复服务的机构(以下称康复机构)、设施和人员等资源,合理布局,建立和完善以社区康复为基础、康复机构为骨干、残疾人家庭为依托的残疾人康复服务体系,以实用、易行、受益广的康复内容为重点,为残疾人提供综合性的康复服务。

县级以上人民政府根据本行政区域残疾人数量、分布状况、康复需求等情况,制定康复机构设置规划,举办公益性康复机构,将康复机构设置纳入基本公共服务体系规划。

国家加强残疾预防和残疾人康复专业人才的培养;鼓励和支持高等学校、职业学校设置残疾预防和残疾人康复相关专业或者开设相关课程,培养专业技术人员。

国家建立残疾儿童康复救助制度,逐步实现 0~6 岁视力、听力、言语、肢体、智力等残疾儿童和孤独症儿童免费得到手术、辅助器具配置和康复训练等服务;完善重度残疾人护理补贴制度;通过实施重点康复项目为城乡贫困残疾人、重度残疾人提供基本康复服务,按照国家有关规定对基本型辅助器具配置给予补贴。

9.《第二期特殊教育提升计划(2017—2020 年)》

巩固一期成果、进一步提升残疾人受教育水平的必然要求,是推进教育公平、实现教育现代化的重要任务,是增进残疾人家庭福祉、加快残疾人小康进程的重要举措。各级政府要充分认识实施二期提升计划的重要意义,履职尽责,攻坚克难,持续推进特殊教育改革发展。

完善特殊教育体系。全面普及残疾儿童少年义务教育,提高巩固水平,解决实名登记的未入学适龄残疾儿童少年就学问题。加大力度发展残疾儿童学前教育,加快发展以职业教育为主的残疾人高中阶段教育,稳步发展残疾人高等教育。

增强特殊教育保障能力。统筹财政教育支出,倾斜支持特殊教育。加强无障碍设施建设。全面改善特殊教育办学条件。全面加强随班就读支持保障体系建设。健全特殊教育教师编制动态调整机制和待遇保障机制。提高残疾学生资助水平,实行家庭经济困难的残疾学生从义务教育到高中阶段教育的 12 年免费教育。

提高特殊教育质量。促进医教结合,建立多部门合作机制,加强专业人员的配备与合作,提高残疾学生评估鉴定、入学安置、教育教学、康复训练的有效性。加强特殊教育教师培养培训,提高专业化水平。增强特殊教育科研能力,加强特殊教育学校教材和教学资源建设,推进课程教学改革。

10.《教育部等四部门关于加快发展残疾人职业教育的若干意见》

充分认识加快发展残疾人职业教育的重要意义;以中等职业教育为重点不断扩大残疾人接受职业教育的机会;改进残疾人职业教育的办学条件;提高残疾人职业教育的质量;加强残疾人的就业指导和援助;强化残疾人职业教育的组织领导。

第五单元　美育法的实施与目标

美育法实施的第一阶段,就是在孤独症儿童确诊后的第一时间,相关的专业干预教师就应该立即对孤独症儿童家长进行全方位的心理干预及科普。这个时期是孤独症儿童家长最为无助、迷茫、焦虑和急迫的时期。感性的想法占据了家长内心,他们幻想着去更好的医院治疗就会康复;幻想着找最好的干预机构学习就能够步入普通学校,与普通儿童一样上学,远离孤独症群体;购买能够帮助孤独症儿童康复的器材,用尽针灸、按摩、心理、吃药等一切手段,急迫希望有根本性好转。然而这些徒劳的行为,往往没有对孤独症儿童的干预起到积极的作用,反而会因为常年奔波于各大医院、各大干预机构、频繁更换教师等因素而影响孤独症儿童的基本生活,使孤独症儿童的行为、情绪、身体都出现了不同程度的影响。这从侧面也反应出家长的迷茫与恐慌心理。其实这一时期是孤独症儿童家长最需要自身心理帮助的时期,这一时期对家长进行心理帮助不仅能为日后孤独症儿童的康复干预起到较好的效果,同时也能避免盲目干预、错失最佳康复干预期、增加经济负担和精神压力的现象,帮助孤独症儿童家长运用理性的心态,开始进行相关领域的学习与干预。我们都知道越早干预的孤独症儿童,康复效果越明显,避免孤独症儿童家长的盲目是为孤独症儿童争取到更多的时间与空间,同时也会帮助孤独症儿童家长能够具备理性的思考能力及判断能力,用理性来思考未来及人生。天宝·格兰丁女士是美国著名的孤独症人士,她不仅是一位大学教授,而且还是美国畜牧业领域的专家。她在其著作中就多次提到了,其母亲对她的早期干预以及方法的科学性,以及保姆和科学教师对她的帮助及干预是多么的重要。书中说道,其母亲在 20 世纪 40 年代就使用了类似与今天的干预手段对其进行教育和干预。她在书中介绍其母亲时，提到了母亲的睿智与能力，同时也强调了其母亲高学历的背景及理性、科学的思维能力与判断能力，这些都促成了天宝·格兰丁未来的职业道路以及人生。我们不仅感叹她母亲的高素质与超前意识，同时也验证了孤独症儿童家长与教师的思维能力、认知能力决定着孤独症儿童的干预教育效果和人生道路。所以教师在干预孤独症儿童家长的过程中，特别要注意与孤独症儿童家长的沟通与交流，并且学习如何培养家长的思维能力及认知能力。虽然这些能力对于一名已经形成思维模式的成年人来说，培养起来并不容易，但这是最佳的方式。当然这是理想的状态，并不好实现。但在现实中，我与我的团队还是对 2 名孤独症儿童家长进行了阶段性的有效干预。当然效果还有待时间的验证，但阶段性的改变，已经让这两位孤独症儿童家长产生了极大变化，这种积极的变化不仅有我和团队外在干预的影响，也有家长自身内在渴望的诉求。两位家长的干预过程，我会在后面的案例中进行简短的阐述。

美育法实施的第二个阶段就是孤独症儿童家长已经经过前期的茫然与焦虑，开始趋于稳定，心理已经被动地接受了孩子不能回归到普通儿童群体中去的现实。这一时期，家长多已开始学习相关康复干预知识；在其所在城市里寻找一所较为合适的干预机构或者是公立学校进行教育与干预；不断地学习各种干预方法（ABA、结构化、感觉统合等）；每周末游走于各种讲座学习班。这些家长对任何方法都不排斥，都拿来给孩子尝试，其效果无法鉴定，利弊各半，但家长心态开始出现有别于第一阶段的思想，这一时期开始思索孩子的未来及上学问题。一些学习康复干预方法较好的孤独症儿童家长开始谋划着自己孩子的上学之路，为孩子寻找条件较好的融合幼儿园、衔接班等。其中有抱团组织起来开办康复干预机构的，也有开办融合幼儿园的，这些现象都反映出孤独症儿童家长在这一时期的心理与需求状态。这一时期对于干预能力较弱的家长，我们应该帮助其规划孩子的未来及上学之路，因为这是他们在这一阶段最主要的诉求。其次才是养护以及经济等方面。在帮助规划的过程中，要贴合孩子自身的实际情况，帮助其确定时间及目标。例如，大约某某年可以进入到幼儿园进行早期的融合教育。建议提供一些符合需求的相关幼儿园的基本信息。帮助孩子家长提前为入学做准备。干预后程度较好的建议去幼儿园和普通小学，干预后程度较差以及能力较弱的孩子则建议选择特殊学校进行教育。这样家长就有了明确的目标与期望，哪怕这个目标与期望实现起来还很难，但至少要让其看到希望。同时在这个基础上，可以帮助并鼓励家长如何能够更加努力的进行干预教育，并且在到达预期后适度提高其预期目标的标准。对于干预能力较强的家长，一般这类家长能力强、思维方式固定，不需要过多的建议，我们可以做一些辅助性的指导及帮助,例如提供一些较好的案例、孩子入学的方式和上学后出现的问题该如何解决等。这类家长因干预能力强,一般孩子的康复都会好一些,即使是程度较差的孩子。而对于那些自己开办幼儿园进行融合的家长来说,我们只需要提供指导和间接的帮助,需要时再进行相关的帮助。

美育法实施的第三个阶段,也是目前孤独症儿童大龄家长最为普遍的阶段。这一时期,家长已经开始麻木、无奈及不信任,他们认为这一生就这样度过了,唯一的牵挂就是未来家长不在人世后孩子的生存问题,其他的事物一概不再关心与关注,也不再听讲座,即使是还在进行干预的,其效果也远远没有孤独症小龄儿童效果明显,对于各种干预都不再关注,只是默默地与孩子一起生活着,不在惧怕躲避别人的异样眼光及闲言碎语,学习只是为了给孩子找一件事情做,不要让孩子闲着。这一时期是最难的,所以不仅要让家长具有更好的思考能力,同时要与孤独症儿童家长多交流、多沟通。最为重要的,是要让这一时期的孤独症儿童在学习中有所变化,让家长能够重新看到学习后的进步与变化。这种变化非常需要教师的努力和耐心,因为大多数家长都认为这个阶段学习任何事物都是学着玩玩,让孩子有个事做。这种心理注定了课下的训练几乎是不可能实现的,所以这就要求课上要让孤独症儿童充分的利用时间,同时也要非常稳固地学习每一个音乐知识点,即使是像蜗牛一样的进步也是好的。在不懈的坚持与努力下,就会让家长开始一点一点地关注到孤独症儿童的变化,从而对家长进行帮助并及时进行相关的思想教育及美育教育。让孩子去燃起家长内心的希望,让孩子的努力去树立起家长的目标。自我决定理论认为人是积极的有机体,有着向上发展的自我实现潜能,这种潜能会引导人们改变行为去应对环境挑战,并将新的经验整合成自我意识。总之孩子的变化会激发起这一时期孤独症儿童家长的信心与希望,同时也会开始树立一些自我目标。但这种方式是非常考验教师的耐心与专业能力的,灵活运用教学方法是至关重要的环节。如果冒进式的学习,不仅会适得其反而且还会影响孤独症儿童的自信心。对于古筝适应性音乐指导来说,孤独症儿童自信心的建立是每一节课的核心思想。没有孩子的自信心,就无法完成相关学习内容。孩子的进步与努力也是这一时期唯一能够打开家长内心的钥匙。

在对孤独症儿童家长实施美育法时,让家长直面孤独症并对孤独症有清晰的认识与解读,是至关重要的。很多孤独症儿童家长在看待孩子的人生长路时,都会采取负面的看法,而悲观、无奈、痛苦会伴随在家庭成员的每一天里。一些家长会把自己的苦闷转嫁到他人身上,使用暴力对待孤独症儿童或者是妻子及丈夫,或者是每天无休止的埋怨、谩骂等等。总之,能够舒缓自身的一切手段,都会使用在孤独症儿童或者是其他家庭成员身上。这种释放压力的方式,对孤独症儿童来说是非常危险的,会直接反作用于自身。孤独症儿童在释放自身压力时也会模仿学习这种释放方式,暴力阻止不了暴力的发生,暴力只会衍生出更多的暴力,这就是孤独症儿童受到侵害所带来的后果,即使是孤独症儿童无法对施暴者进行暴力释放,孤独症儿童也会寻找一个相对弱者来进行施暴。

美育法在古筝适应性音乐指导中最为核心的干预方式,就是让家长一起进入到音乐中来,让孩子感受音乐的同时,也让孩子感受到妈妈爸爸的关爱。同样反作用于孤独症儿童家庭及家长身上,相互了解学习的不易及学习过程中的快乐,把爸爸妈妈及孤独症儿童演奏出的音乐及歌唱当作美来看待。通过自身审美能力的艺术加工,感受学习音乐的快乐,理解学习古筝的艰辛。这样的相互理解及相互沟通才会是和谐家庭的基础。沟通并不一定要用语言和行为,一句话、一个拥抱也同样能表达其情感与交流。但我们也要清楚的认识到,很多孤独症儿童都无法理解语言的含义,而且据部分研究者发现,半数孤独症儿童都或多或少没有语言能力。所以我们要拓宽沟通的渠道,把每一个能够与孤独症儿童建立互动的过程都看作是一次交流与沟通。这样既拓展了沟通的渠道,同时也能够寻找到沟通的方式,从而为日后的交流模式及情感沟通奠定基础。有了沟通,或许就会找到孩子的兴趣爱好,找到了兴趣爱好才能更好的规划职业教育。对于孤独症儿童家庭及家长来说,这样清晰的发展脉络是其努力与奋斗最为渴望的。所以能够解决孤独症儿童的干预效果以及未来的人生规划,才是实现孤独症儿童家庭与家长美育教育的密码钥匙。一切短期的心理干预及喘息服务等活动,只能是短时间内对家庭压力的弥补,无法根治。有时这种短期效应不仅不能起到平复作用,还会有反作用出现。当然心理干预及喘息服务是必要的,但我们也要看到解决孤独症儿童与家长的沟通才是关键。

案例 1

小 Z 是一名 10 岁的可爱并且帅气的小男孩,但在其美丽的外表下,却有着一个孤独的心。他是一名重度孤独症儿童,没有学习能力,没有语言能力,没有社交能力,酷爱看三维地图(当然是比较符合他口味的地图),其妈妈是一位大学教授,高学历、高智商。

小 Z 的学习能力非常有限,来学习古筝的时候还没有语言,喜欢摇摆着手,看窗外与屋顶,就是不看人。我们从开始就非常缓慢地对他进行干预,从唱开始,让他找相同的音高,模唱音高,再到扶着他的手指一个一个的弹琴弦。看着他每节课的一点点进步,虽然并没有进步太多,但还是有效果的。这种情况直至学习了 4 个月后的某一天,在那天他开始积极地与教师一起唱出音名,并且在弹琴与唱音时不再分心看窗外与屋顶了。这一表现使得小 Z 妈妈非常开心,要知道在这段时间里,妈妈并没有太在意他在这方面的学习,只是来让孩子玩一玩,试一试。这次变化让妈妈开始意识到孩子的学习能力，以及音乐对其语言的促进作用。我们在这一时期迅速让妈妈一起进入到学习唱音名中，教她在家里如何帮助小 Z 完成训练。同时开始尝试让小 Z 边弹边唱，并与妈妈共同探索寻找小 Z 在语言方面的能力及开发。帮助他从唱出音高到唱音名，而后再到唱歌词。经过我们不断的努力，其效果也是明显的，小 Z 开始唱歌词了。这天妈妈非常开心，并且给小 Z 购买了一台几千元的古筝，从购买古筝这件乐器的过程中，我们看到了小 Z 妈妈的变化，以及对于学习古筝的期望与目标，她已经用行动明确了其自身的转变。在这个学习过程中，妈妈从不在意，到全身心投入。用学习与干预效果来改变妈妈的心态，然后用积极的探索方式共同介入到小 Z 的干预教育中去。妈妈在这个过程中，从内心的无所谓，再到孩子的能力给予她的信心，同时我们让她在家里实施，以及方式方法的使用，都取得了妈妈的信任与信心。目前小 Z 的妈妈又为他设定了下一个要实现的目标：去盛京大剧院演出。我想妈妈的改变就在这一句话中，这是自信的，不是自卑的。

第六单元　展望与思考

孤独症儿童的干预与教育，不能单纯的仅仅依靠早发现、早干预、早治疗及应用行为分析法等这些训练模式，应全力探索从孤独症儿童小龄阶段直至孤独症大龄青年的出路与职业发展。一切经历过早发现、早干预、早治疗的孤独症小龄儿童都会逐渐长大成为大龄青年。即使是完美的早期干预，在没有后期的保持与发展下也是徒劳的没有意义的。要解决孤独症儿童的基本生存问题，最为有效的方法就是探索出多种类、多途径的孤独症儿童职业教育之路。具有一定的职业技能，是孤独症儿童在社会中最有效、最直接，也是最核心的社交手段与方法。如果把孤独症儿童的社会生产力比作满分 5 分的话，我认为，孤独症儿童应当具备回馈社会 1 分的能力，社会给予另外 4 分的帮助，这样才能够更好地解决社会的救助问题。孤独症儿童与家庭不能无限度地要求社会与政府救助与帮扶，而是要用以帮扶救助为主，自我独立与适度回馈社会为辅的模式，这样的模式才是孤独症儿童未来社会福利保障的核心发展方向。再此，我提出以我所从事的专业为例的一个设想：用古筝来培养一部分具有音乐学习能力的孤独症儿童，形成一个孤独症儿童古筝乐团，在社区的帮扶下，为社区内的每个居民小区在节假日期间提供公益慰问演出。因现今部分居民小区的物业都会在节假日组织举办一些文艺演出，而且为了提高演出质量会付费请一些专业人员来表演。对于孤独症儿童古筝乐团则不需要付费，在满足了小区的精神文化需求的同时也宣传及科普了孤独症群体,让更多的孤独症孩子走入到大众的视野当中,减少歧视的同时也增加了社会的和谐。社区则在帮扶形式上,组织爱心人士及企事业单位为辖区内的孤独症儿童古筝乐团提供基本的生活保障与演出条件。这样的模式既能满足群众的文化生活需求,同时也解决了孤独症儿童群体的生活就业保障。在没有脱离社会的前提下,把他们组织起来、帮扶起来,集中管理、集中安置。这种模式的优点非常明显,解决了儿童生存、就业、管理、保障等全方面的需求问题,也让更多的孤独症儿童家长看到了希望,也解决了后顾之忧。但这种模式也需要全社会都共同参与进来。同时也要看到并不是所有的孤独症儿童都能够从事与音乐相关的活动。但我想,所有的职业都不会是人人都能参与的,很多专业性较强的职业就是需要一定的天赋。古筝演奏只是众多职业当中的一种,但这一种可以作为孤独症儿童终生养护方式的探索与模板。这种创新探索或许会成为孤独症儿童、家长、教师、社会、政府在救助孤独症领域的重要突破。

2018 年 12 月,"星空筝团"于沈阳市盛京大剧院音乐厅首演剧照

第五章　教学案例

一、明明

明明(化名)，一位 10 岁孤独症男孩儿，对音乐有着痴迷的热情，但主动发起的语言表达较少，父母对明明的音乐才能发展寄予了一定的期望。

教师第一次见到明明时，明明对于教师向他打招呼问好表现得很冷漠，在家长的提示下才勉强地做了回应。明明不懂得向老师打招呼问好，却在挨个教室地寻找着古筝，同时嘴里不停地重复着"我要弹古筝！"因为他的父亲已告诉他要开始学习古筝了。当他找到古筝后，他便展现出急切想要弹奏操作乐器的渴望。当他尝试了几分钟，了解了古筝的定弦后，便用自己觉得方便发力的弹奏动作开始弹奏他喜欢的乐曲，一首乐曲弹完了又接着弹下一首他喜欢的歌曲。由于明明接触过钢琴，他在弹奏完乐曲旋律后并不满足，又用左手加入了分解和弦式的伴奏。开始当遇到 4 音和 7 音时他很困惑，因为古筝的常规定弦是五声音阶，音阶里没有这两个音，但他还不愿意就此放弃中断演奏，就选择了跳过这两个音继续往下弹。教师对 4 音和 7 音仅仅做出一遍示范演奏后，他便能掌握左手按音的大致方法，此后他便完全进入了自己轻松愉悦的音乐世界里。

父亲说他会约一千首各种类型的歌曲，如儿歌、流行歌曲、古典音乐、年代老歌等都是他所喜欢的，这着实让教师大为吃惊。庆幸的是，指导教师有着高水平的音乐素养，有着较大的曲库量，儿童弹完每一首乐曲后教师都说出了曲名，在儿童弹奏时教师还会时不时的跟唱或接唱出歌词或音名。教师的这一举动得吸引了明明的注意，接连弹奏了几首乐曲后，他会偶尔抬眼看看教师，然后又继续自己的弹奏。明明的这一举动让教师有了第一个大胆的设想：是否可以继续按照这种方式得到孩子的认可，并且以此为切入点来不断培养师生间的亲密情感呢？因此，教师并没有去主动打断明明的弹奏注意力，即使明明弹奏出现问题时也没有急于对明明进行教学干预和纠正。教师先默默地作为观众聆听着明明的弹奏,仔细地听辨着明明弹奏的是哪首乐曲的旋律,耐心地等待着明明弹奏完毕,然后在明明弹完后即刻说出曲名。明明看到教师可以立即回答他提的"小考题"后,来了兴致,他似乎想通过他"提出的问题"考住教师。当明明弹累了停下休息时,教师果断地决定在另一台古筝上开始了她的弹奏。教师选择弹奏与明明弹奏乐曲相类似的曲子,边唱边弹,这引起了明明更多的关注,他开始静静地听。当教师弹完一段时,明明即刻便说出了正确的曲名,教师及家长立刻对此给予了肯定回应。

就这样,教师和明明进行了几堂课的互动。教师与明明用乐曲进行互动,明明弹一个乐曲后教师猜曲名,教师弹一个乐曲后明明猜曲名。逐渐地,当教师说出明明弹的乐曲的曲名时,他脸上即刻露出一种优雅的、满意的,同时伴有些许神秘感的笑容和神情。在他露出笑容的那一瞬间,教师突然意识到这也许是他的语言方式,音乐也许就是他与别人沟通使用的桥梁,这也是他一直想要的语言交流方式,只是在他的周围没有人去关注,没有人去了解、没有人去解读他的这种方式,更没有人与他真正进行他的方式的互动交流。即使父母对明明全天候的呵护和陪伴,了解明明平时所能接触到的所有音乐,能够说出他弹的所有音乐的曲名,但这类互动似乎达不到明明期望的满足感。父母毕竟没有能力和明明进行真正弹奏上的平等互动,这和教师用弹奏的方式与明明互动对于孩子而言还是有本质上的区别的,明明似乎在寻求一个可以有足够演奏能力的人和他进行平等互动。从此,教师意识到要用音乐作为语言来和明明交流。周围的人,包括明明父母都认为明明拥有显著的音乐天赋,但教师很清楚真正具有音乐天赋的儿童与明明完全不同,他们是自由享受在音乐的世界里,并且乐于向外界展示自己的才华,他们是璀璨夺目的。明明的这种不停换曲子弹不是简单地为了向别人炫耀或展示自己,而是在用他极其渴望的语言方式进行交流沟通。明明是在用音乐"代偿"说话的交流功能。音乐对明明而言是他的表达方式,是他诉说内心和心灵的窗口和通道,音乐是他的需求。正如人类在远古时期先有音乐再有语言,音乐产生于语言之前,在人类还没有语言之前,音乐就具有类似语言的交流和传递信息的功能。这个孩子就是渴望这种音乐模式的语言交流方式。音乐是他的交流方式,他便会自然渴望去学习那些"音乐话语"。教师提出了第二假设,明明可能在尝试用音乐语言的方式意欲与别人建立起沟通和交流,但周围没有能懂他的这种方式的人。就好比我在同你说话,但是用你听不懂或你不重视的语言方式,你没有对我做出互动回应和交流,久而久之那么我就不与你沟通了。

教师接下来考虑是不是应该利用这种方式,将明明的这种需求转化成他能够拥有的才能。明明每天的关注点就在音乐上,他需要这种交流方式,因此对音乐的信息捕捉能力自然高于常人。明明有很好的音乐记忆和模仿能力,他能将听过的音乐迅速记忆下来,并用歌声和琴声将音乐再现出来。教师可以利用他的记忆和模仿优势,让明明去模仿教师的演奏。同时,教师就明明喜爱并熟悉的音乐,进行着让孩子跟弹和与他相互伴奏的互动形式进行着音乐互动,将近半年的教学实践验证明明的进步速度在成倍的提升,这也就从侧面验证了他需要音乐语言的这种环境。但是,明明的弹奏还存在一些明显的问题,如节奏不够准确、速度不够平稳、演奏姿态不够端正、演奏方法不规范。这些都限制了他水平的提高,也同时影响着对节奏和速度的把握。明明之前有音乐学习的经验,所受的乐器及音乐教育存在的一些问题及习惯性残留还无法在短期内彻底改善和纠正。

在家庭教育里,教师让其母亲学习古筝演奏,目的是在家庭环境里可以用古筝与明明进行适当的互动。虽然家长无法做到像教师一样好,有很多演奏能力的要求无法达到,但家长依然没有因此消减家庭教育的热情和努力,为了孩子尽力去做。在古筝演奏课堂上,教师极力争取明明对自己的好感度和亲切度,如果教师对于明明有一定的吸引力,也就意味着明明会对教师的课有更深刻的印象。教学实践证明儿童的回馈效果和课堂表现都有明显进步。虽然教师的教学和家长的辅导在质量和效果上是有差距的,但是明明在教师的指导下在节奏方面确实出现了好转的变化。明明在对乐曲不熟练时,演奏的效果会磕磕绊绊,不够完整和流畅。一旦明明对乐曲足够熟悉后,会出现演奏不顾节拍节奏的着急抢拍。教师要求明明用较慢的速度演奏,选择的速度既没有慢到破坏乐曲的流畅性和完整性,又能够给明明留出足够的时间来反应、判断、考虑和准备演奏动作及节拍节奏上的细节,做到准确弹奏。明明在课堂上跟着教师的慢速齐奏表现出的同步性效果更好,在家里跟着妈妈的打拍唱和节拍器弹奏时,虽然这些策略也能对明明起到提示作用,使整体速度能够稳定住,但节奏同步性明显没有在课堂上师生齐奏的效果好。教师分析是因为家庭环境里的弹奏缺少了互动,缺少了那个他认定的能够和自己建立音乐语言交流的人。在家里的弹奏更像是完成练琴任务的练习,在课堂上更像是和别人在交流。明明一直在找能听懂他用音乐“说话”的人,一直在寻找自己交流的输出点。

一般来讲,教师对于普通儿童的教学能够遵循一个普遍的教学规律和模式,使用的教学策略和方式方法能够适应于多数儿童,在此基础上对少数儿童再进行个别化的辅助。但孤独症儿童间的差异极大,教师的教学模式很难解决多数儿童的问题,满足多数儿童的需求。一个教学策略对 A 儿童极其有效,可能对 B 儿童就完全无效。每一个孤独症儿童都是一个教学样板,这非常考验教师灵活应变的能力和经验。教师只有经历过更长时间和更多儿童的经验积累,不断挑战自己的智慧探索创新教学策略和方法,用具有创造性的、异于常人的逆向思维模式和逻辑推理,才能真正地解读这些孤独症儿童的内心世界。对明明教学的关键是考验教师有没有能力去辨别孩子的这种交流方式,同时还考验教师有没有足够的音乐素养,有足以和他互动的够大的曲库量。明明不断地频繁换曲子弹,就如同普通人聊天一样,思维的注意力自由游走在随意地聊不同的话题状态。一个曲子对明明来说就是一句话或一个语言主题。教师不同于周围人认为明明这种换曲子弹是在"玩"音乐,教师认为这种方式代表了明明的交流用意和需求。音乐对明明而言不是一种才艺展示或娱乐。明明将音乐更多的是作为一种交流工具,所以对音乐的核心原素的演奏把握的并不很好。这就如同普通人说话时只要能够让听者听清他话里的意思就可以了,不会像学习播音主持专业的人士一定要做到字正腔圆,需要在意并练习每个字的发音、声调等因素,普通人只要没有发音含糊到影响别人辨识和理解即可。明明弹奏古筝的目的不是为了精进演奏技巧和提高音乐能力,而是为了交流。明明就是想用音乐这种方式说出他想说的话,他就是如此热衷于这样的说话方式。

教师对明明行为和心理的假设、验证及分析解读决定了教师会用什么样的行动策略来与明明交流,用什么样的教学指导来干预提高明明的演奏。对明明的教育教学都是要在用音乐与之互动的基础上进行,这是他最能接受的,也是最有效的方式。教师对明明的古筝演奏教学最大的成果就是发现了这种交流方式,并且将其充分利用。现在明明古筝演奏的学习进度已与8～10岁儿童的学习进度相近。

二、天天

天天(化名),一位15岁孤独症男孩儿,问题行为明显,有较频繁的攻击性行为,且情绪不稳定易爆发,家庭精神压力较大。

目前现有的教育干预训练方法主要都是针对小龄孤独症者的,对小龄孤独症者的教育目前已研究出了很多策略。对大龄孤独症者的教育策略研发还处在一个空白的阶段。对于大龄孤独症者的教学最难的其中一点是,无法将对小龄孤独症者的教育和干预模式用在大龄孤独症者身上,并且即使运用了其效果也并不理想。大龄孤独症者较小龄孤独症者来说,自我意识变得更强烈了,需求更多样了,情绪问题更突显了,对指令的服从程度降低了,家长往往对其更难控制了,这些都给教养者带来了更大的挑战和困惑。因此对大龄孤独症者实施古筝演奏教学最好的方式便是要做到张弛有度,要能把握并运用好孤独症者情绪问题的应对策略。教师要非常明确面对儿童的情绪状态,何时该"紧",何时该"松"。"紧"的时候要不苟言笑,要让孤独症者明白上课时应该有怎样的行为,上课的规矩是什么,行为的尺度在哪里。"松"的时候要让孤独症者彻底释放压力、平复不稳定的情绪。

在刚开始学习古筝演奏的初期阶段,天天基本上处于戏耍状态,在戏耍的同时还在注视着教师和家长,仿佛在试探自己在戏耍时别人的回应行为。教师决定对他严格要求,要对他立一些"规矩"。教师要求家长同她一起忽略天天的戏耍行为,不回应他的戏耍,屏蔽对他的关注,大家都保持静默且不注视天天。天天问题行为很严重时,教师停止他的一切教学活动,让他到休息区独自冷静或将情绪进行彻底释放。当天天安静下来或表现出主动弹奏等正确行为时,教师立即给予强化回应和互动,例如对他竖起大拇指。渐渐地,天天明白了古筝课上应该要做哪些行为和活动,哪些可以做,哪些不可以做,古筝演奏学习开始稳步进行。

学习古筝近一年后,有段时间天天的情绪和行为状态波动很大,这还要从一堂古筝课说起。教师为天天安排了这节课的流程表并呈现给他后,开始进行了对已习得乐曲的巩固练习。就当弹到第三遍的开头时,天天突然间停止了弹奏,并出现了情绪爆发和攻击性行为,对坐在一旁的妈妈进行攻击,狠劲儿地掐妈妈的手臂。教师果断地暂停了教学活动,让天天坐在休息区内独自平复情绪,安静一会儿,让课堂环节退回到了休息期。在天天休息的时候,教师低声跟妈妈沟通孩子的情况,为什么孩子近期会出现这种情况。了解到天天的父亲由于常年的精神压力一直处在对孩子关怀与躁动的交替情绪状态下,表现出明显的心态失衡,免不了会把自己的内心压力情绪释放在孩子和家庭身上,所以导致孩子受到打击和刺激,这段时间情绪有所波动。教师意识到天天在家里畏惧父亲,所以其压力不敢在家里释放,家长把天天该在家里释放的空间挤压了。正如核燃料棒需要用海水去"冷却"其自身不断产生的高温,以防止其泄漏。天天内部的神经和心理在不断地产生压力,而外界环境又没有给他足够的"冷却",他便会寻找在家门外任何可以喘息的环境里去释放他的压力和情绪。在公共场合里家长也会约束他的行为令他无法寻找到喘息空间,这样不断持续的压力到达一定程度必然会被爆发出来,所以天天在古筝课上只要感觉到周围的气氛没有对自己产生压力,便会时不时地进行喘息和释放。发脾气或任性是天天的一种情绪表达方式,只是他用了比普通人夸张很多倍的方式将极其细微的需求和想法表达出来。但恰恰相反的是,天天本应该在家里释放情绪和压力,而在家门外努力做出好的表现。

教师让他放松、喝水、深呼吸,观察到天天情绪平复后,教师再次尝试让天天开始弹奏。从课堂自信期开始,在弹完儿遍旧乐曲,要尝试进入适应期弹奏新乐曲的时候,天天又出现了情绪爆发。由于天天的畏难情绪出现,所以教师果断地调整了这堂课的方案和流程,全部退回到自信期,把今天的教学内容调整为复习和互动。一是让天天弹奏他已能熟练掌握的旧曲子,进行练习和巩固。二是让天天在教师旁边聆听教师演奏的新乐曲,只让他听,不让他弹,用欢快的音乐情绪现场安抚儿童的情绪,对天天做接下来要学习的新内容进行前期预告,让天天对新乐曲有一个前期记忆预热,为下节课的教学做准备,同时让妈妈从不同角度录制视频示范,可在家庭教育中进行欣赏和预习,可以跟唱或试奏。

天天的情绪和行为问题都源自于家庭的精神压力。为此,教师进行了假设和验证,计划让天天所关注和在意的那个人同他一起来弹奏和学习。教师要求下节课让父亲也进入课堂中一起学习弹奏,同时体验一下天天学习的感受和不易,让父亲在家里能辅导儿童弹奏,让他们在家庭教育里对对方的弹奏相互指错。这样既可以加快天天的进步速度,也可以用音乐活动融洽亲子关系,调和矛盾和家庭气氛。教师在课堂上发现,天天明显更专注于观察父亲的弹奏,也许是因为父亲对他的压力让他不得不注意父亲。感统训练中的负重训练是身体上的负重,父亲的存在对天天来说便是精神和心理上的负重,精神上适度的压力可有效提高学习所需的专注力。教师建议家长在古筝课后给孩子释放压力的空间和时间,同时帮助他感觉到上课的特殊学习气氛,以便让天天养成一个意识:上课的时候就应该努力的集中注意力完成弹奏,不可以是松松垮垮的状态,下课后才可以释放压力。另外,教师建议父亲每天带着天天去户外做大量的体能运动,进行感统运动训练,消耗体力,释放自己的压力和负面情绪。天天养成了运动习惯,也许就会选择在做运动的时候去释放压力及情绪,而不是选择在其他不适宜的时机和场合进行释放。

现在,虽然天天还会不时在古筝课上出现不稳定情绪和问题行为,但在教师调整课堂流程等策略实施后,能够做到用较短的时间平复状态,并能继续回到演奏和学习活动中来。经过一年多的学习,古筝演奏已达到业余二级水平,问题出现的时间和频率都已明显减少,演奏能力还正在稳步提高中。

三、乐乐

乐乐(化名),一位7岁孤独症男孩儿,认知水平低,语言障碍严重,有明显刻板行为,听指令配合程度好。

乐乐整体属于低功能孤独症儿童,但有着较好的专注力、配合力和模仿力。在学习古筝的初期阶段能够对教师简单的演奏动作进行模仿,并能够执行简单的一、二步指令,但是其自信程度过低,挫败感极强。开始学习入门认弦和单指弹奏时,每弹完一个音就会注视教师,若教师没有回应,乐乐就会开始表现出无法忍受、躁动不安的状态。母亲告诉教师这是因为乐乐没有得到他想要的夸奖。

教师了解后,开始尝试判断乐乐需要的强化量和强化频率。教师第一个假设为乐乐可以接受竖大拇指点赞之类的社会强化的形式。教学验证得知有较好的效果,乐乐能够明白竖大拇指的意义,能很好地接受。教师第二个假设为弹完每一行内容(即四小节)后呈现一次强化。教学验证中,乐乐在还没有完成时便会出现情绪问题。所以,教师重新进行假设和验证,有意识地观察乐乐的反应,在每次乐乐马上要有情绪表现的时候,教师便第一时间给予了强化物,最后教师总结出乐乐几乎每弹一个音都需要强化。同时,乐乐的认知水平较低,不能很好的将音符符号与弦位相对应,拿起手指准备弹奏时总表现出举棋不定的状态,所以乐乐在不知道该拨哪个弦和拨弦错误时都会有情绪反应。教师首先进行了肢体辅助,用手把扶着乐乐的手臂和手指,帮助乐乐找弦位,即由教师找弦位,由乐乐拨弦。乐乐有了肢体辅助的安全感后,既体验到了拨弦的弹奏感受,又知道了弹奏的是正确的弦位,同时还受到了教师极其夸张语气的表扬,露出了开心灿烂的笑容。此时,教师意识到乐乐的情绪反应不是因为不想进行古筝弹奏这个行为活动,而是他想弹奏正确,但是无能力找对弦位,也不感肯定、相信自己的判断,乐乐需要较强程度的适应性辅助和强化。

之后的三节古筝课堂上,教师耐心地对乐乐进行着高强化和高辅助的认弦单指弹奏练习。教师肢体辅助乐乐找弦位,并在每弹一个音后便给予强化物。从第四次古筝课起,教师开始拉长强化间隔,从弹奏一个音符进行一次强化,到弹奏四个音符又进行一次强化,再到弹奏八个音符再进行一次强化,乐乐随着对弦位不断熟悉,能够很自然地接受这种形式并完成弹奏,弹奏能力明显进步。

由于乐乐的语言障碍严重,只能发音,无法清楚咬字,更没有语言交流能力。因此,在唱乐谱方面,教师没有在一开始便要求乐乐弹唱音符,而是先从他的附近发展区域开始,即从弹奏开始进行教学。因为对乐乐来说,弹比唱容易,教师要帮助乐乐先在弹奏上逐渐建立自信。在乐乐弹奏学习的过程中,教师不停地做弹唱音名的示范,努力尝试让乐乐感受到悦耳动听的声音和愉悦的歌唱情绪,但对乐乐不做刻意的唱音名的演奏要求。乐乐在第五次古筝课上开始出现了努力模仿唱音名的表现,这一行为表现立即得到了教师高度表扬和肯定。这在一定程度上说明了,教师没有对乐乐提出唱音名的学习要求,乐乐可以在无压力但有模仿动机的情况下,自行开始行为模仿。两个月后的一次古筝课上,家长很兴奋的告诉教师,乐乐在家里练琴时已经能够准确的念出五个音的音名并找到弦位了。要知道乐乐在学校里的数学课上,用了两年的时间尚且还无法完成同样用阿拉伯数字表示的"1、2、3"的含义和运用,这也给了妈妈在乐乐古筝学习上的极大信心。乐乐逐渐能够唱出并唱对音名后,并没有表现出自然的自信状态,唱音名时总是先很小声的、试探性的唱出一点点发音,待教师唱出时肯定了自己唱的是正确的后，才敢用正常嗓音大声地唱出。教师不着急布置新的弹奏内容，也不着急追求进度，而是陪伴他进行了大量的练习，同时也小心地保护着她极脆弱的自信心，乐乐出错时教师从不说出或表现出负面的评价，只有更多的陪伴练习，乐乐也逐渐随着不断熟练而自信起来，情绪问题越来越少的出现。

乐乐还表现出了有明显刻板行为，要求自己完美地弹奏。意识到自己弹奏出现错音时，便表现出无法忍受的状态，一定刻板地坚持从头再次弹起，无法做到把错音纠正弹奏后往下继续进行后面的弹奏。教师使用结构化教学策略，在练习前用视觉提示的方式，标明要练习的目标是哪个乐句，即只练习提示符号内的这一个乐句，练好后再练习下一个乐句，最后再整曲练习。这让乐乐有了乐句的概念，并且逐渐适应了从局部到整体的练习方式，刻板行为得到改善。

乐乐的问题是基础能力性的问题，需要的是教师的教学耐心、结构化的精细教学以及充分的强化，坚持"温柔地坚持"原则，以帮助乐乐逐渐建立对自我的认可，建立足够的自信心。

参考文献

[1]华夏.学前儿童音乐教育与活动设计[M].北京:北京大学出版社,2010.

[2]胡晓毅,郑群山.孤独症儿童游戏活动:以乐高积木为干预媒介的游戏化课程[M].北京:北京师范大学出版社,2018.

[3]胡晓毅,刘艳虹,吴曼曼.孤独症儿童教学环境创设[M].北京:北京师范大学出版社,2019.

[4]Anita C. Bundy,Shelly J. Lane,Elizabeth A. Murray. 感觉统合理论与实务(第二版)[M].蔡鸿儒,等译.新北:合记图书出版社,2009.

[5]Anita C. Bundy, Shelly J. Lane. Sensory Integration Theory and Practice (third sedition). F. A. Davis Company,2020.

[6]戴淑凤,贾美香,陶国泰.让孤独症儿童走出孤独[M].北京:中国妇女出版社,2008.

[7]胡晓毅,刘艳虹.学龄孤独症儿童教育评估指南[M].北京:北京师范大学出版社,2017.

[8]连赟.中国特殊音乐教育历史与现状研究[M].南京:南京师范大学出版社,2012.

[9]高天.音乐治疗学基础理论[M].北京:世界图书出版公司北京公司,2007.

[10]五彩鹿儿童行为矫正中心.中国自闭症教育康复行业发展状况报告(I)[M].北京:北京师范大学出版社,2015.

[11]五彩鹿自闭症研究院.中国自闭症教育康复行业发展状况报告(II)[M].北京:华夏出版社,2017.

[12]陈泽铭.婴幼儿音乐感统训练[M].上海:复旦大学出版社,2016.

[13]胡晓毅,刘艳虹.孤独症谱系障碍儿童的教育[M].北京:北京师范大学出版社,2016.

[14]吴端文.感觉统合[M].台北:华都文化事业有限公司,2014.

[15]吴瑞文.感觉统合(第二版)[M].台北:华都文化事业有限公司,2018.

[16]甄岳来,李忠忱.孤独症社会融合教育[M].北京:中国妇女出版社,2010.

[17]甄岳来.孤独症儿童社会性教育指南[M].北京:中国妇女出版社,2008.

[18]杜佳楣.ABA改变孤独症[M].西安:陕西师范大学出版总社有限公司,2014.

[19](日)小林重雄.自闭症教育基础用语百科辞典[M].裴虹,范祺襕,译.上海:上海人民出版社,2019.

[20]缪天瑞.音乐百科词典[M].北京:人民音乐出版社,1998.

[21](英)朱丽叶·阿尔文,奥瑞尔·沃里克.孤独症儿童的音乐治疗[M].张鸿懿,(美)高多,译.上海:上海音乐出版社,2008.

[22](美)威廉·西尔斯,玛莎·西尔斯.西尔斯亲密育儿全书[M].蔡骏,译.成都:天地出版社,2015.

[23](美)诺波姆,(美)奇斯克.1001个自闭症儿童养育秘诀[M].五彩鹿儿童行为矫正中心,译.北京:北京师范大学出版社,2015.

[24](美)天宝·格兰丁,(美)理查德·潘内克.孤独症大脑对孤独症谱系的思考[M].燕原,译.北京:华夏出版社,2016.

[25](美)天宝·格兰丁.我心看世界:天宝解析孤独症谱系障碍[M].燕原,译.北京:华夏出版社,2012.

[26]刘晶秋.自闭症儿童的音乐疗法[M].北京:科学出版社,2012.

[27](美)卡洛尔·斯多克·克朗诺威兹.感统游戏[M].周常,译.北京:中国发展出版社,2017.

[28](美)卡洛尔·斯多克·克朗诺威兹.帮孩子找到缺失的"感觉拼图"[M].周常,译.北京:中国发展出版社,2017.

[29]张馨,张文禄.音乐元素与特殊儿童教育干预[M].上海:上海音乐出版社,2014.

[30]刘艳虹,董鸣利,胡晓毅.自闭症研究七十年:基于国内外研究现状与前沿的可视化分析[M].北京:中国轻工业出版社,2016.

[31](法)玛丽-多米尼克·艾米.如何帮助自闭症儿童:心理治疗与教育方法(第三版)[M].姜文佳,译.上海:上海社会科学院出版社,2016.

[32](英)洛娜·温.孤独症谱系障碍:家长及专业人员指南[M].孙敦科,译.北京:华夏出版社,2013.

[33]刘学兰.自闭症儿童的教育与干预[M].广州:暨南大学出版社,2012.

[34]雷江华,万颖.自闭症儿童家长辅导手册[M].北京:北京大学出版社,2015.

[35](美)艾伦·雷普克(Allen F. Repko).如何进行跨学科研究[M].傅存良,

译.北京:北京大学出版社,2016.

[36](美)弗朗西丝·H.劳舍尔,(德)维尔弗里德·格鲁恩.音乐教育神经科学[M].南云,等译.上海:上海教育出版社,2020.

[37](美)约翰·E.理查兹.注意的认知神经科学[M].艾卉,徐鹏飞,等译.杭州:浙江教育出版社,2017.

[38]宋蓓,侯建成.教育神经科学视野中的音乐教育创新[M].北京:教育科学出版社,2016.

[39](奥)沃尔夫冈·马斯特纳克.音乐心理学理论与应用[M].杨燕宜,译.上海:上海音乐学院出版社,2014.

[40]李小诺.音乐的认知与心理[M].桂林:广西师范大学出版社,2017.

[41]蒋存梅.音乐心理学[M].上海:华东师范大学出版社,2016.

[42](英)谢弗(Schaffer,H.R.).儿童心理学[M].王莉,译.北京:电子工业出版社,2010.

[43]吴端文,陈韵如.手能生巧[M].新北:启端感觉统合教育有限公司,2009.

[44](美)福利奥(Folio.M.R.),(美)菲威尔(Fewell.R.R.).Peabody运动发育量表(第二版)[M].李明,黄真,主译.北京:北京大学医学出版社,2006.

[45]丁文龙,刘学政.系统解剖学(第九版)[M].北京:人民卫生出版社,2018.

[46]中国人民共和国教育部制定.3～6岁儿童学习与发展指南[M].北京:首都师范大学出版社,2012.

[47](美)天宝·格兰丁.用图像思考:与孤独症共生[M].范玮,译.北京:华夏出版社,2014.

[48](美)天宝·格兰丁,(美)肖恩·巴伦.社交潜规则:以孤独症视角解析社交奥秘[M].刘昊,付传彩,张凤,译.北京:华夏出版社,2013.

[49](德)威廉·蒲莱尔.幼儿的感觉与意志[M].孙国华,唐钺,译.北京:北京大学出版社,2014.

[50]American Psychiatric Association. Diagnostic and statistical manual of mental disorders(5th ed.)[DSM-V][M]. Washington,D.C.:American Psychiatric Publishing,2013.

[51]American Psychiatric Association. Diagnostic and statistical manual of mental disorders(4th ed.)[DSM-IV][M]. Washington,D.C.:American Psychiatric Publishing,1994.

[52]National Health Statistics Reports. Estimated prevalence of autism and other developmental disabilities following questionnaire changes in tne 2014 National Health Interview Survey[EB/OL]. Http://origin.glb.cdc.

gov/nchs/data/nhsr/nhsr087. pdf,2015-11-3.

[53]第二次全国残疾人抽样调查办公室. 第二次全国残疾人抽样调查数据分析报告[M]. 北京:华夏出版社,2008.

[54]中华人民共和国统计局. 中国统计年鉴——2015[M]. 北京:中国统计出版社,2016.

[55]Wing L. The autistic spectrum:A guide for parents and professionals[M]. London:Constable & Robinson, 2002.

[56]梁良. 孤独症儿童对限制性兴趣刺激的视觉注意:来自眼动实验的证据[D].武汉:华中师范大学,2015.

[57]林云强,张福娟. 自闭症儿童攻击行为功能评估及干预策略研究进展[J]. 中国特殊教育,2012(11).

[58]Temple Grandin. My Experiences as an Autistic Child and Review of Selected Literature[J]. Journal of Orthomolecular Psychiatry, 1984.

[59]Ming, X. , Brimacombe, M. & Wagner, G. C. Prevalence of motor impairment in autism spectrum disorders[J]. Brain and Development,2007.

[60]Staples K. L. & Reid G. Fundamental movement skills and autism spectrumdisorders[J]. Journal of Autism and Developmental Disorders,2010.

[61]于文.孤独症儿童教育实践与案例[M].北京:经济科学出版社,2013.

[62]裴晶晶,蒋宇乐. 韵律操练习干预对自闭症儿童姿势控制能力的影响[J]. 沈阳体育学院学报,2014(4).

[63]Gross T. F. Global-local precedence in the perception of facial age and emotional expression by children with autism and other developmental disabilities[J]. Journal of autism and developmental disorders,2005.

[64]Gepner B. Autism, movement,and facial processing[J]. Autism, 2004.

[65]Baron-Cohen S. , Spitz A. & Cross P. Can children with autism recognize surprise? [J]. Cognition and Emotion,1993.

[66]Begeer S. , Rieffe C. , Terwogt M. M. & Stockmann L. Theory of mind-based action in children from the autism spectrum[J]. Journal of Autism and Developmental Disorders,2003.

[67]刘艳虹,霍文瑶,胡晓毅. 自闭症儿童面部表情识别研究综述[J]. 现代特殊教育,2015(8).

[68]Sanna Kuusikko, Rachel Pollock-Wurman, Katja Jussila, Alice S. Carter

& Marja-Leena Mattila. Social Anxiety in High-functioning Children and Adolescents with Autism and Asperger Syndrome[J]. Journal of Autism and Developmental Disorders,2008.

[69]刘军.体育游戏对孤独症儿童社会交往能力的干预研究[D].济南:山东师范大学,2014.

[70]王颖.自闭症儿童社交技能干预综述[J].绥化学院学报,2015(4).

[71]吴静.录像示范法应用于自闭症儿童社会互动行为的干预有效性研究[D].上海:华东师范大学,2013.

[72]潘燕华.自闭症儿童对约束性话语的回应研究[D].南京:南京师范大学,2011.

[73]Frith Uta，Morton John & Leslie Alan M. The cognitive basis of a biological disorder：autism[J]. Elsevier Current Trends，1991.

[74]Hayes S. N. & O'Brien W. H. Functional analysis in behavior therapy[J]. Clincal Psychology Review，1990.

[75]Barrios B. A. On the changing nature of behavioral assessment. In A. S. Bellack & M. Hersen(Eds.)，Behavioral Assessment Pergamon，1988.

[76]肖虹.班杜拉社会学习理论的认知与融合性特征研究[D].济南:山东大学,2007.

[77]邬志辉.关于教学环境的几个理论问题的思考[J].东北师大学报,1995(3).

[78]黄炜.教室物理环境建设[J].教学仪器与实验,2002(5).

[79] Elliott J M，Connolly K. J. A classification of manipulative hand movements[J]. Developmental medicine and child neurology，1984.

[80]杨希洁.对建设义务教育阶段随班就读孤独症学生教育评估工具库的思考[J].中国特殊教育,2017(9).

[81]Stephen N. Malloch. Mothers and infants and communicative musicality[J]. Musicae Scientiae，1999.

[82]Colwyn Trevarthen & Stephen N. Malloch. The Dance of Wellbeing：Defining the Musical Therapeutic Effct[J]. Nordic Journal of Music Therapy，2000.

[83]Mia keinanen, Lois Hetland & Ellen Winner. Teaching Cognitive Skill through Dance：Evidence for near but Not Far Tansfer[J]. Journal of Aesthetic Education，2000.

[84]Buhusi C. V. & Meck W. H. What makes us tick? Functional and neural mechanisms of interval timing[J]. Nature Rev. Neurosci，2005.

[85] Lewis P. A. & Miall R. C. Distinct systems for automatic and cognitively controlled time measurement:evidence from neuroimaging[J]. Current Opinion in Neurology, 2003.

[86] Li E., Weng X., Han Y., Wu S., Zhuang J., Chen C., et al. Asymmetry of brain functional activation: fMRI study under language and music stimulation[J]. Chinese Medical Journal (English), 2000.

[87] V. B Penhune, R. J Zatorre & W. H Feindel. The role of auditory cortex in retention of rhythmic patterns as studied in patients with temporal lobe removals including Heschls gyrus [J]. Neuropsychologia,1999.

[88] Kuck Heleln, Grossbach Michael, Bangert Marc & Altenmuller Eckart. Brain processing of meter and rhythm in music. Electrophysiological evidence of a common network[J]. Annals of the New York Academy of Sciences,2003.

[89] Hummelsheim H. Rationales for improving motor function[J]. Current Opinion in Neurology, 1999.

[90] 高士濂. 实用解剖图谱·上肢分册(第三版)[M]. 上海:上海科学技术出版社, 2012.

[91] Sally H. Zigmond. A method for movement [J]. Nature Cell Biology,1999.

[92] Jones L. A. Somatic senses 3:Proprioception. In H. Cohen(Ed.), Neuroscience for rehabilitation(2nd ed.)[M]. Philadelphia:Lippincott, Williams &Wilkins. 1999.

[93] Kiernan J. A. Barr's the human nervous system:An anatomical viewpoint [M]. Philadelphia:Lippincott-Raver. 1998.

[94] Kingsley R. E. Concise text of neuroscience [M]. Philadelphia: Lippincott, Williams &Wilkins. 2000.

[95] Evarts E. V. Sherrington's concept of proprioception. In E. V Evarts, S. P. Wise, & B. Blousfield (Eds.), The motor system in neurobiology [M]. New York:Elsevier. 1985.

[96] Fischer Stefan, Nitschke Matthias F, Melchert Uwe H, Erdmann Christian & Born Jan. Motor memory consolidation in sleep shapes more effctive neuronal represntations[J]. Journal of Neuroscience, 2005.

[97] Fisher A. G. & Bundy A. C. Vestibular stimulation in the treatment of

postural and related disorders. In O. D. Payton, R. P. DiFabio, S. V. Paris, E. J. Prostas, & A. F. Van Sant(Eds.), Manual of physical therapy techniques[M]. New York: Churchill Livingstine. 1989.

[98]Roberts T. D. M. Neurophysiology of postural mechanisms,(2nd ed.)[M]. Boston: Butterworths. 1978.

[99]Wilson V. J. & Melvill Jones G. Mammalian vestibular physiology[M]. New York: Plenum. 1979.

[100]Kandell E. R., Schwartz J. H. & Jessell T. M. Principles of neural science, (4th ed.)[M]. New York: McGraw-Hill. 2000.

[101]Goddard S. The well balanced child, movement and early learning[M]. UK: Hawthorn Press, Stroud, Gloucestershire. 2005.

[102]Rauscher F. H., Shaw G. L. & Ky K. N. Music and spatial task performance[J]. Nature, 1993.

[103]Rauscher F. H., Shaw G. L. & Ky K. N. Listening to Mozart enhances spatial-temporal task reasoning: Towards a neurophysiological basis[J]. Neuroscience Letters, 1995.

[104]Rauscher F. H., Robinson K. D. & Jens J. J. Improved maze learning through early music exposure in rats[J]. Neurological Research, 1998.

[105]Ayres A. J. Sensory integration and learning disorders[M]. Los Angeles: Western Psychological Services. 1972.

[106]Susan R. Leekam, Carmen Nieto, Sarah J. Libby, Lorna Wing & Judith Gould. Describing the Sensory Abnormalities of Children and Adults with Autism[J]. Journal of Autism and Developmental Disorders, 2007.

[107]Ayres A. J. Sensory integration and the child[M]. Los Angeles: Western Psychological Services. 1979.

[108]Hanft B. E., Miller L. J. & Lane S. J. Towards a consensus in terminology in sensory integration theory and practice: Part 3: Sensory integration patterns of function and dysfunction: Observable behaviors: Dysfunction in sensory integration[J]. Sensory Integration Special Interest Section Quarterly, 2000.

[109]Kingsley Price. How Can a Piece of Music Be Merry? [J]. Philosophy of Music Education Review, 2000.

[110]Gilman S. & Newman S. W. Essentials of clinical neuroanatomy and neurophysiology (9th ed.)[M]. Philadelphia: F. A. Davis. 1996.

［111］Royeen C. B. & Lane S. J. Tactile processing and sensory defensiveness. In A. G. Fisher E. A. Murray & A. C. Bundy (Eds.) Sensory integration: Throry and practice［M］. Philadelphia: F. A. Davis. 1991.

［112］Apter M. J. Reversal theory and personality: A review［J］. Journal of Research in Personality, 1984.

［113］Kunckey N. & Gubbay S. S. Clumsy children: A prognostic study［J］. Australian Pediatric Journal, 1983.

［114］Sally J. Rogers, Loisa Bennetto, Robin McEvoy & Bruce F. Pennington. Imitation and Pantomime in High-Functioning Adolescents with Autism Spectrum Disorders［J］. Child Development, 1996.

［115］Ayres A. J. Sensory Integration and Praxis Tests［M］. Los Angeles: Western Psychological Services, 1989.

［116］Fisher A. G. & Murray E. A. Introduction to sensory integration theory. In A. G. Fisher E. A. Murray & A. C. Bundy (Eds.). Sensory integration: Theory and practice［M］. Philadelphia: F. A. Davis. 1991.

［117］J Ayres. Personal Communication［Z］. March 11, 1988.

［118］Fisher A. G. Objective measurement of the quality of response during two equilibrium tests［J］. Physical and Occupational Therapy in Pediatrics, 1989.

［119］Wilson B. , Pollock N. , Kaplan B. J. , Law M. & Paris P. Clinical observations of motor and postural skills［M］. Framingham, MA: Therapro. 2000.

［120］Lederman S. J. & Klatzky R. L. Hand movements: A window into haptic object recognition［J］. Cognitive Psychology, 1987.

［121］Piaget J. & Inhelder B. The child's conception of space［M］. New York: Norton. 1948.

［122］Zaporozhets A. V. The development of perception in the preschool child［J］. Monographs of the Society for Research in Child Development, 1965.

［123］Zaporozhets A. V. Some of the psychological problems of sensory training in early childhood and the preschool period. In A. R. Leont'ev & A. R. Luria (Eds.). A handbook of contemporary Soviet psychology

[M]. New York: Basic. 1969.

[124]Edelson S. M. , Edelson M. G. , Kerr D. C. & Grandin T. Behavioral and physiological effects of deep pressure on children with autism: a pilot study evaluating the efficacy of Grandin´s Hug Machine[J]. The American Journal of Occupational Therapy, 1999.

[125]McClure M. K. & HoltzYotz M. The effects of sensory stimulatory treatment on an autistic child[J]. The American Journal of Occupational Therapy, 1991.

[126]Parham L. D. , Cohn E. S. , Spitzer S. , et al. Fidelity in sensory integration intervention research [J]. The American Journal of Occupational Therapy, 2007.

[127]Jon M. Hasbrouck. Performance of Students with Auditory Figure-Ground Disorders Under Conditions of Unilateral and Bilateral Ear Occlusion[J]. Journal of Learning Disabilities, 1980.

[128]Willeford J. Central Auditory Behaviors in Learning-Disabled Children [J]. Seminars in Speech, Language and Hearing, 1980.

[129]Willeford J. & Billger J. Auditory perception in children with learning disabilities. In J. Katz (Ed.). Handbook of clinical audiology (2nd ed.) [M]. Baltimore: Williams & Wilkins. 1978.

[130]Willeford J. & Burleigh J. Handbook of central auditory processing disorders in children[M]. New York: Grune & Stratton. 1985.

[131]Wenndt S. Novel signal processing for the enhancement of speech intelligibility [Z]. Unpublished master' s thesis, Colorado State University, Fort Collins, 1991.

[132]Zametkin A. J. , Nordahl T. E. , Gross M. , King A. C. , Semple W. E. , Rumsey J. , Hamburger S. & Cohen R. M. Cerebral glucose metabolism in adults with hyperactivity of childhood onset[J]. The New England Journal of Medicine, 1990.

[133]Amen D. Change your brine, change your life[M]. New Youk: Time Books. 1998.

[134]Amen D. Magnificient mind at any age[M]. New York: Harmony Books. 2008.

[135]Mesibov G. B. & Shea V. The TEACCH program in the era of evidence-based practice [J]. Journal of Autism and Developmental

Disorders，2010.

[136]Zager D. , Wehmeyer H. M. & Simpson L. R. Education students with autism spectrum disorder, research-based principles and practices[M]. New York：Taylor & Francis，2012.

[137]Mesibov G. B. , Shea V. & Schopler E. The Teach Approach to Autism Spectrum Disorders[M]. New York：Plenum Publishing Co. , 2004.

[138] Wong C. , Odom S. L. , Hume K. , Cox A. W. , Fetting A. , Kucharczyk S. & Schultz T. R. Evidence-based practices for children, youth, and young adults with Autism Spectrum Disorder[R]. Chapel Hill：University of North Carolina, Frank Porter Graham Child Development Institute, Autism Evidence-Based Practice Review Group，2014.

[139]Gould E. , Tarbox J. , O'Hora D. , Noone S. & Bergstrom R. Teaching children with autism a basic component skill of perspective-taking[J]. Behavioral Interventions，2011.

[140]Summers J. , Tarbox J. , Findel-Pyles R. S. , Wilke A. E. , Bergstrom R. & Williams W. L. Teaching two household safety skills to children with autism[J]. Research in Autism Spectrum Disorders，2011.

[141] Kodak T. & Clements A. Acquisition of mands and tacts with concurrent echoic training [J]. Journal of Applied Behavior Analysis，2009.

[142]Koegel R. L. , Koegel L. & Carter C. M. Pivotal teaching interactions for children with autism[J]. School Psychology Review，1999.

[143]李丹. 孤独症干预的关键性技能训练法[M]. 北京：北京大学出版社，2014.

[144](美)奥温·C. 斯塔曼（Aubyn C. stahmer）. 孤独症儿童关键反应教学法[M]. 胡晓毅，译. 北京：华夏出版社，2015.

[145]谢应宽.B. F. 斯金纳强化理论探析[J]. 贵州师范大学学报（自然科学版），2003(1).

[146]田金来，张向葵. 同伴介入法在自闭症儿童社交能力中的应用[J]. 中国特殊教育，2014(1).

[147]Ayres Kevin Michael & Langone John. Intervention and Instruction with Video for Students with Autism：A Review of the Literature [J]. Education and Training in Developmental Disabilities，2005.

[148]陈巍，汪寅. 基于镜像神经元的教育：新"神经神话"的诞生？[J]. 教育研

究,2015(2).

[149]丁峻,陈巍.具身认知之根:从镜像神经元到具身模仿论[J].华中师范大学学报(人文社会科学版),2009(1).

[150]Peter Sturmey. Video Technology and Persons with Autism and Other Developmental Disabilities [J]. Journal of Positive Behavior Interventions,2003.

[151]Hitchcock C. H., Dowrick P. W. & Prater M. A. Video self-modeling intervention in school-based settings:A review[J]. Remedial and Special Education,2003.

[152]Bellini S. & Akullian J. A meta-analysis of video modeling and video self-modeling interventions for children and adolescents with autism spectrum disorders[J]. Exceptional Children,2007.

[153]Charlop-Christy M., Le L. & Freeman K. A. A comparison of video modeling with in vivo modeling for teaching children with autism[J]. Journal of Autism and Developmental Disorders,2000.

[154]Silton N. R. Innovative technologies to benefit children on the autism spectrum[M]. Hershey, PA:IGI Global,2014.

[155]Ergenekon Y., Tekin-Iftar E., Kapan A. & Akmanoglu N. Comparison of video and live modeling in teaching response chains to children with autism [J]. Education and Training in Autism and Developmental Disabilities,2014.

[156]Maione L. & Mirenda P. Effects of video modeling and video feedback on peer-directed social language skills of a child with autism[J]. Journal of Positive Behavior Interventions,2006.

[157]Rayner C., Denholm C. & Sigafoos J. Video-based intervention for individuals with autism:Key questions that remain unanswered[J]. Research in Autism Spectrum Disorders,2009.

[158]于婉莹.浅议美育教育的不可或缺性[J].美术观察,2020(2).

[159]王确.蔡元培美育思想与现代国民人格理想乌托邦[J].天津社会科学,2020(3).

[160]熊妮娜,杨丽,于洋,等.孤独症、肢体残疾、智力残疾儿童家庭经济负担调查[J].中国康复理论与实践,2010(8).

[161]赵萍萍,赵敏,等.自闭症儿童家长亲职压力及其心理需求的关系研究[J].中国特殊教育,2017(4).

［162］Peter Schuntermann. Pervasive Developmental Disorder and Parental Adaptation：Previewing and Reviewing Atypical Development with Parents in Child Psychiatric Consultation［J］. Harvard Review of Psychiatry，2002.